Landsiedel-Kongress 2011

im Schloss Zeilitzheim 08.-10.07.

Vorträge von renommierten Trainern
und Fachspezialisten

Liebe Leserinnen und Leser,

seit nun mehr als sechs Jahren führt Landsiedel einen großen Sommer-Kongress durch. Angefangen hat alles im ersten Jahr damit, dass meine damalige Trainer-Ausbildungsgruppe es bedauert hat, dass es nun, nach über 100 Tagen Training mit mir, keinen Grund mehr für sie gibt, zurück nach Wiesentheid zu kommen. Daraufhin sagte ich: „Dann schaffen wir eben einen Grund! Ihr präsentiert Eure Lieblingsthemen und ich lade die passenden Gäste dazu ein.“ Diese Trainer gestalteten den ersten kleinen Kongress. Es war sehr schön. Im zweiten Jahr wollten nicht alle Trainer der aktuellen Gruppe mitmachen und so lud ich zusätzlich befreundete Trainer ein. Von Jahr zu Jahr wurde die Veranstaltung immer größer bis unser Seminarzentrum längst zu klein war und wir in das nahe gelegene Schloss Zeilitzheim auswichen.

So hat ein Veranstaltungsformat begonnen, dass inzwischen jedes Jahr ca. 300 Gäste anlockt und bei dem knapp 50 Trainer Vorträge und Workshops anbieten. Eines ist geblieben: Jeder Trainer darf sein Lieblingsthema vorstellen und wird nicht in das Korsett eines festgelegten Kongress-Oberthemas gedrängt. So ist die Vielfalt der unterschiedlichen Themen sehr groß. Ganz bewusst mischen wir uns nicht die Inhalte der Referenten und lassen auch unterschiedliche Ansätze und Meinungen gehalten. Die Verantwortung für die Richtigkeit der Aussagen liegt beim jeweiligen Autor.

Im Jahre 2011 kam ich auf die Idee, diese vielen interessanten Beiträge zu einem Kongressbuch zusammen zu stellen. Nicht alle Themen waren dafür geeignet und nicht alle Referenten haben die Zeit gefunden, sich zu beteiligen. 26 haben es schließlich getan und ihre Beiträge füllen dieses Buch.

Die Vielfalt der Kongress-Themen drückt sich auch in den unterschiedlichen Kapiteln dieses Buches aus. Wir haben den Stil und die Sprache der einzelnen Kapitel nicht vereinheitlicht sondern jedem Referenten seinen eigenen Ausdrucksstil gelassen. So ist das Buch eine Sammlung zahlreicher Impulse von unterschiedlichen Trainern. Gleichzeitig spiegelt es einen guten Querschnitt über viele derzeit aktuelle Seminarthemen wieder.

In diesem Buch werden Sie etwas über die unterschiedlichsten Themen lernen. Sie werden erfahren, dass Sie ein WOW-Projekt! sind und dazu ermutigt, mit Hilfe Ihres (Un) Bewusstseins Ihre Ziele und Veränderungswünsche aktiv zu verwirklichen. In zwei Artikeln geht es um den Erfolgsfaktor Stimme als Ausdruck der Persönlichkeit. Sie lernen, die tägliche Informationsflut zu bewältigen, die Macht der Neuro-Präsentation zu nutzen und Aikido-Rhetorik geschickt in Verhandlungen einzusetzen. Sie werden lernen, wie man es als Überbringer schlechter Nachrichten vermeidet, abgeschossen zu werden und wie man Statusverhalten geschickt einsetzt, um zu Erfolg und Sympathie zu kommen.
Zwischendurch erfahren Sie, wie Improtheater-Elemente in Seminaren eingesetzt werden können, was man für seine Gesundheit tun kann und wie man eine integrale Aufstellungsarbeit macht. Immer wieder zwischendurch und in einem Beitrag ganz besonders gibt es Geschichten, die die Seele heilen. Erfahren Sie, weshalb es wichtig ist, Energie bei der Raumaufteilung ihrer Geschäftsräume zu berücksichtigen. Lernen Sie finanzielle Freiheit durch privates Vermögensmanagement aufzubauen und wie Sie Geld mit positiven Glaubenssätzen in Ihr Leben ziehen können.
Für Unternehmer und Führungskräfte sind vor allem die Kapitel zu den Themen „Effektives Zustandsmanagement für Veränderungen im Unternehmen", „Mut zum Führen – Selbstmotivation für Führungskräfte" und „Leadership – Führen mit Herz und Hirn" sehr interessant.
Um das Thema Marketing geht es in mehreren Artikeln. Vermeiden Sie die Austauschbarkeit, nutzen Sie vor allem Emotionen und arbeiten Sie mit Strategie – insbesondere dann, wenn Sie eine Unternehmensgründung 40plus anstreben.

Alle Themen wurden von Praktikern geschrieben, die seit vielen Jahren in diesen Bereichen beraten und trainieren. Hier ist für alle Bereiche des persönlichen und beruflichen Erfolgs eine Menge dabei. Setzen Sie die Kräfte der Evolution mittels neuro-energetischem Coaching frei!

Ich wünsche Ihnen viele interessante Impulse und Erkenntnisse beim Lesen.

DU BIST EIN WOW-PROJEKT! 01

STEPHAN LANDSIEDEL

„Ihr alle wart schon einmal die schnellsten, habt den ersten Wettlauf in eurem Leben gewonnen. Die Samenzelle auf dem Weg zur Eizelle und daraus bist DU entstanden. Deswegen sage ich: Du bist ein Sieger, ein Gewinner! Weil Du diesen ersten Wettlauf gewonnen hast, weil Du mitspielen darfst in diesem großen Spiel des Lebens.“

„Du bist ein WOW-Projekt! Werde Dir dessen bewusst.“

Vielen Menschen ist es nicht klar, was es wirklich bedeutet, das Geschenk des Lebens zu empfangen. Jeder Moment ist kostbar, das Leben ist kostbar und es wurde uns gegeben, nicht um es mit dem Stempel ‚alltäglich‘ zu versehen. Unsere Aufgabe besteht darin, dieses Wunder noch weiter zu spinnen und zu erkennen, wie viel ein jeder von uns in sich trägt und tatsächlich in seinem Leben mitnehmen kann. Die Erfahrung, dass das Dasein oder im Grunde genommen bereits der Anfang dessen, am seidenen Faden hängen kann, habe ich selbst in den letzten Monaten gemacht.

Schreckliche fünfzehn Minuten musste ich bei der Geburt meines Sohnes Aeneas aufgrund von Komplikationen zittern und bangen, hoffend, dass er auch noch diese letzte kleine Hürde auf dem Weg in sein Leben meistert und gesund daraus hervor geht.

Nun ist er mein neues persönliches WOW-Projekt! So wie auch Ihr alle, jeder einzelne von Euch, ein WOW-Projekt ist! In diesem Vortrag geht es mir nicht so sehr darum, Inhalte zu vermitteln, sondern Euch vielmehr eine Idee mitzugeben: Ihr seid alle erfolgreich, alle Gewinner und mit dem Privileg ausgestattet, ein wunderbares Leben gestalten zu dürfen! Euer Leben!

Das WOW-Projekt Mensch

Die sieben Weltwunder

„Es ist beeindruckend wozu wir Menschen im Stande sind, was wir durch und mit unseren eigenen Händen erschaffen können. Wie oft aber betrachten wir es als selbstverständlich, was wir haben? Der Mensch selbst ist das größte Wunder, wir selbst sind außergewöhnlich.“

Die sieben Weltwunder. Wer von euch kennt sie? Wer hat schon einmal eines gesehen oder kann ein paar aufzählen? Menschen sind allesamt Individuen mit unterschiedlichsten Wert- und Moralvorstellungen. Deshalb erscheint es mehr als logisch, dass es auch keine eindeutige Bestimmung der sieben Weltwunder geben kann. Natürlich können Faktoren wie Größe, Länge oder Breite ausschlaggebend für die Bewertung sein, aber letztendlich liegt es – wie so vieles – im Auge des Betrachters. Diese Ansicht vertrat wohl auch das Mädchen in der folgenden kleinen Geschichte:

http://www.landsiedel-seminare.de/kongress2011/landsiedel

Eine Schulklasse wurde gebeten zu notieren, welche für sie die sieben Weltwunder wären. Eine auf Fakten beruhende Aufzählung verschiedener Bauten und monumentaler Gebilden ergab folgende Rangfolge:

1. Pyramiden von Gizeh

2. Taj Mahal

3. Grand Canyon

4. Panama-Kanal

5. Empire State Building

6. St. Peters Dom im Vatikan

7. Große Mauer Chinas

Nach einiger Zeit bemerkte die Lehrerin beim Einsammeln, dass eine Schülerin noch schrieb und fragte sie, ob es denn ein Problem gäbe. Die Schülerin antwortete: *„Ja, ich kann mich nicht so recht entscheiden. Es gibt so viele Wunder.“* Daraufhin forderte sie die Lehrerin auf, einmal vorzulesen, was sie denn bisher aufgeschrieben hätte. Nach anfänglichem Zögern, las das Mädchen vor: ***„Für mich sind die sieben Weltwunder: Das Wunder des Sehens, Hörens, sich Berührens, das Riechen, Fühlen, Lachen und Lieben.“*** - Da wurde es ganz still im Raum.

Keine große Mauer, kein Monument und auch kein Naturspektakel begeisterten dieses kleine Mädchen so sehr wie das Wunder des Lebens, des Menschseins. Sie staunte über die Komplexität unserer Augen und Ohren, den unglaublichen Kreislauf des Körpers und seine beständige Verlässlichkeit. All das, was jeder Mensch in sich trägt, oft vergisst und was er immer wieder nutzen kann. „Wie oft betrachten wir das als selbstverständlich und begreifen gar nicht, was für ein Wunder wir selbst sind.“ DU bist ein WOW-Projekt, werde Dir dessen bewusst!

Das WOW-Projekt Mensch

„Die Architektur, die in jedem von uns mit zwei Zellen begonnen hat, ist gigantisch und einzigartig.“ Der Aufbau des Körpers, seine Stabilität, Funktionstüchtigkeit und sein beeindruckendes Leistungsvermögen geben uns Menschen ideale Voraussetzungen in die Hand, die besser nicht sein könnten. Die Frage ist nur: Was machst Du daraus? Nutzt Du Deine Ressourcen, baust Du auf diesem Fundament auf und gestaltest Du Dein ureigenes WOW-Projekt? Entscheidend ist, dass Du das auch machst, was Du Dir vornimmst. Schiebe nicht alles auf irgendwann oder später, wenn Du alt bist und in Rente; wenn Du Zeit hast. ***„Mach diese WOW-Projekte, mach sie gleich! Am besten Du machst nur noch WOW-Projekte. So viele wie es geht.“***

Denn WOW-Projekte bewirken nicht allein etwas nach außen hin, sondern vor allem auch nach innen. Sie lassen Dein Herz aufgehen, sie geben Dir Kraft und Energie und sind wie eine Art Lebenselixier. Manche haben bereits davon gekostet, mehr als einmal. Ein weiteres WOW-Projekt ist nämlich das Wunder der Liebe.

Was ein WOW-Projekt ausmacht ist: Es verändert, transformiert, verschlägt uns für einen Moment den Atem und verdeutlicht ganz wesentlich, dass Du etwas beizutragen hast. WOW-Projekte sind Dinge die zählen, an welche Du Dich später noch erinnern wirst und auf welche Du mit vollem Stolz zurückblickst und sagen kannst: *„Wow! Ja ich habe das gemacht, ich war dabei. Ich habe etwas ganz Besonderes auf die Beine gestellt.“* Es ist ganz egal, an welchem Ort die Umsetzung von WOW-Projekten vonstattengeht. Ob bei der Arbeit etliche dieser Ideen entstehen, zu Hause oder während Du Deinem Hobby nachgehst.

Wichtig ist nur, dass sie einen Unterschied machen, für mich selbst und für andere Menschen. Frage Dich kontinuierlich: Gibt es noch etwas mehr?

„Mach diese WOW-Projekte, mach sie gleich! Am besten Du machst nur noch WOW-Projekte. So viele wie es geht.“

Irgendwann bin ich Morgens aufgewacht und hatte eine WOW-Idee, ich wollte einmal wieder etwas anders machen in meinem Leben. Ich hatte zugegeben sehr viel Spaß bei dem, was ich aktuell machte, trotzdem stellte ich mir jene Frage. Und dies war der Start meines ersten WOW-Projektes. Momentan bin ich schon bei dem Dritten in meinem internen Ranking und habe mir auch vorgenommen, noch viel mehr von diesen zu machen. *„Wenn ich aufwache und bei der Arbeit bin, habe ich das Gefühl, ich mache etwas Sinnvolles. Ich setze meine Energie gezielt ein.“* Häufig hast Du sicherlich ebenso das Gefühl, dass Deine Arbeit niemanden interessiert und es keinen Sinn macht, diese weiterhin auszuführen. Deshalb möchte ich Dich auffordern, Dir zu überlegen, was DEIN nächstes WOW-Projekt ist.

In jedem von uns sind einzigartige Talente versteckt, deren Verwirklichung faszinieren und zu etwas ganz Besonderem führen. Stell Dir einmal vor, Du würdest das tun, was Du schon immer machen wolltest. Etwas, das den Unterschied macht, in der Qualität Deines Lebens und vielleicht auch in Deinem Umfeld. Was würde das bedeuten für Deine Lebensenergie? Für das, was gerade in Dir passiert, wenn Du sagst: „Wow, ich mach mich auf, ich verwirkliche mir diesen Traum.“

VAKOG! - Stell Dir Dein Wow-Projekt vor, male es Dir aus! Bediene Dich all Deiner Sinne.

„Ich glaube, wir sind auf der Welt um ein wunderbares Leben zu führen und um unsere Umwelt, unsere Mitwelt ein Stück weit zu bereichern, zu ergänzen und zu erweitern. Es ist unsere Aufgabe zu schauen, was ist mein nächstes WOW-Projekt, was möchte ich angehen.“

Beispiele für WOW-Projekte

Im Folgenden möchte ich Dir einige Beispiele für Wow-Projekte vorstellen. Halte in den nächsten Tagen selbst die Augen nach solchen Beispielen offen.

Die Kathedrale
Don Justo Gallego Martinez ist 83 Jahre alt und kommt aus Madrid. Dieser alte Mann hat es sich zur Aufgabe gemacht, ganz auf sich allein gestellt eine Kathedrale zu bauen. Seit nun 48 Jahren arbeitet er jeden Tag außer Sonntags, von 6 Uhr Morgens bis 8 Uhr Abends an der Fertigstellung jenes Bauwerks. Seine verwendeten Materialien sind ausschließlich Reste, welche er irgendwo findet oder ab und an auch durch Spenden erhält. Der Spanier ist nicht etwa ein gelernter Architekt oder hat ein Studium dieser Wissenschaft betrieben, seine Kenntnisse eignete er sich aus Büchern oder durch die simple Beobachtung anderer Kirchen, an. Alleinig bei sehr schwierigen Arbeiten bekommt er externe Hilfestellungen. Ich kann nur sagen: WOW!

Facebook
Der Erfinder des weltweit erfolgreichsten sozialen Netzwerkes, Mark Elliot Zuckerberg, brach im Jahr 2006 sein Studium ab, um eine Idee zu verwirklichen. Eine WOW-Idee. Zurzeit gilt er als der jüngste lebende Self-made-Milliardär der Welt. Unvorstellbar und wahnsinnig beeindruckend, sind die sich abzeichnenden Werte: In Deutschland liegt die Zahl der Facebook-Nutzer bereits bei 20 Millionen, wobei sich die Einwohnerzahl der Bundesrepublik im direkten Vergleich nur auf 80 Millionen berechnet. Jeder vierte ist demnach bei Facebook angemeldet. Weltweit sind es sogar 500 Millionen Nutzer. „Wahnsinn, wie die Ideen eines jungen Studenten die Welt verändern können."

Grameen Bank
Die Entstehungsgeschichte der sogenannten ‚Bank für die Armen' ist sehr bewegend. Professor Yunus, der in Bangladesch aufgewachsen ist, überlegte sich nach seinem Studium der Betriebswirtschaft, wie er seiner Heimat durch sein Wissen und seine Fähigkeiten helfen kann. Bangladesch kämpfte zu dieser Zeit mit schlimmen Überschwemmungen und der Armut vieler Menschen. Yunus sagte also zu sich selbst: „Ich muss dahin, ich muss mir anschauen, wie die Menschen leben."

Gesagt, getan. Er ging von Dorf zu Dorf und traf in jedem einzelnen auf traurige Schicksale. Eine Frau, welche unter Schwerstarbeit Körbe flechtete, erhielt am Ende des Tages einen Lohn von ein paar wenigen Cent. Der Professor erfragte ihre Situation, weshalb bei dieser Knochenarbeit nicht mehr herauskomme. Sie erklärte ihm ihre ausweglose Situation, basierend auf der Ausbeutung durch einen Mann, auf dessen Preise sie letztendlich angewiesen sei. Yunus fragte die Frau weiter, was sie denn bräuchte, um sich selbstständig und somit unabhängig von den Preisen anderer zu machen – 2 Dollar und 49 Cent. Beim Gang zur Bank fragte er die Angestellten, warum sie dieser guten Frau nicht das bisschen Geld liehen. Darauf bekam er die Antwort, dass sie überhaupt keine Sicherheiten aufzuweisen hätte und somit keiner für sie haften könnte. Dieser Zustand kam Professor Yunus lächerlich vor, woraufhin er sich Gedanken machte, was man gegen dieses absurde System machen könnte. In etlichen weiteren Dörfern erkannte er eine analoge Problematik. Somit gründete er eine Bank. Eine Bank die armen Menschen, die keine Sicherheiten haben, Kredite gibt. Die Bank unterhält mehr als 2.000 Zweigstellen mit über 20.000 Mitarbeitern. Die Rückzahlungsquote liegt über 98%. Yunus hat ein eigenes System geschaffen, das anderen Menschen hilft und gleichzeitig finanziell erfolgreich ist. Das ist für mich die Mutter aller WOW-Projekte; etwas zu tun, was wirklich Nutzen bringt.

Ich denke, dass die Menschen in unserer Gesellschaft nach und nach, immer mehr Wert darauf legen werden, was die Unternehmen tun. Wie sie agieren, wie sie handeln und was ihnen tatsächlich am Herzen liegt.

„Ich hoffe, dass viele Menschen sich diesem Beispiel anschließen und Ideen entwickeln, die Win-Win-Win produzieren. Gewinn für mich, Gewinn für den Kunden oder Partner und Gewinn für den Rest der Gesellschaft und Welt."

Gigantischer Geldsegen

Bill Gates und Warren Buffet haben eine Spendenaktion für wohltätige Zwecke auf die Beine gestellt, wobei sie selbst die Hälfte ihres eigenen Vermögens abgegeben haben. Ihrem guten Beispiel folgten vierzig weitere US-Milliardäre mit dem Versprechen mindestens die Hälfte ihres Etats zu spenden. Allein der Superreiche Buffet stiftete von seinem auf circa 50 Milliarden geschätzten Vermögens über 40 Milliarden. Unglaublich! Man stelle sich einmal vor, wie schwer unser einer sich manchmal von fünfzig oder gar zwanzig Euro trennt. Im direkten Vergleich wird es sich wohl auch nicht anders bei den Millionären oder Milliardären vollziehen. Eine tolle Geste!

WOW-Gedächtnis

Boris Konrad stellte den Weltrekord auf, sich in nur 15 Minuten, 201 Namen und Gesichter fehlerfrei zu merken. Des weiteren prägte er sich Namen und Geburtsdaten von 21 Personen innerhalb von zwei Minuten ein. Dieser Mann besitzt zweifellos eine besondere und herausragende Gabe, welche die Menschen begeistert.

Auch DU hast großartige Fähigkeiten! Du hast die gleiche Basis wie all diese vorbildlichen Menschen, Du kannst all das auch erreichen, ein WOW-Projekt starten. Dein WOW-Projekt! Das meint nicht, dass Du ein WOW-Gedächtnis entwickeln oder super reich werden musst. Es heißt auch nicht, dass Du eine große Firma gründen sollst. Jene Beispiele sollen lediglich ein Impuls sein oder Dir eine Idee geben für Dein persönliches WOW-Projekt.

„DU kannst Großartiges leisten, Menschen in Staunen versetzen und etwas wirklich Sinnvolles für den Beitrag zum Allgemeinwohl tun! Du hast einen Kopf, ein Herz, Energie und Leidenschaft – das ist alles was Du für die Gestaltung eines WOW-Projektes benötigst. Traue Dich!"

Die Gestaltung von WOW-Momenten

„Ein WOW-Projekt beginnt bereits mit einem WOW-Moment." Das Leben ist manchmal vergleichbar mit einer Perlenkette, an welcher etliche Perlen aufgereiht sind. Das sind die besonderen Momente, die magischen Momente in Deinem Leben. Wie viele magische Momente hast Du? Wie viele hast Du geschaffen? Wie viele fallen Dir ein, wenn Du Dich erinnerst? Und vor allem, welche könntest Du schaffen, in nächster Zeit, vielleicht schon recht bald? Nehme mal an, das Leben sei ein Spiel, rein virtuell, eine Computeranimation in der Du frei wählen kannst. In der Du entscheidest, ob Du Dir nun eine Wohnung oder doch lieber ein Haus kaufst, Du entscheidest, wen Du kennenlernst und wen nicht.

Stell Dir vor, dass Leben wäre so begeben und Du ständest vor der Frage, wie Du heiraten sollst – Deine Entscheidung. Wird dieses Fest ein ruhiges, intimes Beisammensein der engsten Familie, Freunden und Verwandten? Oder doch lieber eine große, wilde und ausgelassene Party? Findet die Trauung in einer Kirche statt oder vielleicht an einem ausgefalleneren Ort, wie an einem Strand auf einer idyllischen Insel? Ich habe mich für die Insel Mauritius und eine Traumhochzeit entschieden. Diesen Tag werde ich niemals vergessen!

Es liegt einzig in Deiner Hand! Entwirf einzelne Minuten, Stunden oder auch Tage in Deinem Leben so, dass Du sie mit Sicherheit niemals vergessen wirst. Und teile diese WOW-Momente mit möglichst vielen, denn in der Begegnung mit anderen Menschen sind unsere meisten WOW-Potenziale zu finden. Nur leider hasten wir oft darüber hinweg und verpassen, ohne es überhaupt zu merken, etwas ganz Besonderes.

„Schaffe Dir WOW-Momente und hab den Mut sie auch umzusetzen. Gestalte Dein Leben, es ist Dein Leben."

Das WOW-Unternehmen

1998 hatte ich als Student ein Trainings-Unternehmen gegründet. Ich veröffentlichte mein erstes Buch „Way up - den eigenen Traum leben" im gleichen Jahr. In dem darauf folgenden Jahrzehnt baute ich ein erfolgreiches NLP-Institut mit mir als Trainer auf. In Fachkreisen wurde ich immer bekannter. Inzwischen trainierte ich über 260 Tage pro Jahr, so dass sich mir die Frage stellte: *„Will ich noch mehr machen oder nicht?"* - An diesem Punkt angekommen, beschloss ich meine WOW-Vision noch weiter zu spinnen . Um noch mehr Menschen mit NLP zu erreichen, baute ich ein großes Netzwerk mit inzwischen mehr als 25 Standorten auf. Ich fing an, Trainer, die ich ausgebildet hatte, zu unterstützen, so dass auch sie selbst NLP in jeweils einer anderen Stadt lehren konnten.

Umso mehr fand ich mich selbst in der Rolle eines Unternehmers wieder. Eine neue Karriere, ein neuer Job; ich war gewissermaßen wieder am Anfang. *„Aber mit der gleichen Begeisterung, die ich als Trainer auch hatte, dachte ich mir, muss ich doch auch mein Unternehmer-Dasein jetzt angehen."*

Inspiriert von dem Buch „Imagine!" des amerikanischen Management-Denkers Tom Peters, habe ich begonnen aus meinem Unternehmen ein Wow Unternehmen zu machen. Das Unternehmen soll zu einem Ort werden, an dem sich meine Mitarbeiter und ich gerne aufhalten und inspiriert arbeiten können. Das Ziel ist es, nicht nur zufriedene Mitarbeiter und Kunden zu haben, sondern total begeisterte. So entwickelte ich eine neue Vision für mein Unternehmen und gleichzeitig auch die Präsentation dieser, welche ich meinen Mitarbeitern mit den Worten *„Das ist der Weg, da wollen wir hin!"* unterbreitete.

„Mehr als 10 Tage voller 7 Tage Wochen, voll leidenschaftlichen Einsatz, erst mit Schulden dann mit wenig bis keinem Gewinn...finden JETZT ihre Bestimmung!"

Die Herausforderung

Es geht darum, dieses Unternehmen zu gestalten, zu entwickeln, zu schaffen, zu designen; es neu zu erfinden! Dieser Sachverhalt wurde mir zugleich klar: Das ist mein Unternehmen, ich kann es gestalten. Es liegt in unserem gemeinsamen Interesse, dass das Unternehmen nicht langweilig, ermüdend, gewöhnlich, altmodisch, ernst oder normal wird. Angepasst an die Normen, an die Regeln, so wie ‚man es eben macht'. Das wollen wir nicht! Mega erfolgreich, entspannt, innovativ, exzellent und außergewöhnlich – so soll man uns kennen und schätzen.

Wir wollen als herausragend beschrieben werden, von jedem der uns einmal erlebt hat.

„Normal - das war früher ein schlimmes Schimpfwort für mich. Wenn Du mich beleidigen wolltest, dann hast Du gesagt: Du bist durchschnittlich, normal. Dann hab ich mir alle Mühe gegeben aufzufallen."

Wie wollen wir dieses gesteckte Ziel erreichen oder besser noch, zuerst einmal anstreben? Indem wir ein Unternehmen werden, das die Branche neu erfindet und dabei einen enormen Beitrag zur friedlichen und ökonomischen Entwicklung der Menschen leistet! Unser Bestreben ist es ‚Happy People' hervorzubringen; glückliche Mitarbeiter, Partner, glückliche Kunden und Trainer. Eben ein kleines feines internationales Unternehmen mit Top-Trainern in zahlreichen Ländern der Welt. Ein WOW-Unternehmen zu sein, das ist meine Vision.

„Es erfordert Dich...
Mit vollem Einsatz.
Mit vollem Herzen.
Mit ganzem Verstand.
Mit ganzem Willen.
Voller Kreativität.
Voller Liebe zum Detail.
Voller Ausdauer und Disziplin.
Voller Lust am Schaffen.
Voller Neugierde.
Voller Teamgeist."

Doch der WOW-Effekt tritt nicht von selbst ein. Ganz besondere Taten, Regeln, ganz besonderes Denken und ganz besondere Mitarbeiter werden erfordert. Es bedarf Deines Einsatzes, Deiner Leidenschaft und Energie, sich mit dem Titel WOW-Unternehmen zu rühmen.

Ein modernes Abenteuer

Ein revolutionärer Gedanke, der mich selbst erreicht hat und den ich auch anderen Menschen zurufen möchte, lautet: Das Abenteuer des Lebens findet nicht etwa zu Hause auf der Couch vor dem Fernseher statt, sondern es geschieht tagtäglich am eigenen Arbeitsplatz.

„Mich haben früher schon immer diese kleine Ziele noch nie so wirklich gereizt, für mich war es immer interessant, wenn das Ziel ein bisschen größer war und wenn alle anderen gesagt haben: ‚Das willst du? Das geht doch gar nicht, unmöglich, das schaffst du nicht!'"

Dieser Ansatz weist möglicherweise von der Erfahrung mancher Menschen ab, die das Abenteuer in der Freizeit, bei der Ausübung ihres Hobbys suchen. Ihre Arbeit, ihr Beruf engt sie ein und hält sie davon ab, tatsächliche WOW-Projekte zu kreieren. *„Love it. Leave it. Change it."* - Niemand zwingt Dich diesen Job zu machen, Du hast immer noch die Wahl. Wenn Du die Wahl nicht hast, da Du aufgrund bestimmter Begebenheiten an Deinen Job und das bezahlte Geld gebunden bist, dann verändere Deine Einstellung. Schau wie Du an Deiner Stelle, Deiner Position anfangen kannst, etwas anders zu machen. Schränke Dich nicht ein, lediglich innerhalb Deiner gesteckten Grenzen zu agieren. Denn dieses Verhalten ist normal und angepasst, hierdurch findet keine Veränderung statt. Wenn Du in Deiner Komfort-Zone bleiben möchtest, ist das völlig in Ordnung, niemand verurteilt Dich. Aber falls Du wachsen willst, Dich noch weiterentwickeln willst, dann wirst Du an Deine persönlichen Grenzen kommen und folglich auch auf Widerstand stoßen. Das ist die Herausforderung, an welcher sich erst abbildet, was für ein Charakter in Dir steckt und welches Potential in Dir verborgen ist. ***„Weißt Du, was ich glaube? Ich glaube, Du bist ein WOW-Projekt! Ich glaube Du kannst viele Grenzen überschreiten. Mach nicht zu viel auf einmal. Stück für Stück kannst Du wachsen und Dich entwickeln."***

„Oft erfordert es Einsatz, oft erfordert es Mut, oft erfordert es uns, dass wir Courage zeigen, dass wir ein Stück weit über unsere Grenzen hinaus gehen."

Grenzerfahrungen

Grenzübergang

Wenn ich in ein fremdes Land gehe, eine Grenze überschreite und ich werde gefragt: „Haben sie etwas zu verzollen?", dann sage ich „Nein. Ich habe nichts dabei außer mich, mein Kopf, mein Verstand und mein Herz." - Aber damit bin ich in der Lage alles aufzubauen! Freunde zu finden, Geschäftspartner zu finden. Selbst wenn ich alles verlieren würde oder ‚nichts' mit mir hätte, ich könnte mir alles aufbauen.

Studie von Lottogewinnern

Menschen, die einen Millionenbetrag durch das Glücksspiel gewonnen haben, sind in der Regel zehn Jahre nach ihrem Gewinn, ärmer als zuvor. Ein echter Unternehmer jedoch, der sich etwas aufgebaut hat, aber durch einen Unglücksfall alles verliert und dazu noch Schulden macht, wird trotz allem mit einer höheren Wahrscheinlichkeit nach zehn Jahren vermögender sein als der Lottogewinner. Wie das sein kann? Die Persönlichkeit der ‚Glückspilze' ist nicht in dem Maße, in welchem ihr Vermögen angestiegen ist, mitgewachsen.

„Das zeigt, wie viel Macht und Einfluss wir haben, uns durch unsere Persönlichkeit zu entwickeln."

Lebenslanges Lernen

„Ich möchte, dass Du noch in 20 Jahren stolz auf diese Zeit in Deinem Leben bist!"

Das Leben ist ein Abenteuer. Es passieren häufig unvorhergesehene Dinge, Überraschungen mit denen wir fertig werden müssen. Ich selbst habe viele Niederlagen erlitten, Dinge erlebt, die nicht schön waren. Aber mir ist bewusst: Das gehört dazu, zum Spiel des Lebens. Ich bin überzeugt, nie aufzugeben, mit den Herausforderungen umzugehen und sich die Frage zu stellen: Was kann ich machen mit diesem Moment, mit diesem Augenblick, mit diesem Menschen und dieser Begegnung? Ich möchte den Menschen Impulse geben, Anregungen und Ideen und ich möchte Dich ermuntern, immer weiterzumachen, etwas zu tun. Es gibt so viele Möglichkeiten sich weiterzuentwickeln und somit zu wachsen. Internet, Hörbücher, Podcasts; bleibe dran und übertreffe Dich selbst jeden Tag ein Stückchen aufs Neue. Denn Du kannst keine ungewöhnlichen Ergebnisse erzielen mit gewöhnlichen Verhalten. Du brauchst ein außergewöhnliches Verhalten, eine außergewöhnliche Einstellung. Und diese beginnt in Deinem Kopf!

„Nicht nur ‚work hard', sondern auch ‚work smart'."

Leute, die normale Arbeit leisten, bekommen ein schlechtes Gehalt. Leute, die sich reinhängen und mitdenken bei der Arbeit, werden durchschnittlich belohnt. Und diese, welche sehr gut sind, erhalten ordentliches Gehalt. Sie kaufen sich ein tolles Auto und fahren dorthin in den Urlaub, wovon andere nur träumen. Doch es existiert noch eine Schicht darüber, welche sich kaum von der darunterliegenden unterscheidet und hauchdünn ist. Hier arbeiten herausragende Menschen. Das ungerechte ist: Sie bekommen alles und unverhältnismäßig mehr.

Push your limits! - Vielleicht siehst Du das als kleinen Ansporn, wenn Du schon gut bist, zu sagen: „Da könnte noch mehr gehen!"

Der WOW-Tag

Nimm Dir in regelmäßigen Abständen immer mal wieder einen Tag Zeit, nur für Dich selbst. An diesem Tag tust Du nur das, was Du möchtest, was Dich innerlich entspannt und wobei Du Dich entfalten kannst. Gestalte Deinen WOW-Tag. Wir alle brauchen neben unseren täglichen Aufgaben und Verpflichtungen eben auch manchmal etwas Zeit, um unsere Akkus wieder aufzuladen. Für jedermann hat ‚etwas Schönes zu tun' eine andere Bedeutung. Mein Erholungsort, an dem ich meine Seele baumeln lassen kann, ist eine wunderbare Sauna-Landschaft in Nürnberg. Jeder Besuch bringt mich auf neue Ideen und Gedanken. Es ist erstaunlich und überrascht mich immer wieder aufs Neue, mit welcher Leichtigkeit mein Gehirn auf höchsten Frequenzen arbeitet, wenn ich mich an diesem Ort aufhalte. Finde auch DU die Quelle Deiner Inspiration.

Frage Dich jeden Morgen: Worauf bin ich stolz? Worüber bin ich glücklich? Was entfacht meine Leidenschaft? Was begeistert mich? Worauf freue ich mich heute? Wen liebe ich und wer liebt mich? Manche Menschen scheinen sich absichtlich immer nur schlechte oder schlimme Gedanken zu machen. Sie malen sich regelrecht aus, was an dem heutigen Tag alles schief gehen könnte, oder welche unangenehmen Dinge sie zu erledigen haben. Diese Leute stellen sich Morgens lausige Fragen wie zum Beispiel: „Wie schaffe ich es noch länger im Bett liegen zu bleiben?" oder „Was muss ich tun, um möglichst schnell wieder ins Bett zu kommen?". Indem sie nach irgendetwas suchen, das negativ belegt sein könnte, schaden sie ihrer Einstellung. Selbst verschuldet wird ihre Psyche dadurch angegriffen, was sie demotiviert in den Tag starten lässt. Also stelle Dir lieber die viel wichtigeren und gleichsam positiven Fragen, worauf Dein Verstand problemlos erfreuliche Antworten finden wird. Löse Deine Lieblingsanker aus, beglücke Deine Mitmenschen, indem Du ihnen Komplimente machst. Denn es ist wie ein Wunder, das was Du nach außen gibst, kommt zu Dir zurück in dem Moment.

„Worauf Du Dich fokussierst, worauf Du Deine Aufmerksamkeit richtest, das passiert, das nimmst Du wahr. Und Du kannst es auf die Dinge richten, die Dich unterstützen, auf die Ziele, die Dich voranbringen, auf schöne Gedanken. Oder eben auf das, was nicht funktioniert."

Visualisiere Dir Deinen Traum, indem Du Dich entspannt zurücklehnst, leise Musik anmachst, Dir einen ruhigen Ort sucht und vielleicht auch farbige Stifte und Zettel bereitlegst.

„Träume wie Du noch nie geträumt hast! Verbringe jeden Tag mindestens 15Minuten damit, Träume zu weben. Und wenn nur ein paar Träume davon Wirklichkeit werden, dann hat es sich gelohnt. Aber träumt sie erst einmal!"
- Virginia Satir

„DU bist ein WOW-Projekt, jeder einzelne von euch! Deshalb macht eure Tage zu WOW-Tagen!" - Stephan Landsiedel

STEPHAN LANDSIEDEL

Diplom-Psychologe und internationaler NLP-Lehr-Trainer.

Aufgrund herausragender Studienleistungen erhielt er ein Stipendium der Studienstiftung des Deutschen Volkes. Bereits als Student machte er sich als Trainer selbständig und besuchte unzählige Seminare der damals besten Referenten der Welt.

In den letzten 15 Jahren hat er über 2.500 Seminartage im In- und Ausland als Veranstalter und Referent durchgeführt. Die meisten dieser Seminare fanden als offene Seminare mit 4-200 Teilnehmern statt. Geschäftsführer, Mitarbeiter und Verkäufer von Firmen wie Kodak, Opel, DVAG, HP, SAP, Allianz Versicherung und der Stadt Frankfurt haben an seinen Seminaren teilgenommen.

Stephan Landsiedel ist Gründer von Landsiedel NLP Training mit über 25 Standorten.

Er ist Autor mehrere Bücher und Audio-Programme. 1998 veröffentlichte er sein erstes Buch „Way up – den eigenen Traum leben."

Kontakt:
www.landsiedel-seminare.de

Landsiedel
NLP Training

MUT - ENERGIE FÜR VERÄNDERUNG 02

CARLOS SALGADO

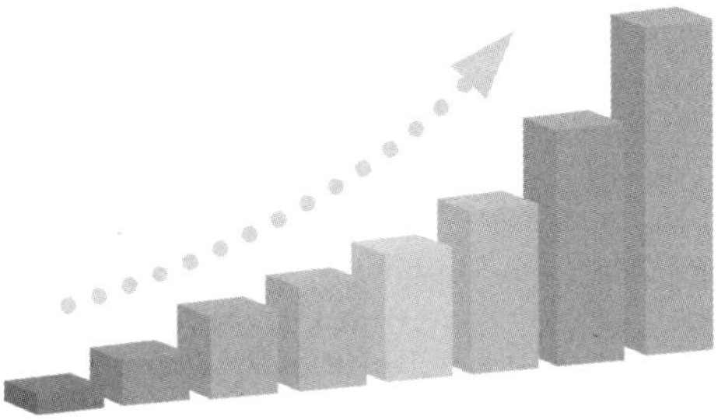

Oft wissen wir zwar genau, was zu tun ist, aber uns fehlt der Mut es auch umzusetzen. Wir zaudern, haben Bedenken, glauben nicht an den Erfolg unserer Träume. Entdecken Sie, wie Sie den Mut in sich befreien können und endlich Energie haben loszulegen.

NLP **– Kraft haben, Mut haben, die Dinge anzugehen, sich seinen Ängsten zu stellen, in die Konfrontation zu gehen.**

Tolle Ideen, Gedanken und Ansätze können überall entstehen, in jeder noch so unmöglichen und alltäglichen Situation. Sei es auf dem stillen Örtchen, einer Autofahrt, in der Sauna oder in einer langen schlaflosen Nacht. ‚Wow-Projekte' kommen auf, immer und immer wieder in den Köpfen vieler Menschen. Sie gestalten, entwickeln und erfinden einzigartige Projekte, die möglicherweise das Interesse einer großen Masse auf sich ziehen und schlichtweg begeistern würden. Etliche Menschen haben diese Fähigkeit, ein ‚Wow-Projekt' zu sein.

Warum wir davon nichts wissen? Ganz einfach, weil diese in den Köpfen und Herzen der Menschen verweilen. Sie haben zwar Potenzial mitzureißen und zu motivieren, doch es bleibt verborgen. Diese Träume und Visionen bleiben fiktiv, da sie nie weiterkommen, nie etwas daraus wird. Mut und Selbstvertrauen fehlt. Vertrauen in sich selbst und in sein Projekt.

Demnach braucht es Menschen, welche andere inspirieren, das ein oder andere ‚Wow-Projekt' trotz Unsicherheit anzugehen. ‚Und auch ich freue mich über Postkarten' – Denn Umsetzungserfolge motivieren. Nicht nur die Agierenden selbst, sondern sehr wohl auch die Beobachter. Die stolzen und zufriedenen Gesichter derer, welche sich getraut und Mut bewiesen haben, an sich selbst und ihre Idee zu glauben, bestärken im eigenen Schaffen.

Das ist das, was mir immer wieder die Kraft gibt, meine Arbeit zu machen, auch wenn eine Woche aus sieben Arbeitstagen besteht.

Das Wichtigste ist die Umsetzung. Solange ‚Wow-Projekte' nur in den Köpfen der Menschen stattfinden, haben sie nie die Möglichkeit, andere mitzureißen, zu begeistern, sie zu Eigenem zu motivieren. Visionen sollen demnach nicht theoretisch bleiben, sie sollen in die Welt hinausgetragen werden, die Praxis erfahren.

http://www.landsiedel-seminare.de/kongress2011/salgado

Drei Schritte zu mehr Mut

1. Selbst-Wert-Gefühl

Was ist etwas wert?

Drei elementare Faktoren helfen dabei, das Innen nach Außen zu kehren, die Entwicklung von Mut zu erfahren. Der erste Schritt dahingehend das zu tun, was in einem steckt, ist seinen eigenen Selbstwert zu bestimmen. Wer ist man, was ist man wert? Nehmen wir zur Veranschaulichung einen 500 Euro Schein. Sein Nominalwert im Original ist einfach zu bestimmen, 500 Euro. Doch was ist dessen tatsächlicher Wert, was ist damit machbar? 500 Euro kann man für so einiges ausgeben, seien es Schuhe oder die Studiengebühren. In anderen Ländern wird hiervon sogar eine komplette Familie ernährt oder das Geld wird für eine lebensrettende Operation gebraucht.

Der Nominalwert des Scheines ist beständig, unabhängig davon ob er auf dem Boden liegt, zertreten oder angespuckt wird, 500 Euro bleiben 500 Euro. Der tatsächliche Wert ist – wie anhand der Beispiele nachvollzogen werden kann – stets subjektiv und variiert von Person zu Person. Das entscheidende ist nämlich die individuelle Umsetzung jedes einzelnen.

Was bin ich wert? Was ist der einzelne wert? Was ist der Mensch wert? Mein Selbstwert kann nicht zerstört werden, wenn ich ihn nicht zerstöre. Der Nominalwert ist der eigene Selbstwert; das was ich mir zugestehe, was ich wert bin. Andere können mir einen höheren oder geringeren Wert beimessen, aber letztendlich bestimme ich durch mein Selbst-Wert-Gefühl, wie viel ich wert bin.

Die Würde des Menschen

Die Würde des Menschen ist unantastbar – so ist es schon im Grundgesetz verankert und festgelegt. Doch die alleinige schriftliche Niederschrift impliziert noch lange nicht, dass dieses Gesetz auch zwangsläufig immer und von allen eingehalten wird.

„Nur weil es im Gesetz verankert ist, dass eure Würde unantastbar ist, heißt nicht, dass man euch gut behandelt." Man muss selbst agieren, für sich selbst einstehen und seine Würde verteidigen, falls droht, dass jene verletzt werden könnte.

Die Würde des Menschen ist unantastbar – das müssten viele Menschen erst einmal gegenüber sich selbst verstehen, es sich immer wieder ins Gedächtnis rufen und entsprechend auftreten.

„Nein" sagen, sich dagegen wehren auf eine bestimmte Art und Weise behandelt oder eher misshandelt zu werden. Den Mut haben ‚Nein' sagen zu können, das ist MEIN Leben.

Dieses Bewusstsein für den eigenen Selbstwert ist uns nämlich schon in die Wiege gelegt. Wir wurden bereits mit einem gesunden und intakten Selbst-Wert-Gefühl geboren, weswegen Mut bei Kindern im Vergleich zu Erwachsenen viel häufiger zu beobachten ist.

Kinder sind sich sehr früh schon bewusst, dass sie sehr wertvoll sind. Und dass Werte wie Leben und Liebe, um die viele von uns tagtäglich kämpfen müssen, ganz selbstverständlich das Allerwichtigste sind. Bedauerlicherweise scheint diese Sicherheit mit den ansteigenden Jahren abzunehmen, Menschen scheinen das Grundlegende zu vergessen oder beginnen gar, es anzuzweifeln.

Dafür gibt es jedoch keinerlei Grund, denn es ist alles eine Frage der Selbstwahrnehmung, der Selbsteinschätzung und des eigenen Wert-Zugeständnisses.

Mark Twain stellte einst fest: *„Das, was jemand von sich selbst denkt, bestimmt sein Schicksal.“*

Ein positives Selbst-Wert-Gefühl zu besitzen, stellt somit die Weichen für den künftigen Erfolg und generell für ein zufriedenes Leben dar.

Die Würde des Menschen ist unantastbar – so ist es schon im Grundgesetz verankert. Entscheidend ist jedoch, dass bevor man sich nicht selbst wertvoll behandelt, es wohl auch kein anderer tun wird. Denn der ausschlaggebende Faktor, wie andere einen wahrnehmen und wertschätzen, ist, wie man zu sich selbst steht und es folglich nach außen hin präsentiert. Man wird somit seinem Selbstwert entsprechend behandelt. Die Reaktion der Umwelt auf eine Person ist nichts anderes als die Eigenreflexion und Selbstdefinition dieser: Ich definiere selbst den Wert. Meinen Wert.

Selbstliebe

„Als ich mich selbst zu lieben begann, habe ich mich von allem befreit, was nicht gesund für mich war, von Speisen, Menschen, Dingen, Situationen und von allem, was mich immer wieder hinunterzog, weg von mir selbst. Anfangs nannte ich das ‚gesunden Egoismus‘, aber heute weiß ich, das ist ‚SELBST-LIEBE‘.“ – Zitat von Charlie Chaplin

Dieses sehr schöne Zitat von Charlie Chaplin erinnert bei genauerem Hinsehen doch sehr an das Matthäus Evangelium aus dem neuen Testament, nämlich Matthäus 22, Vers 37/39.

Wobei die Sentenz ‚Liebe deinen Nächsten wie dich selbst‘ in solcher Hinsicht vertauscht erscheint, dass die Selbstliebe der Nächstenliebe im Grunde vorangehen müsste. Denn wie kann man sich seinen Mitmenschen öffnen und sich ihnen gänzlich widmen, wenn man es nicht einmal versteht, sich selbst wertzuschätzen? Eine positive Selbstwahrnehmung eröffnet eine andere Sichtweise und die Augen für verschiedene Blickwinkel. Eine weit verbreitete Fehlannahme ist jedoch, dass Menschen glauben, sie könnten nur durch die Liebe anderer wertvoll werden; weswegen sie sich folglich irgendeine Person suchen, um diese zu lieben in der Hoffnung, dadurch an Wert zu wachsen. Doch der einzige Weg anderen etwas geben zu können, ist sich zuerst selbst zu akzeptieren, sich selbst anzunehmen mit all seinen Ecken und Kanten, Vorzügen und Schwächen. Denn der Schlüssel zu sich selbst ist zugleich der zur Welt.

Fünf Thesen

1. Wir werden als perfekte Wesen geboren, die Erziehung formt uns so, dass wir besser zu unserem Umfeld passen.
Menschen sind mit dem Beginn ihrer Geburt perfekt, die Erziehung aber versucht uns in verschiedene Richtungen zu lenken, uns zu formen und richtig zu machen. Erziehung meint Prägung durch alle Menschen, die Einfluss auf uns haben, angefangen mit den Eltern und Lehrern. Das ganze Leben stellt einen Prozess der Formung und Richtigstellung dar. Zumindest ist es ein Versuch dessen. Doch es funktioniert nicht.

2. Jeder Mensch ist eine Persönlichkeit, wenn er er selbst ist.
Leider bekommen wir häufig überhaupt nicht mit, wie ein Mensch ist, was er für eine Persönlichkeit hat. Die Menschen nämlich verstellen sich in ihrem Bestreben ‚perfekt' zu sein. Sie versuchen sich irgendetwas anzueignen, was ihnen gar nicht entspricht, das schlicht und ergreifend nicht sie sind. Sie wollen lieber irgendwer anders sein, nur nicht sie selbst. Wobei es genau das ist, was gefragt ist. Sie sollen sie selbst sein, nicht mehr aber auch nicht weniger.

Zudem hat jeder Mensch die Freiheit, sich in seinem Leben weiterzuentwickeln, außer Acht lassend, dass es möglicherweise jemand anderem nicht gefällt; der lieber ‚das frühere Du' zurückhätte.

Natürlich ist Feedback wichtig, ja sogar unverzichtbar, nur sollte man sich dabei nicht selbst vergessen. Mit dem ständigen Versuch es anderen recht zu machen, schadet man letztendlich nicht nur sich selbst, sondern auch anderen, indem ihnen die eigene Persönlichkeit vorenthalten wird.

Ich kann mir davon nichts kaufen, wie ich früher war. Die Frage ist: Wer bin ich heute. Wie bin ich heute, was bin ich heute. Und das definiere in erster Linie ich selbst.

3. Der Mensch entwickelt sich so wie der Schmetterling. In der Kindheit ist er wie eine Raupe, er ernährt sich und wächst. Dann erlebt er in der Pubertät die Enge der Umwelt wie die Puppe und er zieht sich zurück um herauszufinden, wer er ist. Der Rückzug ist nicht immer leise. Als Erwachsener beginnt die Entfaltung, der Schlupf, bis zum Fliegen.

Interessant wird es ab dem jugendlichen Alter. Denn das stellt die Zeit dar, in der man an Grenzen stößt, aber auch die Zeit in der man sich zurückzieht; abhängig von Temperament und Persönlichkeit. Wobei der Rückzug ebenfalls nicht immer lautlos vonstattengeht.

Mit dem Übergang in das Erwachsensein beginnt der Schlupf, währenddessen die entscheidende Differenzierung zwischen Schmetterling und Mensch klar zur Deutlichkeit kommt. Die humane Entfaltung vollzieht sich nicht etwa innerhalb weniger Stunden oder ein paar Tagen, der Mensch benötigt hierfür im Extremfall sogar sein gesamtes Leben. Manche von uns entwickeln sich nie vollständig und können somit nicht abheben. Die Erklärung ist ganz simpel: Sie sind an einem Punkt in ihrem Leben angelangt, welcher nicht weiterführt, keine Perspektiven mehr bereithält und der eine Sackgasse bildet. Trotz der Verwirklichung und der Umsetzung der Ziele, welche im Grunde von anderen fremdbestimmt zugeschrieben wurden, fehlt etwas. Im Normalfall liegt das Durchschnittsalter derer, die vor solch einem Problem stehen und sich dann zum ersten Mal Gedanken darüber manchen, was wohl möglich schief gelaufen ist, bei Anfang Vierzig. Sie erleben ein Leeregefühl und ahnen, dass etwas nicht stimmt.

„Ich kann euch sagen was nicht stimmt, ihr fliegt nur mit einem Flügel. Oder ihr versucht zu fliegen aber hopst nur herum mit so zwei kleinen Stumpen. Es ist noch gar nicht entfaltet; ihr seid noch gar nicht fertig entfaltet."

Aus Angst vor einer negativen Beurteilung anderer, trauen sich viele nicht, sich zu entfalten. Und diese Angst macht klein, sie hemmt und hindert daran, sein Potenzial voll auszuschöpfen. Obwohl man sehr wohl etwas zu zeigen hätte, glänzen könnte.

Allein durch Techniken ist die Furcht nicht zu unterbinden. Natürlich bildet eine Technik eine Krücke oder einen Anker auf der Bestreitung des Weges, aber den eigentlichen Weg muss man ganz allein gehen. Denn der eigene Lebensweg ist immer die Konfrontation mit dem, wovor man am meisten Angst hat. Jeder sollte das Bewusstsein in sich tragen, dass es keinerlei Entrinnen vor Konfrontationen gibt. Denn nur indem man den Mut fasst sich dem zu stellen, was einen verunsichert, ist es letztendlich möglich zu wachsen und sich zu entwickeln. Andernfalls wird man sein ganzes Leben in dieser Angst zubringen.

Der eigene Lebensweg ist immer die Konfrontation mit dem, wovor ich am meisten Angst habe.

4. Wirkliche Entwicklung und wirklicher Wachstum entstehen immer in einer Beziehung. Das ist der Grund, weshalb Beziehungen oft so anstrengend sind.

Andere Menschen bilden den Schlüssel zur eigenen Entfaltung, sie machen es einem möglich durch ihre Aktionen und Reaktionen, durch ihre Annahme und Zuneigung. Aber gerade auch dadurch, dass sie uns hassen, ablehnen und beschimpfen. Weil sie uns unterdrücken oder unterstützen. Andere Menschen geben uns demnach externe Hilfestellungen für unseren eigenen Weg.

Lieben, annehmen, hassen, ablehnen, beschimpfen, unterdrücken, befreien, unterstützen. All das, was Menschen machen, hilft uns.

5. Beziehungen sind der Spiegel in dem wir uns selbst so erkennen, wie wir sind. Um zu wachsen brauchen wir alle Erfahrungen, die ein Mensch machen kann.

Jede Erfahrung, unbedeutend ob gut oder schlecht, ist wertvoll für unsere Entwicklung. NLP soll genutzt werden, um Mut zu schöpfen, Dinge in die Hand zu nehmen, sich einen Anker zu setzen und in die Konfrontation mit unseren Ängsten zu gehen, um letztendlich als Sieger reich an Selbstbewusstsein und -entwicklung aus dieser herauszugehen. Das heißt ganz einfach: Entsteht ein Problem, nicht weglaufen, Kraft haben, Mut haben jenes zu bewältigen.

2. Spiegelgesetz

Wir spiegeln einander und geben uns so die Möglichkeit uns selbst und unser Gegenüber besser kennenzulernen.

Das Spiegelgesetz besteht aus vier aufbauenden Aspekten, welche deutlich machen, dass die Wahrnehmung anderer nicht mehr ist, als die Spiegelung des eigenen Selbst. Unser Gegenüber hilft uns dabei, unsere eigentliche Persönlichkeit und Überzeugungen immer wieder ein Stück mehr zu erkunden. Denn alles, was ich am Anderen kritisiere oder sogar bekämpfe und an ihm verändern will, kritisiere, bekämpfe und unterdrücke ich in Wahrheit in mir selbst und hätte es auch in mir gerne anders. Dies ist nämlich ein Aspekt, den man zu allererst in sich selbst trägt. Die geäußerte Kritik ist nicht etwa an den Gegenüber gerichtet, es ist schlichtweg Selbstkritik. Dinge und Gefühle, welche an der eigenen Persönlichkeit nicht gefallen, gefallen im Umkehrschluss auch nicht am Anderen.

Das zweite Spiegelgesetz besagt: Wenn Kritik von außen berührt und verletzt, zeigt diese Reaktion, dass das Bemängelte einen Aspekt in der gegenwärtigen Persönlichkeit darstellt, welcher noch nicht entfaltet ist. Man hat sich selbst noch nicht gänzlich angenommen, gelernt seine Schwächen, Ecken und Kanten zu akzeptieren und sie zu lieben, weil sie nun mal einen Teil der eigenen Persönlichkeit bilden und zu einem gehören. Wenn demnach das Gesagte Missmut auslöst, lässt es darauf schließen, dass das Ego zu stark und die Selbsterkenntnis noch zu schwach ist.

Ist die Persönlichkeit jedoch bereits einen Schritt weiter, herrscht Selbstliebe und -annahme vor, dann hat man das dritte Spiegelgesetz erreicht. Wird diesmal erneut etwas vorgeworfen, etwas kritisiert, folgt der selbstsichere Satz: *‚Ja ich bin so, und was ist jetzt!?‘* Zu diesem Zeitpunkt liegt es ganz offensichtlich auf der Hand, dass der Ankläger kein Problem mit seinem Gegenüber hat, sondern mit sich selbst. Die Sache, welche er im Anderen anprangert, hat er lediglich mit sich selbst nicht geklärt. Und hierauf folgt die Fremdprojektion. Berührt es jemanden aber nicht, was man an ihm nicht mag, sondern nimmt dieser es nur wahr, löst dessen Gelassenheit selbstverständlich Ärgernis aus. Man selbst strengt sich an, um etwas zu verbessern, das einem schwer fällt. Ein anderer jedoch, welcher eins zu eins dieselbe Schwäche besitzt, ist aber keineswegs bestrebt an dieser zu arbeiten. Warum? Weil er sie einfach als solche in sich selbst akzeptiert hat; weil es völlig in Ordnung für ihn ist, etwas nicht zu können. Das regt auf.

Ich erkenne mich selbst im Anderen – in diesem Augenblick sind wir eins.

„Das was wir am Anderen lieben, was wir am Anderen schätzen, was wir am Anderen toll finden, all das haben wir auch als Aspekt in uns. Das lieben wir auch als Aspekt in uns.“

Ebenso wie die negativen Aspekte weder an sich selbst noch am Gegenüber gern gesehen werden, so werden die positiven Eigenschaften des Anderen wertgeschätzt und es besteht der Wunsch jene ebenfalls innezuhaben. Der Wunsch ist dabei unnötig, denn man trägt sie schon immer in sich.

Mit dem kleinen aber entscheidenden Unterschied, dass sie in der eigenen Persönlichkeit noch nicht entfaltet sind. Zweifellos schafft die Übereinstimmung aber ein Gefühl von Einheit und Rapport. Das heißt, alles was wir an anderen Menschen toll finden, besitzen wir selbst auch. Denn wären diese Dinge nicht bereits in der eigenen Persönlichkeit verankert, könnte man mit ihnen nicht in Resonanz treten.

Wo auch immer Ihr Menschen begegnet, die etwas Tolles tun, können, denken, machen, handeln oder sagen, seid gewiss, Ihr habt das auch in Euch.

3. Selbstbild

Wo bin ich?

Der letzte Schritt zu mehr Mut ist, sich selbst zu erkennen; zu wissen, was die eigene Persönlichkeit ausmacht. Die wenigsten nämlich können abschätzen, was passieren würde, wenn sie sich trauten, ganz sie selbst zu sein. Zu viel Angst löst der Bedacht an die Reaktionen anderer aus.

Doch nehme man einmal an, einzig und allein das Gefühl in sich drin sei wichtig. *„Wenn ihr einfach ihr selbst seid, wer seid ihr dann? Wie fühlt sich das an? Wie fühlt es sich an, einfach nur selbst zu sein?"* Ein kleines Gedankenspiel lässt insofern manchmal mehr über sich selbst erfahren, da doch einiges, was man gerne hätte, in der Realität aufgrund einschränkender Umstände nicht umsetzbar ist. Wichtig ist die Situation, in der man sich befindet, wenn man einfach nur man selbst ist. Welcher Ort, welche Umgebung, was für Menschen und Umstände zeichnen sich in den Gedanken ab. Eine simple Frage: Wo bin ich?

Was mache ich?

Unsere Aktivitäten und unser Verhalten sind ebenso bedeutend und aufschlussreich. Denn was wir gerne tun, was uns Spaß macht, das gibt uns Kraft und macht lebendig.

Ein Paradebeispiel ist ein begnadeter Musiker und leidenschaftlicher Klavierspieler. Dieser sehr alte Mann kann kaum noch laufen, geschweige denn eine Flasche aus eigener Kraft öffnen. Doch wenn sich dieser, durch sein Alter unverkennbar gezeichnete Mann, morgens an das Klavier setzt, dann findet eine Verwandlung in ihm statt zu einem jungen zwanzigjährigem Pianisten. Und seine von Gicht gequälten Finger öffnen sich, sein Rücken wird gerade und er kann für zwanzig oder gar dreißig Minuten Klavier spielen.

Jeder Mensch hat irgendetwas in sich, was ihm unbändig viel Kraft gibt und wie im Falle des Pianisten, Unmögliches möglich macht. Ganz egal was es ist, dass einen Bäume ausreißen lässt, jeder Mensch sollte dies in sich finden, konservieren und das dann so oft wie nur möglich machen. Auch wenn es nur einmal am Tag für zwanzig Minuten sei; wenigstens diese zwanzig Minuten ganz im Flow sein.

Was mache ich? – Das ist es, was einen ausmacht, wenn man sein eigenes Selbst lebt.

Ich glaube jeder Mensch hat etwas, das ihm unbändig viel Kraft gibt. Und das sollte jeder Mensch auch finden und konservieren, um das dann so oft wie möglich zu machen, auch wenn es nur einmal am Tag für 20 Minuten ist. Wenigstens diese 20 Minuten am Tag ganz im Flow sein.

Was kann ich gut?
Eine Sache zu tun, ist das eine. Eine Sache richtig zu tun, gut zu tun, ist etwas ganz anderes. Oft ist es so, dass Menschen dem, was ihnen leicht fällt, keinen Wert beimessen. Sie machen es mit Leichtigkeit und ohne große Anstrengung. Und obwohl es ihnen zudem noch Freude bereitet, richten sie ihre Aufmerksamkeit auf Dinge, welche schwer fallen. Anstatt das Talent zu fördern, wird viel Zeit, Geld und Energie für etwas verschwendet, was nicht nur nicht beherrscht, sondern viel schlimmer noch nicht gemocht wird. Viel schlauer ist es, aus dem, was man ist, eine Tugend zu machen: *„Ich nehme mich so an wie ich bin."* Gewiss können Leute, die des NLPs mächtig sind, ein Reframing finden mit dem sie Außenstehenden ihr Verhalten erklären können.

Allerdings ist ein Reframing nach innen gänzlich unnötig, Selbstannahme ist das Zauberwort.

Reframing nach außen: O.K.
Reframing nach innen: NO GO

Was ist mir wichtig und woran glaube ich?
Jeden Tag sterben etliche Menschen für ihre Freiheit, für ihre Religionsfreiheit, für ihre Reisefreiheit, für ihre Redefreiheit. Sie sterben lieber als dass sie auf diese Freiheit verzichten. Für was es sich zu leben lohnt, das wissen sie besser als jeder andere. In unserer Wohlstandsgesellschaft jedoch haben die meisten Menschen den Sinn dafür verloren, was ein Leben wirklich lebenswert macht. Bei den kleinsten Problemen werden Psychologen oder ein Coach zu Rat gezogen mit dem einfachen Grund, dass wir unfähig geworden sind zu leben. Was wir veranstalten, ist es nicht mehr würdig, Leben genannt zu werden. Wir atmen und laufen zwar noch, wir sind noch da, aber wir leben nicht wirklich. Wir überleben nur. Wir leben nicht unser Leben, sondern irgendeines; Kopie 624. Die Frage, was einem wichtig ist im Leben, wofür es sich der eigenen Meinung nach zu leben und zu sterben lohnt, ist elementar für die vollständige Entfaltung eines Menschen.

Wer bin ich?
So einzigartig wie unser Fingerabdruck ist auch jeder Mensch selbst, jeder einzelne. Das Entscheidende ist nur: *„Getraut Ihr Euch auch so einzigartig zu sein, es auch zu leben?"* Ganz viel Lernen geschieht heutzutage schablonenhaft. Es wird zugelassen, dass das eigene Verhalten und Benehmen fremdbestimmt wird, aufgrund des innigen Wunsches, perfekt zu sein. Dabei meint „richtig zu sein", ganz einfach „man selbst zu sein". Sich seine Einzigartig zuzugestehen, stolz auf sie zu sein und das auch nach außen hin zu präsentieren, bedeutet wahrhaftig sein Leben zu leben.

Natürlich ist es gut, einige Formalitäten und Handhabungen, wie etwas gemacht wird oder gemacht werden sollte, zu kennen. Ob man diese denn dann in seine Persönlichkeit und in sein Verhaltensrepertoire aufnimmt, das bestimmt man ganz allein für sich selbst. Die Erwartungshaltung eines anderen als von sich selbst zu erfüllen, das bringt einen nicht weiter. Wenn ich das wirklich bin, ist doch o.k. wenn der mich nicht mag. Weil dann müssen wir uns nicht so oft sehen. Lieber wird man von einer Person nicht gemocht, als dass man sich für sie verstellt und vielleicht sein ganzes Leben eine Rolle spielen muss, jemanden verkörpern muss, der man gar nicht ist. Und das alles bloß um zu gefallen. Das macht keinen Sinn.

„Du bist als mein Ebenbild geschaffen.“ Wenn wir wirklich ein Abbild vom Göttlichen sind, dann können wir doch nur genauso wie wir sind, perfekt sein.

Richtig sein führt nicht dazu, wir selbst zu werden. Richtig sein ist, man selbst zu sein. Vielleicht nicht unbedingt in den Augen anderer, aber in den eigenen. Immer mehr sich selbst entdecken, das ist das größte Abenteuer. Sich selbst entdecken, immer wieder neu.

Zu wem gehöre ich?

„Ich hab die Konsequenz gezogen. Und das hieß statt einen dreier BMW Vollausstattung, größerer Motor und so weiter, einen 10 Jahre alten Diesel Mercedes zu fahren. Aber eins ist sicher: In diesem ‚schönen‘ Mercedes bin ich 70.000 km gefahren im letzten Jahr und ich hatte ***auf jedem Kilometer Spaß****. In dem schönen fetten BMW davor bin ich mindestens genauso viel Kilometer gefahren, die wenigsten mit Spaß. Das Geld hat gestimmt aber sonst nichts.“*

Die Frage zu wem man gehört, wovon man ein Teil ist, ist nicht allzu schwer zu beantworten. Aber zu sagen, dass man darauf stolz ist und zu hundert Prozent dahinter steht, fällt nicht vielen Menschen leicht, weil sie es nicht sind. Dennoch haben sie an ihrer Situation nichts geändert, weil sie Angst davor haben, das zu tun, was ihnen Spaß macht. Ab und an impliziert dies eben einige Dinge einzubüßen, die zwar als wichtig erscheinen, es eigentlich aber für das eigene Wohlergehen nicht im Geringsten sind. Ganz im Gegenteil stehen sie meist nur im Wege. Zu tun, was einen glücklich stimmt, sich zu entfalten und zu wachsen, das ist es, worauf es schlussendlich ankommt.

„Unsere tiefste Angst ist es nicht, ungenügend zu sein.
Unsere tiefste Angst ist es, dass wir über alle Maßen kraftvoll sind.
Es ist unser Licht, nicht unsere Dunkelheit, was wir am meisten fürchten.
Wir fragen uns, wer bin ich denn, um von mir zu glauben, dass ich brillant, großartig, begabt und einzigartig bin?
Aber genau darum geht es, warum solltest Du es nicht sein?
Du bist ein Kind Gottes. Dich klein zu machen nützt der Welt nicht.
Es zeugt nicht von Erleuchtung, sich zurückzunehmen, nur damit sich andere Menschen um dich herum nicht verunsichert fühlen.
Wir wurden geboren, um die Herrlichkeit Gottes, die in uns liegt, auf die Welt zu bringen. Sie ist nicht in einigen von uns, sie ist in jedem von uns.
Und indem wir unser eigenes Licht scheinen lassen, geben wir anderen Menschen unbewusst die Erlaubnis, das Gleiche zu tun.
Wenn wir von unserer eigenen Angst befreit sind, befreit unser Dasein automatisch die anderen.“
– Marianne Williamson aus dem Buch „A Return to Love“

Die Herrlichkeit Gottes ist in jedem einzelnen. Die Frage ist nur, ob man es erweckt, ob man es zulässt und seinen Selbstwert steigert.

Ganz wesentlich ist es, seine Erlebnisse und Erfahrungen mit anderen zu teilen, damit auch andere einmal die Möglichkeit bekommen ihr Licht zu zeigen. – *„Ich wünsche euch das, was ihr mir wünscht."*

Carlos

Carlos Manuel da Silva Costa Salgado

Er ist einer der bekanntesten NLP-Trainer und Coach-Ausbilder in Deutschland. Wir sind stolz darauf, dass er in unserem Netzwerk seine NLP-Ausbilder ist. Der Lehrtrainer und Lehrcoach nach DVNLP ist seit 1993 Führungskräfte-Trainer und der Entwickler des Persönlichkeitsmodells Biolance®-Methode, Biolance®-Training und Biolance®-Coaching.

„Ich bin mutig und immer bereit zu kämpfen für das, was ich glaube. Ich werde nicht müde mein Leben immer wieder neu auszurichten, um immer mehr der zu sein, der ich sein kann. Dabei habe ich schon viele Menschen vor den Kopf gestoßen und noch mehr Menschen habe ich dabei als Vorbild gedient, ihr eigenes Leben neu auszurichten.

Ich habe Angst, anderen zu nahe zu treten und halte mich dann auch mal zurück und überlasse sie ihrem Schicksal.

Ich wünsche mir noch mutiger zu werden und den Menschen proaktiv und freundlich entgegenzutreten, um sie mit sich selbst zu konfrontieren.

Ich bin ein Suchender, der schon gefunden hat!“

Coachingpraxis Carlos Salgado
Dorfstraße 6
36142 Tann (Rhön)

Mobil: 0173-4103784
Email: carlos.salgado@landsiedel.com
www.salgado.de

ERFOLG 2.0
DER FAKTOR (UN) BEWUSSTSEIN

GABRIELE ECKERT

03

Die Definition von Erfolg ist das Erreichen gesteckter Ziele durch entsprechendes Handeln. Das Rezept für Erfolg setzt sich für die meisten Menschen aus einer Mischung von Fleiß, Ehrgeiz, Intelligenz, Mut, Begabung, Training, Übung, den richtigen Beziehungen, finanziellen Mitteln und ähnlichen Faktoren zusammen. Einige Coaching- und Trainingsmethoden sprechen deshalb auch das Unterbewusstsein mit an und versuchen es, in der richtigen Weise zu „programmieren". Das wird gerne durch die Implementierung geeigneter Glaubenssätze, durch Affirmation, durch Visualisierung der Ziele und durch das mentale Durchlaufen individueller Prozesse versucht. Viele dieser Methoden gehen davon aus, durch das Erarbeiten einer fehlenden Ressource, die gesteckten Ziele zu erreichen.

Die wenigsten Methoden evaluieren dabei den Einfluss negativer Faktoren. Also die Faktoren, die den Erfolg eines Menschen behindern. Damit sind alle Gedanken, Erlebnisse, Glaubenssätze, Erinnerungen, Projektionen, Gefühle, Ängste und Entscheidungen im Leben eines Menschen gemeint, die ihn davon abhalten, wirklich erfolgreich zu sein. Die Schwierigkeit liegt darin, dass einem diese Faktoren in den meisten Fällen gar nicht bewusst sind. Wenn wir den negativen Einfluss dieser Faktoren neutralisieren, zeigt sich bei vielen Menschen ein überraschender Erfolg. Und das ohne zusätzliches Training oder langwierige Coachingmethoden.

Mit CQM ermöglichen wir genau das. Wir spüren die am Erfolg hinderlichen Faktoren auf und neutralisieren diese. Damit verändern wir weder die Erfahrung, noch entfernen wir die vorhandenen Ressourcen oder fügen welche hinzu. Wir sorgen lediglich dafür, dass die negative Wirkung dieser hinderlichen Faktoren aufgehoben wird. Mit dieser Methode können wir das Ziel direkt anstreben oder uns die nötigen Ressourcen aneignen, die uns das Ziel erreichen lassen.

Im Moment klingt das alles noch sehr abstrakt. Schauen wir uns doch am besten zwei Beispiele an:

1. Ronny und die Welt der Zahlen

Ronny ist in der 9. Klasse Realschule und hat ein sehr massives Matheproblem. Wann immer er vor seinem Matheheft sitzt, hat er extreme Konzentrationsschwierigkeiten. Es scheint so, als wollen sich die Matheaufgaben einfach nicht lösen lassen. Er verbringt Stunden mit seinen Hausaufgaben und zerbricht sich den Kopf, diese zu einem positiven Abschluss zu führen. Ronnys Klassenarbeiten sind ein absolutes Disaster und er kommt scheinbar nicht von der Fünf im Zeugnis weg.

Seine Eltern haben nichts unversucht gelassen, sein Problem auf konventionelle Art zu lösen – ohne Erfolg. Ronny hat in den letzten drei Schuljahren jeweils drei Nachhilfelehrer zur Verzweiflung und seine Eltern in eine Sinnkrise getrieben.

Durch Zufall sind sie auf CQM gestoßen. Nachdem wir mit CQM alle erfolgsverhindernden Faktoren, bezogen auf das Mathematikproblem, aufspüren und auflösen konnten, verschwanden Ronnys Schwierigkeiten vollständig. Ronny schrieb nach CQM nur noch Zweier und Dreier. Und im Abschlusszeugnis überzeugte statt der befürchteten Fünf nun endlich eine Zwei.

2. Wenn alles perfekt scheint

Jürgen hat eine kleine Firma mit 5 Angestellten, zwei gesunde Kinder, eine hübsche Frau und ein schönes Haus am Stadtrand. Das Paradebeispiel eines erfolgreichen Mannes. Doch plötzlich drohte die Firma auseinanderzufallen. Monatelang war Jürgen nicht mehr in der Lage, in die Firma zu gehen und saß mit unerklärlichen Weinkrämpfen zu Hause.

Auch bei Jürgen hatten herkömmliche Methoden keinen nachhaltigen Erfolg. Er begab sich lange Zeit in Psycho- und Hypnosetherapie und schluckte allerlei Mittelchen, um sein emotionales Innenleben zu stabilisieren.

Mit CQM wurden Jürgens unbewusste Ursachen aufgelöst, die in Zusammenhang mit seiner Arbeitssituation standen. Von einem Tag auf den anderen konnte er wieder wie gewohnt zur Arbeit gehen und war mit Begeisterung im Betrieb.

Bei diesen beiden Personen haben konventionelle Vorgehensweisen nichts bewirkt. Ihr Problem war nicht auf der Ebene zu lösen, auf der es sich gezeigt hat. Die Ursachen lagen in einem Bereich, den sie nie vermutet hätten und den sie vor allem noch nie in Zusammenhang mit ihrem Problem gebracht haben. Beide Ursachen lagen in einem Bereich, den keiner zuvor betrachtet hatte. Sie lagen auf der unbewussten Ebene. Nachdem die jeweiligen Ursachen auf dieser Ebene aufgespürt, und der erfolgsverhindernde Einfluss neutralisiert worden war, hat sich das Blatt in kürzester Zeit zum Positiven gewendet.

Bevor wir die Erfolgsverhinderer von Ronny und Jürgen im Detail betrachten, beleuchten wir zunächst ein wenig die Hintergründe und die Methode von CQM.

Der Faktor (Un) Bewusstsein

Es ist unumstritten, dass all unsere Entscheidungen und unser Handeln auf den Erfahrungen beruhen, die wir in unserem bisherigen Leben sammeln konnten. Denn alles was wir tun, sagen oder denken, haben wir irgendwo schon einmal gelernt und übernommen – bewusst oder unbewusst. Entweder wurde es uns von unseren Eltern oder auch in der Schule beigebracht oder wir haben die Informationen von unseren Mitmenschen oder aus den Medien übernommen. Der geringste Teil unseres Verhaltens ist aus uns selbst entstanden. Einen sehr großen Teil unserer Erfahrungen sammeln wir bereits in unserer frühen Kindheit. Sogar vor unserer Geburt, also während der Schwangerschaft im Mutterleib, werden wir erheblich geprägt und beeinflusst. An die meisten dieser Erfahrungen können wir uns wegen der langen Zeitspanne nicht mehr erinnern. Sie werden in unser Unterbewusstsein verdrängt. Das bedeutet aber nicht, dass sie ihre Wirkung verlieren – im Gegenteil.

Das System „Mensch"

Das Modell ist relativ einfach zu erklären: Jede Erfahrung, die wir im Laufe unseres Lebens machen, bewerten wir. Egal, ob wir das Erlebnis als angenehm oder unangenehm, positiv oder negativ einstufen, wir speichern die Informationen in unserem System ab. Zu dieser Erfahrung werden alle dazugehörigen Sinneseindrücke und Empfindungen hinterlegt. Dieses Modell ist in der Psychologie bekannt und kommt bei einigen Therapieformen, wie zum Beispiel der Hypnosetherapie, gezielt zum Einsatz.

Was die offizielle Wissenschaft bis heute jedoch noch nicht erklären kann, ist der Ort für diese Speicherung. Selbst durch aufwendige Experimente mit Tierversuchen konnte keine Stelle des Körpers lokalisiert werden, an der sich diese Informationen befinden.

Es drängt sich also die Vermutung auf, dass die Speicherung vielleicht überhaupt nicht im physischen Körper erfolgt. Wir sollten also noch an einer anderen Stelle suchen.

Das menschliche Energiefeld

In der Schule haben wir gelernt, dass der Mensch aus Knochen, Muskeln, Blutkreislauf und Nerven besteht. Die Zellen kommunizieren danach über chemische Botenstoffe miteinander. Der Körper wurde als eine mechanisch-chemische Maschine dargestellt. Der Bauplan für unseren menschlichen Körper ist demnach in den Genen gespeichert, wobei sich aus einer einzigen befruchteten Eizelle der ganze Körper entwickelt. Die Zellen teilen sich beim Wachstum und die identische DNA wird auf die sich teilenden Zellen kopiert.

Hierbei bleibt nur eine Frage unbeantwortet: Woher weiß die einzelne Zelle, dass sie jetzt eine Leberzelle werden soll und keine Herz- oder Gehirnzelle? Welcher Steuerungsmechanismus ist vorhanden und wo ist diese Information gespeichert? Die Gene der Zellen sind ja alle gleich. Sie wurden durch die Zellteilung aus einer einzigen Eizelle immer wieder kopiert.

Was in der offiziellen westlichen Forschung nicht berücksichtigt wird, ist die Existenz des Energiefeldes. Jedes Lebewesen, ob Mensch, Säugetier oder Pflanze, ist von einem feinstofflichen Energiefeld umgeben. Dieses Energiefeld kann durch optische und elektronische Verfahren gemessen und sogar sichtbar gemacht werden. Es ist in ständiger Veränderung. Die Veränderungen werden nicht nur durch physische Einflüsse hervorgerufen, sondern auch und im Wesentlichen durch unsere Gedanken. Diese Felder werden in vielen Kulturen als Aura bezeichnet. Auch wenn einige Menschen diese Felder sehen und bewusst wahrnehmen können, so nehmen wir sie alle, auch wenn wir sie vielleicht nicht sehen können, auf einer unbewussten Ebene wahr und reagieren auf die Felder.

Diese Felder existieren nicht nur beim voll entwickelten Lebewesen, sondern schon bei der einzelnen Eizelle. Interessanterweise sind sie bei einem toten Lebewesen nicht mehr vorhanden. Diese Felder umgeben den Körper und durchdringen ihn.

Es liegt nahe, dass in diesen Feldern Informationen gespeichert sind. Diese Informationen bestimmen, welche Funktionen die einzelnen Zellen einnehmen. Dies konnte ebenfalls in Experimenten mit Tieren wie zum Beispiel mit Eidechsen nachgewiesen werden. Eidechsen besitzen ja die faszinierende Eigenschaft, dass ihnen verlorene Körperteile einfach nachwachsen können. Manipuliert man diese Felder durch elektrische Spannungen regenerieren sich verletzte Körperteile besonders schnell.

Wo sind unsere Erinnerungen gespeichert?

Kommen wir nun wieder auf die spannende Frage zurück, wo unsere Erinnerungen gespeichert sind. Wie gesagt, die Wissenschaft hat bisher keinen Ort, kein Organ und auch keine Struktur finden können, bei dem unsere Erinnerungen und Erfahrungen nachweislich gespeichert sind.

Nach den obigen Ausführungen über das Energiefeld liegt es nahe, die Hypothese aufzustellen, dass unsere Erfahrungen ebenfalls in den Energiefeldern gespeichert sind, die unseren Körper und unsere Zellen umgeben. Dies würde auch eine bessere Erklärung für den Informationsfluss in unserem Körper ergeben, denn dieser findet mit erheblich höherer Geschwindigkeit statt, als es über chemisch reagierende Botenstoffe überhaupt möglich wäre.

In dem Fall wären alle Informationen in diesen energetischen Feldern gespeichert. Nicht nur das Positive, sondern auch die Informationen, die uns am eigenen Erfolg hindern. Diese Informationen bestimmen letzten Endes, wie unser Körper aussieht. Ob wir gesund oder krank sind. Sie bestimmen aber nicht nur das körperliche Wohlbefinden, sondern auch wie wir auf äußere Reize reagieren und wie wir uns verhalten.

Das Wichtige ist, dass diese Felder auf unbewusster Ebene von unseren Mitmenschen, Geschäftspartnern, Kollegen, Kunden und unserem Partner wahrgenommen werden. Und zwar völlig automatisch. Die Wahrnehmung entzieht sich in der Regel unserem Bewusstsein. Doch genau das sind die Informationen, die uns jemanden als sympathisch oder auch unsympathisch empfinden lassen. Wenn in diesem Feld jetzt Informationen verborgen sind, die für unser Vorhaben ungünstig sind, so nehmen wir das auf unbewusster Ebene wahr und handeln dementsprechend.

Gezielte Beeinflussung des Energiefeldes

Wir sind der Ansicht, dass sowohl die Steuerung wie auch der Informationsaustausch eines Körpers, durch die Energiefelder stattfinden. Es lässt sich auch beobachten, wie die Energiefelder durch unsere Gedanken geprägt werden. Somit müsste es doch möglich sein, die Felder alleine durch die Gedanken zu beeinflussen. Doch dazu müssen wir uns auf das Ziel konzentrieren und unsere Absicht vollkommen klar und neutral ausrichten.

Die klare Absicht

Bei der Anwendung von CQM lassen wir die energetischen Erfolgsverhinderer aus dem Unbewussten heraustreten und wandeln diese in harmonische Schwingungen um. Diese Erfolgsverhinderer nennen wir in der Sprache von CQM schwächende Einflüsse oder schwächende Informationen.

Oder kurz Schwächen. Diese Schwächen sind nicht generell in jeder Situation schwächend, sondern nur in Bezug auf ein spezielles Ereignis, auf ein zu erreichendes Ziel oder ein bestimmtes Verhalten.

Wenn wir CQM anwenden, identifizieren wir die unbewussten Schwächen in unserem Energiefeld und korrigieren oder neutralisieren diese. Immer in Bezug auf ein bestimmtes Ziel. Die Korrektur erfolgt dabei durch einen klaren Gedanken. Dieser Gedanke ist nichts anderes als die Absicht, die schwächende Information in eine stärkende oder neutrale Information umzuwandeln. Mit CQM harmonisieren wir unser Energiefeld. Wir lösen die Verwicklungen unseres Lebens, die in unserem Energiefeld gespeichert sind, auf und reinigen sozusagen das Energiefeld. Wir bringen Ordnung hinein, damit die Energie wieder frei fließen kann. Das ist jetzt keine Metapher, denn genau das lässt sich mit entsprechenden Geräten sichtbar machen und wurde durch Experimente bestätigt.

Die Blaupause unseres Körpers

Mit CQM verändern wir nicht das Ereignis, das dieser Information zugrunde liegt, sondern wir korrigieren die Auswirkungen, die diese Information auf unser System hat.

Dadurch verschwinden die Ängste und Zwänge, die uns so lange in dasselbe Verhalten drängen, bis wir den negativen Einfluss aufgelöst haben. Wir gewinnen neue Freiheitsgrade in unserem gesamten Verhalten. Diese Korrekturen wirken sich jedoch nicht nur auf unsere Psyche und unser Verhalten aus, sondern auch auf unseren Körper. Schließlich ist unser Körper durch das Energiefeld definiert und ändert sich automatisch, sobald sich das Energiefeld ändert. Mit anderen Worten, wenn wir mit unseren Gedanken schwächende Einflüsse korrigieren, wirkt sich das auf unsere Gesundheit aus.

Und genau das können wir beobachten, wenn wir CQM anwenden. Unsere Gedanken müssen jedoch von klarer Absicht dominiert sein. Denken wir in dem einen Moment „wir möchten gerne dies oder jenes tun“ und im nächsten Moment „es ist aber nicht möglich“, heben wir den Gedanken wieder auf und können logischerweise keine Veränderung beobachten.

Die unbewussten Erfolgsverhinderer bei Ronny

Kommen wir nun zu unseren beiden Beispielen zurück und schauen uns an, welche unbewussten Schwächen bei Ronny und Jürgen gefunden wurden:

Erinnern Sie sich noch, Ronny hat drei Schuljahre hintereinander jeweils drei Mathematik Nachhilfelehrer zur Verzweiflung getrieben. Mit Ronny ist der CQM-Coach in Gedanken in die Schule gegangen und hat sich „umgesehen" und „umgespürt". Der CQM-Coach korrigierte dabei zuerst alle schwächenden Einflüsse rund um das Schulgebäude und den Unterricht. Unter anderem: die energetische Verbindung der Tische zu Ronny, der Tafel zu Ronny, der Geruch der Kreide, still sitzen müssen, die Verbindung zur Mathematik-Lehrerin, zur Stimme der Lehrerin, zu den Schulbüchern, zu den Zahlen.

Als der CQM-Coach Zahlen angesprochen hat, sank Ronny auf seinem Stuhl zusammen. Sein Atem stockte unmerklich. Dies ist ein Indiz dafür, dass rund um dieses Stichwort Zahlen weitere energetische „Verstrickungen" in seinem Feld existieren. Also hat der CQM-Coach seine Aufmerksamkeit auf Zahlen gelenkt. Zahlen schreiben, Zahlen ansehen, Zahlen sehen, Zahlen aussprechen. Alle diese Tätigkeiten schwächten Ronny und wurden sofort korrigiert.

Etwas bezahlen, etwas bezahlen müssen, die Schulden bezahlen, das zahl ich Dir heim, waren weitere Konzepte, die Ronnys Energiefeld schwächten. Bei der Aussage „sich schuldig fühlen für Zahlen" reckte sich Ronny auf seinem Stuhl. Er erzählte, dass sein Vater immer bei der Arbeit sei und seine Mutter oft sehr wütend darüber ist. Wenn der Vater nach Hause kommt, gibt es zwischen den Eltern oft Streit. Ronnys Mutter meint, der Vater sollte sich auch um Ronny und seine zwei Jahre jüngere Schwester kümmern. „Du scheinst dich nur für Deine Umsätze und Zahlen zu interessieren, wir sind dir egal" lautet einer ihrer Standardsätze. Nachdem die Streitereien vorüber sind, hängt der Haussegen schief, was einen großen emotionalen Stress für die ganze Familie verursacht. Die Zahlen sind schuld, sich schuldig fühlen wegen Zahlen, wegen Zahlen nicht beachtet werden, wegen Zahlen bestraft werden, wegen Zahlen nicht geliebt werden, wegen Zahlen abgelehnt werden, Zahlen machen Angst – das waren die letzen Korrekturen, die bei Ronny durchgeführt wurden.

Die Auswirkungen von CQM

In den darauf folgenden Wochen schrieb Ronny nur noch Zweien und Dreien in seinen Mathearbeiten. Drei Monate später teilte die Mutter von Ronny mit, dass sich seit den Korrekturen bei Ronny, das gesamte Familienleben entspannt habe. Sie würden jetzt viel mehr gemeinsam unternehmen. Ronnys Vater sei viel öfter zu Hause und nicht mehr so gestresst.

Energetische Korrekturen wirken sich nicht nur auf das individuelle Energiefeld einer Person aus, sondern auch auf die Menschen, die in Kontakt mit der korrigierten Person stehen. Die Energiefelder seiner Eltern haben auf Ronny gewirkt, ebenso hat Ronnys korrigiertes Feld auf das Feld der Eltern gewirkt. Ronny ist zwischenzeitlich aus der Schule und hatte in seinem Abschlusszeugnis eine Zwei in Mathematik.

Bitte seien Sie sich an dieser Stelle bewusst, dass nicht bei jedem, der ein Matheproblem hat, genau diese unbewussten Faktoren vorliegen. Bei jedem können die energetischen Turbulenzen durch ein anderes Ereignis verursacht werden. Das Energiefeld von jedem Einzelnen ist einzigartig, da die Ereignisse des Alltags von jedem auf seine Art bewertet und erlebt werden.

Wenn Sie selbst anfangen, bei sich die energetischen Turbulenzen aufzuspüren, die Ihren Erfolg verhindern, vergessen Sie ähnliche Fälle. Diese Fälle sind nur ähnlich, mehr nicht. Ihre Turbulenzen können beim gleichen Problem wo ganz anders liegen.

Jürgens Geschichte hinter den energetischen Schwächen

Jürgen, der Geschäftsinhaber eines Kleinunternehmens, konnte seiner geregelten Arbeit nicht mehr nachgehen. Er musste sich in Therapie begeben, die allerdings erfolglos war.

Beim Aufspüren der unbewussten Einflussfaktoren wurden schnell unbewusste Ängste wahrgenommen. Alle unbewussten Einflussfaktoren wurden vom CQM-Coach durch den Gedanken „Korrigieren" auf der energetischen Ebene neutralisiert: Da waren unbewusste Ängste auf der Beziehungsebene. Die Beziehung zu seiner Frau. Seit 17 Jahren ist er glücklich verheiratet. Er liebt seine Frau. Seine Frau liebt ihn. Dem Glück stünde nichts im Wege. Der CQM-Coach spürt ins Energiefeld und lokalisiert ein Ereignis im Alter von 7 Jahren in Bezug auf die Beziehung zu Frauen. Jürgen reißt die Augen auf und Tränen springen aus seinen Augen. Das Stichwort 7 Jahre hat eine energetische Verwicklung angeregt und Jürgens mentales und emotionales Feld in Schwingung versetzt. Sein Körper reagierte mit Tränen und Muskelanspannungen. Er erzählte, dass er mit 7 Jahren beobachten musste, wie seine Mutter seinen Vater verließ. Er stand in der Tür, als die Mutter mit einem Koffer und Tränen in den Augen, ohne ein Wort zu sagen, fortging und nie mehr wiederkam. Die entscheidende Korrektur hier war: Im Alter von 43 Jahren von Frauen verlassen werden. Sein Vater war zu diesem Zeitpunkt 43 Jahre alt. Als Jürgen dieses Alter erreicht hatte, war sozusagen seine energetische Verwicklung, die entstanden ist, als seine Mutter ausgezogen ist, in Dauervibration. Nach den Korrekturen entspannte er sich zunehmend, als er weiter über seine Frau sprach und die unbewusste Angst, diese könne ihn verlassen. Die Spannung „im wahrsten Sinne des Wortes" war weg.

Der nächste Schritt in Richtung Erfolg

Der CQM-Coach lenkte seine Aufmerksamkeit auf die Firma und auf das Büro von Jürgen, denn er konnte seit Monaten nicht mehr dort hingehen. Der CQM-Coach entdeckte unbewusste schwächende Einflüsse vom Telefon und vom Klingeln des Telefons zu Jürgen. Das Telefon ist Jürgens Hauptarbeitsmittel. Ständig klingelt es. Als er diese Schwäche ansprach, stellte sich heraus, Jürgens Atem stockte jedes Mal, wenn das Telefon klingelte und er den Hörer abnahm. Wieder wurde das Ursprungsereignis lokalisiert. Zwei Jahre zuvor wurde er eines Morgens von einer Rechtsanwältin angerufen, die ihm eröffnete, dass ihr Mandant eine Unterlassungsklage gegen Jürgens Firma eingereicht hatte. Diese Klage war mit sehr viel Geld verbunden und fügte Jürgens Firma einen großen Schaden zu. Innerhalb von drei Monaten musste er eine hohe sechsstellige Summe aufbringen. Er fühlte sich seinerzeit sehr gedemütigt und ungerecht behandelt. Unbewusst hatte er das Gefühl, als Geschäftsmann und Ehemann versagt zu haben. Wann immer das Telefon in seinem Büro klingelte, wurde diese energetische Turbulenz wieder angeregt und zum Schwingen gebracht. Der CQM-Coach neutralisierte die Einflüsse des Telefons, die unbewussten Gedanken und Emotionen rund um das Thema Geschäftsmann und Mann sein. Drei Wochen später war Jürgen wie ausgewechselt. Die unerklärlichen Weinkrämpfe und Ängste waren wie weggeblasen und er ging freudig seinen Geschäften nach.

Wenn die Vergangenheit uns weiterhin beeinflusst

Im Fall Jürgen wurde klar, dass die Ereignisse, die bereits Jahrzehnte zurückliegen, auch heute noch massive Auswirkungen auf Jürgens Leben hatten. Die Ereignisse aus seiner Kindheit und aus seinem Geschäftsleben hatte er nie in Beziehung gesetzt zu seinen Weinkrämpfen. Durch das Wahrnehmen der energetischen Verwicklungen und das „Korrigieren" hat sich sein Energiefeld wieder in harmonische Schwingung versetzt. Darauf reagierte auch sein Körper und sein emotionaler Zustand hat sich stabilisiert.

Um sich dies mit einem Bild zu verdeutlichen, könnten Sie sich das energetische Feld wie ein Glas voll Wasser vorstellen. Wenn Sie ein Klümpchen Dreck ins Glas geben, wird das Wasser verschmutzt. Nach einiger Zeit setzt sich der Dreck zwar am Boden ab, aber wenn Sie ein Steinchen ins Glas werfen, wird der Untergrund wieder aufgewühlt und das Wasser ist erneut trübe. Sie können jetzt so oft hineinfassen und so lange rühren, wie sie wollen. Das Wasser wird dadurch nicht klarer. Ähnlich war es mit allen Maßnahmen, die Jürgen unternommen hatte. Diese Maßnahmen brachten sein Feld noch mehr durcheinander und haben zum Teil noch größere Verwirbelungen erzeugt. Die energetischen Korrekturen wirken wie ein Filterpapier. Wenn Sie das verschmutzte Wasser durch ein Filterpapier gießen, werden die Schmutzpartikel entfernt und das Wasser wieder klar. Sobald Sie das energetische Feld durch Korrekturen bereinigen, kann die Energie wieder „ungetrübt" fließen und Sie haben „klare Sicht", einen großen Handlungsspielraum und Wahlfreiheit.

Welche Chancen stehen uns zur Verfügung?

Mit energetischen Korrekturen zu arbeiten, kommt fast einer Neugeburt gleich. Einer Neugeburt im Sinne von Neusortierung aller Handlungsoptionen und Möglichkeiten, die uns auf der energetischen Ebene zur Verfügung stehen, um das Spiel des Lebens zu spielen. Durch Korrekturen der unbewussten Verwicklungen lassen wir diese sozusagen los und kommen im wahrsten Sinne des Wortes wieder in den Fluss.

Der Fall Jürgen ist repräsentativ für das Leben und Wirken von einem Großteil der Menschen. Wir alle werden durch unsere Bezugspersonen, besonders während der frühen Kindheit, energetisch geprägt. Jegliche menschliche Begegnung hinterlässt einen Fingerabdruck in unserem energetischen Feld. Ist eine menschliche Begegnung so geprägt, dass nicht alle unsere Bedürfnisse als Kleinkind zu 100% gestillt werden (was im Prinzip gar nicht möglich ist), hinterlassen diese nicht gestillten Bedürfnisse und unsere eigene Bewertung einen Stempeldruck im energetischen Feld. Dieser energetische Stempeldruck bestimmt ab dem Zeitpunkt des Entstehens unsere Wahrnehmung der Welt. Er bestimmt unsere Wahrnehmung von uns selbst und in Bezug zum Rest der Welt.

Diese Wahrnehmung ist immer weniger als das Ganze und führt unweigerlich zu einer Selbst-Entwertung im Vergleich zum Rest der Welt. Diese Selbst-Entwertung manifestiert sich im energetischen Feld durch Trübungen, Verwicklungen und schränkt dabei unsere Wahlfreiheit und Handlungsoptionen ein. Die energetischen Verwicklungen halten uns in einem stabilen Korsett aus Gedanken und Emotionen. Sie bestimmen unseren Alterungsprozess und unsere Beweglichkeit, körperlich sowie geistig.

CQM und andere Coaching Methoden

Der wesentliche Unterschied von CQM zu den meisten anderen Methoden ist, bei CQM suchen wir nicht nach dem, was fehlt. Wir beschäftigen uns nicht mit den mangelnden Ressourcen, dem fehlenden Wissen oder der richtigen Pille. Wir spüren die vorhandenen Situationen im Leben eines Menschen auf, mit denen er nicht einverstanden war. Ereignisse, bei denen ein innerer und manchmal auch äußerer Widerstand entgegengesetzt wurde. Diese Situationen werden in den meisten Fällen ins Unbewusste verdrängt und wirken dort unbemerkt weiter. Durch das Erkennen und die anschließende Korrektur können wir diese Verwicklungen vollständig auflösen.

CQM ist durch die einfache Anwendbarkeit eine ideale Ergänzung zu fast allen anderen Coaching- und Therapiemethoden. Andere Methoden können bei der Arbeit mit CQM oft wertvolle Hinweise zu den unbewussten Ursachen liefern. Speziell, wenn man es mit Methoden wie NLP, systemischen Aufstellungen oder Familienaufstellungen kombiniert. Auch in der alternativen Medizin ergeben sich große Anwendungsmöglichkeiten.

Wie leicht kann man CQM erlernen?

Für viele Menschen klingt das Ganze so unglaublich einfach, dass sie es kaum für möglich halten. Genau das ist die wesentliche Schwierigkeit, die es zu überwinden gilt. Wir müssen erst die unbewussten Hindernisse neutralisieren, damit wir uns selbst die Einfachheit von CQM erlauben. In geeigneter Umgebung schaffen wir positive Referenzen, die unsere Überzeugungen auf tiefster Ebene ändern. Im Grunde genommen wenden wir CQM auf unser aller Problem an: die Leichtigkeit von CQM zu akzeptieren. Denn wer die Methode einmal verinnerlicht hat, kann in Zukunft von sich selbst lernen. Das ist der wesentliche Grund, warum man CQM nicht aus einem Buch oder einem Artikel lernen kann. Es sei denn, Sie können es schon!

Wie findet man die energetischen Schwächen?

Am Ende ist das Aufspüren von Schwächen ein intuitiver Prozess, bei dem man das eigene Körpergefühl benutzt. Viele Menschen haben ein unterentwickeltes Bewusstsein für ihr Körpergefühl. In unserem Kulturkreis wird das Körpergefühl nicht trainiert. Schlimmer noch, in der Schule wurde uns beigebracht „denk mit" und nicht „fühl mit". Dadurch bekommt der Verstand ein zu starkes Gewicht und wir haben die Gefühle vernachlässigt.

Um den Zugang zu den Gefühlen wiederzuerlangen oder zu verstärken, werden spezielle Übungen und Hilfstechniken eingeübt. Das Ganze wurde zu einem strukturierten Prozess geformt, der mit zunehmender Erfahrung gleitend in den freien intuitiven Prozess übergeht.

Da dieser Artikel bei Weitem nicht das Erleben von CQM ersetzen kann, empfehle ich Ihnen einen CQM-Vortrag zu besuchen. Besonders spannend sind die Erlebnis-Abende, bei denen die Methode an Freiwilligen aus dem Publikum live vorgeführt wird.

Gabriele Eckert ist Mentaltrainerin, Rednerin, Autorin und Begründerin von CQM. In ihren offenen CQM Seminaren begeistert sie seit vielen Jahren Tausende von Menschen ihr Potential in allen Lebensbereichen effektiv zu nutzen. Zuvor hatte sie die Position der Marketingleitung eines international operierenden Softwareunternehmens in Kaliforniens High Tech Mekka Silicon Valley inne. Bevor sie nach Kalifornien auswanderte, war sie General Manager der Multimedia-Abteilung einer Münchner Unternehmensberatung.

Gabriele Eckert ist Autorin des Buches

„Wenn Fische fliegen...
Die Chinesische Quantum Methode"

Die klar definierte Erlernbarkeit von CQM mit verblüffend rascher Wirksamkeit macht es zu dem, was es ist: Eine der modernsten Methoden, sein Leben, seine Persönlichkeit im beruflichen und sozialen Umfeld zu gestalten.

Buch 223 Seiten

Preis: 16,95 €

Kontakt
Gabriele Eckert
HyperVoyager GmbH & Co. KG
Robert-Bosch-Strasse 5
74357 Bönnigheim
Tel. (07143) 96 1859-0
Fax (07143) 96 1859-9
info@CQM-HyperVoyager.de
www.CQM-HyperVoyager.de

STIMME - AUSDRUCK DER PERSÖNLICHKEIT 04

ANJA GNÄGY-AUWEILER

Wie wir auf andere wirken und wie diese auf uns reagieren oder wirken, hängt nicht nur von unserem Wesen oder von unserem Äußeren ab, sondern auch von unserer Stimme. Sie spiegelt unseren Gefühlszustand und unsere Absichten.

Auf die Stimme reagieren unsere Zuhörer in Sekundenbruchteilen und bilden sich somit unbewusst ein Urteil über uns und unseren Charakter. Es kommt also ganz stark auf den ersten hörbaren Eindruck des Gesagten an.

Kennen Sie das? Sie besuchen ein Seminar und stellen fest, dass es sehr anstrengend ist, dem Seminarleiter zu folgen. Das kann einerseits daran liegen, dass das Thema nicht besonders interessant sondern sehr trocken ist, andererseits liegt es vielleicht auch an dem Dozenten, dessen Stimme einfach nicht zu passen scheint. Mal erscheint sie zu hoch und zu piepsig, ein anderes Mal vielleicht zu tief, mal redet der Dozent viel zu schnell, dann gibt es wiederum einen, der viel zu langsam redet. Was passiert? Sie als Zuhörer schalten ab, werden nervös und schauen beispielsweise permanent auf die Uhr.

Natürlich gibt es auch Seminare, in denen Sie mit Feuer und Flamme dabei sind. Der Dozent oder die Dozentin hat eine wohlklingende Stimme, kann lebhaft erzählen und bekommt sehr schnell einen guten Rapport bzw. Kontakt zu Ihnen und dem Rest der Teilnehmer. Sie hängen an den Lippen des Vortragenden und saugen alles Gesagte auf, sie inhalieren es förmlich.

Im richtigen Ton kann man alles sagen, im falschen gar nichts. Die Kunst ist es den richtigen Ton zu treffen. George Bernard Shaw

Mir ist beides schon passiert und dies hat mich dazu gebracht, mich näher mit der menschlichen Stimme auseinanderzusetzen.

Fragen wir uns also zunächst einmal, welche Rolle die Stimme für die Kommunikation spielt. Sie ist viel größer, als wir gemeinhin glauben. Nur **ca. 7 - 10% wird** durch das **gesagte Wort übermittelt, aber 90%** durch die **Tonalität (Stimme) und Körpersprache** . Im Umkehrschluss heißt dies, dass die Qualität der Stimmnutzung sehr wichtig zu sein scheint. Es kommt also darauf an, wie wir Worte bzw. Sätze betonen, um ihnen damit die entsprechende Bedeutung zu geben. Unsere Stimme hat zwar einen unverwechselbaren Klang, dennoch ist sie nicht jeden Tag gleich. An ihr können wir erkennen, ob jemand traurig, wütend, lustig oder aufgeregt ist. Je nach Gefühlszustand kommt unser Stimmapparat immer anders zum Einsatz.

Die menschliche Stimme ist der durch die Stimmlippen eines Menschen erzeugte und in den Mund-, Rachen- und Nasenhöhlen modulierte Schall. Die Stimme wird vom Menschen zur Übermittlung von Informationen in Form von Sprache und anderen Lauten wie Schreien, Weinen, Lachen, Stöhnen etc. eingesetzt. Wikipedia

Stellen wir uns einmal vor, was passiert, wenn wir traurig oder gar depressiv sind? Unser Körper und unsere Stimmlippen verlieren ihre Spannung. Das hat zur Folge, dass unsere Töne sich eher tief anhören, gehaucht oder undeutlich. Unser Körper und Stimme sind kaum präsent. Sind wir gut gelaunt, ist genau das Gegenteil der Fall. Auch unsere gute Laune drückt sich in der Körperhaltung und in unserer Stimme aus. Unsere Stimme ist höher, klarer und deutlicher. Körper und Stimmlippen stehen unter Spannung.

http://www.landsiedel-seminare.de/kongress2011/AnjaGnaegy-Auweiler

Neulich rief ein langjähriger Freund bei mir an. Allein durch das am Anfang des Gesprächs erfolgte „Hallo“ wusste ich sofort, dass es ihm nicht gut ging. Seine Stimme klang schwach und war ohne Schwung. Vielleicht hat der eine oder andere schon eine ähnliche Erfahrung gemacht.

Doch nicht nur unser Befinden macht sich in unserer Stimme bemerkbar, sondern auch die Betonung. Nehmen wir einmal den kleinen Satz „Ich liebe dich“. Je nachdem, wie ich ihn betone, scheint er eine andere Bedeutung zu bekommen, z.B. als Frage oder Feststellung. Dazu kommt meine Grundstimmung, also, ob ich gut gelaunt oder eher traurig bin. Das alles trägt dazu bei, welchen Eindruck ich bei meinem Zuhörer hinterlasse.

Ziel ist es, die Stimmlippen unter Nutzung des geringst möglichen Kraftaufwandes sowie Atemdruckes in größtmögliche Schwingung zu versetzen.

Ein jeder Klang aus voller Seele ist eine wirkungsvolle Tat.

Lorenz Kellner, (1811 - 1892), deutscher katholischer Pädagoge
Quelle : »Pädagogik der Volksschule in Aphorismen«, 1854

Entdecken Sie also Ihre eigene Stimme, die es Ihnen erleichtert, schnell einen guten Kontakt zu Ihren Zuhörern aufzubauen. Schulen Sie also Ihre Stimme so, dass diese sowohl auf der Inhaltsebene (die Worte) als auch auf der Bedeutungsebene (Klang, Tonhöhe- und tiefe, Lautstärke) klar und störungsfrei sendet.

Glücklicherweise ist Ihre Stimme **trainierbar**. Das geht natürlich nicht mit einem einzigen Mal des Ausprobierens. Es ist eher wie im Sport. Um in einer Sportart richtig gut zu sein, muss ich meine Fähigkeit trainieren und weiterentwickeln. Nicht anders ist es bei Ihrer Stimme. Es bedarf Training, bis es endlich so weit ist, dass sie klar und störungsfrei sendet.

Am Ende dieser Trainingsphase müssen Sie sich dann allerdings wiederum an diese neue Fähigkeit gewöhnen. Auch das braucht seine Zeit und Ihre Stimme wird Ihnen am Anfang vielleicht ein wenig fremd vorkommen, weil der Klang Ihnen gegebenenfalls künstlich erscheint. Das ist aber nicht problematisch. Irgendwann kommt Ihnen Ihre Stimme dann ganz normal vor. Viel schlimmer wäre es, wenn Sie falsche Stimmerzeugungsmuster beibehielten, denn das kann auf Dauer auch zu gesundheitlichen Problemen wie Heiserkeit, chronischen Halsschmerzen etc. führen. Doch das erste, was Sie trainieren sollten, ist Ihre Atmung.

Was sind das für komplizierte Zeiten, in denen wir einfachste Dinge wie das Atmen lernen müssen. Walter Ludin

Um überhaupt einen Ton erzeugen zu können brauchen wir unsere Atmung, sonst wäre Sprechen und Leben gar nicht möglich. Wichtiger in diesem Zusammenhang scheint aber, wie wir atmen, um einen vollen Stimmklang, ein gutes Statecontrol und natürlich auch Gesundheit zu erzeugen. Unsere technisierte Welt, das Sitzen vor den Computern oder den Schreibtischen, hat uns mitunter die einfachsten Dinge wie das effektive Atmen verlernen lassen. Manche von uns müssen diese Fähigkeit nun neu erarbeiten.

Für den Anfang ist es wichtig herauszufinden, wie Sie atmen. Sind Sie ein Hochatmer oder ein Tiefenatmer. Diese kleine Übung können Sie alleine vor einem Spiegel oder zu zweit machen.

Atmen Sie einige Male tief durch und beobachten Sie sich selbst oder lassen Sie sich beobachten. Ein Zeichen für Hochatmung ist es, wenn sich Ihre Schultern beim Einatmen nach oben bewegen. Bewegt sich der Bauch beim Ausatmen nach außen und beim Einatmen nach innen, so sprechen wir von Tiefatmung.

Es gibt natürlich kein falsch oder richtig, dennoch sollten wir bedenken, dass wir mit der Tiefenatmung auf die Welt gekommen sind. Wir nutzen sie auch, wenn wir schlafen oder uns in eine Trance begeben. Kann es also sein, dass uns die Tiefenatmung hilft, den richtigen Ton zu treffen oder unsere Resonanzräume deutlich besser nutzen zu können?

Nicht nur die Atmung hilft uns, unsere Stimme zu trainieren. Wir sollten auch unser Lungenpotential voll ausschöpfen.

Meist nutzen wir nur wenig davon, denn je nachdem, welche Tätigkeit wir ausführen, sitzen wir zu oft und zu lange . Das wirkt sich nicht nur auf unsere Körperhaltung, sondern auch auf unsere Lungen aus, die mit wenig Luft gefüllt werden können. Wir atmen nur in dem oberen Bereich unseres Atemorganes - Hochatmer (siehe Bild 1). Der untere Teil bleibt ungenutzt. Versucht man so einen Ton hervorzubringen, kann es sein, dass dieser verspannt und gepresst klingt.

Optimal wird die Lunge ausgenutzt, wenn wir in den Bauch atmen (siehe Bild 2). Das Zwerchfell wird durch die Bauchmuskulatur nach unten gezogen und macht Platz für unsere Lunge, in der sich unser Atem nun gleichmäßig verteilen kann. Gleichzeitig wird die Rückenmuskulatur gestützt, denn, wie eingangs erwähnt, hängt es auch von der Körperspannung ab, wie die Stimme sich anhört.

Die Kreise markieren in der jeweiligen Haltung das Lungenpotential

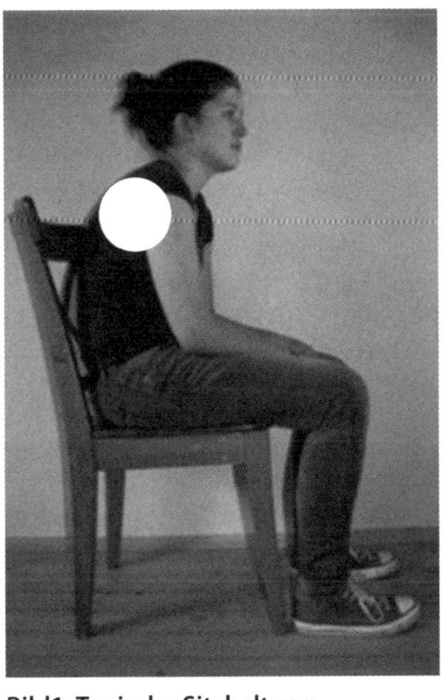

Bild1: Typische Sitzhaltung

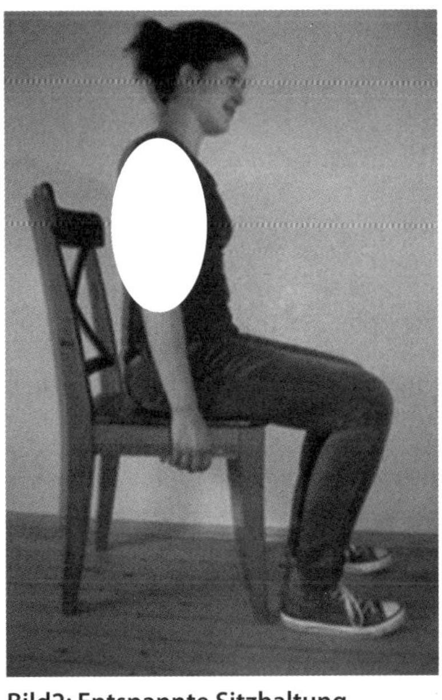

Bild2: Entspannte Sitzhaltung

Übung

Sie wissen nicht, wo sich Ihr Zwerchfell befindet? Dann lade ich Sie zu einer weiteren Übung ein. Richten Sie sich einmal auf und legen Sie die Hand auf das Dreieck, dort, wo die Rippen an das Brustbein stoßen. Wenn Sie jetzt husten, müssten Sie spüren können, wie das Zwerchfell nach vorne schnellt.

Übt man es, in den Bauch zu atmen, kann man ein kleines Experiment wagen. Zünden Sie eine Kerze an und halten Sie sich diese beim Sprechen oder Singen vor den Mund. Wenn sie nicht flackert, haben sie Ihren Atem in Klangenergie umgewandelt.

Zuhören ist eine Kunst, die mehr braucht als zwei Ohren.

Peter Amendt, (*1944), Franziskaner Quelle : »Wenn das Leben uns lehrt«

Wie eingangs schon erwähnt, Worte übermitteln nur 7-10% der Bedeutung und 90% werden durch die Tonalität (Stimme) und Körpersprache übermittelt. Also je nach Klangbild des Gesagten kann eine Aussage komisch oder auch liebevoll gemeint sein. Was immer wir auch an Aktionen anderer erleben, wir suchen nach deren Bedeutung.

Wenn uns jemand völlig teilnahmslos, also ohne jegliche Emotionen, eine Geschichte erzählt, verbringen wir sehr wahrscheinlich viel Zeit damit zu überlegen, was das Gesagte wohl bedeuten könnte und verpassen die nächsten Sätze des Sprechers. Was passiert: wir versuchen Stimme, Körper und Inhalt zu verbinden. Nach einer Weile dann steigen wir wieder in die Geschichte ein, fangen wieder an zu suchen und verpassen erneut die nächsten Sätze. Irgendwann können wir dem Text nicht mehr folgen und steigen geistig aus.

Unstimmigkeiten wie Lispeln, Heiserkeit, zu tiefe oder auch eine zu hohe Stimme schicken uns ebenfalls auf die Suche nach der Bedeutung des Gesagten und auch hier klinken wir uns irgendwann aus, weil es einfach zu anstrengend ist, in unserem Unterbewusstsein permanent auf der Suche zu sein. Unser Gehirn ist nicht in der Lage, alles zu verarbeiten. Untersuchungen haben gezeigt, dass wir nicht mehr als 7 +/- 2 Dinge verarbeiten können. Irgendwann kommt es schlichtweg zu einem Overload. Natürlich spielt hierbei nicht nur die Stimme eine Rolle, wie wir den Zuhörer wahrnehmen, sondern eine Vielzahl von Kleinigkeiten.

Kommen wir noch einmal auf die Dozenten in Seminaren zurück. Einigen können wir gut folgen und einigen nicht. Bei denen, denen wir nicht folgen können, kommt es tatsächlich manchmal zu einem Overload.

Wir achten auf Kleinigkeiten, treffen Vorannahmen und suchen nach Referenzerfahrungen. Warum zum Beispiel zieht der Dozent seine Augenbraue hoch, spricht er lauter als zuvor, wieso lacht er plötzlich, wieso schaut er nach oben? All diese Kleinigkeiten verleiten uns, zu reagieren und unser Unterbewusstes zu aktivieren.

Zum Beispiel könnte eine hochgezogene Augenbraue symbolisieren, dass der Dozent meine Frage nicht verstanden hat, vielleicht bedeutet es aber auch, dass er aufmerksam zuhört. Macht er sich lustig über mich, wenn er lacht oder ist er freundlich? Warum schaut er nach oben, ist er genervt von mir oder denkt er nur nach? Wie soll ich darauf reagieren?

Manchmal stimmen Äußerlichkeiten wie Gesten aber auch nicht mit dem Gesagten überein. Der Dozent oder auch mein Gesprächspartner ist nicht authentisch. Auch hier fängt mein Unterbewusstsein an, nach Erklärungen zu suchen.

Also auch das Zuhören will gelernt sein. Was wir also tun müssen, ist, schlichtweg jeden Tag aufs Neue üben, solange bis wir es automatisch richtig machen. Es ist wie beim Autofahren. Hier schalten wir oder geben Gas ohne jede lange Überlegung. Der Vorgang hat sich so bei uns verfestigt, dass wir überhaupt nicht mehr darüber nachdenken müssen.

Stimmen sind hörbare Stimmungen.

Andreas Tenzer, (*1954), deutscher Philosoph und Pädagoge

Eigenton

Wie kommt es denn nun, dass manche Menschen eine so wohlklingende Stimme haben und dadurch sympathisch auf uns wirken? Was macht sie so besonders?

Sie nutzen die Indifferenzlage ihrer Stimme – ihren hoch wirksamen Eigenton. Dieser befindet sich im unteren Drittel unseres Stimmumfanges und lässt uns energiesparend und angenehm reden. Dort erreichen wir das größtmögliche Maß an Resonanz, Tragfähigkeit und Brillanz.

Jeder Mensch kann in einer bestimmten Tonhöhe mühelos sprechen, ob laut oder leise. Verlässt er diese, findet er meist auch wieder dorthin zurück. Beispielsweise haben oftmals gerade Frauen das Phänomen, dass ihre Stimme laut wird, wenn sie streiten oder sich ärgern. Dabei driften sie oftmals in die höchsten Töne ab. Warum? Weil sie unter Anspannung stehen und damit ihre Stimmlippen auch.

Doch, wie schon erwähnt, bewirkt oft schon unsere Sitzhaltung, dass wir häufig nicht auf unserem Eigenton reden können. Meist sprechen wir deutlich höher oder auch tiefer. Auf längere Sicht strengt dies unsere Stimme an und wir übertragen die Anspannung unbewusst auf unsere Zuhörer. Kommen wir noch einmal auf die Dozenten zurück. Sprechen diese in einer zu hohen oder zu tiefen Stimmlage und vielleicht sogar noch zu schnell, dann überträgt sich das auf die Zuhörer. Diese ahmen das Verhalten des Dozenten unbewusst nach, sie spiegeln es. Umso wichtiger ist es, die eigene Stimme zu kennen und sie bewusst einzusetzen.

Als ich zum ersten Mal mein Stimmvolumen in meinem Eigenton getestet habe, war ich sehr überrascht und bin innerlich zusammengezuckt. Es hat einige Zeit gebraucht, bis ich den Mut hatte, ihn auch vor Fremden auszuprobieren, denn es ist ein machtvolles Instrument. Eine Bierbestellung in einer vollen Kneipe oder auch ein Gespräch mit Ihrem Chef über eine Gehaltserhöhung kann da zu einem Erlebnis der besonderen Art werden, wenn ich plötzlich gehört werde. Also haben Sie Mut und probieren Sie Ihre Stimme aus. Aber Ihre Stimme hat noch einen weiteren Vorteil, nutzen Sie sie als Stressbarometer.

In unserer Zeit macht sich der Stress oft durch schleichende Muskelanspannung bemerkbar. Diese überträgt sich auf unsere Stimmlippen und unsere Stimme wird höher. Merken Sie dies, können sie dem Stress schon entgegenwirken, in dem Sie sich Ihren Eigenton bewusst machen.

Den Eigenton finden

Möchten Sie mehr über Ihren Eigenton erfahren und wissen, wie Ihre Stimme sich anhört, dann lade ich Sie zu einer kleinen Übung ein. Legen Sie einmal Ihre Hände hinter die Ohren und formen sie mit diesen einen kleinen Trichter. Nun können sie in unterschiedlichen Stimmlagen laut und leise vor sich hin sprechen. So in etwa nimmt Sie Ihr Zuhörer wahr. So können Sie auch Ihre Stimme einschätzen, an ihr feilen und Ihre Stimmlage Ihrem Ideal anpassen.

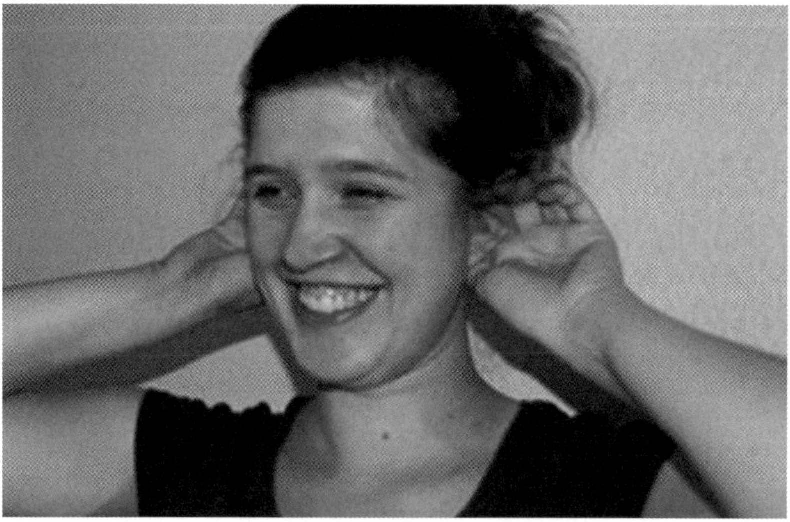

Um den Eigenton zu finden, gibt es unterschiedliche Methoden. Ich möchte Ihnen hier eine der gebräuchlichsten Methoden vorstellen, ob sie auch die Beste für Sie ist, müssen Sie selbst herausfinden.

Häufig verwenden wir in unserem Sprachgebrauch ein zustimmendes „Mhhh". Dies wollen wir uns nun zu Nutze machen. Beim aufmerksamen Zuhören finden wir heraus, dass das „Mhhh" in unterschiedlichen Tonhöhen gesprochen wird. Finden Sie also Ihren Eigenton anhand der folgenden kleinen Übung heraus.

Am besten, Sie machen diese zu zweit, denn Sie brauchen jemanden der aufmerksam zuhört. Sprechen Sie ein paar mal hintereinander ein mittelkräftiges „Mhhh". Ziehen Sie dann das erste „Mhhh" immer länger. Auf diesem ersten „Mhhhh" befindet sich normalerweise Ihr Eigenton, in dem Ihre Stimme energiesparend und wohlklingend beim Zuhörer ankommt.

Wiederholen Sie diese Übung mehrmals, bis Sie dazu übergehen, nach dem vorderen lang gezogenen „Mhhh" eine Zahl, Wort oder einen kurzen Satz folgen zu lassen. Achten Sie darauf, dass Sie im Eigenton bleiben bzw. lassen Sie das von Ihrem Mitstreiter überprüfen. Sprechen Sie in unterschiedlichen Lautstärken Zahlen oder auch Sätze. Erschrecken Sie nicht, wenn Sie von Ihrem eigenen Stimmvolumen überrascht werden. Übung macht den Meister.

Diese „Mhhhs" haben einen weiteren Vorteil. Sie können sie einfach in Gesprächen oder vor Vorträgen anwenden und sich so immer wieder auf Ihren Eigenton einschwingen.

Stimmen sind wie der Spiegel der Seele.
Doch wohnt diese in einem Körper, der sie umgibt.
Damaris Wieser, (*1977), deutsche Lyrikerin und Dichterin.

Ziel ist es, den Eigenton in Ihrem Stimmgedächtnis zu verankern.

Stimme und ihre Resonanzräume

Das Ausatmen ist der Ursprung eines jeden Tons. Damit er für uns hörbar wird, brauchen wir, wie in der Musik, einen Resonanzkörper, einen Lautsprecher, damit der Ton für das Ohr hörbar wird. Diese Aufgabe übernehmen Mund- und Nasenhöhle sowie der Rachenraum. Sie geben der Stimme ihren unverwechselbaren Klang. Mitunter kommt auch unser gesamter Körper als Resonanzraum zum Einsatz; wenn wir beispielsweise laut schreien oder singen.

Um ein Gefühl zu bekommen, wo sich diese Resonanzräume befinden, lade ich Sie wieder zu ein paar kleinen Übungen ein.

Probieren wir diese Resonanzräume einmal aus. Summen Sie einmal laut ein „m". Im Allgemeinen bleibt dabei Ihre Zunge locker im Gaumen liegen. Legen Sie nun einmal die Zunge an den Gaumen, danach an den Gaumenboden und nehmen Sie wahr, wie sich der Klang des Summens verändert.

Das Gleiche geschieht, wenn Sie ein „m" summen und dabei, ohne die Lautstärke zu verändern, traurig oder fröhlich schauen. Der Klang der Stimme verändert sich, er sollte hell und klar geworden sein, sobald sie ein Lächeln auf den Lippen haben.

Was bewirkt also ein Lächeln? Es verzaubert zuerst einmal unsere Welt und die des Gesprächspartners, denn mit freundlichen Personen ist es viel angenehmer zu kommunizieren. Aus stimmlicher Sicht lässt das Lächeln das Gaumensegel aufstellen und dieses wiederum ermöglicht es uns, die oberen Resonanzräume anzusprechen. Für die Weite und Wärme in unserer Stimme ist die Tiefenatmung von Bedeutung.

Um zu erfahren, in welchem Bereich Ihres Körpers sich noch mehr Resonanzräume befinden, zählen Sie noch einmal im Eigenton in kräftiger Lautstärke bis zehn und legen Ihre Hände auf verschiedene Stellen im Brust-, Bauch-, Seiten- und Rückenbereich. Wo spüren Sie Vibrationen bzw. Resonanz der Stimme?

Oder Sie stellen sich hin und wippen auf den Füßen auf und ab. Dann fangen Sie an Vokale zu summen. Der Vokal „u" bietet sich zu Beginn an. Dieser Vokal zwingt Sie automatisch, in Richtung Hüfte zu atmen. Summen Sie dann den Vokal „o", dann finden Sie den Resonanzkörper im Bauch. Nehmen Sie wahr, in welchem Bereich diese Töne entstehen.

Wenn Sie all das Gelesene beachten, bei sich einmal ausprobieren und auch Ihre Stimme trainieren, könnte es sein, dass Sie sich über das Ergebnis wundern. Wäre es nicht schön, wenn Sie über sich selbst staunen könnten, wie anders Sie auf Ihr Gegenüber wirken, wie Sie noch mehr erreichen und Ihre Kommunikation noch positiver für Ihre Umwelt ist. Vielleicht werden Sie es empfinden wie eine kleine Revolution und es bedauern, dass Sie nicht schon viel eher Ihre Stimme trainiert haben.

Literatur:

Buch: Stimme – Instrument der Erfolges von Katja Dyckhoff – Thomas Westerhausen

Wikipedia

Anja Gnägy-Auweiler
Jahrgang 1965
verheiratet, zwei Kinder,
NLP Lehrtrainerin,
Systemische Beraterin
Coach

Ich bin in einer sehr kommunikativen Familie aufgewachsen und habe früh erfahren, dass es unterschiedliche Weltmodelle gibt. Das hat meine Neugierde für Menschen, deren Sprache und Denkweisen, geweckt.

Neugierde ist eine meiner größten Antreiber. Sie öffnet mir viele Türen, lässt mich Dinge aus verschiedenen Blickwinkeln sehen und regt mich zum systemischen Denken an.

NLP ist meine größte Leidenschaft. Es ermöglicht mir mit meinen Mitmenschen noch besser zu kommunizieren und es ist absolut alltagstauglich.

Zu jeder Seele gehört eine andere Welt.

Friedrich Wilhelm Nietzsche, (1844 - 1900), deutscher Philosoph, Essayist, Lyriker und Schriftsteller

DIE KUNST DES ÜBERZEUGENS:

MIT STIMME UND KÖRPER DYNAMISCH UND WIRKUNGSVOLL AUFTRETEN

LAURA BAXTER

05

Jedem NLP-Practitioner sind diese Zahlen vertraut: die sogenannte 7%-38%-55%-Regel. Aber, welche Bedeutung haben diese Zahlen für Sie in Ihrer Präsentation? Wie können Sie die Informationen, die hinter diesen Zahlen stecken, so nutzen, dass Sie mit ihrer Hilfe ein überzeugender, wirkungsvoller und dynamischer Redner werden?

Ende der 60er Jahre konstatierte Albert Mehrabian die drei wichtigsten Aspekte innerhalb der persönlichen Kommunikation von Angesicht zu Angesicht: Den sprachlichen, stimmlichen und mimischen Aspekt. Hierbei ist unter dem sprachlichen Aspekt der wörtliche Inhalt der Kommunikation zu verstehen. Unter dem stimmlichen Aspekt der Tonfall bzw. die Stimmlage, in der gesprochen wird, und unter dem visuellen Aspekt, die während der Kommunikation eingesetzte Physiologie bzw. Körpersprache.

Kommunikation

7% was wir sagen…
93% wie wir es sagen!

Der dynamische Redner versteht, dass die inhaltliche Botschaft, die Stimme und der Körper im Einklang miteinander sein müssen, um überzeugend zu sein!

Bei der Erforschung der Frage, welcher dieser Kommunikationsaspekte bei der Übermittlung einer Botschaft den größten Einfluss hat, stellte Mehrabian fest: sobald der sprachliche Inhalt der Botschaft zusammen mit der Sprechstimme (Stimmlage und Betonung) und dem physiologischen Aspekt (Körpersprache) eine Einheit bildete, wurde die Botschaft positiver als in den Fällen aufgenommen, in denen der Inhalt ausschließlich über die Stimme kommuniziert wurde. Laut Mehrabian betrug das Verhältnis 3:2, oder, wie er behauptete, die o.g. Regel angewendet, erfolgten 7% der Kommunikation über den sprachlichen Inhalt der Botschaft, 38% über den entsprechenden Einsatz von Stimmlage und Intonation und 55% über die Physiologie bzw. die Körpersprache. **Das heißt, dass der Inhalt oder was wir sagen, nur 7% der effektiven Kommunikation ausmacht und 93% der Kommunikation darin besteht, wie wir es sagen.** Die sogenannten nicht-verbalen Elemente der Kommunikation, Stimmlage und Körpersprache, haben erwiesenermaßen bei der Vermittlung einer Botschaft also wesentlich mehr Einfluss als die Botschaft selbst.

Obwohl weiterführende Studien gezeigt haben, dass bei längeren Präsentationen dem Inhalt eine wachsende Bedeutung zukommt, bleiben die nonverbalen Aspekte dennoch die entscheidenden Kommunikationsfaktoren.

Überzeugende, wirkungsvolle, dynamische Vorträge

Was bedeutet es „überzeugend", „wirkungsvoll" und „dynamisch" vorzutragen? Wie können Sie eine solche Vortragsweise auf Alltagssituationen übertragen? Für die Beantwortung dieser Fragen müssen wir die genaue Bedeutung dieser Begriffe verstehen und wissen, wie erfolgreiche Redner diese Kenntnisse auf ihre Präsentationen anwenden.

http://www.landsiedel-seminare.de/kongress2011/laura-baxter

Überzeugend

Ein überzeugender Redner ist konzentriert, ganz bei sich und selbstsicher. Er oder sie ist vorbereitet und strahlt eine gewisse Souveränität hinsichtlich des fraglichen Themas aus. Ein überzeugender Redner hat eine aufrechte Körperhaltung und atmet ruhig. Dies hat zur Folge, dass Beobachter diese Person als kompetent ansehen und somit eher dazu bereit sind, diesen Redner als eine Koryphäe auf seinem Gebiet anzunehmen.

Wirkungsvoll

Wirkungsvolle Kommunikation hat etwas mit Kongruenz und Effektivität zu tun. In einer wirkungsvollen Rede stehen körperlicher und gesprochener Ausdruck im Einklang miteinander; sie sind kongruent und damit auch glaubwürdig. Falls der Inhalt der Botschaft von den non-verbalen Kommunikationselementen des Botschafters abweicht, beginnt der Zuhörer die Botschaft in Frage zu stellen. Er wird der nonverbalen Botschaft eher glauben als der verbalen. Auf Grund dieser Fehlkommunikation wird der Sprecher viel Zeit und Energie investieren müssen, die entstandenen Missverständnisse auszuräumen. Dies führt zu einer wesentlichen Beeinträchtigung der Kommunikationseffizienz.

In einem Kommunikationsspiel, das ich früher im Freundeskreis gespielt habe, habe ich dieses Phänomen erprobt. Auch in meinen Seminaren ermuntere ich die Teilnehmer dazu, dieses Spiel selbst auszuprobieren, um zu erleben, wie entscheidend die non-verbalen Kommunikationselemente sind!

Das non-verbale Kommunikationsspiel geht folgendermaßen:
Ein Freund möchte mich beispielsweise für Freitagabend um 19 Uhr zum Essen einladen. Ich schüttle den Kopf, lasse die Schultern hängen und antworte mit leiser, unterdrückter Stimme, "Ja, ich komme gerne. Ich bin um 19 Uhr bei dir."

Der Freund wird unweigerlich ein "Nein" als Antwort aufnehmen, obwohl der sprachliche Inhalt meiner Botschaft 100% positiv war. Tatsächlich habe ich gesagt, dass ich sehr gerne kommen würde. Jedoch häufig war die Wirkung der nichtverbalen Kommunikationselemente so stark, dass es länger als 10 Minuten gedauert hätte, meinen Freund davon zu überzeugen, dass ich eigentlich „Ja" gesagt hatte. Es würde mehr als einmal passieren, dass mich dieser Freund einige Tage später anruft und noch einmal fragt, "Was hast du nochmals gesagt? Kommst du am Freitagabend?"

Offensichtlich hat die Inkongruenz zwischen meiner Botschaft und die Art und Weise, wie ich sie vermittelt habe, Zweifel hervorgerufen und zu Missverständnissen geführt. Diese fehlende Übereinstimmung kostet Zeit und Energie. Sie ist alles andere als effizient oder wirkungsvoll!

Dynamisch

Ein dynamischer Sprecher beherrscht die Fähigkeit zu kommunizieren. Hier stimmen nicht nur Botschaft und Botschafter überein, sondern die Übermittlung der Botschaft erfolgt energisch und abwechslungsreich. Tonlage der Stimme und Körpersprache variieren, mit dem Ziel, die Zuhörer in seinen Bann zu ziehen und die wichtigen Punkte des Vortrages zu unterstreichen.

In diesem Absatz befassen wir uns mit den drei wichtigsten sich überschneidenden technischen Aspekten von Stimmbildung und Körpersprache, die Ihnen als Leitfaden auf Ihrem Weg zu einem hervorragenden, selbstbewussten, wirkungsvollen und dynamischen Sprecher dienen sollen.

1. Die Körperhaltung: Das A und O der Stimme

Der erste und wohl wichtigste technische Aspekt sowohl bei der Stimmbildung als auch der Körpersprache ist die Körperhaltung. Eine gesunde, korrekte Haltung vermittelt nicht nur Vertrauen und Lebendigkeit, sie ist auch für die richtige Artikulation und körperliche Bewegungsfreiheit wichtig.

Die Stimmlippen, bzw. Stimmbänder, erfüllen in erster Linie zwei Aufgaben. Die erste Aufgabe besteht darin, zu verhindern, dass wir ertrinken, wenn wir uns verschlucken. Die zweite Aufgabe kommt dann zum Tragen, wenn wir etwas Schweres heben. Dabei nehmen wir automatisch eine Art Krafthaltung ein und der Kehlkopf tritt hervor. Falls das Gewicht, das wir heben, für unseren Körper, unser eigenes persönliches Kraftempfinden zu schwer ist, bewegt sich der Kehlkopf ganz nach oben und wir können nicht mehr atmen. Wir müssen dem Gewicht nachgeben. Diese Funktion zeigt uns, wann das Heben eines Gewichts für uns zu schwer ist, ohne dass wir uns dadurch schaden.

Wie Sie sehen, gehören weder Sprechen noch Singen zu den Hauptaufgaben der Stimmbänder. Jedoch hat die zweite dieser Hauptfunktionen sowohl auf das Sprechen als auch das Singen einen erheblichen Einfluss – und genau diese Funktion hilft uns auch dabei, die gesündeste Sprechhaltung zu erlernen.

Damit wir verstehen können, wie die Stimmbänder funktionieren, muss man wissen, dass sich jedes Mal, wenn sich der Kehlkopf hebt, die Stimmbänder zu schließen beginnen. Je höher sich der Kehlkopf hebt, desto enger und straffer sind die Stimmbänder. Wenn wir mit dieser angespannten Stimme über einen längeren Zeitraum sprechen, werden wir heiser. Daher besteht das Ziel darin, eine Atmosphäre oder Situation zu schaffen, in der der Kehlkopf tief und entspannt bleibt, so dass auch die Stimmbänder entspannt bleiben und frei schwingen können.

Die zwei wichtigsten Formen der Körperhaltung

Die Stimme wird durch zwei Arten der Körperhaltung beeinflusst: die Kraft-Haltung und die bewegliche Haltung. Innerhalb dieser zwei Formen der Körperhaltung gibt es eine Vielzahl von Varianten, jedoch werden wir uns der Einfachheit halber auf diese beiden beschränken. Bei der Kraft-Haltung geht der Kehlkopf nach oben und die Stimmbänder sind deshalb angespannt. Bei der beweglichen Haltung bleibt der Kehlkopf unten.

Der dynamische Redner hat eine offene und bewegliche Haltung, damit er physiologisch und geistig flexibel ist und damit seine Stimme klar und voll klingt!

Die Kraft-Haltung ist dann eingenommen, wenn sich der Schwerpunkt des Kopfes vor der Wirbelsäule befindet. Der Nacken- und Schulterbereiche werden vorgedehnt. Unser Kopf wiegt zwischen sechs und acht Kilogramm. Sobald sich sein Schwerpunkt vor der Wirbelsäule befindet, brauchen wir zum Tragen seines Gewichts die aktive Unterstützung der

Wirbelsäule. Der Kopf befindet sich nicht im Gleichgewicht. Dies geschieht dann, wenn wir während des Lesens oder der Arbeit am Bildschirm den Kopf einfach nach vorne hängen lassen oder etwa wenn wir während des Gehens auf den Boden schauen. Beobachtet fällt dies uns sofort als „schlechte Haltung" auf. Die Kraft-Haltung wird aber auch dann eingenommen – und hier wissen die meisten Menschen nicht, was unter „guter Haltung" zu verstehen ist! – wenn wir stramm stehen wie beim Militär – „Bauch rein, Brust raus, Schultern zurück!" (siehe Abbildung 1)

Abbildung 1: Zwei Beispiele einer Kraft-Haltung, wobei der Kopf vor der Wirbelsäule ist und dadurch der Kehlkopf schon gestiegen ist. Links ist typisch bei der Arbeit am Computer oder beim Lesen. Rechts sehen Sie die Kopf-Position bei einer „militärischen" Haltung – die typische Haltung, wenn man „gerade" stehen möchte.

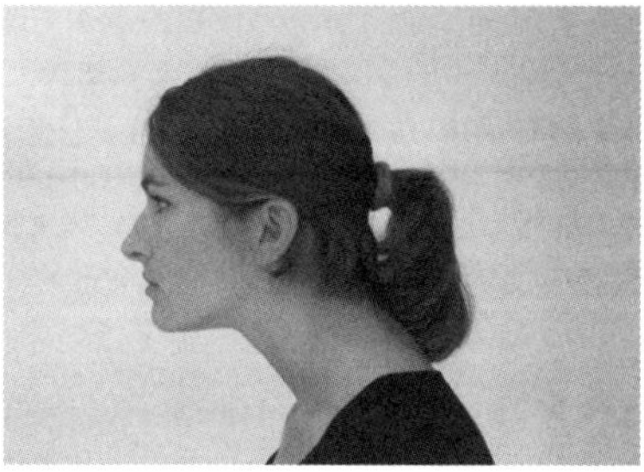

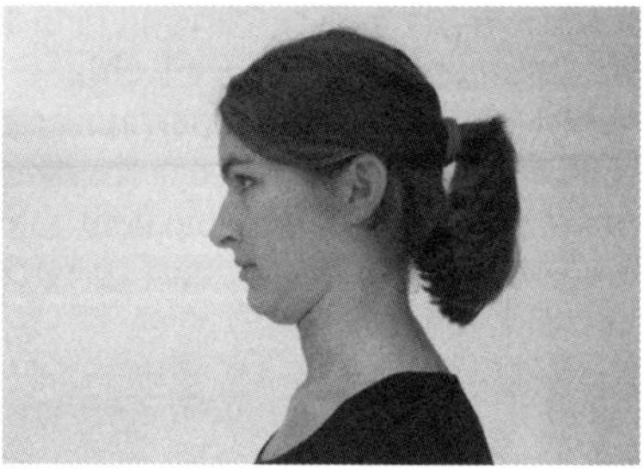

Bei der Kraft-Haltung sind die Nacken- oder Halsmuskulatur im Atlasbereich, die Kiefermuskeln, die oberen Bauchmuskeln und der Beckenboden angespannt.

Im Gegensatz dazu befindet man sich in der beweglichen Haltung, wenn der Schwerpunkt des Kopfes genau über der Wirbelsäule liegt. Er fühlt sich sehr leicht und beweglich an. Bei der beweglichen Haltung ist der Kopf leicht in den Nacken geneigt, Kiefer und Becken sind sehr locker. Der Körper fühlt sich wie bei einer Marionette an, die vom Kopf abwärts locker nach unten hängt. Diese Körperhaltung nimmt man z.B. beim Joggen oder Skifahren ein. (siehe Abbildung 2)

Abbildung 2: Die richtige Haltung

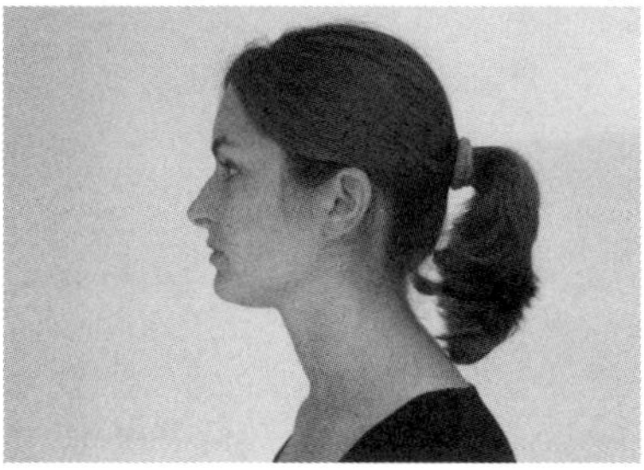

Übung 1: Ausprobieren der beweglichen Haltung mit auf der Stelle Joggen: Übung 1

Zum Ausprobieren der beweglichen Haltung joggen Sie auf der Stelle. Während sie joggen, achten Sie bitte darauf, dass der Kiefer locker ist und dass es Ihnen leicht fällt, nach links und rechts zu schauen. Während Sie weiterjoggen, nehmen Sie bitte eine militärische Haltung ein und achten Sie darauf, wie sich dies auf Ihren Körper auswirkt. Wenn Sie die Übung richtig machen, werden Sie feststellen, dass Ihre Bewegungen wesentlich steifer werden. Sie arbeiten gegen Ihren Körper. Genauso arbeiten Sie auch gegen Ihre Stimme, wenn Sie in einer solchen militärischen Haltung sprechen oder singen.

Die Kraft-Haltung ist noch aus einem anderen Grund von Nachteil. Wenn wir bei einem Vortrag die Kraft-Haltung einnehmen, können wir nicht richtig atmen. Um dies zu spüren, stellen Sie sich bitte nochmals stramm hin: Brust raus, Schultern zurück. Entspannen Sie dann die Bauchmuskeln, so dass Sie tief in die Bauchhöhle atmen können, ohne dabei Ihre Haltung zu verändern. Es funktioniert nicht. Diese Körperhaltung hemmt also nicht nur die freie Beweglichkeit der Stimmbänder, sie macht auch ein korrektes Einatmen unmöglich.

Übung 2: Kinn-Hochheben Übung 2

Eine der besten Übungen zum Lösen der Anspannung im Kiefer- und Nackenbereich ist das Kinn-Hochheben. Hierbei handelt es sich um eine Yoga-Übung, bei der die Bewegungen sehr langsam und gleichmäßig ausgeführt werden sollten. Setzen Sie sich gerade hin und schauen Sie geradeaus. Kippen Sie Ihren Kopf in den Nacken und schieben Sie Ihr Kinn gleichzeitig nach vorne und nach oben. Das verkürzt die Nackenmuskulatur. Diese Bewegung sollte ca. 5 Sekunden dauern. Wenn Sie die weiteste Position erreicht haben, halten Sie diese für 5 Sekunden. Danach bringen Sie Kopf und Kinn wieder in die Ausgangsposition. Entspannen Sie den Kiefer und kippen Sie den Kopf minimal in den Nacken. Versuchen Sie die Kopfstellung zu finden, in der der Kopf im Gleichgewicht ist. Es fühlt sich so an, als ob der Kopf leicht wegrollen könnte. Achten Sie darauf, dass der Hals dabei lang bleibt. Wiederholen Sie die gesamte Übung drei- bis fünfmal. (siehe Abbildung 3)

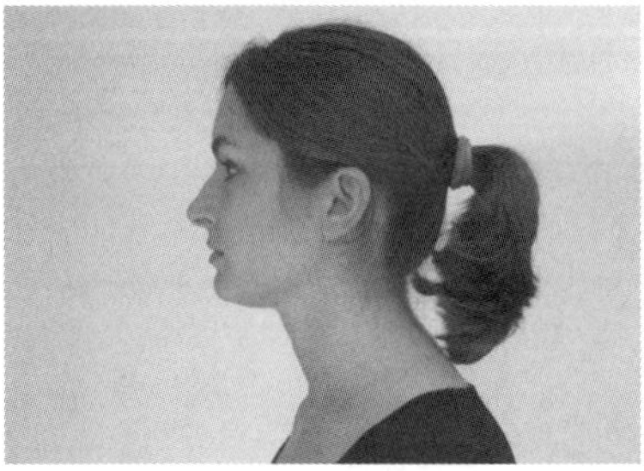

1. Schritt:
Setzen Sie sich gerade hin.

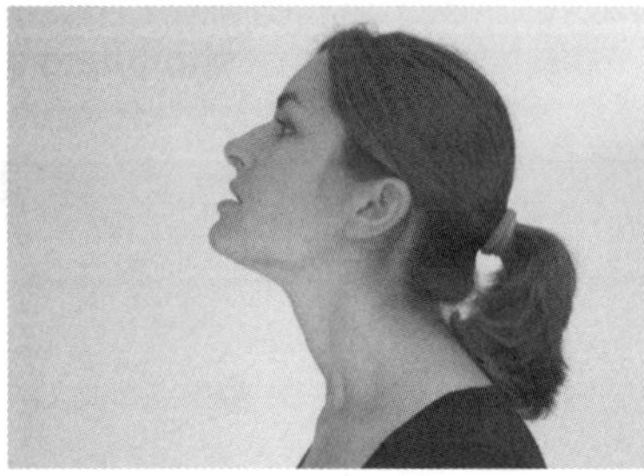

2. Schritt:
Ganz langsam kippen Sie Ihren Kopf in den Nacken und schieben Sie Ihr Kinn nach vorne und nach oben. Während dessen zählen Sie langsam bis fünf (5 Sekunden).

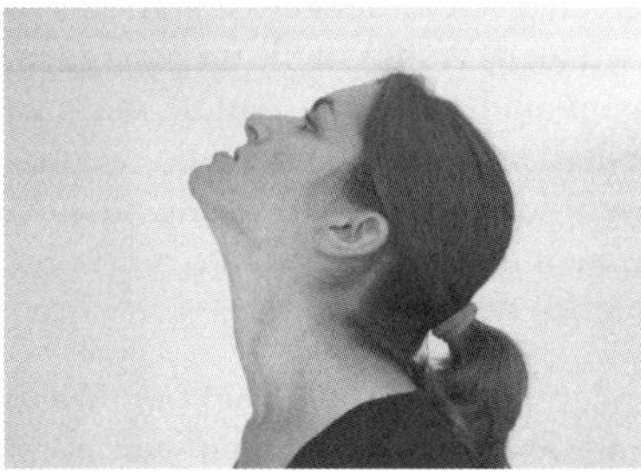

3. Schritt:
Halten Sie die weiteste Position fünf Sekunden.

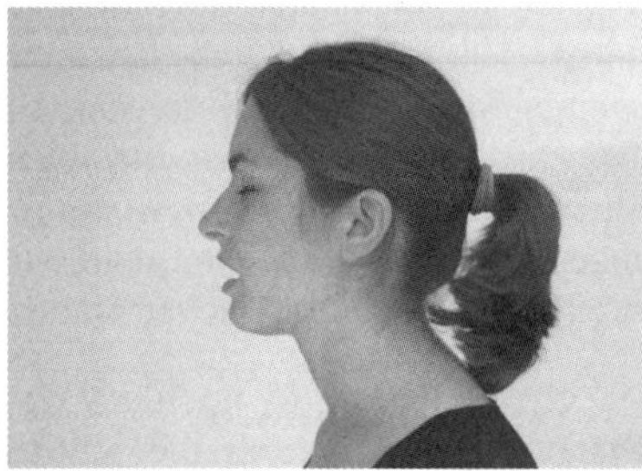

4. Schritt:
Langsam bringen Sie den Kopf wieder in die Eingangsposition. Entspannen Sie den Kiefer und kippen Sie den Kopf minimal in den Nacken, bis Sie die Position finden, wo der Kopf im Gleichgewicht ist.

2. Atem-Technik: Schaffen Sie für sich selbst und Ihre Zuhörer eine Atmosphäre, in der Sie konzentriert und bei sich sind

Der zweitwichtigste Aspekt bei der Stimmbildung und der Körpersprache ist die Atemtechnik. Die Atemtechnik ist aus zwei Gründen wichtig. Die Stimmbänder können keinen wohlklingenden Ton produzieren, wenn der Luftstrom, der durch die Stimmbänder fließt, zu schwach ist. Ist Ihre Atmung zu schwach, kann dies sogar Ihrer Stimme schaden. Wir bezeichnen das als „ohne Luft sprechen“ und dabei kommt der Atemluft eine entscheidende Bedeutung bei der stimmlichen Klangproduktion zu.

Der zweite Grund für die Bedeutung der Atemtechnik liegt bei der Körpersprache und darin, dass Sie für sich und Ihre Zuhörer eine angenehme Atmosphäre schaffen möchten. Seit Giacomo Rizzolatti Anfang der 90er Jahre die Existenz von Spiegelneuronen nachwies, wissen wir, dass wir uns genau wie Affen verhalten und uns unterbewusst spiegeln. Wir wissen auch, dass das Empfangen und Speichern von Informationen dann am besten funktioniert, wenn die Botschaftsempfänger entspannt und positiv gestimmt sind. Wenn Sie während Ihres Vortrags flach atmen, spannen Sie automatisch

Ihre Bauchmuskeln an und sie begeben sich in einen Zustand von Stress und Anspannung – und genau dieser Zustand wird auf Ihre Zuhörer übertragen und von ihnen gespiegelt. Sie beginnen dann ebenfalls flach zu atmen und begeben sich auch in einen Stresszustand. Sie können sich nicht mehr konzentrieren und können deshalb die Information nicht so spontan und effektiv aufnehmen, wie dies bei einer tieferen Atmung der Fall wäre.

Die richtige Atmung:

Die richtige Atemtechnik besteht aus zwei Teilen: das tiefe Einatmen in die Bauchhöhle und das Ausatmen, das über die Bewegung der unteren Bauchmuskeln gesteuert wird. Im Rahmen dieses Artikels beschränken wir uns hier auf das Einatmen, nachdem die Erfahrung gezeigt hat, dass die meisten Spannungen und Probleme während des Einatmungsvorganges auftreten. Haben Sie erst einmal tief und ruhig in die Bauchhöhle eingeatmet, funktioniert das Ausatmen meist von alleine.

Richtiges und wohltuendes Einatmen findet statt, wenn in der Bauchhöhle so viel Platz entsteht, dass sich das Zwerchfell ungehindert zusammenziehen kann. Dies geschieht, indem man die Bauchmuskeln lockert („lassen Sie Ihren Bauch fallen"), so dass die Luft ungehindert in die Lungen einströmen kann. Das Zwerchfell ist ein nicht steuerbarer Muskel, der sich automatisch zusammenzieht, sobald er den erforderlichen Platz zum Ausdehnen hat. Während eines korrekten Einatmungsvorgangs hebt sich die Bauchdecke, die Schultern bleiben dabei ganz ruhig.

Übung 3: Schwanenhals

Übung 3

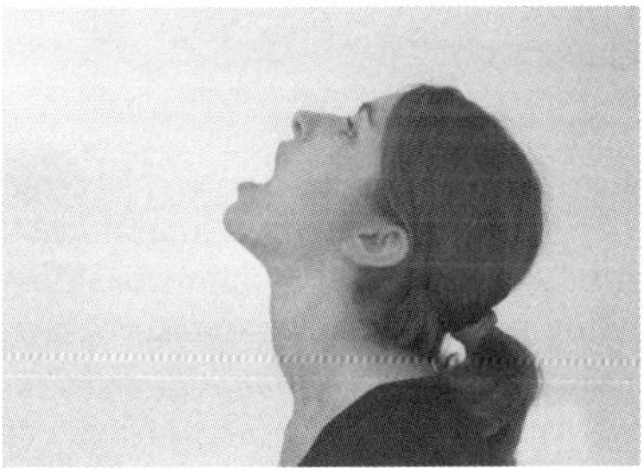

Setzen Sie sich mit geradem Rücken auf die Kante Ihres Stuhls und lassen Sie den Kopf in den Nacken kippen, ohne den Atlasbereich der Wirbelsäule zusammenfallen zu lassen. Lassen Sie den Kiefer nach unten fallen und gähnen Sie, so dass der Rachen ganz geöffnet ist. (siehe Abbildung 4). Atmen Sie unter Beibehaltung dieser Kopfhaltung (= Schwanenhals) sanft ein und aus. Legen Sie die Hand auf Ihren Bauch und versuchen Sie zu spüren, wie sich Ihre Hand beim Einatmen leicht hebt und beim Ausatmen leicht senkt. Atmen Sie auf diese Art einige Minuten weiter ein und aus. Achten Sie darauf, dass Ihre Schultern entspannt und ruhig bleiben, und dass keine anderen Anspannungen entstehen. Beobachten Sie, wie ruhig und entspannt Sie atmen. So atmet man richtig. (Siehe Abbildung 4)

3. Der Schlüssel zu einem dynamischen Vortrag:
Unsere energetische Ausstrahlung und die sechs Energie-Arten

Nach meiner Erfahrung konzentrieren sich "Körpersprache-Gurus" viel zu viel auf Gesten und deren Bedeutung. Die Seminarteilnehmer verlassen den Raum üblicherweise mit einem Regelwerk und einem Repertoire von Gesten, die sie irgendwie in ihren Alltag integrieren sollen und sobald sie dies tun, wirken sie steif, übermäßig gesteuert/„ferngesteuert" und nicht authentisch.

Oft werden sie von ihren Kollegen gefragt, „Ach, Sie waren wohl wieder einmal auf einem Präsentations-Seminar? Noch schlimmer ist es, wenn man anhand der von ihnen gebrauchten Gesten und der Art und Weise, wie sie sich auf die Bühne begeben, erkennen kann, bei welchem Körpersprache-Guru sie waren! Das wirkt NICHT authentisch und ist unprofessionell. Es hat auch in keinster Weise etwas mit dem Auftritt eines professionellen Schauspielers zu tun.

Ein professioneller Schauspieler spielt seine Rolle. Das Wort Schauspiel beinhaltet nicht umsonst das Wort „Spiel". Damit sein Auftritt dynamisch wirkt, spielt der Schauspieler mit dem Tempo und der Dauer seiner Bewegungen. Er spielt mit seiner Körperführung und mit den Energie-Arten, die er einsetzt.

Nach Jean Sabotine gibt es sechs Energie-Arten, die ein Schauspieler auf der Bühne nutzen sollte. Jeder von uns wendet spontan nur eine oder zwei dieser Energie-Arten an. Wenn wir uns jedoch bei einer Präsentation auf nur eine oder zwei Energie-Arten beschränken, werden unsere Zuhörer nach nur ein oder zwei aufhören zuzuhören.

Sie konzentrieren sich unterbewusst auf die Energie – darauf wie der Vortrag gehalten wird – und nicht auf den Inhalt des Vortrages. Übung: Im Folgenden finden Sie die sechs Energie-Arten. Bitte nehmen Sie einen beliebigen Text, oder vielleicht einen Text, den Sie für einen zukünftigen Vortrag verwenden möchten und üben Sie anhand dieses Textes jede der sechs Energie-Arten. Nachdem Sie diese Übung abgeschlossen haben, nehmen Sie denselben Text und versuchen Sie die Energie-Arten zu kombinieren, vielleicht sogar innerhalb ein und desselben Satzes.

Die Energie-Arten:

1. Die erste Energie – Lyrische Energie

Beschreibung: Die lyrische Energie ist, wie ihr Name schon vermuten lässt, sehr lyrisch. Gesten und Bewegungen sind sehr fließend, scheinen endlos zu sein. Die Stimme ist warm und die Vokale werden sehr lang gesprochen. Einsatzbereiche: Die Lyrische Energie ist ideal zur Entspannung der Zuhörer geeignet. Sie sollte zu einem Standardelement Ihrer Erzählweise werden, zur Einleitung von Trance-Induktion ist sie zwingend erforderlich.

2. Die zweite Energie – Perkussive Energie

Beschreibung: Bei der zweiten Energie-Art handelt es sich um die perkussive Energie. Die perkussive Energie zeichnet sich durch scharfe, perkussive Gesten aus, die kleine oder große, regelmäßige oder unregelmäßige Impulse auslösen. Was die Stimme angeht, werden die Konsonanten sehr scharf und die Vokale kürzer gesprochen. Sowohl Stimme als auch Bewegung werden hervorgehoben bzw. akzentuiert.

Einsatzbereiche: Die perkussive Energie ist ideal dazu geeignet, die Aufmerksamkeit auf einen bestimmten Punkt zu lenken oder um die Zuhörer wachzurütteln.

3. Die dritte Energie – Vibrierende-Energie
Beschreibung: Die vibrierende Energie ist die Energie-Art, die wir mit Ausstrahlung und Charisma verbinden. Naturgemäß handelt es sich hierbei um eine Kombination aus lyrischer und perkussiver Energie: die Energie wird ununterbrochen gehalten und hin und wieder kommt es zu kurzen, schnellen Impulsen. Sie vibriert. Diese Art der Energie verbinden wir mit einem charismatischen Prediger oder mit jemandem, der voller Begeisterung steckt.

Der dynamische Redner setzt meherere Energie-Arten in seiner Rede ein, um abwechslungsreich und dynamisch zu wirken.

Einsatzbereiche: Die vibrierende Energie bringt Energie und Begeisterung in Ihren Vortrag. Sie weckt das Interesse der Zuhörer und ruft sie zum Handeln auf. Setzen Sie diese Energie-Art bei Ihren wichtigsten und emotionalsten Punkten ein. WICHTIG: Gefühle können sehr effektiv durch jede Energie-Art ausgelöst werden – die Kombination der Energie-Arten macht den Unterschied. Nach meiner Erfahrung wirkt die Energie-Art am häufigsten hochemotional, deren Einsatz für den Sprecher selbst am natürlichsten ist.

4. Die vierte Energie – Innehaltende Energie
Beschreibung: Unter innehaltender Energie ist die so genannte dramatische Pause zu verstehen. Bei dieser Energieform hält der Vortragende mitten in einer Bewegung oder einem Satz inne. Solange dieses "Standbild" steht, erhöht sich die Energie! Stellen Sie sich vor, Sie senden vibrierende Energie aus, während Sie ruhig dastehen. Manchen Menschen fällt es leichter, die innehaltende Energie einzusetzen, wenn sie sich vorstellen, dass ihnen das nächste Wort nicht einfällt. Wenn sie zum Beispiel den Satz sagen wollen, „Die Sonne scheint" und vor dem Wort "scheint" eine Pause machen („Die Sonne … scheint."), könnten Sie sich vorstellen, dass sie einfach nur nach dem richtigen Wort suchen ... "scheinen". Noch ein Tipp: Stellen Sie sich während der Pause vor, dass Sie es gar nicht erwarten können, das Wort „scheinen" auszusprechen; Ihre Begeisterung ist einfach zu groß!

Einsatzbereiche: Diese Energie-Art sollte dann eingesetzt werden, wenn besonders wichtige Aspekte betont werden sollen. Das Wort bzw. der Gedankengang nach der Pause wird betont. Die innehaltende Energie ist ideal geeignet, um die Aufmerksamkeit der Zuhörer aufrechtzuerhalten. Falls die Zuhörer unaufmerksam oder schwer zu kontrollieren sind, können Sie diese Energieform einsetzen, um ihre Aufmerksamkeit wiederzugewinnen.

5. Die fünfte Energie – Kollabierende Energie
Beschreibung: Die innehaltende Energie wird häufig in Kombination mit der kollabierenden Energie eingesetzt. Unter kollabierender Energie versteht man im Grunde genommen das Gegenteil von innehaltender Energie, die Energie lässt plötzlich nach, etwa wie beim Seufzen oder stark ausatmen.

Einsatzbereiche: Diese Energieart eignet sich sehr gut, wenn eine Situation entspannt werden soll. Sie ermöglicht es Ihren Zuhörern buchstäblich durchzuatmen und sich zu entspannen. Mit Hilfe dieser nachlassenden Energie kann Erschöpfung, Verzweiflung aber auch reine Freude oder innerer Frieden ausgedrückt werden.

6. Die sechste Energie – Schwingende Energie
Beschreibung: Die schwingende Energie ist die Energieform, der man häufig in Werbespots für Gebrauchtwagen begegnet. Bei dieser Energie-Art werden innehaltende und kollabierende Energie miteinander kombiniert. Zunächst erhöht sich die Energie und dann, wie ihr Name schon sagt, fällt sie wieder ab – genau wie beim Schaukeln.

Einsatzbereiche: Diese Energieart kann gut eingesetzt werden, wenn in einen Vortrag eine neue, aber entspannte Energie einfließen soll, und wie bereits oben erwähnt, dient sie bei Werbespots zur Vermeidung eines monotonen Klangs.

Der überzeugende, wirkungsvolle und dynamische Redner

Es gibt viele entscheidende Aspekte, die dafür sorgen, dass ein Vortrag spannend und dynamisch wird. Natürlich muss die Botschaft, die vermittelt werden soll, klar sein und sie sollte eine Dramaturgie haben, die den Zuhörer fesselt. Aber selbst die beste Botschaft wird nicht wirkungsvoll vermittelt, wenn die Stimme des Botschafters schwach, heiser oder unverständlich ist. Selbst die beste Botschaft geht verloren, wenn der Botschafter aufgeregt und zerstreut wirkt, und was noch wichtiger ist, die Botschaft ist nicht glaubwürdig, wenn Botschafter und Botschaft nicht kongruent zueinander sind.

Ihre Fähigkeit, einen wirkungsvollen und dynamischen Vortrag zu halten steht in direktem Zusammenhang mit Ihrer Fähigkeit, beweglich und ganz bei sich zu sein, und Ihrer Bereitschaft, mit verschiedenen Energie-Arten zu “spielen”. Dies wird durch die Bewegungs-Haltung erreicht. So stellen Sie sicher, dass Sie körperlich beweglich sind und Ihr Kehlkopf unten bleibt, wodurch Ihre Stimme ungehemmt, klar und wohltuend wirkt. Dies wird auch durch eine tiefe und ruhige Atmung erreicht. Nur bei ruhiger Atmung können wir sicher sein, dass Sie ganz bei sich sind und Ihre Zuhörer konzentriert bleiben.

Um seinen Vortrag noch spannender und abwechslungsreicher zu gestalten, kann ein dynamischer Redner mit vielen Elementen der Körpersprache spielen. Eines der wichtigsten spielerischen Elemente, das sowohl Körper als auch Stimme betrifft, ist der Einsatz unterschiedlicher Energie-Arten. Je intensiver Sie damit spielen und je mehr unterschiedliche Energie-Arten Sie in Ihren Vortrag einbauen, desto dynamischer und interessanter wird Ihr Vortrag werden.

LAURABAXTER
The Voice for Leadership

Laura Baxter

Diplom Opernsängerin, Präsentationstrainerin, Regisseurin

Seit über 20 Jahren beschäftigt sich die amerikanische Opernsängerin und Lehrtrainerin Laura Baxter mit der Wirkung der Stimme und des Körpers. Schon seit über 10 Jahren vermittelt sie ihre Erfahrungen in Firmen an Führungskräfte, Trainer und Fachpersonal.

Zu ihren Repertoire auf Opern- und Konzertbühnen zählen Rollen wie Dorabella in Cosi fan tutte, Frau Reich in Lustige Weiber von Windsor, Suzuki in Madama Butterfly und große Werke wie Verdis Requiem und Beethovens 9. Sinfonie. Zusätzlich zu ihren Performance-Tätigkeiten arbeitete Laura Baxter in den USA als Dozentin an der renommierten Duke University (North Carolina/USA) und seit 1999 ist sie Dozentin für Gesang und Sprecherziehung an der Friedrich-Alexander-Universität Erlangen-Nürnberg. Als Regisseurin hat sie mehr als 30 Musical-Produktionen auf die Bühne gebracht.

Diese Erfahrungen bringt Laura Baxter in ihre Seminare und Vorträge ein, um den Teilnehmern dabei zu helfen, souverän und authentisch aufzutreten. Sie zeigt ihnen nicht nur, wie sie mit der Stimme und mit dem Körper überzeugen, sondern auch, wie sie einen Raum am effektivsten gestalten, so dass ihre Botschaft ohne Weiteres kommuniziert wird.

In ihren Impulsvorträgen und LeaderAbenden® verbindet Laura Baxter Musik und Gesang mit Führungsthemen. Mit ihren LeaderAbenden® hat sie den German Speakers Association Newcommer-Casting Wettbewerb 2011 gewonnen. „7 Eigenschaften einer erfolgreichen Führungskraft," „Die Kunst des Überzeugens!" und „Präsentation heißt präsent sein" sind einige der beliebtesten Themen ihrer LeaderAbend®-Vorträgen.

Zusätzlich zu ihrem Diplom in Operngesang ist Laura Baxter Diplom Gesangspädagogin, NLP-Lehrtrainerin, Structogram®- und Triogram®-Trainerin und Suggestopädin.

Weitere Information unter www.voice4leadership.de

„DER MIT DEM WORT TANZT!"

Ich argumentiere hart, aber fair!

Durch meine guten Argumente überzeuge ich mein Gegenüber.
Jeder potentielle Kunde kauft aufgrund meiner stringent-logischen Begründungen ... Sicherlich deckt sich das auch mit Ihrer Erfahrung. Ihr Sohn räumt aufgrund Ihrer rationalen Beweisführung eigenständig sein Zimmer auf und Ihr Partner trägt hochmotiviert und von innerer Überzeugung durchdrungen den Müll nach draußen. Oder?

Hätten rationale Argumente diese Überzeugungskraft, unsere Welt sähe anders aus. Obgleich wir immer wieder das Märchen von der Sachebene und dem gesunden Menschenverstand erzählt bekommen, scheint sich dies in unserer Realität so gar nicht zu etablieren. Seltsame, unlogische und emotionale Kommunikationsstile präsentieren sich uns und unser Verhandlungsgeschick wird oftmals auf eine sehr harte Probe gestellt. Zugegeben, für unser Privatleben mag das gelten, jedoch nicht für den Berufsalltag ... Oder?

Würde unsere Entscheidungsfähigkeit allein auf sachlicher Begründung basieren, hätten wir vermutlich längst einen Einkaufs- und einen Verkaufscomputer zusammengeschlossen und einen großen Teil unserer Verhandlungen delegiert.

Zum Glück ist das nicht so. Es sind immer noch Menschen, die sich mit Menschen austauschen: Menschen reden mit Menschen, Menschen verhandeln mit Menschen, Menschen vertrauen Menschen.

Menschen kommunizieren rational, irrational, sachlich, emotional, widersprüchlich, unlogisch ... erfrischend menschlich eben. Wenn wir Menschen erreichen wollen, müssen wir ihre Sprache sprechen; Genau dieser Aspekt wird vielfach übergangen, oftmals belächelt: der Faktor Menschlichkeit.

In vielen Kommunikationsrichtungen wurde versucht, den Menschen einer rationalen, vernunftdominierten Gesprächsführung anzupassen. Es wird Zeit, unsere Kommunikation den Menschen anzupassen.

Wir wissen heute Überzeugungskraft basiert auf

- menschlicher Nähe
- exzellentem Timing
- und dem virtuosen Umgang mit den Energien des Gespräches.

Ähnlich wie wir in der Physik Kräfte durch Vektoren beschreiben oder im Kampfsport verschiedene Bewegungsrichtungen kennen und einsetzen, so lassen sich innerhalb von Gesprächen und Verhandlungen ganz spezifische Energien erfassen. Professionelles Balancieren und Jonglieren mit diesen Kräften führt zu einem äußerst hochwertigen Überzeugungspotential.

http://www.landsiedel-seminare.de/kongress2011/ralf-zunker

AIKIDO-Rhetorik
Die Physik der Gesprächsführung

Um die Kräfte innerhalb der Kommunikation eingängiger zu erfassen, hilft ein Blick zu unseren asiatischen Nachbarn und deren Kampfsportarten. In jeder Kampfsportart, ganz gleich ob es sich um Judo, Taekwandoo, Karate, Jiu-Jitsu oder Aikido handelt, nimmt man die Energie des Gegenübers und leitet diese in eine für sich sinnvolle Richtung.

Die Energien des Gespräches

In meinen Seminaren verdeutliche ich dies, indem ich einen Teilnehmer aus dem Publikum zu mir auf die Bühne bitte und mit ihm folgende Übung mache: Beide strecken wir unseren Arm aus, legen die Handflächen aneinander.

Impuls geben

Nun pressen wir beide unsere Hände aneinander und versuchen uns gegenseitig wegzudrücken. Dies entspricht der Situation des beiderseitigen Argumentierens. Wir drücken beide, unsere Haltung und unsere Muskeln werden fest, die Gesichter hart, die Bewegung friert ein und wird statisch. Während jeder insgeheim noch darauf hofft, vielleicht doch stärker zu sein und den anderen von seinem Fleck zu schieben. So verlaufen sehr viele Verhandlungen. Wir glauben, den anderen in eine für uns günstige Lage drücken zu können, mehr noch, hoffen, dass der andere sogar noch mit Freude von seinem „Standpunkt" abweicht, uns recht gibt und danach selbstverständlich hochzufrieden unseren Impulsen folgt. Jeder Seminarteilnehmer erkennt sofort, dass dies seltenst der Fall sein wird. In der Regel entsteht ein Stillstand.

Warum? Weil niemand gewillt ist, sich wegdrücken zu lassen. Jeder „vertritt seinen Standpunkt", es baut sich Druck auf, Spannung entsteht, es kostet immens viel Kraft und das Resultat ist meist Ausgewogenheit der Kräfte.
Kurz: Wir bewegen uns keinen Millimeter. Genau so erleben wir oftmals viele Diskussionen und auch so manche Verhandlung. Die Verhandlung fährt sich fest oder dreht sich um den Argumentationspunkt. Wenn der Druck schließlich zu groß wird, zerbricht so manches konstruktiv begonnene Gespräch, denn der andere ist ja so unnachgiebig. So verhält es sich mit der Energie des Argumentierens.

Warum drücken wir denn überhaupt? Nun, insgeheim wollen wir stärker drücken (bessere Argumente), um den anderen dahin zu dirigieren, wo wir ihn gerne hätten. Wenn ich das im Seminar versuche, passiert immer das Gleiche: Urplötzlich – fast wie verabredet – drückt mein Partner mit noch mehr Kraft gegen meine Hand und das Ergebnis ist wieder das gleiche: Stillstand. Wenn ich ihn frage, warum er denn nun stärker drückt, sagen mir viele, es wäre fast automatisch so gekommen, geradezu reflexartig. Keiner will sich gerne an die Wand drücken lassen. Das ist menschlich und gleichzeitig ein physikalisches Gesetz: Stärkere Kraft bedingt (bis zu einem gewissen Maße) stärkere Gegenkraft.

Natürlich habe ich immer noch den Gedanken, dass es mir gelingen sollte, mit höherem Energieaufwand mein Gegenüber in meine gewünschte Richtung zu zwingen. Und sollte mir das gelingen, ist auch hier die Reaktion des Seminarteilnehmers immer die gleiche: Er fühlt sich unwohl, fühlt sich als „Verlierer“, er musste seinen Standpunkt aufgeben, wusste nicht, wo es entlanggeht, denn er sieht den Weg hinter sich nicht, fühlt sich überrumpelt, übergangen u.Ä. An dieser Stelle angekommen, versuche ich etwas deutlich zu machen: Ich gehe fast beiläufig von meinem Übungspartner weg, während ich mit den anderen Teilnehmern weiter kommuniziere.

Was glauben Sie, macht mein Übungspartner während dieser Zeit instinktiv? Er bleibt nicht dort stehen, wo ich ihn hindirigiert habe, sondern nähert sich fast unmerklich wieder seinem ursprünglichen Ausgangspunkt. Wenn ich ihn darauf anspreche, wird fast immer deutlich, dass es ihm selbst nicht aufgefallen ist, er wollte nur „irgendwie nicht dort stehenbleiben, wo er gestanden hat“. Wie so oft kommt dann im Leben die Quittung später: „Wissen Sie, ich habe mir das Ganze nochmals überlegt ...“ (Storno), innere Kündigung etc. Auf Dauer können wir so nicht gewinnen!

Impuls nehmen

Welche Möglichkeiten gibt es noch? Der andere könnte nachgeben. Es fällt auf, dass uns das Spiel oftmals keinen Spaß mehr macht, wenn der andere immer sofort nachgibt. Wir fallen gewissermaßen in ein Loch, denn unsere Hand folgt augenblicklich der Hand des anderen. Dies erklärt, weshalb Menschen, die es immer jedem und allen recht machen wollen, selten bis nie geschätzt oder respektiert werden.

Impuls verlassen

Eine weitere Variante: Ich kann auf die Seite meines Gesprächspartners wechseln. Der Druck nimmt schlagartig ab, denn es gibt keinen Gegner mehr, gegen den man drücken könnte. Wir teilen für einen Moment den gleichen Standpunkt. Wir bewegen uns nicht, es ist auch kein Nachgeben, da wir jederzeit unsere Position wieder verändern können, jedoch es gibt keinen Druck mehr und damit sind wir frei. Gleichzeitig entspannen wir damit das System und machen es beweglicher. Ein oft zu beobachtendes Phänomen im Seminar ist, dass in diesem Moment, wo ich den Standpunkt des anderen einnehme, er unbewusst auf meinen Standpunkt hinüberwechselt. Dies geschieht aus meiner persönlichen Beobachtung in ca. 65 bis 70 Prozent der Fälle. Auch hier stellen wir in der anschließenden Nachfrage fest, dass sein Verhalten meinem Übungspartner nicht bewusst war.

Impuls weiterleiten

Alternativ könnte mein Gegenüber auch plötzlich die Hand wegziehen und mich mit Schwung ins Leere laufen lassen. Kein Kampfsportler würde die Faust des anderen mit dem Gesicht abbremsen, und doch tun wir sehr oft genau das in unseren Verhandlungen und beschweren uns dann, dass wir „verletzt“ wurden.

Impuls beschreiben

Des Weiteren kann ich auch ganz sachlich beschreiben, was sich zwischen uns abspielt. „Du drückst gegen meine Hand, ich gegen deine.“ „Unsere Standpunkte sind hier im Raum X und Y.“

Impuls bearbeiten

Ich verändere den Impuls meines Gegenübers, um ihn „aufs Kreuz zu legen“. Diese Vorgehensweise ist im Kampfsport die Regel, wird jedoch in der fairen Kommunikation nicht gerne gesehen, hier nennt man es dann: Manipulation.

Impuls leiten
AIKIDO-Rhetorik

Wie wäre es, wenn wir nachgeben? Nein, nachgeben, das tun wir natürlich nicht. Nachgeben soll ja der andere. Nachgeben heißt ja Schwäche zeigen. Nachgeben heißt untergehen, war das nicht so? Leider haben wir oftmals bei unseren Gesprächen das Sieger-Verlierer-Konzept im Kopf. Und wer will schon gerne der Verlierer sein? Heißt Nachgeben denn wirklich zu verlieren? Heißt umgekehrt, statisch auf seinen Überzeugungen zu beharren, denn zu gewinnen? Oder verlieren jetzt sogar beide? Nein, werden Sie vielleicht jetzt sagen, das hatten wir doch schon alles. Früher hieß es *„Der Klügere gibt nach“* und das bedeutet in der Endkonsequenz, dass der Klügere so lange nachgibt, bis er der Dumme ist. Lassen Sie uns diese Vorgehensweise etwas differenzierter betrachten: In unserer Übung bitte ich den Teilnehmer nun unter allen Umständen weiter zu drücken, ganz gleich, was ich mache.
Was passiert?
Ich gehe zurück, „gebe nach“. Mein Partner drückt weiter und kommt einige Schritte nach vorne. Ich gehe weiter zurück und wieder wird mein Gegenüber nachkommen. Wenn mein Partner immer weiter drückt, passiert jetzt etwas Überraschendes. Ich kann den Kurs vorgeben und lasse ihn gewissermaßen hinterherkommen. Schließlich gebe ich immer mehr nach, kann Bögen, Kurven, Schleifen oder Zick-Zack-Kurse beschreiten, mein Teilnehmer wird mir bereitwillig folgen. Mitunter kann ich ihn jetzt mit nur noch einem Finger bei völliger Leichtigkeit dirigieren. Je fester sein Druck ist, umso leichter übernehme ich die Führung.

Das ist physikalisch sehr ökonomisch, denn mein Partner fungiert als Antriebskraft und ich als Steuer, und obgleich ich auf der einen Seite nachgebe, kann ich auf der anderen Seite ganz klar den Kurs vorgeben und mein Gegenüber steuern, wohin ich will. Das ist die Magie des „Nachgebens“.
Lassen Sie uns den Begriff „nachgeben“ erweitern und **„mit der Energie gehen“** nennen.

Bedeutet dies, ich soll zum Ja-Sager werden, der anderen stets nach dem Mund redet? Durchaus nicht! Vielmehr geht es darum, wie im Aikido die Kraft des Gegenübers geschickt zu nutzen. So sparen Sie ihre eigene Kraft. Sie wollen nicht den Zug schieben, Sie wollen die Weichen intelligent stellen.

Diese Form der Führung funktioniert so lange, bis der andere wahrnimmt, dass er gesteuert wird bzw. dass kein Gegendruck mehr vorhanden ist. Merkt er es, hören seine Bemühungen zu drücken schlagartig auf. Auch dies wäre ein Gewinn, denn wir könnten nun beide überlegen, wie wir als nächstes vorgehen wollen. Ich kann natürlich selbst wieder einen Impuls setzen, indem ich leicht Druck gebe. Drücken, Ausweichen, Ziehen, Nachgeben – jetzt entsteht ein Tanz.

Genau das wollen wir! Wir wollen mit unserem Gegenüber tanzen. Wir wollen uns bewegen, um mit Schwung und Leichtigkeit gemeinsam zu neuen, kreativen Lösungsmöglichkeiten zu gelangen. Lassen Sie uns alle die eben genannten Energien nutzen: Druck, Gegendruck, Nachgeben, Ausweichen, Rhythmus und Schwingung. Lassen Sie uns tanzen in einer erweiterten Form eloquenter Kunst. 40 Jahre Bühnenerfahrung mit dem Publikum, 30 Jahre direkte didaktische Erfahrung und die Analyse und Optimierung von mehreren hunderten von Verhandlungen auf allen sozialen Spielwiesen haben mich gelehrt, dass dies genau der Weg ist, wie sich jeder „Knoten" verhärteter Gespräche lösen lässt. Absolut alltagstauglich, interkulturell und wirkungsvoll.

Werfen wir einen ersten Blick auf die Energien der AIKIDO-Rhetorik:

Impuls geben

Hier finden sich die Kommunikations-Stile
Argumentieren und Konfrontieren.

Argumentieren

Argumentieren gliedert sich auf in
- Vorschlagen
- Begründen

Konfrontieren

Konfrontieren hat die Untergruppierungen
- Bewerten
- Fordern
- Drohen

Impuls nehmen

Hierzu zählen:
Einladen und Begleiten

Einladen

- Eingehen
- Hin-Hören
- Offenbaren

Begleiten

- Visionieren
- Übereinstimmen
- Analogisieren

Impuls weiterleiten
Umlenken

- Schlagfertigkeit
- Humor & Witz
- Charme

Unter Meiden verstehen wir Bereiche wie

- Vertagen
- Überhören
- Tabuisieren

Impuls beschreiben

- Resümieren

Impuls verlassen

- Kooperieren

Impuls bearbeiten

- Manipulieren

Strategien zu den Farben:

Impuls geben

Bei den impulsgebenden Strategien handelt es sich um offensive Vorgehensweisen, bei denen der eigene Standpunkt klargestellt und untermauert werden soll.

Argumentieren

Mit Argumenten wollen wir vielfach den Partner überzeugen und hoffen insgeheim, dass er eines unserer Argumente überzeugt annimmt. Stimmt dies jedoch wirklich? Wollen wir wirklich immer überzeugen oder sind wir vielfach auch bereits mit der Beeinflussung zufrieden? Ist es uns wirklich immer wichtig, dass der Ehepartner überzeugt und mit innerem Enthusiasmus den Müll nach unten bringt oder reicht es uns bereits, dass er es einfach tut? ☺ Wollen wir unsere Mitarbeiter wirklich überzeugen oder reicht es uns, wenn wir sie zum Handeln bewegen? Ob die Mitarbeiter dann wirklich überzeugt sind, zeigt sich in dem Moment, da der Chef den Raum verlässt. Oftmals sind Mitarbeiter eben nicht überzeugt, sie sind vielfach beeinflusst.

Wenn Sie weniger Ihren Rang nutzen wollen, um zu beeinflussen, ist es wichtig, Argumente so einzusetzen, dass sie überzeugen. Bringen Sie nur Argumente, die für Ihr Gegenüber einen klaren Nutzen bieten. Seien Sie sparsam mit Beispielen und BEGRÜNDUNGEN. Zu jedem Beispiel kann es ein Gegenbeispiel geben.

Sortieren Sie Ihre Argumente von der Überzeugungskraft beim anderen nach schwach, mittel, stark. Beginnen Sie mit dem mittleren, führen dann das schwache an und enden mit dem starken. Gute Argumente können wiederholt werden. (Denken Sie an Cato den Älteren: „*Karthago muss zerstört werden!*")

Konfrontieren

Zielklarheit:
Seien Sie sich über Ihre Ziele im Klaren. FORDERUNGEN, BEWERTUNGGEN und DROHUNGEN können sehr schädlich sein, wenn sie nicht wirklich Ihrem Ziel dienen. Behalten Sie die Kontrolle über sich und die Verhandlung.

FORDERUNGEN, BEWERTUNGEN und DROHUNGEN immer klar und direkt, aber niemals aggressiv formulieren. Trennen Sie Person und Handlung. Unterlassen Sie Weichmacher, Konjunktive und Relativierungen.

Impuls nehmen

Durch die impulsnehmende Technik durchlaufen Sie und Ihr Verhandlungspartner einen gemeinsamen Denkprozess, der einen von Ihnen oder Sie beide zu einer neuen Sichtweise führen kann.

Einladen

Baut Beziehungen auf und dient dem Erhalten von Informationen. Achten Sie auf absolute Reinheit dieses Stils. Das Einbinden von Bewertungen oder Forderungen ist kontraproduktiv. Körpersprache muss kongruent mit dem Inhalt sein! Geben Sie dem Gesprächspartner die Möglichkeit, den Verlauf des Gespräches zu wählen. Durch selektive Zustimmung behalten Sie die Fäden in der Hand. Trennen Sie Situation und Person. Sollten Sie Ihrem Gegenüber in der Sachlage nicht beipflichten können, so können Sie eventuell seinen Emotionen zustimmen. Hören Sie aktiv hin und signalisieren Sie es. Einfühlsames Hin-Hören schafft Vertrauen. Achten Sie darauf, eine Selbst-OFFENBARUNG nicht zu früh einzusetzen. Generell kann Ihre Selbst-OFFENBARUNG sehr entwaffnend wirken. Manch ein Verhandlungspartner tritt mit sehr perfiden Verhandlungstechniken an und trifft überraschend auf OFFENBARUNG, was in vielen Fällen dazu führt, dass der Verhandlungspartner seine Strategien nicht mehr aufrechterhalten kann und gewissermaßen in die Kooperation „gezwungen“ wird. Selbstoffenbarungen sollten sich langfristig zwischen den Gesprächspartnern die Waage halten. Bei Einseitigkeit auf Ihrer Seite auf Dauer einstellen. Bei Wertungen oder gar Forderungen auf der anderen Seite sofort abbrechen. Bleiben Sie sich treu. Stimmen Sie nur dem zu, was Sie auch wirklich wollen. Emotionen unter Kontrolle halten. Eigene Fehler offen ansprechen. Bei Angriffen auf Fehler Ihrerseits → aktives Hin-Hören.

Begleiten

Entwickeln Sie Empathie. Zeigen Sie Emotionen. Achten Sie auf Kongruenz von Inhalt, Betonung und Körpersprache. Finden Sie Gemeinsamkeiten. Beim Visionieren benutzen Sie die Technik: „Spezifisch-vage“. Nutzen Sie unspezifische Verben, Modaloperatoren, Tilgungen. Öffnen Sie Loops. Nutzen Sie das Gegenseitigkeitsprinzip der Kooperation. Machen Sie den ersten Schritt. Unterbreiten Sie ein attraktives Angebot für den anderen oder treffen Sie eine für den Verhandlungspartner bedeutende Vereinbarung und setzen Sie sie sofort um.

Impuls ausweichen

Nutzen Sie die „magische Pausen-Taste“. Immer einsetzen, wenn die Situation sich festzufahren droht oder die Gefühle sich verselbstständigen. Nutzen Sie die Joschka-Fischer-Technik gegen Stress, um die Amygdala zu kontrollieren. Nutzen Sie Humor partnerspezifisch und gezielt. Dies schafft kurzzeitigen Abstand vom Sujet und entspannt die Situation. Humor stets auf die Situation, niemals auf das Gegenüber beziehen. Besonders elegant: Beziehen Sie den Humor auf sich selbst. Nutzen Sie die Ausweich-Technik konstruktiv, um in Meta-Reflektion zu treten.

Sollten Sie den Kontakt vorübergehend beenden wollen, stellen Sie sicher, dass Sie Ihrem Zuhörer signalisieren, dass Sie gewillt sind, das Gespräch wieder aufzunehmen. (Vereinbaren Sie eventuell gleich einen Termin.)

Impuls beschreiben
Resümieren

Zur Zusammenfassung einer Situation vermeiden Sie Hermeneutik.
Stellen Sie Ihre subjektive Wahrnehmung als solche dar. Nutzen Sie Fakten. Fixieren Sie das Ergebnis schriftlich und lassen Sie es sich bestätigen. Halten Sie zudem die Gründe fest, die für ein bestimmtes Ergebnis sprachen. Eventuell müssen Sie Ihre Entscheidung im Nachhinein nochmals begründen.

Erste Strategien
Die Eröffnung

Als ich das erste Mal mit meiner Lebenspartnerin Schach spielte und den allerersten Zug machte, sagte sie ganz ruhig, fast beiläufig: „Wenn du so eröffnest, bis du in zwanzig Zügen schachmatt.“ Sie irrte sich! ... es waren nur neunzehn.

Wie konnte sie eine solche Voraussage machen? Gibt es Eröffnungen, die uns von Vornherein in eine derart bestimmbare Position manövrieren. Kann allein durch eine wertvollere oder weniger wertvollere Eröffnung das gesamte weitere Spiel determiniert werden? Im Schach durchaus. Gilt das auch für Verhandlungen und Gesprächsführungen? Wie könnte eine effektive und zugleich effiziente Eröffnung aussehen?

Wie kann ein Verhandlungskonzept aussehen, dass auch die irrationalen Verhaltensweisen mit berücksichtigt? Wie kann ich mich auf einen Gesprächspartner einstellen, der eventuell seine Handlungsweise nur zum Teil bewusst nachvollziehen kann? Hier setzt die Verhandlungspsychologie der AIKIDO-Rhetorik an.

Zunächst gilt es beliebte Tretminen zu umgehen.
Und von daher gilt die erste Regel der Verhandlungspsychologie:

1. Eröffnen Sie die Verhandlung niemals argumentativ.
Die Nachteile im Überblick:

- Sie bauen Druck auf.
- Sie legen sich fest und verlieren Ihre Flexibilität.
- Sie wissen noch nicht, welche Ihrer Argumente für Ihren Gesprächspartner von Bedeutung sind.
- Sie übersehen eventuell für Ihren Verhandlungspartner Wesentliches, da gerade dieses für Sie so selbstverständlich ist.
- Sie verspielen Ihre „Sog-Wirkung“.

Woher wissen wir nun aber, was für unser Gegenüber von ausschlaggebender Bedeutung ist?

1. Schreiben Sie alles mit, was Ihr Gegenüber sagt.
   Kommentieren Sie das Gesagte nicht, außer mit kurzen Kommentaren wie „interessant“, „aha“, „mhmm“, etc. Achten Sie darauf, dass Sie sich möglichst wertfrei zeigen und nur ein Wort oder einen Laut von sich geben.

2. Stellen Sie offene Fragen!
   Offene Fragen, wenn sie keinen Verhörcharakter haben, helfen unserem Gegenüber sich zu öffnen und geben uns die Möglichkeit, Einblick in seine Denkweise und sein Entscheidungsverhalten zu nehmen.
   Danach ist es viel eher möglich aus seiner Sicht zu argumentieren.
   Wir nennen dies die **partnerorientierte Nutzen-Argumentation!**

Es gilt auch hier das Zitat von Dale Carnegie:
„Der Wurm muss dem Fisch schmecken und nicht dem Angler!“
Viele „Angler“ präparieren jedoch ihre Haken mit Wiener Schnitzel oder Sahnetorte. Wen wundert es, dass hier kein Fisch anbeisst.

Zu Beginn des Gespräches argumentativ zu starten, birgt jedoch noch weitere Nachteile:

- Sie legen sich zu sehr fest und können im weiteren Verlauf nicht mehr flexibel genug agieren.
- Sie achten nicht das Gesetz des Timings. Ein Argument erhält wesentlich mehr Gewicht, wenn es zum richtigen Zeitpunkt offeriert wird. Manch einer hat argumentativ sein Pulver bereits verschossen, bevor der andere überhaupt erst startet.
- Darüber hinaus kann jedes meiner Argumente durch Nachfragen relativiert werden, so dass ich gezwungen bin, weitere Argumente zu liefern, ohne dass für meinen Gesprächspartner in irgendeiner Weise Handlungsbedarf besteht.
- Aus psychologischer Sicht lasse ich dem Partner nicht mehr viel Spielraum, wenn ich mich bereits argumentativ geäußert habe. Der andere äußert sich nicht mehr so unbefangen, wenn wir ihm schon gesagt haben, wie die Sache zu sehen ist.
- Wir drücken durch unser Verhalten Dominanz aus und provozieren eventuell sogar Widerspruch.

Deshalb bereiten Sie sich auf Ihre Verhandlung und auf Ihren Verhandlungspartner bestens vor. Je besser Ihre Vorbereitung, desto besser ihre Ausgangsposition.

2. Stellen Sie Fragen

Wie müsste eine konstruktive Fragetechnik aussehen? Viele von uns haben in der Rhetorik den Satz gelernt „Wer fragt, der führt!“ Lassen Sie uns diesen oft zitierten Satz auf den Prüfstand stellen:

Angenommen Ihre Partnerin/Ihr Partner fährt jedes Jahr gerne mit Ihnen in den Urlaub nach Grönland. Sie haben jetzt aber für sich beschlossen, dass es gerne mal die Malediven sein könnten. Siegessicher, denn Sie haben ja im Rhetorikseminar gelernt „ ***Wer fragt, der führt“,*** *beginnen Sie das Gespräch mit den Worten: „Schatz, wohin wollen wir denn in diesem Jahr in den Urlaub fahren?“ Ihr Schatz antwortet: „Ach lass´ uns doch wieder nach Grönland fahren, da war es doch immer so schön!“* ... Treffer versenkt.

Jetzt sind Sie ja wirklich ein ganzes Stück weitergekommen. Wer fragt, der führt eben noch lange nicht! Mit dieser Frage haben wir für unseren Partner genau das erreicht, was wir bei uns selbst vermeiden wollten, er hat sich argumentativ festgelegt, indem er ein Statement abgab. Dadurch hat er sich festgerammt und sich seiner eigenen Beweglichkeit beraubt. Ihn jetzt ohne Gesichtsverlust von diesem einmal eingenommenen Standpunkt wieder wegzubewegen, dürfte sich als schwierig erweisen.

Deshalb beachten Sie:

Zu Gesprächsbeginn KEINE meinungsbindenden Fragen stellen.

Stellen Sie weder geschlossene Fragen: „*Wollen wir dieses Jahr mal woanders hinfahren?*“, denn Sie haben im günstigsten Fall eine Fünfzig-zu-fünfzig-Chance, noch Fragen der Art, bei denen der Partner sich durch eine Aussage auf seinen Standpunkt festlegt.

Stellen Sie zu Gesprächsbeginn Fragen nach den Motiven, den Wünschen, den Werten, den Hintergründen, den Handlungsoptionen und Entscheidungskriterien Ihres Partners.

Stellen Sie fest, was für Ihr Gegenüber wirklich wichtig und von Bedeutung ist. Eine denkbare Frage hierzu könnte sein: *„Was ist Dir wichtig in deinem Urlaub?“, „Was brauchst Du in deinem Urlaub?“*

Wenn Ihr Partner beispielsweise antwortetet, dass ihm Natur wichtig sei, lange Spaziergänge mit Ihnen, die traute Gemeinsamkeit etc., dann wird schnell ersichtlich, dass diese Bedürfnisse auch an einem anderen Ort in der Welt erfüllt werden können. Wir haben uns von dem reinen Standpunkt losgelöst und sehen nach dem Ziel hinter dem Ziel. Selbstverständlich kann nun der ein oder andere einwenden: *„Und was ist, wenn sie sagt, dass ihr Schnee und Eis wichtig seien?“* Tja, dann haben wir mit den Malediven natürlich ein Problem. Um es an dieser Stelle einmal ganz klar zu sagen: Rhetorik ist kein Allheilmittel und es wird keinen Satz geben, mit dem Sie immer und unfehlbar Erfolg haben; und genau das macht ja Kommunikation so interessant, weil wir nie wissen, wie es wirklich ausgeht. Jedoch ist es durchaus möglich, sich und dem Partner mehr Freiheitsgrade einzuräumen, die Freiheit und die Tanzfläche, sodass wir uns gemeinsam besser bewegen können, um vielleicht eine für uns beide befriedigende Lösung zu finden.
Dies waren die ersten kleinen Einblicke in die Strategie des Verhandlungsaikidos. Wir hoffen, wir haben Sie inspirieren und anregen können und vielleicht haben Sie ja auch Lust, sich eingehender damit zu beschäftigen. Gerne unterstützen wir Sie hierbei. Nähere Informationen finden Sie unter www.zunker-academy.eu

Lange haben wir geglaubt, die Menschen müssten sich einer vernünftig-stringenten Kommunikation anpassen, anstelle dass die Energien der Gesprächsführung dem Menschen dienlich sind. Allzulange haben wir Argumente als Überzeugungsinstrumentarium par excellence angesehen und die wertvolle Balance der Kräfte vernachlässigt. Entschieden zu lange haben wir uns der Doktrin des Mangels unterworfen und geglaubt, es müsse Sieger und Verlierer in Verhandlungen geben, anstatt den Verhandlungsspielraum kreativ und gewinnbringend zu erweitern. Menschen wollen wahrgenommen werden. Sie brauchen Wertschätzung ohne Bewertung. Es ist ihnen wichtiger, verstanden zu werden, als Recht zu bekommen. Sie handeln aufgrund von Emotionen, Werten, Nutzen und ihrer persönlichen Ethik. Menschen sind menschlicher, als wir oft glauben.

Ich wünsche Ihnen viele bereichernde Verhandlungen und Gespräche.
Ralf A. Zunker mag. art.

Zunker-Academy – Multidimensionales Management – Leben entfachen!

Klarheit und Brillanz leben!

Die Zunker-Academy steht für Erfolgs-Optimierung bei Menschen und Unternehmen!

- mental
- kommunikativ
- systemisch

Unsere Philosophie:
Ganzheitlicher Erfolg erwartet intelligente-ganzheitliche Methoden. Ihr Vorteil: Schöpfen Sie aus einem unvergleichlichen ganzheitlichen Wissenspektrum. Multidimensionales Wissen aus den Bereichen der Physik, Rhetorik, Psycholinguistik, Psychoanalytik, Schauspiel & Regie, Neurophysiologie, Quantenmechanik, NLP, Mathematik, Energie-Arbeit und Hypnose wird mit hoher Expertise und Praxis-Erfahrung zielgerichtet in Coachings, Seminaren, Vorträgen und Trainings angewandt.
Durch die Zunker-Matrix können Sie ganz individuell Ihr Seminar oder Inhouse Training aus den Sparten Interne-, Externe- und Hyper-Kommunikation wählen. Zusammen ergeben die in sich geschlossenen Trainings wie Puzzelsteine ein unvergleichliches Business- und Lebenskonzept, dass keine Fragen offen lässt:

- Wie kann ich meine berufliche Situation optimieren?
- Wie steigere ich den Umsatz meines Unternehmens?
- Wie kann ich meinen Arbeitsplatz sichern?
- Wie komme ich zu neuen Ideen, Konzepten und Erfindungen – und wie setzte ich sie im Alltag um?
- Wie sieht meine Zukunft aus, was kann ich tun, um das Optimale in diesem Leben zu erreichen?
- Wie kann ich meine Blockaden und unterbewussten Sabotageprogramme auflösen?
- Wie entwickle ich mich zu einer starken und selbstsicheren Persönlichkeit?

Die Zunker-Matrix® findet Anwendung in der persönlichen Entwicklung, der Personalentwicklung und in der Unternehmenskultur. Workshops, Trainings, Coaching und Consulting steigert Ihre Effizienz und Effektivität, löst spielerisch-souverän Konflikte, optimiert Ihre Verhandlungs- und Verkaufsgespräche, steigert Ihre Präsenz, Ihre Präsentation und Ihr Charisma, bringt Erfolg und klare Visionen, kurz: Weckt Potentiale!
Erfolg heißt Wachstum, Wachstum ist Leben, und Leben bedeutet: Ganzheitlichkeit!

Zunker-Matrix – der Schlüssel zu mehr Lebens- & Business-Power!
Transdisziplinär – ganzheitlich - multidimensional

	RHETORIK	PERSÖNLICHKEIT	MENTALTECHNIK	BEWUSSTSEIN
BASIC	Schlagfertigkeit	Menschenkenntnis, Charakterkunde	Power-Learning & Speed-Reading	Hypnose
LEVEL I	Rhetorik, Kinesik, Dialektik	Sie sind das, was Sie denken!	NLP-Practitioner	Systemisches Persönlichkeitsmanagement
LEVEL II	Magie der charismatischen Rede	Motivation der Sieger	NLP-Master	Systemisches Business-Management
LEVEL III	Aikido-Rhetorik	Rendezvous mit Deinem Schicksal	NLP-Trainer	Open Minded Management
SPECIAL	Rhetorik Spezial	Brain Watchers	Coaching Excellence	Neurophysiologie & Quantenmechanik
	EXTERNE KOMMUNIKATION	INTERNE KOMMUNIKATION		HYPER-KOMMUNIKATION

Um Menschen und Unternehmen zu unterstützen, ein glücklicheres und erfolgreiches Leben führen zu können, haben wir innovative Techniken mit modernsten wissenschaftlichen Erkenntnissen und erfolgreich Bewährtem vereint. Das Ergebnis: ein transdisziplinäres, hochwirksames Werkzeug, die Zunker-Matrix.
Die Zunker-Matrix ist weltweit eines der modernsten und effektivsten Kommunikations-Formate. Ausgerichtet auf Ihre ganz persönliche Entwicklung und die Ihres Unternehmens ermöglicht sie mit ihrer einzigartig-ganzheitlichen und transdisziplinären Vorgehensweise die Optimierung aller Grundbedürfnisse Ihres Lebens: Potentialentfaltung – Beruflicher Erfolg – Lebenssinn – Partnerschaft & soziales Umfeld – Finanzen und materieller Wohlstand.

ALPHAEKEL ODER SYMPATHIETRÄGER?
MIT PASSENDEM STATUSVERHALTEN ZU MEHR ERFOLG

KATHARINA MAEHRLEIN

07

Wenige Tage nach seinem Wahlsieg im November 2009 besuchte Barack Obama mit seiner Gattin das Weiße Haus. Als Hausherr empfing ihn der Präsident der Vereinigten Staaten, George W. Bush. Die Begrüßungsszene machte Geschichte. Der junge Senator aus Illinois deklassierte den mächtigsten Mann der Welt innerhalb weniger Sekunden. Obama ging mit aufrechter Haltung und stetem Augenkontakt auf Bush zu, ergriff seine Hand und fasste den deutlich älteren Mann mit der Linken am Oberarm. Dies wirkte souverän, überlegen und gönnerisch. Wenige Augenblicke später bewegten sich der Präsident und sein designierter Nachfolger in Richtung Haupteingang. Obama wies Bush den Weg und überließ ihm den Eintritt – als sei er bereits Herr des Hauses.

Statusspiele sind allzeit gegenwärtig. Wie wir in jeder Situation mit Stimme, Gesten, Worten immer wieder die Hackordnung neu festlegen, machen wir uns meist nicht bewusst. Dabei ist das richtige Statusverhalten entscheidend.

Durch reine Körpersprache signalisierte Obama der Weltöffentlichkeit seine absolute Überlegenheit und Selbstsicherheit. Der Demokrat, dem während des Wahlkampfes Unerfahrenheit und Unreife vorgeworfen worden war, präsentierte sich als Herr des Geschehens. George W. Bush, zu diesem Zeitpunkt noch in Amt und Würden, wirkte wie ein netter, älterer Besucher des Weißen Hauses. Der junge Politiker machte innerhalb von weniger als zwei Minuten alles richtig. Er stellte klar, wer die eigentliche Macht hat – freilich ohne die Bushs auf offensichtlich arrogante Weise zu behandeln.

Bewegen wir uns zurück an den Tag der deutschen Bundestagswahl im September 2005. Die totgesagte SPD hatte nach wochenlangen desaströsen Umfragen 34,2% der Zweitstimmen gewonnen. CDU und CSU, welche die Demoskopen kurz vor der absoluten Mehrheit gesehen hatten, lagen gemeinsam nur 1% über dem Ergebnis der SPD. In der legendären Elefantenrunde der ARD trafen die Spitzenkandidaten, Angela Merkel und Gerhard Schröder, aufeinander. Schröder benahm sich trotz seiner Wahlniederlage wie ein Sieger: Breitbeinig, mit herablassendem Lächeln, dröhnender Stimme, aggressiver Gestik und Wortwahl.

Führungskräfte, die wissen, wann sie hochstapeln müssen und wann und wie sie lieber tief spielen sollten, setzen ihre Ziele durch. Und das nicht nur souverän, sondern auch sympathisch.

Der abgewählte Kanzler fiel seiner Gegnerin ins Wort, blickte ihr, wenn sie sprach, mit diabolischem Grinsen ins Gesicht, lehnte sich mit süffisantem Gesichtsausdruck in seinem Sessel zurück und säuberte, während Merkel sprach, provokant seine Krawatte.

Im Gegensatz zu Barack Obamas selbstbewusstem Auftritt war Gerhard Schröders Verhalten zu seinem Schaden. Das Benehmen des Kanzlers wurde als arrogant und abgehoben bewertet. Er zog die massive Kritik auch der eigenen Anhänger auf sich. Statt seine gespielte Souveränität zum taktischen Vorteil nutzen zu können, spielte Schröder sich selbst ins Aus. Und dies, obwohl er das Fernsehstudio mit seiner Körpersprache mühelos dominiert und seinen Alphatier-Status zweifellos behauptet hatte.

Jede Situation erfordert ihr eigenes Statusverhalten. Missgriffe führen schnell ins Abseits. Andererseits können geschickt gewählte Status-Signale den eigenen Erfolg stark befördern.

Diese Beispiele zeigen: Jede Situation erfordert ihr eigenes Statusverhalten. Missgriffe führen schnell ins Abseits – mit potenziell weitreichenden negativen Folgen, wie am Beispiel Gerhard Schröders zu sehen. Andererseits können geschickt gewählte Status-Signale den eigenen Erfolg stark befördern – wie an Barack Obamas Besuch im Weißen Haus sichtbar.

Status ist überall. Immer, wenn zwei Menschen interagieren, werden Gesprächshierarchie – und somit Einfluss, Entscheidungshoheit und soziales Gewicht – neu ausgehandelt. Es gibt keine Gesprächssituation, in der Menschen denselben Rang teilen. Ein gewisser Rangunterschied ist immer vorhanden, auch wenn der Hierarchieunterschied oftmals ein minimaler ist. Wir handeln unseren Status bei jeder Begegnung neu aus. Dies ermöglicht uns in jedem Gespräch aufs Neue die Wahl: Wir können uns als überlegen und dominant präsentieren. Dann senden wir Hochstatus-Signale an unser Gegenüber. Im Tiefstatus hingegen senden wir Signale der Unterlegenheit, beziehungsweise bemühen uns um offenen Zugang zu unserem Gegenüber.

Der bewusste Einsatz dieser Status-Ebenen ist gerade im Berufsleben von grundlegender Bedeutung. Wenn wir uns klar machen, welche Signale wir aussenden und mit welcher inneren Haltung wir mit unseren Gesprächspartnern kommunizieren wollen, treten wir in der Regel gewinnbringend und überzeugend auf. Doch die treffende Wahl von Status-Signalen will gelernt sein.

Das Statuskonzept

Wir sind noch viel mehr Tier, als uns das bewusst ist.

Der Statusbegriff ist den meisten von uns aus der Tierwelt geläufig. Schon in der Schule lernen wir, wie Tiere ihre Rangordnung untereinander aushandeln. Ob Affen, Pferde oder Wölfe: Jede Spezies hat ihre eigenen Spielregeln, um ihre herden- oder rudelinterne Hierarchie festzulegen. Dies geschieht nicht ohne Grund. Das Alphatier wittert frühzeitig Gefahren, schlichtet Konflikte und sorgt für die Einhaltung interner Regeln. Klare Statuszuordnungen sorgen für ein friedliches Zusammenleben und reibungslose Kommunikation untereinander.

Erst seit kürzerer Zeit ist uns bewusst, dass Statusverhalten auch für die menschliche Kommunikation eine große Rolle spielt. Der Statusbegriff kommt ursprünglich aus dem Improvisationstheater. Dort bezeichnet er das Machtgefälle zwischen zwei Bühnenfiguren. Eine Figur im Hochstatus verhält sich dominant gegenüber einer Figur im Tiefstatus. Eine Figur im Tiefstatus passt sich im Handeln an die Vorgaben des Hochstatus an und wirkt dieser unterlegen. Der jeweils aktuelle Status der Figuren zueinander wird deutlich erkennbar an Körpersprache, Handlungen und Sprechweise der Akteure.

Status im Impro-Theater: Was Sie von Schauspielern lernen können.

Diese Grundidee wurde vom britschen Regisseur und Schauspiellehrer Keith Johnstone entwickelt, der in den fünfziger und sechziger Jahren am Royal Court Theatre in London unterrichtete. Johnstone hatte erkannt, dass das bewusste Einnehmen einer Statusposition das Schauspiel überzeugender macht und somit beim Publikum als dynamischer und authentischer aufgenommen wird.

Der Nutzen des Statuskonzepts reicht weit über die Theaterwelt hinaus. Status und seine Bedeutung begegnen uns insbesondere in der Berufswelt überall: In Vorstellungsgesprächen, Teambesprechungen mit Kollegen und Vorgesetzten oder Gehaltsverhandlungen. Hier ist der bewusste Einsatz von verbalen und nonverbalen Macht- oder Unterordnungssignalen elementar, wenn wir unserer Vorstellung gemäß wahrgenommen werden wollen. Dies ist gerade angesichts des Wandels der Arbeitswelt von zunehmender Bedeutung. Wir arbeiten mehr und mehr in wechselnden Teams, bei gleichzeitig flacher werdenden Hierarchien innerhalb des Unternehmens. Dies bringt andauernde Neuordnungen der teaminternen Rangordnungen mit sich, die entscheidend sind für unseren beruflichen Erfolg.

Gerangel um den Rang: Wie wir uns permanent über- und unterordnen.

Nehmen wir ein Beispiel: Die Geschäftsführung eines Unternehmens hat ein neues Projekt beschlossen und hierfür ein Team eingesetzt. Dessen Mitglieder kennen sich bislang gar nicht oder nur teilweise untereinander, befinden sich jedoch alle auf derselben Hierarchieebene. Als sich dieses Team das erste Mal trifft, findet eine Vorstellungsrunde sowie eine erste kurze Besprechung der Kernziele statt. Nach einer Stunde ist das Treffen beendet.

Eine solche Arbeitssitzung erbringt höchstwahrscheinlich keinerlei inhaltlichen Output. Dennoch ist sie entscheidend für den Fortgang des Projekts. Denn innerhalb der ersten sechzig Minuten werden die Kernelemente der teaminternen Rangordnung festgelegt. Manche Teammitglieder nutzen die Vorstellungsrunde zur geschickten Selbstdarstellung – während andere als graue Maus oder als Angeber wahrgenommen werden. Hier ist nicht der inhaltliche Input entscheidend, sondern das bewusste Aussenden von Machtsignalen, ohne unsympathisch zu wirken. Wer beim ersten Treffen beeindruckt oder gar die Sitzung moderiert, wird aller Wahrscheinlichkeit nach auch in der nächsten Teamsitzung als Führungsfigur wahrgenommen.

Sozialer Status - persönlicher Status

Persönlicher Status versus sozialer Status: Wo ist der Unterschied?

Durch den bewussten Einsatz von Statussignalen bestimmen wir ganz entscheidend das Bild, das andere von uns haben. Status meint hierbei nicht den formalen Rang im Unternehmen, die Größe des Dienstwagens oder die Gehaltshöhe. Dies sind Dinge, die über den sozialen Status entscheiden. Der persönliche Status hingegen ist flexibel und zu einem guten Teil unabhängig vom sozialen Status. Um es pointiert zu sagen: Sozialen Status hat man. Der persönliche Status hingegen ist mit jeder neuen Kommunikation potenziell veränderbar.

Der persönliche Status ist verhandelbar, kann sich in jeder Gesprächssituation verändern und entscheidet darüber, ob wir als sympathisch oder unsympathisch, kompetent oder unfähig, selbstsicher oder unsicher wahrgenommen werden.

Unser persönlicher Status entscheidet maßgeblich darüber, ob wir von unserem Gegenüber als sympathisch oder unsympathisch, kompetent oder unfähig, selbstsicher oder unsicher wahrgenommen werden. Ebendies macht persönliches Statusverhalten so bedeutsam. Der persönliche Status ist verhandelbar und kann sich in jeder Gesprächssituation verändern. Hierin sind für uns Chance und Risiko verborgen – der erfolgreiche Einsatz von Statussignalen erleichtert unseren Aufstieg, während Fehlgriffe schnell zum Nachteil werden können.

Beim Einsatz von Statussignalen im Berufsleben ist eine Stimmigkeit zwischen sozialem Rang und persönlichem Status elementar. Gibt es eine hier dauerhafte Asymmetrie, sind Konsequenzen unausweichlich. So akzeptieren wir einen Vorgesetzten, dessen sozialer Rang unserem überlegen ist, nur dann, wenn wir auch seinen persönlichen Status als höher anerkennen. Ist dies nicht der Fall, erkennen wir die Autorität dieses Chefs nicht an und beginnen im Zweifel sogar damit, an seinem Stuhl zu sägen. Ebenso kann uns dies als Angestellter betreffen: Unser Vorgesetzter wird uns schnell als Bedrohung empfinden und das Leben zur Hölle machen, wenn wir im Gespräch mit ihm keine Signale aussenden, die ihn seines höheren Status versichern. Selbiges gilt wiederum für die Kommunikation mit unseren Mitarbeitern: Wenn wir nur Hochstatus-Signale aussenden, werden wir als Vorgesetzte schnell als unzugänglich und arrogant wahrgenommen. Das allzu häufige Verwenden von Tiefstatus-Signalen hingegen untergräbt die mit dem Vorgesetzten-Status einhergehende Autorität. Hier die Waage zu finden, benötigt Flexibilität im Umgang mit unseren jeweiligen Gesprächspartner und -Situationen.

Hochstatus- und Tiefstatus-Signale bewusst verwenden

Im Umgang mit Status-Signalen ist Flexibilität entscheidend. Je nach Gesprächssituation und -Partner sollten wir uns bewusst machen, welche Signale in diesem Moment zielführend sind. Es geht nicht darum, sich für einen Rang zu entscheiden und diesen das Gespräch hindurch zu verfolgen. So ist es in einem Vorstellungsgespräch beispielsweise angebracht, hinsichtlich der eigenen fachlichen Expertise Hochstatus-Signale auszusenden – während im Gespräch über die unbekannte Struktur des neuen Unternehmens Tiefstatus-Signale sinnvoll sind. So vermitteln wir unserem Gegenüber das Gefühl, einen souveränen Experten vor sich zu haben, der jedoch um sein Unwissen über das Unternehmen weiß und hier lernbereit ist.

Flexibilität im Umgang mit Statussignalen ist also die Grundlage für erfolgreiche Kommunikation. Hochstatus ist ebensowenig automatisch gut, wie Tiefstatus automatisch schlecht wäre. Ganz im Gegenteil: Beide Kommunikationsweisen haben Vor- und Nachteile, denen wir uns bewusst sein sollten. So können Hochstatus-Signale dafür sorgen, dass wir mit Distanz wahrgenommen werden, als selbstbewusst und respekteinflößend. Ein Übermaß davon schlägt jedoch schnell ins Gegenteil um – dann wird unser Verhalten als arrogant, unnahbar und bedrohlich begriffen. Ebenso sind Tiefstatus-Signale eine Möglichkeit, als sympathisch, zugänglich und uneitel aufzutreten – während sie im Übermaß unsere Autorität untergraben, uns unsicher und auf naive Weise nett erscheinen lassen.

Statusflexibilität ist entscheidend!

Hier die Waage zu halten, ist eine große Herausforderung, auch und gerade weil wir die Wahrnehmung durch Dritte nur zu einem gewissen Grad beeinflussen können. So kann es stets passieren, dass von unserer Seite freundlich gemeinte Signale als überheblich verstanden werden. Der Übergang vom Positiven ins Negative ist oftmals nahtlos und verlangt von uns nicht nur hohe Sensibilität, sondern auch das häufige Einholen von Feedback, was unseren Auftritt anbelangt.

Gegenüber unserem Chef verhalten wir uns anders als gegenüber unseren Mitarbeitern. Das heißt jedoch gerade nicht, dass wir dem Vorgesetzten gegenüber immer Tiefstatus einnehmen sollten, während wir den Mitarbeitern gegenüber andauernde Hochstatus-Signale aussenden. Ein Beispiel: Sie wollen sich Ihrem Vorgesetzten gegenüber als kompetent präsentieren und sich für verantwortungsvolle Aufgaben empfehlen. Wie bei jeder anderen Begegnung auch basiert der Kontakt zu Ihrem Vorgesetzten auf der Balance zwischen Symphatie und Respekt. Ihr Chef wird sich dann mit Ihnen wohlfühlen und Sie als kompetenten Gesprächspartner wahrnehmen, wenn der Statusunterschied zwischen Ihnen beiden nicht zu groß ist. Wenn Sie zu viele Tiefstatus-Signale vermitteln und dadurch unsicher und unentspannt wirken, wird Ihr Vorgesetzter Sie nicht allzu ernst nehmen. Deshalb ist es wichtig, ihm Respekt einzuflößen – freilich ohne ihn in seinem Status als Höherrangiger anzugreifen. Ansonsten ist es nur eine Frage der Zeit, bis Ihr Chef entweder von Ihnen gelangweilt ist, oder Sie als Konkurrenten abspeichert. Beides möchten Sie natürlich nicht. Nur wenn Sie ihm gelöst und selbstbewusst gegenübertreten, kann er Sie als kompetenten Gesprächspartner wahrnehmen. Seien Sie sich dessen bewusst – und gestalten Sie die Konversation aktiv mit. Ihr Vorgesetzter wird das zu schätzen wissen. Denn niemand redet gerne mit servilen Angestellten. Jeder bevorzugt ein intelligentes, respektvolles Gespräch mit anregenden Ideen und Inhalten.

Hochstatus versus Tiefstatus: Was sind die Signale?

Ganz praktisch kann das so aussehen: Vermeiden Sie es, bei der Begrüßung kurz nach unten oder zur Seite zu schauen. Wenn Sie Ihrem Chef nicht in die Augen blicken können, wirkt das stets ausgesprochen schwach. Schauen Sie Ihrem Vorgesetzten in gerader Linie in die Augen. Achten Sie darauf, dass Sie nicht versehentlich mit leicht gesenktem Kopf von unten nach oben blicken, sonst geben Sie sich den Anschein eines reinen Befehlsempfängers. Sollten Sie kleiner als Ihr Gegenüber sein, wählen Sie einen etwas größeren Abstand zu ihm. So sind Sie nicht gezwungen, die unterwürfige Blickrichtung von unten nach oben zu wählen.

Zeitgleich sollten Sie Ihrem Chef jedoch durchaus vermitteln, dass er der Vorgesetzte ist. Setzen Sie sich ihm also nicht breitbeinig gegenüber, fallen Sie ihm nicht ins Wort. Hier ist Respekt in Körpersprache und Wort absolut essenziell. Wo Sie auf der inhaltlichen Ebene Hochstatus-Signale senden sollten, um Kompetenz zu beweisen, sind gerade beim Zuhören Tiefstatus-Signale die bessere Wahl.

Von ebendieser Flexibilität profitieren Sie auch im Gespräch mit Ihren Mitarbeitern. Hier ist es für Sie wichtig, in der Regel im Hochstatus zu kommunizieren. Sonst werden Sie nicht lange als Vorgesetzter akzeptiert werden. Dennoch gibt es Momente, in denen Tiefstatus-Signale wichtig sind, um als sympathisch wahrgenommen zu werden. Das ist wichtig für das Arbeitsklima in Ihrem Team. Ganz praktisch sieht das so aus: Eine Brücke zu Ihren Mitarbeitern bauen Sie, wenn Sie sicher stellen, dass diese sich in

Ihrer Nähe frei genug fühlen, um ihr Leistungsvermögen zeigen zu können. Am Rande eines harten Arbeitstages helfen dabei Tiefstatus-Signale, die Sie von Ihrer menschlichen Seite zeigen und die Nähe zulässt und aufbaut. Nehmen Sie wahr, wenn ein Untergebener Ihnen gegenüber verkrampft ist und erleichtern Sie ihm die Situation, indem Sie sich auf ihn einstellen und Ihren Status etwas senken. Vermeiden Sie dazu ein zu dichtes Herantreten an den Mitarbeiter: Sie nehmen ihm damit seinen Raum und drücken ihn in die Defensive. Achten Sie auf Ihre Kopfhaltung: schon ein leicht erhobenes

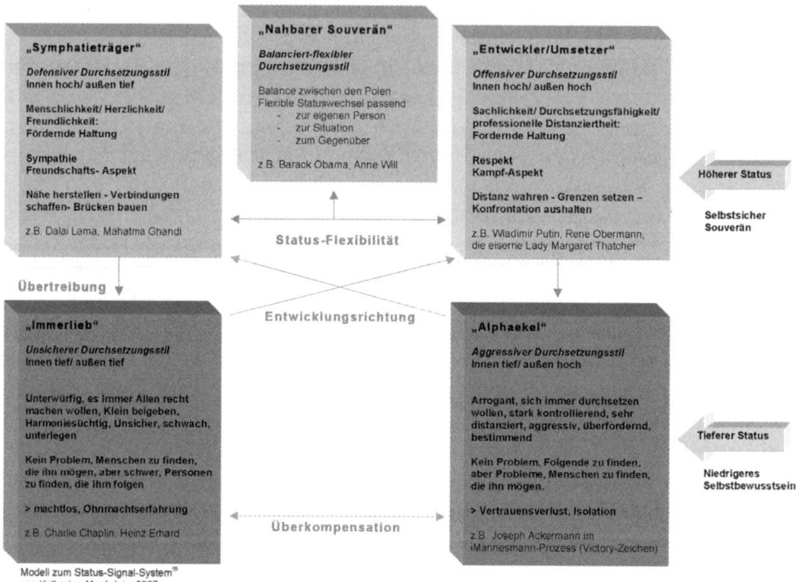

Modell zum Status-Signal-System®
von Katharina Maehrlein, 2007

Kinn, kombiniert mit einem von oben nach unten gerichteten Blick signalisiert, dass Sie sich für etwas Besseres halten. Hier hilft es manchmal, wenn Sie Ihre „private" Körpersprache wählen, in verbindlicher Tonlage sprechen, lieber ein Mal zu häufig lächeln als zu selten.

Es liegt in Ihrer Hand: Mit dem bewussten Einsatz von Status-Signalen zielgenau kommunizieren und den Karriereclinch zu Ihren Gunsten entscheiden.

Denken Sie daran: Es liegt in Ihrer Hand, Ihren Status zu bestimmen. Ihren persönlichen Status können Sie beinahe jederzeit neu bestimmen. Zwar gibt es durch unseren Rang im Unternehmen und unseren sozialen Status einige Verhaltensvorgaben, aber das kann Ihnen Respekt bei Vorgesetzten, Mitarbeitern und Kollegen verschaffen und wird manchen Karriereclinch zu Ihren Gunsten entscheiden. Setzen Sie Statussignale also gerade in Führungspositionen bewusst ein. Dann verhalten Sie sich hoffentlich so souverän zielsicher wie Barack Obama beim Antrittsbesuch im Weißen Haus, anstatt sich ins Abseits zu schießen wie Ex-Kanzler Gerhard Schröder.

Das Fünf-Quadranten-Modell

In Anlehnung an das von Paul Helwig erfundene und von Friedemann Schulz von Thun weiterentwickelte „Werte- und Entwicklungsquadrat" haben wir die Möglichkeit, Statusverhalten zu typisieren sowie dessen regelhafte Entwicklung modellhaft nachzuzeichnen. Hierfür habe ich ein Fünf-Quadranten-Modell zum Status-Signal-System® entwickelt, das fünf

Durchsetzungsstile aufzeigt. Dieses Modell hilft uns dabei, unser eigenes Verhalten besser analysieren zu können – aber auch, um unser Gegenüber schneller „einzuordnen". Dies erleichtert den Umgang mit unangenehmen Situationen und führt unsererseits zu größerer Selbstsicherheit und zielgerichteter Kommunikation.

Alpha-Ekel, Immerliebe & Co.: Über die fünf Grundmuster des Statusverhaltens.

Im Fünf-Quadranten-Modell sehen wir im oberen, helleren Bereich drei vorteilhafte, ansprechende Kommunikationsmuster. Auf der unteren, roten Ebene stehen zwei wenig erfolgreiche, negative Kommunikationsarten. Diese fünf Ebenen stehen in dynamischem Verhältnis zueinander und sind somit keine statischen Verhaltensweisen. Insbesondere in der Horizontalen und der Vertikalen finden dynamische Entwicklungen statt.

Folgende fünf Grundstile beschreiben häufig anzutreffende Grundmuster: Im negativen (dunklen) Kommunikationsbereich befinden sich „Der Immerliebe" und „Das Alpha-Ekel". Im positiven (hellen) Bereich sammeln sich „Der Entwickler/Umsetzer", „Der Sympathieträger" sowie „Der nahbare Souverän". Diese Durchsetzungsstile ergeben sich aus der jeweiligen Kombination unseres inneren Zustandes mit den jeweils gewählten Statussignalen.

Erklärung der Grundstile

Der Immerliebe (negativer Bereich): Innen unsicher und wenig selbstbewusst. Nach außen hin im andauernden Tiefstatus. Wirkt dadurch unterwürfig, unsicher, harmoniesüchtig, schwach und unterlegen. Ist menschlich beliebt, wird aber auch bei hoher Qualifikation nicht als Führungsfigur akzeptiert. Immerliebe fühlen sich machtlos und ringen erfolglos um Respekt und Rang. Beispiele: Charlie Chaplin, Heinz Erhardt

Das Alpha-Ekel (negativer Bereich): Innen unsicher und wenig selbstbewusst. Nach außen hingegen dominant und in andauerndem Hochstatus. Wirkt arrogant, aggressiv, unzugänglich, fordernd. Alpha-Ekel sind unbeliebt und erzeugen keine Loyalität. Bei Höherrangigen werden sie schnell als Konkurrent wahrgenommen. Alpha-Ekel fühlen sich oft einsam und isoliert. Beispiel: Schröder in der Elefantenrunde (s.o.), Joseph Ackermann im Mannesmann-Prozess (Victory-Zeichen), Oskar Lafontaine

Der Entwicker/Umsetzer (positiver Bereich): Ist innerlich und im Außenauftritt selbstbewusst und selbstsicher. Er wird als Führungsfigur wahrgenommen, die respekteinflößend aber auch etwas distanziert ist. Seine höfliche Selbstsicherheit macht ihn zum souveränen Einzelkämpfer, der vielen wenig zugänglich scheint. Beispiele: Wladimir Putin, Rene Obermann, Erika Steinbach.

Der Sympathieträger (positiver Bereich): Innerlich sehr selbstbewusst und selbstsicher, in der Kommunikation jedoch eher im Tiefstatus. Wirkt souverän und respekteinflößend, ohne distanziert zu scheinen. Baut viel Nähe auf und zieht Menschen an. Hat manchmal das Problem, als „zu nett" wahrgenommen zu werden, was in Verhandlungen Probleme bereitet. Beispiele: Dalai Lama, Mahatma Ghandi.

Der nahbare Souverän (Idealer Durchsetzungsstil): Balanciert zwischen den Polen. Ist sehr selbstbewusst und selbstsicher und schafft es, zwischen den Stati „Entwickler/Umsetzer" und „Sympathieträger" wahrgenommen zu werden. Bindet Menschen an sich, wird jedoch jederzeit als Führungskraft und Entscheidungsträger akzeptiert. Entspricht dem kommunikativen Ideal. Beispiel: Barack Obama, Anne Will.

Keiner dieser Status-Stile ist unabänderlich. Wir haben unser Verhalten in jeder Kommunikationssituation neu in der Hand und können uns somit recht flexibel zwischen diesen verschiedenen Grundmustern hin- und herbewegen, wenn wir uns ihres Nutzens bewusst sind.

Die meisten Menschen bewegen sich in ihrem Verhalten auf der horizontalen Modellebene. Sie entwickeln sich also vom Sympathieträger zum Entwickler/Umsetzer, bzw. vom „Immerlieben" zum „Alpha-Ekel". Zudem ist eine starke Dynamik auf der Vertikalen feststellbar: Der „Entwickler/Umsetzer" kann an schlechten Tagen ganz schnell als „Alpha-Ekel" wahrgenommen werden, während der „Sympathieträger" bei zu viel Tiefstatus-Signalen leicht als „Immerlieber" verbucht wird.

Von einem Extrem ins andere fallen ist ein wichtiger Entwicklungsschritt.

Insbesondere die horizontale Dynamik ist bemerkenswert: Menschen neigen dazu, während ihrer Entwicklungsbestrebungen von einem Extrem ins andere zu fallen. So ist der Wandel vom „Immerlieben" zum „Alpha-Ekel" keinesfalls ungewöhnlich. Wenn jemand immer wieder die Erfahrung macht, nicht ernst genommen zu werden, kann er heftige Bestrebungen entwickeln, aus seinem Verhaltensmuster zu entfliehen. Meist gelingt es nicht gleich, sich in einen der positiven Zielquadranten zu bewegen – stattdessen entwickeln sich viele „Immerliebe" zum „Alpha-Ekel". Der Grund: Ein „Immerlieber" muss lernen, nicht geliebt oder zumindest gemocht zu werden. Diese Lernerfahrung kann er im Extrem als „Alpha-Ekel" machen.

Umgekehrt wird ein entwicklungsbereites „Alpha-Ekel", das genug davon hat, abgelehnt zu werden, häufig besonders angepasst agieren. Diese Entwicklung vom „Alpha-Ekel" zum „Immerlieben" ist besonders nach großen Lebenskrisen zu beobachten, zum Beispiel nach einer wiederholten Scheidung, Kündigung oder beendeten Freundschaften. Die Sorge, an seinen Verhaltensmustern zu scheitern, führt zum extremen Verhaltensgegenteil – bis schlussendlich die Entwicklung in eines der positiven Verhaltensmuster gelingt.

Eine solche Entwicklung von „Negativ über Negativ nach Positiv" ist eher die Regel als die Ausnahme. Es braucht Selbstsicherheit und schlicht Übung, um zu einer positiven Kommunikationspraxis zu gelangen. Aus meiner Coaching- und Trainingsarbeit weiß ich jedoch, dass nicht nur der bewusste Einsatz von Statussignalen, sondern auch das Erreichen der positiven Kommunikationsstufen für jeden von uns machbar ist.

Werden wie Barack Obama: Wie wir unser Statusverhalten flexibel und ausbalanciert den Erfordernissen anpassen.

Die Übergänge zwischen den Status-Verhaltensstilen sind also stark dynamisch. Dieses Wissen macht es besonders wertvoll, uns einem Grundstil zuzuordnen und sich dementsprechend vor gewissen Negativdynamiken in Acht zu nehmen. So sollten „Entwickler/Umsetzer" in Stressituationen stark darauf achten, Hochstatus-Signale nicht auf überzogene Weise zu verwenden. Ein gutes Beispiel ist hier Joseph Ackermanns Victory-Geste im Gerichtssaal beim Mannesmann-Prozess – die provozierend selbstsichere Körpersprache und Gestik führte zu deutschlandweiter Empörung, die auch dann noch anhielt, als Ackermann erklärte, seine Geste sei ein Scherz gewesen. Als Angeklagter hätte es dem Vorstandsvorsitzenden der Deutschen Bank eher angestanden, einige wohldosierte Tiefstatus-Signale auszusenden. Durch seine Status-Signale wurde Ackermann jedoch weithin als „Alpha-Ekel" wahrgenommen.

Ebenso wichtig ist es für „Sympathieträger", beispielsweise in Verhandlungssituationen, nicht zu viele Tiefstatus-Signale auszusenden. Ansonsten werden sie – gerade wenn sie einem „Entwickler/Umsetzer" gegenüber sitzen, schnell als „Immerliebe" wahrgenommen. Hier ist der bewusste Einsatz von Hochstatus-Signalen entscheidend für einen Verhandlungserfolg.

Praxiskasten 1:

Gehaltsverhandlung
Erinnern Sie sich an Ihre letzte Gehaltsverhandlung? Wie haben Sie reagiert, als Ihr Chef Ihnen Sätze sagte wie „So viel wollten wir eigentlich nicht zahlen" oder „Das kommt nicht in Frage!" Viele von uns tendieren in dieser Situation instinktiv dazu, Niedrigstatus-Signale auszusenden. Wir unterbrechen den Blickkontakt, schauen kurz nach unten, drehen den Kopf weg oder fassen uns ans Ohr, die Nase... In der Regel haben wir dann schon verloren. Diese – häufig in Momenten der Unsicherheit – gezeigten Reaktionen sind klassische Tiefstatus-Signale. Sie senden diese unbewusst. In der Folge merkt Ihr Verhandlungspartner instinktiv, dass er Sie noch im Preis drücken kann. Und das wird er tun!

Probieren Sie stattdessen bei der nächsten Verhandlung folgende Verhaltenstricks:
Formulieren Sie Ihr Angebot oder Ihren Gehaltswunsch kurz und klar.
Halten Sie dabei Blickkontakt zu Ihrem Gegenüber. Wenn Ihnen das in der Situation schwer fällt, schauen Sie einfach auf die Nasenspitze Ihres Verhandlungspartners. Das sieht aus, als würden Sie direkt in die Augen schauen, ist aber viel leichter durchzuhalten, selbst im Fall von Nervosität.

Auf Reaktionen wie z.B. „Das ist aber ein stolzer Preis!" oder "Das kommt nicht in Frage!" sagen Sie folgendes: Nichts! Ihre Reaktion sollte maximal aus einem freundlichen Lächeln bestehen und der Lautäußerung „Hmm". Dabei halten Sie Ihren Kopf gerade und ruhig.

Dann machen Sie eine Pause und zählen von 30 rückwärts auf Null. Halten Sie dabei weiter den Blickkontakt und Ihren Kopf aufrecht und ruhig.

Statt sich irgendwo in Kopfnähe anzufassen oder sich zu kratzen, lassen Sie Ihre Hände bewusst bewegungslos am Körper. Jetzt ist die richtige Zeit, die Hände in den Schoß zu legen! Bleiben Sie cool!

Dieses Hochstatus-Verhalten ist eigentlich einfach, erfordert aber ein wenig Mut und vor allem Übung.
Trauen Sie sich einfach!
Es lohnt sich...

Praxiskasten 2 :

Verbale Hochstatustechnik : „Voll zu sich stehen"
Im Hochstatus rechtfertigen Sie sich nicht und zeigen volles Selbstbewusstsein. Sie stehen fest zu Ihrer Position und Ihren Handlungen – selbst wenn die Umgebung ablehnend reagiert. Das mag arrogant wirken, macht Sie aber unangreifbar. Die Hochstatus-Technik hilft insbesondere dann, wenn jemand Sie angreift und klein machen will.
In einem solchen Moment müssen Sie voll zu sich stehen. Sobald Sie beginnen, sich zu erklären oder zu rechtfertigen, senden Sie automatisch Tiefstatus-Signale aus. Verteidigen Sie sich also nicht, sondern lassen Sie den Angreifer in aller Ruhe ins Leere laufen. Gehen Sie nicht auf ihn ein, stehen Sie aufrecht, mit geradem Blick, durchgedrücktem Kreuz und absoluter körperlicher Ruhe. So kann man Angriffe haltlos oder sogar lächerlich aussehen lassen – selbst und gerade, wenn der Vorwurf inhaltlich stimmt!

Beispiel 1:
Ihr Konkurrent hält Ihnen entgegen:
„Die Mitarbeiter beschweren sich über Sie!" Sie: „Ja, das ist mir bekannt."

Beispiel 2
In einer Verhandlung:
Ihr Gesprächspartner wirft Ihnen ins Gesicht: „Sie wollen mich doch nur unbedingt überzeugen!"
Sie: „Stimmt."

Mit solchen Antworten lassen Sie – in Kombination mit einer selbstsicheren Körpersprache – jeden Angriff ins Leere laufen. Diese Technik sollten Sie allerdings eher nicht Ihrem Vorgesetzten gegenüber anwenden! Wenn Sie allerdings jemand angreift, dem dies nicht zusteht und dem Sie das schnell begreiflich machen wollen, ist dies eine sehr effektive Technik.

Literaturhinweis

(1) Die Beispiele beziehen sich auf das öffentliche Image der genannten Personen. Dieser Artikel trifft keine Aussage über ihr tatsächliches Wesen.

Katharina Maehrlein ist Inhaberin von SURFconsult in Wiesbaden, Trainerin, Coach und gefragte Vortragsrednerin und Moderatorin. Die akademisch ausgebildete NLP-Lehrtrainerin begleitet seit 15 Jahren Führungskräfte und Teams bei ihrer Weiterentwicklung zu den Themen „Souverän Durchsetzen" und „Unter Druck belastbar und cool mit dem Erfolgsfaktor Resilienz". Über 8000 Sandwich-Manager aus Unternehmen wie Miele, Telekom, EADS, Bosch/Siemens, Neff oder Conti profitierten seither von ihrem breiten Erfahrungshintergrund. Sie ist Entwicklerin und Markeninhaberin des Status-Signal-Systems® und von ChiPS® (Communicate with horses to improve your personal strengths). Mehr über Katharina Maehrlein und ihre Arbeit erfahren Sie unter www.surfconsult.de.

Dort können Sie sich auch gleich zum SURFconsult Newsletter „1 Minute für mehr Wirkkraft anmelden" und bekommen gratis 7 x im Jahr wertvolle, sofort umsetzbare Tipps für Ihre Wirkkraft. Plus: Erhalten Sie als Geschenk zusätzlich sofort Ihren persönlichen Zugangscode zur exclusiven VIP Lounge. Dort erhalten Sie unter anderem eine ausführliche Checkliste mit allen wichtigen Statussignalen.

Impulsvorträge für Ihre Veranstaltung:

Positionieren mit Kalkül
Statusverhalten im Job

Ausdruck m(M)acht Eindruck
Souverän Durchsetzen in Sandwich-Positionen mit dem Status-Signal-System®

Wie Frauen Alpharüden erfolgreich in ihre Schranken verweisen
Artgerechte Behandlung von „wilden Tieren"

Die geheime Macht der Status-Signale
in der Beziehung zwischen Mann & Frau
Wie Männer und Frauen einfach besser miteinander auskommen

Die Bambusstrategie
Biegen statt Brechen-Belastungen gelassen standhalten mit dem Erfolgsfaktor Resilienz.

Ich mach´mir die Welt, wie sie mir gefällt
So nutzen Sie Ihr Unterbewusstsein als Trüffelschwein für Ihr Glück

Nutzen Sie schon das Business-App
„Souverän Durchsetzen"?

Schon vier Tage nach Erscheinen auf Platz 40 unter den TOP 100 Business Apps, von Apple als empfehlenswert bewertet und von zufriedenen Anwendern mit fünf Sternen ausgezeichnet.

Mehr Infos und Download hier:
http://www.surfconsult.de/shop.html

NONVERBAL KONFLIKTE MEISTERN

SICH AUS DER SCHUSSLINIE HALTEN KÖNNEN - NONVERBALE TRICKS ALS KONFLIKTLÖSER UND SCHUTZSCHILD NUTZEN!

ETIENNE DUBACH

08

In diesem Kapitel erfahren Sie mehr über die nonverbale Kommunikation und lernen drei nonverbale Werkzeuge kennen, welche Ihnen den Umgang mit schwierigeren Kommunikations-Situationen erleichtern werden.

Über die nonverbale Kommunikation

„Was nonverbale Sprache angeht, sind die meisten von uns Legastheniker"
Vera Birkenbihl

Nonverbale Kommunikation wird immer populärer. Wer kennt sie heute noch nicht: TV-Serien wie „Lie to me", welche aufzeigen, wie beim anderen erkannt werden kann, dass er lügt. Oder denken Sie an Sendungen, in denen ein „Gedankenleser" mit fast magischen Kräften bei den Teilnehmenden unbekannte Telefonnummern oder geheim gewählte Farbkombinationen errät. In diesen Serien nutzen die Experten ihr Wissen über nichtsprachliches Verhalten, welches Auskunft über innere Zustände und die möglichen Gedanken der Teilnehmenden gibt. Körpersprachliches Verhalten bei anderen zu erkennen und korrekt zu interpretieren, ist die eine Art, wie das Wissen über die nonverbale Kommunikation verwendet werden kann. Mit diesen Fähigkeiten können Sie andere verblüffen, überraschen und einschätzen. Doch beeinflusst haben Sie sie noch nicht!

Es gibt viele nonverbale Mitteilungskanäle: Gestik, Mimik, Sprechtonalität, Kleidung oder unsere Haut.

Wenn Sie zwischenmenschliche Kommunikationssituationen selbst beeinflussen wollen, liegt das Augenmerk auf Ihrer eigenen Körpersprache und wie Sie diese so einzusetzen lernen, um damit effektiver auf andere Einfluss nehmen zu können.

Es gibt allgemeingültige körpersprachliche Verhaltensweisen, welche charismatischer und eindrücklicher wirken als andere. Es gibt auch nonverbale Gesten, welche den Zuschauer aufmerksamer werden lassen, oder Sprechweisen, die beim Zuhörer Vertrauen erwecken können. Bei Konfliktsituationen kann der Kommunikator ebenfalls einige Verhaltensweisen aussuchen, um Konflikten vorzubeugen, oder die Situation nonverbal aufzulockern und zu lösen. Wenn Sie über diese verschiedenen Verhaltens-Tricks Bescheid wissen und sie in Ihrem eigenen Umfeld einsetzen, werden Sie erstaunt sein, wie anders Sie auf Ihre Mitmenschen wirken können.

Personen mit einer bewusst entwickelten Körpersprache kommunizieren effektiver und erfolgreicher.

Vielleicht kennen Sie das viel zitierte Eisbergmodell? Es beschreibt eine der wesentlichen Säulen der Kommunikations-Theorie zur zwischenmenschlichen Verständigung.

Ein Eisberg ragt nur etwas 1/8 aus dem Wasser, der Rest befindet sich unter der Wasseroberfläche. So ähnlich verhält sich auch der Unterschied zwischen der verbalen und der nonverbalen Kommunikation. Die bewusste, verbale Kommunikation ist nur die Spitze des Eisbergs. Die meist noch unbewusste, nonverbale Kommunikation wirkt aber um ein Vielfaches mehr und ist trotzdem verborgen!

So erkennen Sie, wie viel Potenzial in der körpersprachlichen Kommunikation steckt, denn Sie können ihre Kommunikationsfähigkeiten um ein Vielfaches steigern, wenn Sie sich näher mit Ihrer Körpersprache beschäftigen.

Paul Watzalwick hat einmal gesagt:
„Man kann nicht nicht kommunizieren"

Sobald andere Menschen in Ihrer Nähe sind, kommunizieren Sie.

Was er damit meint? Jedes Verhalten als Reaktion auf etwas oder jemanden ist eine Art der Kommunikation, da jedes reaktive Verhalten Mitteilungscharakter besitzt. Da Verhalten kein Gegenteil hat, man sich also nicht nicht verhalten kann, kam Paul Watzlawick auf folgendes: Es ist unmöglich, nicht zu kommunizieren.

Jede Art der Kommunikation – und vor allem die nonverbale – transportiert also einen bestimmten Inhalt zu unserem Gegenüber.

Wichtig dabei ist, dass wir lernen, uns nonverbal unterstützend und hilfreich zu verhalten.

Nonverbal schwierigen Gesprächssituationen vorbeugen oder diese erfolgreich meistern

Komplimente und gute Nachrichten überbringt jeder gerne.

Körpersprache hat starken Einfluss auf den erfolgreichen Umgang mit Konflikten.

Aber: Wirkt der Inhalt Ihrer Mitteilungen für die betroffene Person eher negativ oder unangenehm, wird das Überbringen der Mitteilung bereits herausfordernder. Sei es in Gesprächen mit Klienten, Kunden, Mitarbeitern, bei Präsentationen oder auch, wenn private Konflikte zu klären sind: Sobald „schlechte Nachrichten" ausgesprochen werden müssen, fühlt sich der Sprecher selten wohl in seiner Haut.

Woran liegt dies und was können Sie tun, um zukünftig solches „Unwohlsein" zu vermeiden? Konflikte können entstehen, sobald Menschen beginnen, miteinander zu kommunizieren. Durch unsere verschiedenen Weltanschauungen, Wertemodelle oder schlicht durch Missverständnisse können Konflikte oder zumindest schwierige Situationen entstehen.

In diesem Kapitel geht es darum, Ihnen drei Werkzeuge an die Hand zu geben. Diese drei Werkzeuge können Ihnen helfen, in konflikthaften Situationen nonverbal klarer zu kommunizieren, um so souveräner, sicherer und ressourcevoller zu agieren. Sie werden nonverbale Tricks kennenlernen, um in herausfordernden Gesprächsmomenten einen kühlen Kopf zu bewahren und die Situation leichter zu meistern.

Folgende Fragen werden beantwortet:

- Was hilft, um schneller eine gute Beziehung zum Gegenüber aufzubauen?
- Was können Sie tun, um bei kritischen Nachrichten die guten Beziehungen zu erhalten?
- Was tun, wenn Sie angegriffen werden oder bei Ihnen selbst oder dem Gegenüber Emotionen hochkommen?

Werkzeug #1

Körperhaltung im rechten Winkel zum Umfeld/Gegenüber

Wie finden gemäß Ihrer Erfahrung Vorstellungsgespräche zu zweit normalerweise statt? Und wie sitzen Sie mit einem guten Freund oder einer guten Freundin in einem Cafe? Gibt es da Unterschiede in der Sitzposition?

Bei der Mehrheit der Befragten bestätigt sich die These, dass bei unbelasteteren, informellen Themen öfter eine andere Sitzhaltung eingenommen wird, als wenn es um formelle oder erwartet schwierigere und negativere Gespräche geht.

Das Resultat einer Erhebung zeigte, dass sich die Gesprächspartner bei formellen Treffen (z.B. ein Mitarbeitergespräch) mehrheitlich gegenüber sitzen. Sobald eine freundschaftlichere, nähere Beziehung zwischen den Gesprächspartnern etabliert ist und es um angenehme, lockere Themen geht, tendieren sie dazu, sich ungefähr im 90 Grand Winkel zueinander zu positionieren.

Wenn Sie ungefähr im rechten Winkel zu Ihren Gesprächspartnern sitzen oder stehen können, begünstigt dies die positive Kommunikation.

Warum? Die seitliche (ca. 90 Grad) Positionierung zueinander signalisiert die Beziehungsbotschaft „Wir haben Rapport und schauen in eine ähnliche Richtung“. Wenn man sich gegenüber sitzt, signalisiert dies eher eine GEGEN-Überstellung. So gesehen, kann die andere Person früher als „GEGNER“ erfahren werden, als wenn man sich freundschaftlicher in einem Winkel zu ihr setzt.

„Rapport“ nennt man im NLP eine vertrauensvolle und wohlwollende Beziehung zwischen Gesprächspartnern.

Es macht also aus pragmatischen Blickpunkten Sinn, eine eher freundschaftlichere Position einzunehmen, um die Kommunikation damit zu erleichtern, nicht wahr?

Vor allem bei schwierigen Themen sind wir zusätzlich froh, wenn wir nicht ohne Unterlass die andere Person anschauen müssen. Bei unangenehmen Themen spielen oft auch unangenehme Emotionen eine Rolle und wenn uns nicht wohl ist, schauen wir automatisch in die Ferne oder betrachten Gegenstände im Raum. Dies tun wir, weil uns der Blickkontakt des anderen nicht dabei unterstützt, uns besser zu fühlen. Der ständige Blickkontakt wirkt eher als zusätzliche Belastung.

Wenn wir uns nun gegenübersitzen, dann besteht die Grunderwartung, dass man einander auch anschaut. Sobald es jedoch unangenehm wird, hilft es, wegzuschauen. Dies kann als unhöflich interpretiert werden.

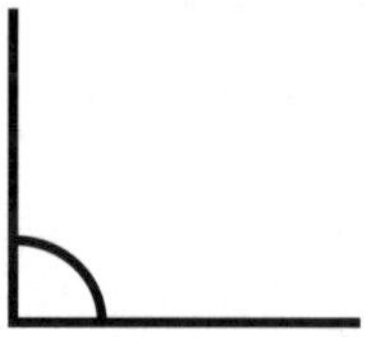

Setzen wir uns aber im rechten Winkel zueinander, dann wird es einfacher: In dieser Sitzposition müssen wir unseren Kopf zum Gesprächspartner drehen. Die Grundhaltung des Kopfes wäre nicht in Richtung des anderen. Es wird in dieser Position nicht erwartet, dass die Gesprächspartner ständig in Blickkontakt bleiben. Es entsteht sozusagen ein psychologischer Fluchtweg, falls es emotional unangenehm werden sollte. Sie können den andern anschauen, müssen es aber nicht. Es ist in dieser Position auch einfacher, „in die gleiche Richtung zu blicken", was bereits wieder eine nonverbal Rapport-fördernde Maßnahme ist.

Übrigens geht diese Positionierung ebenfalls im Stehen: Stehen Sie neben, statt vor ihrem Partner. Oder gehen Sie bei Gelegenheit mit der Person spazieren. Auch dies unterstützt Sie und ihren Gesprächspartner dabei, sich in einem schwierigeren Gespräch wohler zu fühlen.

Empfehlungen:

- Setzen Sie sich ihrem Gesprächspartner nie genau gegenüber und versuchen Sie einmal, ungefähr im rechten Winkel zum Anderen ein Gespräch zu führen. Diese Position hat eine öffnende und konstruktive Wirkung und es besteht ein psychologischer Fluchtweg.
- Vermeiden Sie Glastische und bevorzugen Sie runde Tische. Bei Glastischen ist die untere Körperhälfte zu stark exponiert. Dies kann beklemmend wirken. Ein zum Beispiel runder Holztisch wirkt harmonisierender.
- Wenn Sie lösungsorientiert und ressourcenfokussiert arbeiten wollen (zum Beispiel in Beratung oder Coaching), dann positionieren Sie sich so zu Ihrem Gesprächspartner, dass er nach rechts schauen muss, um Sie anzublicken. Der Blick nach rechts fördert Kreativität und Einfallsreichtum. (Augenzugangshinweise aus dem Modell des NLP)

Werkzeug #2

3-Punkt-Kommunikation. Der Blitzableiter, um Rapport zu halten

Das Ziel der 3-Punkt-Kommunikation

Das Ziel dieser nonverbalen Kommunikationsmethode ist es, den Sprecher als Überbringer von negativen Nachrichten zu schützen, damit er emotional nicht „abgeschossen" wird.

Kennen Sie das Vier-Seiten-Modell von Friedemann Schulz von Thun oder die Kommunikationsebenen? Darin ist die Rede von 4 Ebenen/Seiten einer Nachricht. Eine Interaktion zwischen zwei Menschen – auch Sender und Empfänger genannt – findet nach diesem Modell immer auf vier Ebenen statt.

Neben der Appell- und Selbstoffenbarungsebene gibt es die für uns hier wichtige Sach - und Beziehungs-Ebene.

Nehmen wir an, der Sprecher hat die Aufgabe, eine negative Nachricht (also eine inhaltliche Nachricht der Sach-Ebene) zu überbringen. Trotzdem möchte er die positive Beziehungsebene erhalten. Wenn nun der Zuhörer eine inhaltliche Nachricht (Sach-Ebene) empfängt, tendiert er oft dazu diese Nachricht auch mit dem Sprecher (Beziehungsebene) zu verbinden. Ist es eine negative Nachricht, welche der Zuhörer zu hören bekommt, dann bedeutet das: Der Sprecher wird mit der Nachricht gleichgestellt. Wenn Sie also mitteilen müssten, dass der Antrag auf Ferien wegen personeller Unterbelegung abgelehnt wurde, dann tendiert der Betroffene unbewusst dazu, diese negative Tatsache mit Ihnen als Sprecher zu assoziieren und projiziert seinen Ärger auf Sie.

Als Zuhörer verbindet man den Sprecher oft emotional mit dessen Nachricht.

Sich im Gespräch anzuschauen ist richtig – mit Ausnahmen!

Wir sind es gewohnt, einander anzuschauen, wenn wir miteinander reden. Dies hat Vorteile und auch Nachteile.

Der Vorteil besteht darin, dass wir durch den direkten Blickkontakt den Anderen und dessen Verhalten besser wahrnehmen können. Wir erkennen, wie er reagiert und können Stimmungen, Stimmungswechsel oder innere Prozesse bemerken. Wenn wir der Person oder der Gruppe ein Kompliment machen oder eine andere positive Nachricht senden, dann schauen wir die Person direkt an und erkennen durch ein Lächeln deren Freude und Zustimmung.

Der Nachteil des direkten Blickkontaktes besteht darin, dass wir uns bei negativen oder kritischen Nachrichten möglicherweise eher unwohl fühlen. Während wir reden, beobachten wir das Verhalten der Zuhörer. Wir erkennen vielleicht Verdruss, Enttäuschung, Wut, Schock und andere Reaktionen in den Gesichtern. Und das hilft uns wenig dabei, selbstbewusst und klar weiter zu kommunizieren. Bei solchen Nachrichten wird – wie oben beschrieben – der Sprecher mit der negativen Nachricht verbunden/assoziiert und wird somit zur Projektionsfläche für die hochkommenden negativen Emotionen des Empfängers.

Der Sender kann bei negativen Mitteilungen zur Projektionsfläche des Empfängers werden.

Wie können wir die Vorteile des direkten Anschauens nutzen und die Nachteile davon vermeiden?

Die Antwort heisst „Drei-Punkt-Kommunikation".

Zwei-Punkt- und Drei-Punkt-Kommunikation – was ist der Unterschied?

Das direkte Anblicken des Gesprächspartners nennen wir Zwei-Punkt-Kommunikation. Der Sprecher stellt in dieser Kommunikationsform den ersten Punkt dar, der Zuhörer den zweiten Punkt.

In der Zwei-Punkt-Kommunikation schauen sich die Gesprächspartner in die Augen. Dies ist meist der Fall, wenn wir uns über Alltägliches unterhalten.

Diese Art der Kommunikation ist optimal, wenn der Gesprächsinhalt neutral oder positiv gewertet werden kann. Das heisst, Sie sprechen entweder über eher neutrale Themen wie das Wetter oder was gestern geschehen ist. Oder Sie nutzen die Zwei-Punkt-Kommunikation, um positive Mitteilungen weiterzugeben.

Komplimente immer mit Augenkontakt kommunizieren!

Blicken Sie ihrer Partnerin oder ihrem Partner direkt in die Augen und sagen „Du bist das Beste, was mir je passiert ist - ich liebe dich". Ein Kompliment wirkt viel tiefer und intensiver, wenn Sie den Anderen dabei direkt anblicken.

Beispiel von 2-Punkt-Kommunikation

Bei der Drei-Punkt-Kommunikation blicken Sie und ihr Gesprächspartner gemeinsam auf einen dritten Punkt im Raum – zum Beispiel ein Blatt mit den Kritikpunkten oder ein Flipchart mit der negativen Botschaft darauf.

Bei negativen Mitteilungen die Fakten immer aufschreiben. GO VISUAL!

Hier schauen Sie einander nicht an und dies ist bewusst so gewollt. Am besten nutzen Sie diese indirekte Kommunikation, wenn es um negative oder anderweitig emotional schwierigere Mitteilungen geht. Das Ziel bei dieser Art der Kommunikation ist es, den Zuhörer mit dem Blick auf einen anderen Punkt zu leiten. Wenn der Zuhörer zum Beispiel auf ein Blatt Papier schaut, während Sie die negative Botschaft vermitteln, dann verbindet er diese Botschaft auf unbewusster Ebene mit dem Blatt und nicht mit Ihnen als Mitteiler. Und das ist genau, was wir erreichen wollen. Anstelle von Ihnen wird das beschriebene Blatt negativ konnotiert. Dadurch ankern oder „beflecken" Sie ihre Position nicht mit negativen Emotionen, welche wegen der genannten Botschaft beim Zuhörer aufkommen könnten.

Wichtig ist also bei negativen Botschaften, dass Sie diese aufschreiben und dadurch einen Grund haben, den Blick des Zuhörers von Ihnen wegzuleiten.

Tun Sie dies ganz einfach, indem Sie selbst stur auf das Blatt schauen, sobald Sie beginnen, die unangenehme Botschaft zu verkünden. Der Gesprächspartner folgt ihrem Blick. So blickt ihr Gegenüber automatisch auch auf das Blatt. Dies funktioniert natürlich auch mit Zuhörergruppen.

Was geschieht? Sie leiten den Blick des Zuhörers oder der Zuhörerin weg von Ihnen auf einen dritten Punkt im Raum. Wenn Sie nun die Botschaft überbringen, ist ihr Gegenüber vielleicht geschockt oder negativ überrascht. Dies ist dann auch nicht zu vermeiden. Doch was Sie bewirken, ist, dass Ihr Gegenüber die aufkommenden negativen Emotionen unbewusst mit dem Blatt/dem Flipchart verbindet und dieses zur Projektionsfläche wird. Sie haben sich aus der Schusslinie gehalten.

Wenn das Thema auf dem Tisch ist und ausgesprochen ist, kann meist wieder zu neutraleren oder jedenfalls weniger unangenehmen Gesprächsteilen oder Themen gewechselt werden. Um nach dem Überbringen einer unangenehmen Nachricht elegant fortzufahren, ist es sinnvoll wieder in die 2-Punkt-Kommunikation zurückzuwechseln, um die Beziehungsebene und freundschaftliche Verbindung zu erhalten und eventuell für die davor erwähnten Themen Hilfestellung geben zu können. Hierfür wenden Sie sich vom Blatt oder dem Flipchart ab und blicken den Zuhörer oder die Zuhörerin wieder direkt an. Sie können dann das Gespräch fortsetzen, indem Sie zum Beispiel sagen: „Wie können wir das Thema gemeinsam lösen? Kann ich dabei helfen?“

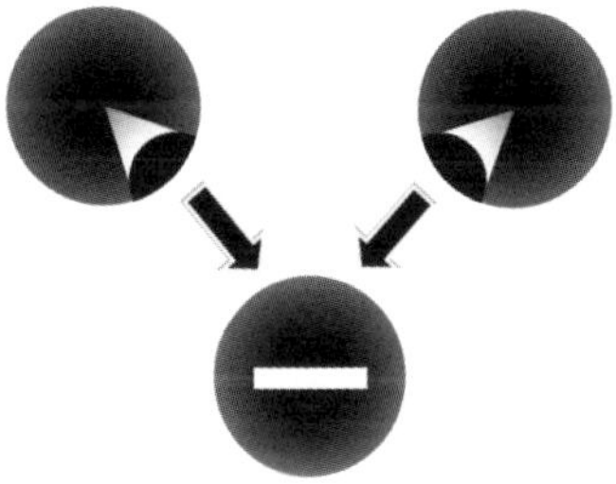

Beispiel von Drei-Punkt-Kommunikation

Wenn Sie die Drei-Punkt-Kommunikationsform beobachten möchten, schauen Sie sich die Wettervorhersage im Fernsehen an. Darin können Sie sehr gut erkennen, wie die Sprecherin den Blick der Zuschauer zuhause leitet, indem Sie auf die Landkarte blickt während Sie über die Wetterlage spricht. Am Ende der Vorhersage schaut Sie jeweils immer in die Kamera, um mit Blickkontakt ihre Präsentation zu beenden.

Nachrichten-Sprecher und Wetterkommentatoren sind Meister in Drei-Punkt-Kommunikation.

Kritik an der Drei-Punkt-Kommunikation

Öfter hörte ich bezüglich der Drei-Punkt-Kommunikation den Kritikpunkt, das Brechen des Blickkontaktes während dem Überbringen negativer Botschaften würde als Schwäche interpretiert werden. Kommentare wie „Während er mir das schlechte Zeugnis übergab, schaute er mir nicht mal in die Augen…“ könnte man zu hören bekommen.

Dazu kann folgendes angemerkt werden: Es ist richtig, dass ein steter Augenkontakt mit nur kurzen Unterbrechungen als vertrauenswürdiger gilt. Ich empfehle sogar, den Blick oft zu suchen. Dies fördert die Beziehungsebene und wirkt sich gut auf die Aufmerksamkeit des Zuhörers aus. Da Sie aber eine gute Beziehungsebene auch nach einer schlechten Nachricht erhalten wollen, hilft es, den Blick während der kurzen Dauer des Überbringens zu unterbrechen. Das übergeordnete Ziel dabei ist es ja, nicht abgeschossen

Um glaubwürdig zu bleiben, nutzen Sie möglichst oft Zwei-Punkt-Kommunikation.

zu werden und dass Sie sich während des Überbringens gut fühlen können. Durch die Drei-Punkt-Kommunikation erreichen Sie dies und können danach zur Zwei-Punkt-Kommunikation zurückkehren. So werden Sie nicht zur negativen Projektionsfläche.

Empfehlungen:

- Schauen Sie bei positiven Nachrichten die Person(en) direkt an. Die Zuhörer schauen dabei Sie an und verbinden unbewusst die positive Nachricht mit Ihnen als Sprecher.
- Schreiben Sie unangenehme oder negative Mitteilungen immer auf, wenn auch nur in Stichworten. Die Devise lautet: Go Visual! – Kommunizieren Sie visueller!
- Bei negativen Nachrichten ist es sinnvoller, mit dem Gegenüber auf vorbereitete Unterlagen mit den kritischen Themen zu schauen. Dadurch verbindet die Person das gesagte Negative eher mit den Unterlagen als mit Ihnen. Blicken Sie also gemeinsam auf einen dritten Punkt und Sie haben sich selbst aus der Schusslinie gehalten!
- Als Faustregel gilt: Negatives nie Auge in Auge mitteilen. Alles Negative, was während einer Zwei-Punkt-Kommunikation aus ihrem Mund kommt, wird vom anderen tendenziell als Angriff betrachtet. Der Inhalt eher negativer Nachrichten riskiert einen Rapportbruch. Vermeiden Sie Rapportbruch mit der Drei-Punkt-Kommunikation.

Werkzeug #3

Dekontamination

Es kann trotz allem passieren: Ihr Gegenüber reagiert auf etwas, das Sie sagten oder taten, in einem harschen Ton und Sie empfinden es als einen Angriff. Wenn man sich angegriffen fühlt, geht dies oft mit einem Unwohlsein in der Bauchgegend einher. Der Puls fängt plötzlich an, schneller und fühlbar härter zu schlagen und man merkt wie Farbe ins Gesicht schiesst. Diese körperlich-vegetativen Reaktionen gehören auch zur nonverbalen Kommunikation und sind weniger direkt beeinflussbar. Der Körper schüttet Hormone aus und unser Stammhirn möchte mit Angriff oder Flucht reagieren. Wenn Sie bereits solche Momente erlebt haben, haben Sie bereits schon Methoden entwickelt, damit Sie sich schnell besser fühlen. Sie können vermutlich dabei einen kühlen Kopf bewahren und trotz innerer Nervosität gelassen fortfahren. Die Mehrheit der Menschen steht aber in einer solchen Situation unter Stress. Daher ist es wichtig zu wissen, was zu tun ist, um möglichst bald wieder zu einem ressourcevollen Zustand zu gelangen. Wenn Sie dazu einen nonverbalen Verhaltenstrick nutzen wollen, dann nutzen Sie die Dekontamination.

Argumentieren Sie von einem „sauberen", also nicht kontaminierten Ort aus.

Es gilt folgende Regel: Wenn Sie jemand angreift, dürfen Sie nie vom gleichen Ort aus reagieren! Damit es Ihnen besser geht, müssen Sie erst den Ort wechseln, bevor Sie auf den Angriff reagieren. Was steckt dahinter? Sie erinnern sich: Bei der Drei-Punkt-Kommunikation wurde erklärt, wie der Zuhörer die schlechte Nachricht mit dem Sprecher verbindet/assoziiert. Das gleiche Muster geschieht, leicht abgewandelt, wenn Sie jemand angreift.

Der Angreifer blickt Sie an und sagt mit scharfem Ton „Was sie hier erzählen, ist doch alles Quatsch!“. Unbewusst hat die Person den Ort, wo Sie stehen, mit der Anschuldigung und somit mit den dahinterstehenden negativen Emotionen verbunden/assoziiert. Dieser Ort ist nun für Sie UND den Angreifer negativ geankert. Wenn Sie sich von einem solchen Ort her verteidigen oder reagieren wollen, tun Sie sich keinen Gefallen. Verlassen Sie den Ort des Angriffs. Durch einige Schritte zur Seite oder dem leichten Verändern der Sitzposition (zurücklehnen) zum Gegenüber unterbrechen Sie die Situation und schaffen sich für ihre Reaktion ein neues Fundament.

Durch die Positionsveränderung verlassen Sie den Ort des Angriffs und können so auch das damit verbundene Gefühl abschütteln. Interessanterweise bleibt nicht nur das unangenehme Gefühl von ihnen am alten Ort. Auch für den Angreifer ist der Angriff mit dem alten Ort verbunden. Wenn Sie nun plötzlich an einem neuen Ort stehen, wird dem Angreifer dadurch bereits einiges an Schwung genommen. Es ist, als ob Sie Ihre Angriffsfläche verringern, indem Sie sich neben den Ort des ursprünglichen Angriffs stellen.

Der Ortswechsel wirkt als „Separator“ und Sie können danach mit mehr Ressourcen reagieren.

Mit diesem Verhalten haben Sie Ihre eigene Position dekontaminiert. In der neuen Position haben Sie nun die Möglichkeit, mit der alten Position eine Drei-Punkt-Kommunikation zu beginnen. In unserem Beispiel könnte der Angegriffene mit der Hand auf die alte Position zeigen und den Angreifer fragen: „Welchen Aspekt von dem, was ich vorhin dort erzählte, halten sie für Quatsch?“ Durch Ihre neue Position können Sie auf den Ort des Angriffs verweisen und haben sich so eine bessere Argumentationssituation geschaffen.

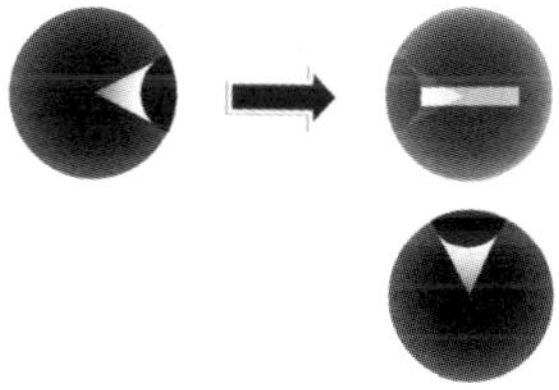

Beispiel Dekontamination: Ändern Sie Ihre Position nach einem Angriff, um sich zu dekontaminieren.

Ergänzung

Was bei einem Angriff gerne vergessen wird: Ein Angriff hat oft nichts mit dem Sprecher persönlich zu tun, sondern vielmehr mit dem Thema, welches vermittelt wurde. So kann es wie in dem obenstehendem Beispiel sein, dass der Angreifer nicht glauben kann, dass er in XY so schlecht abgeschnitten hat. Dies hat grundsätzlich nichts mit Ihnen direkt zu tun, sondern mit den Daten und Fakten bezüglich seiner Leistung. Wenn er Sie also angreift, bringt er gegenüber der Sachebene Ihrer Nachricht Zweifel an. Trotzdem fühlt man sich als angegriffene Person für den Moment unangenehm betroffen.

Ein Angriff bedeutet meist nur, dass der Zuhörer mit dem Inhalt des Gesagten nicht einverstanden ist.

Empfehlungen:

- Reagieren Sie bei einem „Angriff“ nie vom gleichen Ort her.
- Verändern Sie ihre Position, um sich von ihrer körperlichen Reaktion zu befreien.
- Nutzen Sie vom neuen Ort aus ihre vorherige Position im Sinne einer Drei-Punkt-Kommunikation und verweisen Sie beim Bearbeiten des Angriffs darauf.

Zusammenfassung:

Das Wissen über die nonverbale Kommunikation kann auf zwei verschiedene Arten genutzt werden. Einerseits können Sie beschreibend und interpretierend die Körpersprache anderer lesen. Andererseits können Sie Ihre Konzentration aber auch darauf legen, die Wahrnehmung Ihrer eigenen Körpersprache zu erhöhen und Ihre nonverbale Kommunikationskompetenz durch Übung, Reflexion und Training zu erweitern. Diese Variante stellt sich für Sie vielleicht schon bald als eine lohnendere und längerfristig hilfreichere Fokusrichtung dar.

Michael Grinder, welcher sich Jahrzehnte damit befasst hat, wie nonverbale Sprache in Gruppen und in Gesprächen optimal eingesetzt werden kann, hat ebenfalls erkannt, wie die Erweiterung der nonverbalen Kommunikationskompetenzen die eigene Persönlichkeit positiv beeinflusst.

Wie im Modell von NLP bekannt ist, beeinflussen nicht nur unsere Emotionen und Gedanken unseren Körper, indem er zum Beispiel bei freudiger Erwartung dynamisch und energetisch wirkt. Die Art wie wir unseren Körper nutzen, beeinflusst auch umgekehrt unsere Emotionen und Gedanken. Oder können Sie sich traurig fühlen, wenn Sie mit einem breiten Grinsen und angespannten Muskeln in den Himmel schauen? Versuchen Sie es einmal!

Schlussfolgernd können Sie erkennen, wie der Einsatz von effektiver Körpersprache ebenfalls einen Einfluss auf Ihren Geist und Ihre Persönlichkeit haben kann. Mithilfe der oben beschriebenen Werkzeuge können Sie beginnen, neben Ihrer bereits bestehenden Kompetenz in verbaler Kommunikation zusätzlich auch Ihre nonverbale Kompetenz zu erweitern. Und dies kann langfristig sehr positive Auswirkungen für Sie haben.

„Der Körper ist der Handschuh der Seele. Seine Sprache die Sprache des Herzens“

Samy Molcho

Literaturhinweis

„Pentimento“ von Michael Grinder
„The Elusive Obvious“ von Michael Grinder

Über Etienne Dubach

Seit 2005 beschäftigt sich Etienne Dubach vertieft mit der Wirkung der Körpersprache in geschäftlichen wie privaten Bereichen. Nonverbale Kommunikation entwickelte sich vom Hobby zur Passion und ist heute wichtiger Bestandteil seiner Arbeit.
Er erkannte während seiner Ausbildung zum NLP-Trainer und Coach seinen Lebenssinn darin, seinen Mitmenschen als Begleiter zu helfen, ihr Leben wieder in die eigenen Hände zu nehmen und das zu erreichen, was sie wirklich in ihrem Leben wollen.

In Impulsvorträgen und Trainings vermittelt er leicht verständliche und schnell umsetzbare körpersprachliche Verhaltenstricks. Neben nonverbaler Konfliktvorbeugung und der Meisterung schwieriger Situationen bietet er auch Trainings und Coaching in nonverbaler Präsentationstechnik und effektiver Führung mit Körpersprache an.

www.nonverbale-kommunikation.ch
Etienne Dubach
Limmattalstrasse 404
8049 Zürich
0041 76 383 79 77

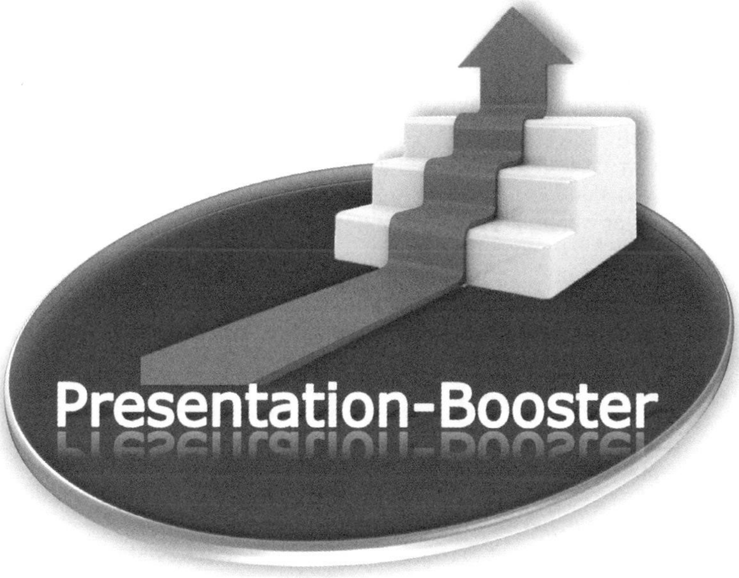

Wie Sie schnell wirkungsvolle Präsentationen erstellen

„Der Köder muss dem Fisch und nicht dem Angler schmecken" ist ein Zitat, das oft im Zusammenhang mit Präsentationen genannt wird. Übersetzt bedeutet das, die Präsentation muss auf die Zielgruppe abgestimmt sein, um eine maximale Wirkung zu erreichen.

Wenn Sie sich vorstellen, dass Präsentationstechnik heute zu den Schlüsselqualifikationen im Management gehört oder wie viel und bei welchen Anlässen in der Geschäftsleitung, im Verkauf, im Marketing, im Business Development oder in anderen Bereichen vom Präsentationserfolg abhängt, dann wird deutlich, wie wichtig die richtige und wirkungsvolle Ausrichtung des Vortrags auf die Zielgruppe ist. Abhängig davon ergeben sich mit Einschränkungen alle anderen „Parameter" der Präsentation zum Beispiel der Inhalt, die Gestaltung von Medien, der Vortragsort oder der persönliche Vortragsstil, gekennzeichnet durch Rhetorik, Körpersprache und Stimme.

Seit 1993 beschäftige ich mich bereits intensiv mit dem Thema Präsentationen, habe etliche Bücher über dieses Thema gelesen und einige darüber geschrieben. Feststellbar war, dass bisher noch kein Zusammenhang zwischen der Informationsvermittlung durch Präsentationen und den Neurowissenschaften hergestellt wurde.

Bildgebende Verfahren geben bei der Hirnforschung den Nachweis, welche Hirnareale bei bestimmten Denkprozessen oder Emotionen aktiviert werden. Diese Ergebnisse finden zunehmendes Interesse in der Wirtschaft, z.B. bei Marketing und Werbung, bei welchen Logos, Produkten welche Hirnareale stimuliert werden. Wie lassen sich hier geheime Kaufknöpfe finden? Welche Autos bevorzugt Mann oder Frau? Was löst Freude, Motivation oder Begeisterung im Hirn aus?

Die Erkenntnisse aus den Neurowissenschaften allein reichen allerdings nicht aus, um daraus ein praktikables Modell für die Erstellung von Präsentationen abzuleiten. Deshalb integrierte ich Know-how aus dem NLP (Neuro Linguistische Programmierung) und Kenntnisse von MBTI (Myers-Brigg Type Indicator) und konnte so erste Präsentationen erstellen, die wesentlich wirkungsvoller waren, als noch vor ein paar Jahren.

Meine Erfahrung und Know-how habe ich in Form der Presentation-Booster-Methode zusammengeführt, die ich Ihnen in diesem Artikel vorstellen möchte. Booster (englisch) bedeutet Verstärker. Präsentationen, die mittels dieser Methode aufgebaut wurden, sind ca. 30 bis 100% wirkungsstärker als herkömmliche Präsentationen.

Die Methode bietet drei Vorteile gegenüber der herkömmlichen Erstellung von Präsentationen:

1. **Geringere Vorbereitungszeit:**
   Die Vorbereitungszeit für die Präsentationserstellung reduziert sich aufgrund einer strukturierten Vorgehensweise und eines Baukastensystems

2. **Überzeugendere Präsentationen:**
   Die Zielgruppe wird wesentlich leichter und überzeugender erreicht, da genau die Vorteile, Argumente und Beweise in die Präsentation kommen, die für die Zielgruppe relevant und damit handlungsauslösend sind.

3. **Bessere Präsentationsqualität:**
   Die Qualität der Präsentationen steigt, weil mehr Zeit zur Verfügung steht, um Details auszuarbeiten, außerdem liefert das Baukastensystem zusätzliche Hilfestellungen.

Nutzen lässt sich die Methode z.B. bei Verkaufspräsentationen, um Kunden schneller und einfacher zu überzeugen, im Marketing mit überzeugenden Marketingpräsentationen, bei Messen, um neue Kunden anzuziehen, in der Geschäftsleitung, um besser auf die Mitarbeiter einzugehen, u.v.m.

Lassen Sie sich auf den nächsten Seiten inspirieren und für das Thema sensibilisieren.

1. Der Aufbau der Presentation-Booster-Methode

Wie bei jeder guten Präsentation starten Sie mit einer Analyse, d.h. Festlegung des Ziels, Klärung der Rahmenparameter, usw. Danach steigen Sie mit den folgenden Schritten ein. Lassen Sie mich eine Parallele zu einem Hausbau ziehen, um Ihnen den Aufbau auf einfache Art und Weise zu verdeutlichen. Zunächst wird ein Plan benötigt, was in unserem Modell das sogenannte MotivChart ist. Damit lässt sich die Zielgruppe relativ leicht kategorisieren und der weitere Ablauf exakt steuern.

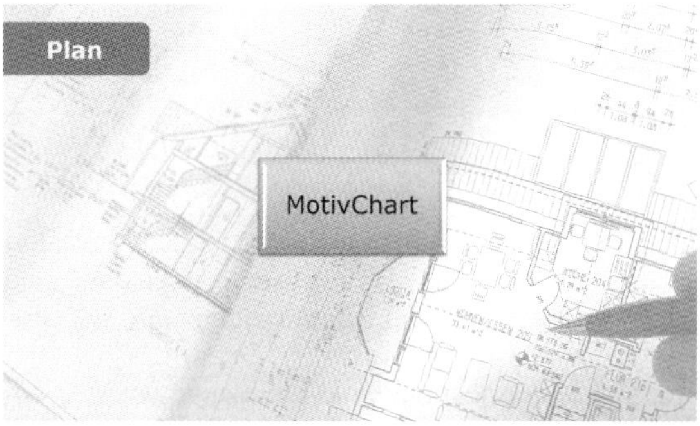

Abbildung 1: Plan mit MotivChart

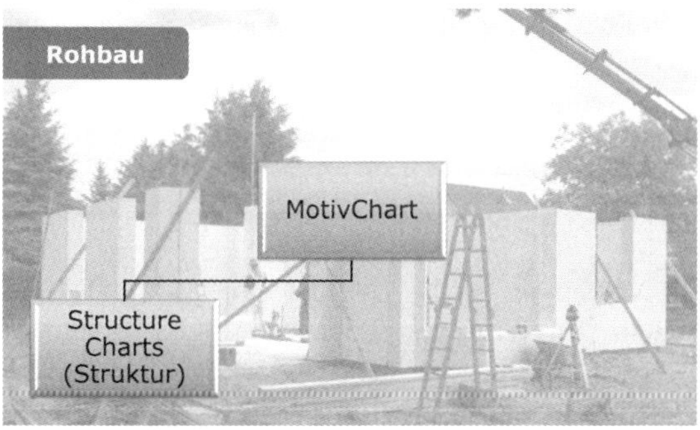

Abbildung 2: Rohbau mit StructureCharts

Sobald der Plan steht, geht es darum, mit dem Bauen zu starten. Der Rohbau spannt den Rahmen auf, um anschließend Fenster, Türen, Innenausbau, Außenputz, usw. aufbauen zu können. Es geht um die Struktur der Präsentationen und wir nennen die Charts dafür **StructureCharts**. (s. folgende)

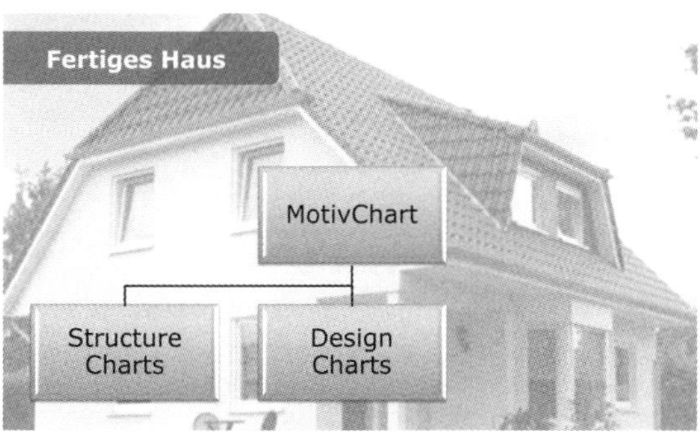

Abbildung 3: DesignChart mit fertiggestelltem Haus

Das Ausbauen und „Hübsch"-machen des Hauses sind bei Presentation-Booster die **DesignCharts**.
Hier geht es um Layout, Formen, Farben, usw.

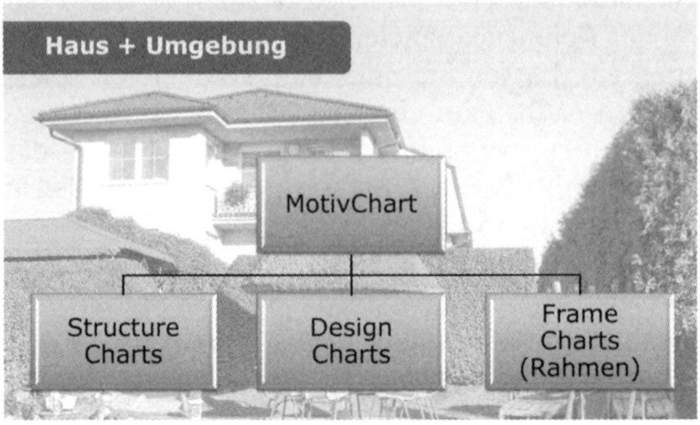

Abbildung 4: FrameChart mit Hausumgebung

Was nützt das schönste Haus, wenn das Grundstück nicht passend gestaltet ist. Wie wäre es, wenn es ein Schwimmbad, ein Grillstelle oder nur einen schönen Rasen gäbe. Analog verhält es sich bei Präsentationen und wir ordnen die Parameter den sogenannten **FrameCharts** zu. Dazu gehören zum Beispiel der Vortragsraum, die Lichtatmosphäre, die Leinwand, usw.

Bei der Vorgehensweise wird mit der Analyse der Zielgruppe gestartet, d.h. mit dem MotivChart. Wenn klar ist, welche Zielgruppe angesprochen werden soll, folgen Struktur, Design und Rahmen ganz automatisch.

2. Das MotivChart

Das MotivChart wurde in Anlehnung an das LimbicColor® Modell[1] und der LimbicMap® entwickelt. Wir wissen aus den Neurowissenschaften, dass Hormone einen sehr großen Einfluss auf unser Leben haben und dafür verantwortlich sind, warum Menschen bestimmte Entscheidungen treffen. Basierend auf den Hormonen lassen sich wiederum Werte und Motive ableiten. Als Beispiel sei hier Testosteron genannt, was die meisten von uns kennen. Hohe Testosteron-Werte bedeuten, dass Menschen sehr aggressiv sind, also auf Kampf und Macht programmiert sind. In dieser Art und Weise lässt sich die Liste fortsetzen und lässt sich in der Presentation-Booster-Methode abbilden

[1]Limbic Color® von Peter Wendt. LimbicMap® von Dr. H.G. Häusel

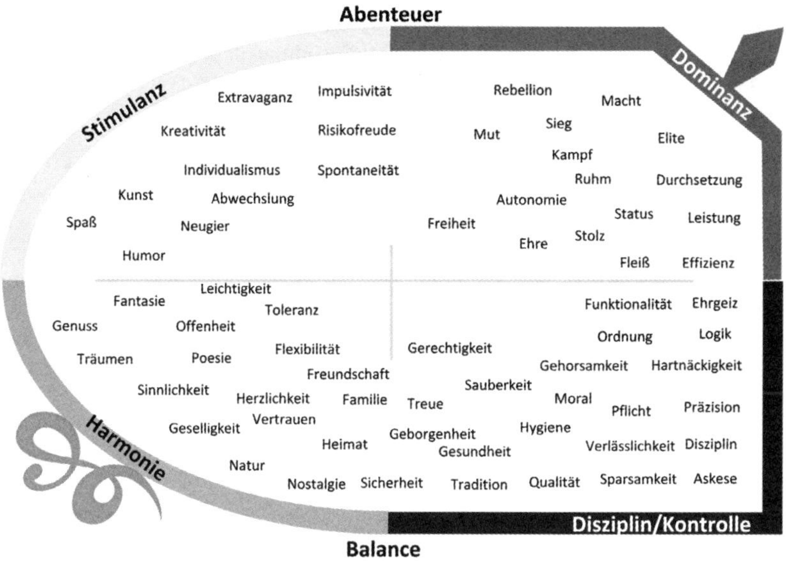

Abbildung 5: MotivChart

Über dieses Chart kann der Anwender der Presentation-Booster-Methode die Zuhörer in 4 Gruppen, nämlich Dominanz-Typen (rot), Stimulanz-Typen (gelb), Harmonie-Typen (grün) und Disziplin-Typen (blau) kategorisieren. Die 4 Typen haben unterschiedliche Motive und Werte, Sie denken, handeln, fühlen und treffen Ihre Entscheidung sehr unterschiedlich.

Je nach Aufgabe im Unternehmen sind auch unterschiedliche Stärken erforderlich, wie die folgende Abbildung zeigt.

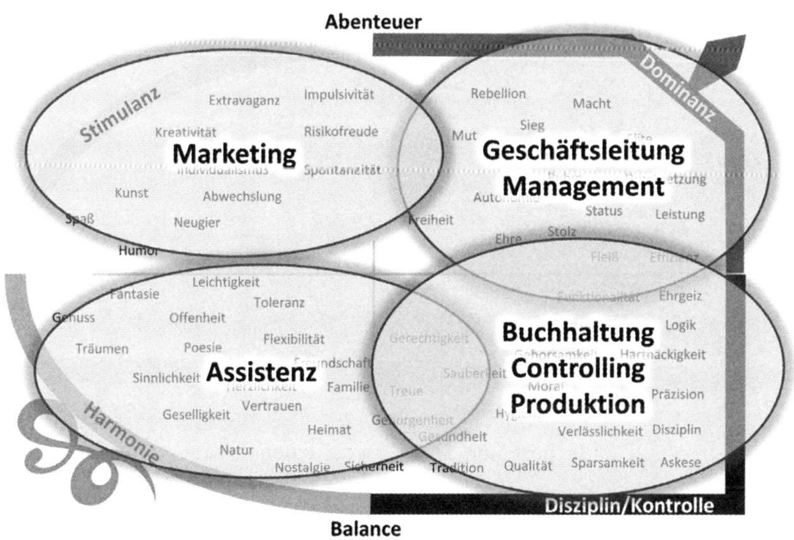

Abbildung 6: MotivChart mit Aufgabenverteilung im Unternehmen

So ist klar, dass in der Geschäftsleitung eine Person sitzen muss, die sehr hohe Durchsetzungskraft hat oder im Marketing jemand, der gute Ideen hat. Die Assistenz muss gut unterstützen können und in der Buchhaltung muss jemand sehr genau sein. Sie erkennen schon, dass es unterschiedliche Stärken und Schwerpunkte gibt.

In der Praxis müssen Sie dennoch prüfen, welche Charaktere jetzt konkret vor Ihnen sitzen. Das ist besonders wichtig bei kleineren Präsentationen, wenn lediglich vor 3-4 Personen präsentiert wird. Die Erkennung der Charaktere erfolgt nach verschiedenen Kriterien wie zum Beispiel Sprache, Körpersprache, Auftreten, Aussehen, Kleidung, u.a. Durch entsprechende Beobachtung oder auch durch Fragen an die Zielgruppe erkennt der Presentation-Booster-Anwender, auf Basis welcher Motive eine Entscheidung getroffen wird. Bei Personen mit unterschiedlichen Entscheidungsmustern orientieren Sie sich an dem Entscheider.

Das bedeutet zum Beispiel, wenn Sie bei einem Akquisitionstermin vor einer Gruppe präsentieren, sammeln Sie Informationen zum Entscheider und präsentieren Sie mit einer auf ihn abgestimmten Präsentation. Handelt es sich um eine dominante Person, nutzen Sie die „rote" Präsentation. Ist es eher eine zahlenlastige „blaue" Person, zeigen Sie die „blaue" Präsentation. Sicherlich können Sie sich ausrechnen, dass die Wirkung solch einer Präsentation wesentlich überzeugender und wirkungsvoller ist, als eine breit angelegte.

Haben Sie ein größeres Publikum, konzentrieren Sie sich primär auf die Zielgruppe, die für Sie am wichtigsten ist bzw. die, die Entscheidungen trifft.

Wenn Sie also wissen, welcher Charakter nach dem Modell vor Ihnen sitzt bzw. sitzen wird (Konzeptionsphase) können Sie zum nächsten Schritt übergehen. Sie legen die Struktur und die Inhalte der Präsentation fest.

3. Die Struktur oder die StructureCharts

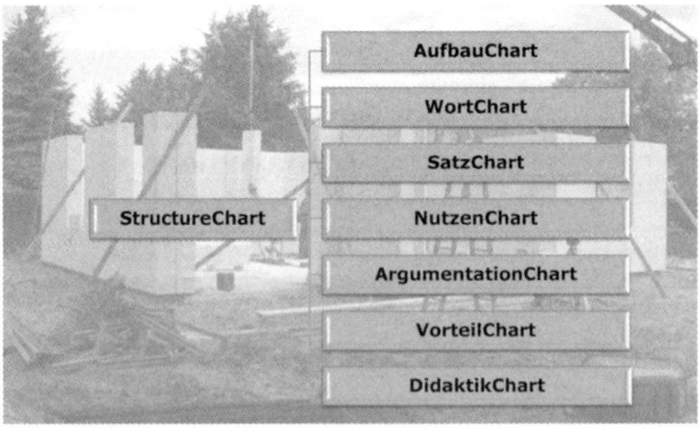

Abbildung 7: StructureCharts

Die StructureCharts bestehen aus verschiedenen Einzelcharts, wie in der Abbildung zu sehen.

Um die Funktionsweise besser zu verstehen, sehen wir uns das AufbauChart an. Sie erkennen in der Abbildung „AufbauChart" die vier Bereiche wieder, d.h. den roten, gelben, grünen und blauen Bereich.

Haben Sie jetzt eine rotdominante Person vor sich, nutzen Sie als Strukturierungsmethode für Ihre Präsentation eine Fünf-Satz Technik (Aristoteles), bei einem „Gelben“ nutzen Sie die 2-Plot-Technik, bei einem „Grünen“ Storytelling und bei einem „Blauen“ das Pyramidenprinzip.

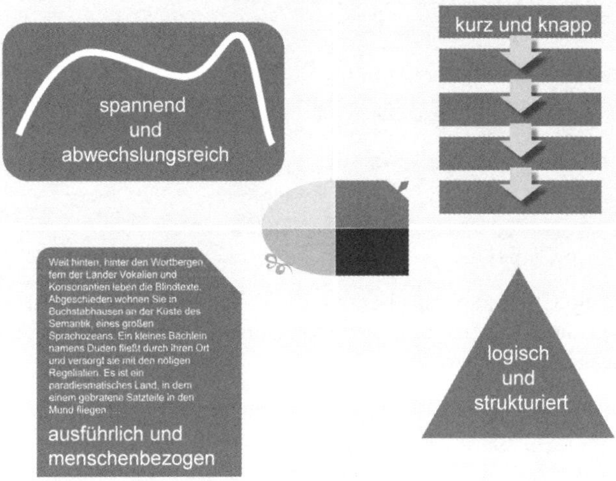

Abbildung 8: AufbauChart

Wenn die richtige Strukturierungsmethode für die entsprechende Zielgruppe gewählt wird, werden die Denkstruktur und die Vorlieben exakt angesprochen. Die Zuschauer werden Ihren Ausführungen sehr gut folgen können, ein gutes Gefühl dabei haben und als Ergebnis entsprechend Ihren Präsentationszielen handeln.

Im Folgenden die kurze Erläuterung, worum es bei den anderen StructureCharts geht:

WortChart	**Wortwerte, d.h. wieviel „Wert" hat ein Wort in der Zielgruppe**
InhaltChart	**welche Inhalte möchte die Zielgruppe hören/sehen**
Vorteil/NachteilChart	**was wird von der Zielgruppe als Vorteil/Nachteil wahrgenommen**
NutzenChart	**welchen Nutzen möchte die Zielgruppe hören/sehen**
ArgumentationsChart	**wie ist Ihre Argumentationslogik in der Präsentation**
DidaktikChart	**welche logisch-pädagogischen Erläuterungen braucht die Zielgruppe, um Informationen und Wissen gut zu verstehen und zu verankern**

Am Ende der StructureChart Phase sollte die Struktur und der Inhalt stehen, so dass mit der Ausgestaltung einer multimedialen oder auch analogen Präsentation begonnen werden kann.

4. Das Design oder die DesignCharts

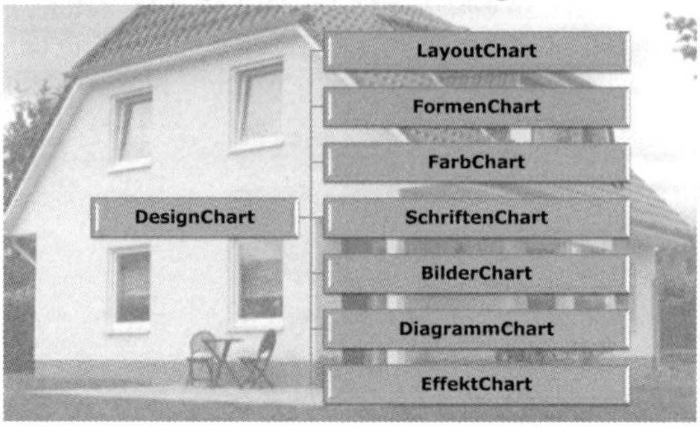

Abbildung 9: DesignCharts

Mit Hilfe des DesignChart kann das Layout, die Formensprache, die Farben, usw. an die Zielgruppe angepasst werden. Als Beispiel sehen Sie hier eines der FormenCharts und ein FarbChart.

Abbildung 10: FormenChart – Detailebene 1

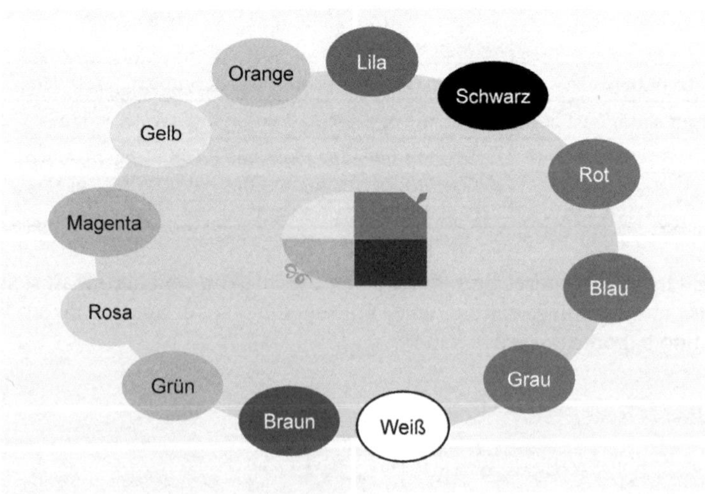

Abbildung 11: FarbChart – Basisebene

Die anderen Charts der DesignCharts beschreiben die Vorlieben der jeweiligen Typen für:

LayoutChart	Welches Seitenlayout und welche Anordnungen auf der Folie bevorzugt die Zielgruppe
SchriftenChart	Welche Schriften sollen am besten verwendet werden
BilderChart	Wie müssen die Bilder fotografiert sein, welcher Bildstil, welche Ausschnitte, usw. sprechen die Zielgruppe an
DiagrammChart	Welche Diagrammart und welche Aufmachung ist für die Zielgruppe wichtig. Wie hoch darf die Informationsdichte sein? Welcher Tabellentyp? u.v.m.
EffektChart	Welche Animationen und Übergänge sind für die Zielgruppe passend

5. Der Rahmen oder die FrameCharts

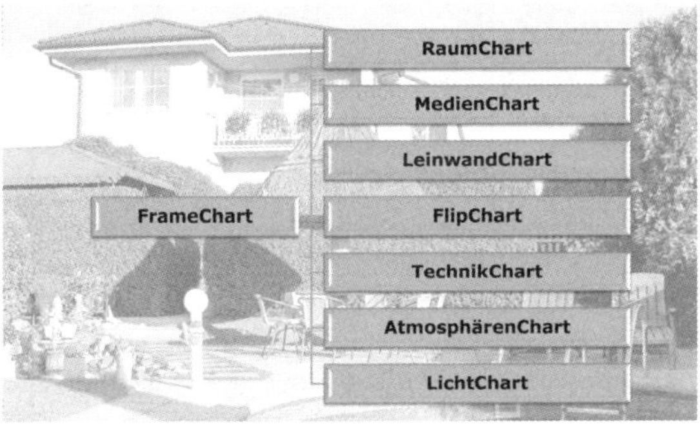

Abbildung 12: FrameCharts

Die FrameCharts geben Hinweise darauf, welche Umgebung und welche Rahmenparameter besonders beeindruckend und effektiv für die entsprechende Zielgruppe sind.
Einige Parameter können Sie sehr gut beeinflussen, wie zum Beispiel das Medium, das Sie einsetzen. Andere Randbedingungen, wie zum Beispiel der Raum oder das Licht, usw. sind weniger leicht änderbar. Wenn Sie die Chance haben, etwas zu optimieren, können Sie so für eine ideale Umgebung sorgen. Evtl. gelingt es, mit kleinen Änderungen bereits mehr Wirkung zu erzielen.

Das LeinwandChart zeigt beispielhaft, worauf es ankommt (s. Abbildung). Der „rote" Dominante braucht für die Präsentation ein herausragendes Premiumdisplay, der „Gelbe" ein Hightech-Whiteboard, dem „Grünen" reicht eine einfache Dia-Leinwand, die auch etwas schief sein kann, der „Blaue" braucht eine gerade Leinwand, die sparsam eingerollt werden kann - am liebsten mit Drehkurbel – weil das Strom spart.

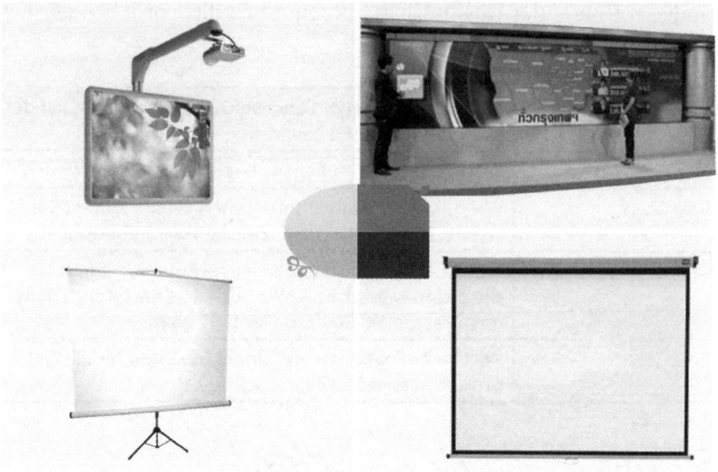

Abbildung 13: LeinwandChart

RaumChart	Welcher Raum ist passend. Es geht um Größe, Ausstattung, Ort, usw.
MedienChart	Eher PowerPoint, Keynote oder lieber Flipchart oder lieber gar nix ;)
FlipChart	Worauf ist beim Arbeiten mit FlipChart zu achten
TechnikChart	Welche Technik braucht die Zielgruppe, wenig oder viel, usw.
AtmosphärenChart	Welche Animationen und Übergänge sind für die Zielgruppe passend
LichtChart	Abgedunkelter Raum, soft beleuchteter Raum, usw.

6. Fazit

Die Presentation-Booster-Methode beschreibt auf der einen Seite ein strukturiertes Vorgehen und auf der anderen Seite werden Bausteine zur Verfügung gestellt, die die Erstellung beschleunigen. Die Presentation-Booster-Methode hilft also, schneller, einfacher, ideenreicher und sicherer zu einer wirkungsvollen Präsentation zu kommen, die die Zielgruppe genau da abholt, wo sie steht.

Angefangen bei der klassischen Analyse, dem Ziel, Rahmenbedingungen, usw. über MotivChart, StructureCharts, DesignCharts und FrameCharts kann eine professionelle und wirkungsvolle Präsentation in kurzer Zeit aufgebaut werden. Letztlich geht es darum, das Referenzsystem der Zielgruppe zur Erreichung des Präsentationszieles anzusprechen. Da das bisher viel Vorbereitungszeit benötigte, ist die Presentation-Booster-Methode genau die richtige Lösung dafür.

Wenn Sie Fragen, Ideen, Anregungen haben, einen Vortrag oder ein Seminar zu diesemThema besuchen wollen, rufen Sie www.presentation-booster.de auf, senden Sie mir eine email an kontakt@smavicon.de oder suchen Sie mich per XING/FACEBOOK – Ihr Matthias Garten

MIT PERSÖNLICHEM QUALITÄTSMANAGEMENT ZUM ZIEL - WIE SIE SICH ZIELE SETZEN UND DIESE AUCH ERREICHEN 10

SABINE OSMANOVIC

Qualitätsmanagement im persönlichen Bereich klingt für viele von Ihnen sicher erst einmal fremd. Verbinden doch die meisten damit Produkte, ISO-Zertifizierungen, technische Betriebe und ähnliches.

Was ist eigentlich Qualität? Wann sprechen wir von Qualität? Wikipedia definiert den Begriff folgendermaßen:

Qualität (lat.: qualitas = Beschaffenheit, Merkmal, Eigenschaft, Zustand) ist die Bezeichnung einer potenziell wahrnehmbaren Zustandsform von Systemen und ihrer Merkmale, welche in einem bestimmten Zeitintervall anhand bestimmter Eigenschaften des Systems in diesem Zustand definiert wird.

Kurz: Qualität ist dann gegeben, wenn etwas die in es gesetzten Erwartungen erfüllt.

Was erwarten Sie vom Leben?

Wie muss Ihr Leben aussehen, damit es Ihre Erwartungen erfüllt, damit es qualitativ WERTvoll ist? Haben Sie sich darüber schon einmal ernsthaft Gedanken gemacht? Viele Menschen neigen dazu, Ihren Erfolg oder Misserfolg den Umständen zuzuschreiben. Dem Elternhaus, in dem sie aufgewachsen sind, der Schulbildung, die sie genossen haben, dem Arbeitgeber, der sie gefördert bzw. nicht gefördert hat, der Regierung, der Wirtschaftslage, und, und, und. Die Reihe ließe sich wohl beliebig fortsetzen. Die wenigsten nehmen ihr Leben, ihren Erfolg tatsächlich selbst in die Hand. Sie agieren nicht, sie reagieren! Sei es aus Bequemlichkeit oder aus Furcht vor dem Unbekannten, auf das sie sich einlassen müssten.

Ein wichtiger Punkt für Ihr persönliches Qualitätsmanagement: Machen Sie sich einmal ernsthaft Gedanken, wie Ihr Leben aussehen müsste, damit Sie mit 70, 80, 90 Jahren gerne zurückblicken und von sich sagen: „Ich hatte ein tolles Leben. Mein Leben war lebensWERT".

Was müsste in Ihrem Leben passieren, welche Meilensteine wollen Sie erreicht oder auch welche Klippen wollen Sie umschifft, welche Hindernisse überwunden haben?

Wie finde ich mein Ziel?

Vielleicht fragen Sie sich: „Ich brauche doch keine Zertifizierung. Was hat also Qualitätsmanagement mit mir als Person, mit meiner Zielsetzung zu tun?“ Mehr als Sie auf den ersten Blick annehmen würden. Warum? – Stellen Sie sich vor, Sie sind ein Unternehmen, Ihr Ziel ist dabei ein Produkt, das Sie neu auf den Markt bringen wollen. Zunächst müssen Sie sich natürlich darüber klar werden, wohin der Weg gehen soll. Wer ist Ihre Zielgruppe? Wie soll das Produkt aussehen; welchen Nutzen soll es bieten? Genauso sollten Sie es mit Ihrem Ziel machen. Was wollen Sie erreichen? Wie lange darf es dauern, bis Sie Ihr Ziel erreicht haben? Wer kann Sie auf dem Weg zu Ihrem Ziel unterstützen?

Um sich über diese Dinge klar zu werden, empfehle ich die SMART-Methode, die auch in Unternehmen Anwendung findet, d. h. Ihr Ziel sollte folgende Kriterien erfüllen:

Spezifisch

Formulieren Sie Ihr Ziel so klar und detailliert wie möglich. Denn nur, wenn Sie genau wissen, wohin der Weg gehen soll, werden Sie wissen, welche Schritte dafür nötig sind und können sich einen entsprechenden Stufenplan erstellen.

Stellen Sie sich vor, Sie planen eine Reise und wollen die Route genau bestimmen können. Woher sollen Sie wissen, wie Sie fahren müssen, was Sie an Gepäck benötigen, wenn Sie nicht wissen, wohin die Reise geht?

Messbar

Wann werden Sie wissen, dass Sie Ihr Ziel erreicht haben? Woran lässt es sich messen? An der Anzahl Ihrer Aufträge, an Ihrem Kontostand, an einer Beförderung/Gehaltserhöhung oder an einer speziellen Anerkennung?

Attraktiv

Ihr Ziel muss für Sie so interessant sein, dass Sie es auch wirklich erreichen wollen. Es muss die Mühe wert sein, die es kosten wird, dieses Ziel zu erreichen. Und vor allen Dingen - es muss Sie wirklich glücklich machen.

Um beim Beispiel der Reiseplanung zu bleiben: Wenn Sie es sich in den Kopf gesetzt haben, einmal in Ihrem Leben auf der chinesischen Mauer zu stehen, dann werden Sie alles daran setzen, diesen Traum auch zu verwirklichen. Sie werden unter Umständen auf andere Reisen verzichten, um genug Geld zu sparen, damit Sie das Flugticket nach China kaufen können.

Realistisch

Bauen Sie keine Traumschlösser! Ihr Ziel muss auch tatsächlich erreichbar sein. Prüfen Sie daher genau, ob das Ziel zu Ihnen, Ihren Werten und Ihrer Lebensphilosophie passt.

Sie würden sicher keine Survival-Tour durch den Dschungel planen, wenn Sie untrainiert sind oder sich vor den Tieren des Dschungels ekeln.

Terminiert

Setzen Sie sich einen festen Termin, bis wann Sie Ihr Endziel erreicht haben wollen. Gliedern Sie Ihre Zielsetzung in kurz-, mittel- und langfristige Ziele. Dabei können die ersten beiden Zwischenziele sein, um das große Ziel zu erreichen. Je ehrlicher Sie hier zu sich selbst sind, umso sicherer werden Sie auf Ihr Ziel zusteuern können.

Überlegen Sie dabei auch, was geschehen muss, wenn sich die Erreichung des Ziels verzögert.

Zurück zum Beispiel unserer Reiseplanung. Auch hier planen Sie Zwischenstopps ein, um Kraft zu tanken oder sich die weitere Route anzusehen.

Ein zusätzlicher Punkt ist für die persönliche Zielsetzung unabdingbar:

Sozial verträglich

Wie wird sich Ihr Ziel und der Weg dorthin auf Ihr Umfeld auswirken? Werden Ihre Familie, Verwandte, Bekannte, Freunde mit dem von Ihnen gesteckten Ziel umgehen können? Werden Sie einbezogen sein oder wird der eine oder andere „auf der Strecke bleiben“?

Wie wird Ihre Umwelt reagieren, wenn Sie Ihr Ziel erreicht haben? Wird man Sie mit anderen Augen sehen oder bleiben Sie die Person, die Sie heute bereits sind?

Es ist wichtig, sich auch darüber Gedanken zu machen. Sollte sich Ihr Freundeskreis durch das Erreichen Ihres Zieles verändern, so müssen Sie ganz persönlich sich darüber klar werden, ob Ihnen Ihr Ziel das wert ist und ob Sie Ihrer Umwelt das Ergebnis „zumuten“ wollen. Oft wird gesagt „Erfolg macht einsam“ – wie stehen Sie dazu? Könnten Sie damit leben oder ist Ihr Ziel so gestaltet, dass Sie es sicher nicht alleine erreichen werden und somit Einsamkeit kein Thema sein wird.

Welchen Preis zahlen Sie, welchen Ihr Umfeld? Ist Ihr Ziel das wert?

Ein Unternehmer wird bei der Entwicklung eines neuen Produktes auch immer eine sogenannte FMEA (Fehler-Möglichkeits- und Einfluss-Analyse) durchführen. Hierbei wird bereits bei der Planung überlegt, welche Schwierigkeiten auftreten könnten und wie man diesen entgegenwirken kann bzw. welchen Einfluss diese auf das Produkt – in Ihrem Fall auf die Erreichung Ihres Zieles – haben könnten.

Dadurch haben Sie die Chance, bereits im Vorfeld Fehler zu vermeiden. Und wenn Sie sich diese Gedanken gemacht haben, dann werden Sie sich zum Einen freuen, wenn viele der Schwierigkeiten gar nicht erst eintreten, zum Anderen verfallen Sie nicht in Panik, sondern stellen sich gut vorbereitet auftretenden Problemen – ich nenne sie auch gerne „Aufgabenstellungen". Sie werden nicht aus heiterem Himmel überrascht sondern haben bereits mögliche Lösungen in petto. Es kann sogar sein, dass diese auftretenden Schwierigkeiten Ihnen letztendlich helfen, neue Wege zu suchen, zu finden und zu gehen und so Ihr Ziel zu erreichen.

Lassen Sie sich von Ihrer Intuition leiten und scheuen Sie sich nicht, auch einmal ungewöhnliche Wege zu gehen. Manchmal sind gerade die geschwungenen Pfade viel interessanter und lebendiger als der gerade Weg und führen zu Lösungen und Zielen, die sonst nie möglich gewesen wären.

Wie oft wurde schon aus vermeintlichen Niederlagen eine neue Idee, ein neues Produkt geboren.

Wie erreiche ich mein Ziel?

Damit Sie immer wieder an Ihre Zielsetzung erinnert werden bzw. Ihr Ziel vor lauter Tagesgeschäft nicht aus den Augen verlieren, gibt es verschiedene Möglichkeiten:

1. Schreiben Sie einen Brief an sich selbst, was Sie in den nächsten drei, sechs, neun Monaten tun werden, um Ihr Ziel zu erreichen. Die Frequenz hängt hier sehr stark von Ihrem Ziel und Ihrem persönlichen Empfinden ab. Wie oft glauben Sie, benötigen Sie einen „Tritt in den Hintern", um am Ball zu bleiben? Geben Sie diese Briefe einer Person Ihres Vertrauens und bitten diese, sie nach den entsprechenden Zeiträumen abzuschicken.
2. Schreiben Sie Ihr Ziel auf ein großes Blatt Papier und hängen Sie dieses an eine Stelle, wo Sie es täglich oder wöchentlich sehen. Sie können es auch in Ihren Terminplaner als erste Seite einheften. Vielleicht hilft es Ihnen auch, ein Bild Ihres Zieles aufzuhängen. Das kommt ganz auf Ihre Zielsetzung an.
3. Wenn es Ihnen hilft, dann erzählen Sie möglichst vielen Menschen von Ihrem Ziel, um Druck aufzubauen, das Ziel auch tatsächlich anzugehen. Wer will schon immer Ausreden erfinden, warum er noch nichts getan hat, auf dem Weg zum großen Ziel.

4. Suchen Sie sich Unterstützer. Kein Mensch muss und kann alles alleine schaffen. Umgeben Sie sich mit Menschen, die Ihnen helfen können, Ihr Ziel zu erreichen. Das können Freunde sein, die immer ein offenes Ohr für Sie haben und Ihnen Mut machen, ein Coach, der Ihnen hilft, den richtigen Weg zu erkennen, Trainer, die Ihnen das benötigte Wissen vermitteln, aber auch Mentoren, die Ihnen den Weg bereiten. Vielleicht gibt es auch Menschen, die bereits etwas Ähnliches erreicht haben. Lernen Sie von diesen, fragen Sie nach, wie es diese Menschen geschafft haben. Lernen und profitieren Sie von den Erfahrungen Anderer.

Sicher fallen Ihnen selbst noch weitere Beispiele ein, die Ihnen helfen, auf Kurs zu bleiben. Damit Ihr Ziel attraktiv bleibt, ist eines unabdingbar: Setzen Sie sich Zwischenziele, so genannte Meilensteine, und feiern Sie das Erreichen dieser; belohnen Sie sich dafür. Gehen Sie schick essen, gönnen Sie sich einen Wellnesstag usw. Auch für die Erreichung Ihres langfristigen Zieles sollten Sie sich im Vorfeld eine Belohnung ausdenken. Was werden Sie tun, wenn Ihr Traum in Erfüllung geht? Wie werden Sie feiern und – vor allen Dingen – mit wem?

Das Streben nach Glück

Bereits bei der Zielsetzung habe ich darauf hingewiesen, dass Ihr Ziel Sie auch glücklich machen muss. Deshalb überlegen Sie genau:

Auf was muss ich unter Umständen verzichten, um mein Ziel zu erreichen und – bin ich bereit dazu? Beim Einen kann das Zeit für sich oder für die Familie sein, bei jemand anderem der Verzicht auf ein großes Einkommen. Je nachdem, welches Ziel Sie sich vorgenommen haben.

Wie wird sich mein Ziel auf meine Umwelt auswirken? Wird meine Familie, werden meine Freunde akzeptieren, dass ich unter Umständen weniger Zeit für sie haben werde. Ist mein Ziel evtl. sogar mit einem Ortswechsel verbunden? Werden Kollegen und Vorgesetzte mich mit anderen Augen sehen?

Wie werde ich mich verändern? Möchte ich der Mensch sein, der ich werden muss, um mein Ziel zu erreichen oder bin ich schon dieser Mensch?

Sie sehen – es ist wichtig alle Aspekte zu betrachten, die das von Ihnen gewählte Ziel mit sich bringt.

Je stärker Ihr Wunsch ist, Ihr gesetztes Ziel zu erreichen, desto leichter wird es Ihnen fallen auch einmal einen längeren Arbeitstag in Kauf zu nehmen. Sie werden auf Freizeit, evtl. auch Einkommen verzichten.

Doch sobald Sie sich zwingen müssen, Zeit für Ihr Ziel aufzubringen, sobald es Sie ungeheure Energie und Kraft kostet, sollten Sie aufhorchen. Wenn Sie spüren, dass sich Ihre Kräfte dem Ende zuneigen, dass Sie anfälliger für Erkrankungen sind, dann ist es Zeit nachzudenken. Ist das Ziel wirklich noch das, was ich will? Habe ich mir ein zu enges Zeitraster für das Erreichen meines Zieles gesteckt? Ist der Weg dorthin wirklich der richtige für mich?

Es nützt nichts, wenn Sie auf Biegen und Brechen versuchen, Ihr Ziel zu erreichen und dabei gesundheitlich Schaden nehmen. Wie viele Menschen sind dem Burn-out nahe oder haben bereits Zeit in Kliniken verbracht, weil sie vor lauter Streben vergessen haben zu leben.

„Leben ist das, was passiert, während du eifrig dabei bist, andere Pläne zu machen“, sagte John Lennon einmal. Vergessen Sie vor lauter Streben nach Ihrem Ziel, Ihrem Glück, nicht zu leben. Nehmen Sie sich immer wieder Auszeiten, in denen Sie einfach nur „Spaß am Leben“ haben. Diese Zeiten können für jeden anders aussehen:

Gönnen Sie sich eine Pause in der Sonne, genießen Sie einen Cappuccino, das Gespräch mit Familie, Freunden, Bekannten. Legen Sie einen Wellnesstag ein. Treiben Sie regelmäßig Sport oder frönen Sie einfach nur dem Nichtstun.

Was nützt es, wenn Sie eines Tages Ihr Ziel erreicht haben und es ist niemand da, der sich mit Ihnen freut und feiert oder Sie selbst diesen Tag nicht mehr genießen können, weil er zu viel gekostet hat. Auch Mußestunden sind Lebensqualität und geben Ihnen Kraft, sich anschließend wieder voll für Ihr Ziel einzusetzen. Manchmal muss man das Glas leeren, um Platz für neuen Inhalt zu schaffen.

Machen Sie sich auch Gedanken, wie es nach der Erreichung Ihres Ziels für Sie weitergehen wird. Was werden Sie tun, wenn Sie Ihr Ziel erreicht haben? Wie wird es in Ihrem Leben weitergehen?

Immer wieder passiert es, dass Menschen in ein Loch fallen, weil sie nach Erreichung Ihres gesetzten Zieles nicht mehr wissen, was sie anschließend mit ihrem Leben anfangen sollen. „Was soll denn jetzt noch kommen?"

Wenn Sie für sich entscheiden, dass Ihr Leben perfekt ist, wenn Sie Ihr Ziel erreicht haben, dann ist das in Ordnung. Wichtig ist, dass Sie sich darüber im Klaren sind.

Vielleicht haben Sie sich zunächst ein berufliches Ziel gesteckt und können nach dessen Erreichung wieder mehr Zeit für private Aktivitäten aufbringen. Ihr nächstes Ziel könnte z. B. sportlicher Natur sein. Wie heißt es so schön „Heute schon an morgen denken" – es macht durchaus Sinn bereits auch an „Übermorgen" zu denken.

Zusammenfassend lässt sich sagen: Je detaillierter Sie Ihr Ziel und den Weg dahin beschreiben, umso leichter wird es Ihnen fallen, diesem Weg auch zu folgen. Und wenn Sie mal eine Umleitung einbauen müssen, dann kann diese durchaus ihren Sinn haben. Auch Rückschläge haben meist einen Grund und helfen, die Dinge in einem anderen Licht zu sehen oder klar zu rücken. Scheuen Sie sich nicht, auch zuzugeben, wenn Sie sich verrannt haben und erkennen, dass Sie sich das falsche Ziel gesteckt haben. Der wichtigste Mensch in Ihrem Leben sind Sie selbst und nur diesem Menschen sind Sie in diesem Fall Rechenschaft schuldig! Nur wer mit sich selbst im Reinen ist, wird auch für Andere da sein können.

Zum Abschluss möchte ich Ihnen mein Lieblingszitat mit auf den Weg geben. Es ist von einem Mann, dessen großer Traum es war Themenparks zu errichten und der diesen Traum, trotz aller Widerstände, wahr gemacht hat - Walt Disney:

„If you can dream it, you can do it!"

Sabine Osmanovic
Training | Seminare | Coaching

1967 erblickte Sabine Osmanovic im unterfränkischen Ochsenfurt das Licht der Welt. Nach Ausbildung zur Arzthelferin führte sie ihre berufliche Laufbahn über Sachbearbeitung, Geschäftsführungs-Assistenz schließlich zum Qualitätsmanagement. Nach mehr als 10 Jahren Erfahrung im technischen Umfeld war es ihr ein Anliegen Menschen zu helfen, ihr eigenes Leben mit mehr Qualität zu führen und WERTvoll zu gestalten.

Inzwischen gibt sie Trainings zu Themen wie Kommunikation, Motivation, Teambildung und coacht Teams und Einzelpersonen. Hier liegt ihr Fokus darauf, ihren Teilnehmern/Coachees den größtmöglichen Nutzen zu bieten. Daher gibt es bei ihr keine Seminare/Trainings/Vorträge aus der Schublade; sie stellt sich immer auf Ihre Auftraggeber ein.
Ein besonderes Anliegen ist ihr die Gleichstellung von Frauen. Daher hält sie immer wieder Vorträge/Trainings zu Themen wie Entgeltgleichheit und Erfolgsstrategien für Frauen.

Getreu Ihrem Lebensmotto *„If you can dream it, you can do it!"* - unterstützt sie Menschen dabei, ihre Träume Wirklichkeit werden zu lassen.

Kontaktieren Sie Sabine Osmanovic unter info@sabine-osmanovic.de oder informieren Sie sich näher auf ihrer Webseite www.sabine-osmanovic.de

MUT ZUM FÜHREN - SELBSTMOTIVATION FÜR FÜHRUNGSKRÄFTE

ELKE KAMMERER

11

Wer ist mutiger?

Einst baten die Ratgeber eines Königs ihn, zu entscheiden, welcher von zwei Kriegern der mutigere sei. Beide hatten sich gleichermaßen durch Heldentaten verdient gemacht. Aber der eine hatte das Herz eines Löwen – stolz, tapfer und unbeirrt, und das Herz des anderen war stets von Sorgen gefüllt. Er war ängstlich wie eine Maus. „Gewiss, mein König", sagten die Ratgeber, „wirst Du den Ersten wählen, denn er ist tapfer in seinem innersten Wesen; der andere hingegen muss sich zum Mut erst zwingen." „So ist es", erkannte auch der König. „Und aus diesem Grund wähle ich den Zweiten."

Vielleicht fällt Ihnen entschlossenes Handeln auch nicht immer leicht. Dann stellt sich die Frage, wie Sie als Führungskraft trotz allem vom Wollen über das Können zum Tun kommen. Den dazu je nach Situation mal mehr oder weniger benötigten Mut können Sie zwar nicht käuflich in einem Geschäft erwerben, aber immer wieder in sich selbst entstehen lassen und ihn im Alltag zum Wachsen bringen. Und Sie können ihn sich sogar ausleihen. Wie? Dazu gibt Ihnen der nachfolgende Beitrag Impulse und will sie ermutigen, Ihren Mut zum Führen schrittweise zu erweitern durch mehr Flexibilität im Wahrnehmen, Denken und Handeln.

Mut spüren – Ein Experiment

Wenn es um die alltäglichen Entscheidungen, das konstruktive Miteinander oder die effektive Lösungssuche geht, brauchen Sie dazu überhaupt Mut in Ihrem Führungsalltag?

Führen bedeutet, im Mittelpunkt zu stehen, über andere bestimmen zu dürfen sowie Kontrolle und Einfluss auf die Geschehnisse zu haben. Und Führen bedeutet auch, Verantwortung zu tragen, entscheiden zu müssen, trotz eigener Unsicherheit Orientierung zu schaffen und der Vorbildfunktion für die Mitarbeiter gerecht zu werden. Das ist für viele Führungskräfte nicht nur reine Freude, sondern erfordert manchmal auch Überwindung und eine gehörige Portion Mut.

Übung: Fliegende Bälle.

Zum Einsteigen in das Thema startet der Workshop mit einer Übung. Die Teilnehmer formieren sich in großen Kreisen zu 8-10 Personen, die alle die gleiche Aufgabe bekommen: Ein Ball soll von einer festen Ausgangsperson im Kreis von Teilnehmer zu Teilnehmer geworfen werden, so dass jede Person ihn einmal in Händen hält und er am Ende wieder beim Ausgangspunkt ankommt. Nach 2-3 Ballrunden ist die feste Reihenfolge im Kreis etabliert. Jeder weiß, von wem er den Ball bekommt und an wen er ihn wieder abgibt. Im nächsten Schritt geht es um die Optimierung des Balldurchganges, der ca. 10-15 Sekunden gedauert hat. Jede Gruppe hat 5 Minuten Zeit, den gerade eingeübten Ablauf zu beschleunigen. Jetzt sollen 3 Bälle in weniger als 5 Sekunden in der vorher fest eingeübten Reihenfolge von Person zu Person und wieder zum Ausgangspunkt zurückgelangen.

Zuerst gibt es viele ungläubige Gesichter „Ist das überhaupt machbar?" Dann erste Ideen, ein Üben in Sachen Geschwindigkeit startet – erst als deutlich wird, dass das Ziel so nicht erreichbar ist, wird die von allen immer noch beibehaltene Kreisaufstellung in Frage gestellt. Damit löst sich auch die Methode „Ball fangen" und der damit verbundene bisherige Gedankenrahmen auf und lässt ganz neue Alternativen entstehen, die am Ende die Aufgabenerfüllung ganz einfach ermöglichen.

So spiegeln nach kurzer Zeit die zufriedenen Gesichter den Spaß und den erlebten Erfolg beim Ausprobieren der verschiedenen kreativen Ideen wider. Mal rollen die Bälle auf einer schiefen Ebene aus Händen entlang, mal rutschen sie durch ein senkrechtes, aus Händen geformtes Rohr von oben nach unten oder werden, ganz eng im Kreis stehend, nacheinander berührt. *„Wie zufrieden sind Sie bei dem gerade erlebten Optimierungsprozess mit Ihrem eigenen Beitrag, Ihrem gezeigten Mut zum Führen – mit der Art und Weise wie Sie z.B. Initiative übernommen, Vorschläge eingebracht, Fehler korrigiert, Vorgehensweisen hinterfragt oder sich auf die Ideen der Anderen eingelassen haben?“*

Welcher Mut war spürbar?

Die plötzliche Stille im Raum macht die Beteiligung der Anwesenden deutlich. Auf die sich anschließende Frage „Was für eine Art von Mut brauchte es denn in diesem Übungsbeispiel? Was haben Sie bei sich selbst oder bei anderen erlebt?“ sprudelt es nur so an Antworten, die auf einem Flip gesammelt werden: Mut auszuprobieren, vorzupreschen, Fehler zu machen, neu zu beginnen, sich auf Ideen anderer einzulassen, Nähe auszuhalten, Kompromisse einzugehen...

Diese Zusammenstellung dient als Anregung für die nächsten Gedankenschritte, die jeder für sich selbst vornimmt:
„Wenn Sie mit sich zufrieden waren, woran lag es? Welchen Mut haben Sie gerade in sich gespürt – welche Kraft war in Ihnen? Und wie zeigen Sie ihn in Ihrem Alltag immer wieder? Vielleicht haben Sie aber auch Wünsche an sich – Welchen Mut haben Sie bei sich vermisst? – Welchen hätten Sie manchmal gerne noch?“ Welche Parallelen gibt es zwischen der Situation im Beispiel und den Situationen in Ihrem Alltag?

Was ist Mut?

Mutig sein, bedeutet abwägen.

Mut liegt (nach Aristoteles) wie jede Tugend zwischen zwei Extremen: zwischen Feigheit und Tollkühnheit. Mut ist ein dynamischer Zustand. Es gilt – situationsabhängig – immer wieder neu die Balance zu finden zwischen einem besonnenen, übervorsichtigen Zögern auf der einen Seite und einem waghalsigen, vorschnellen Handeln auf der anderen Seite. Mut ist auch – abhängig von den Kenntnissen und der Lebenserfahrung eines Menschen – die individuelle Abwägung zwischen befürchteten Risiken und erhofften Chancen einer Verhaltensweise. Und je mehr Angst und Bedenken im Raum sind, je größer die rein subjektive Risikoeinschätzung ist, desto mehr Mut braucht es, in der entsprechenden Situation adäquat zu handeln. Wer sich offen und ehrlich mit Mitarbeitern, Kollegen oder auch dem Vorgesetzten auseinandersetzt, legt sich fest, wird greifbar und damit auch angreifbar. Wer Entscheidungen trifft, Dinge anpackt und aktiv handelt, läuft immer auch Gefahr, Fehler zu machen. Wer Verantwortung abgibt, verliert ein Stück Kontrolle und Einfluss und muss sich auf andere verlassen.

Befürchtete Risiken.

Da ist die Versuchung manchmal groß, den Risiken kurzfristig aus dem Weg zu gehen und z.B.

- Konflikte zu vermeiden und unterschwellig vorhandene Sticheleien zwischen den Mitarbeitern zu überhören, mit dem Anspruch, dass ein Team „lauter erwachsener Menschen“ schon allein zurechtkommt oder
- eine sich stetig verschlechternde Leistung an den Mitarbeiter nicht zeitnah zurückzumelden, sondern immer wieder zu vertagen, in der Erwartung, dass sich alles schon irgendwie von selbst regelt,
- eigene Unsicherheiten mit Gegenangriffen zu überspielen und Fehler unter den Teppich zu kehren, in der Hoffnung, dass es niemandem auffällt.

Allerdings: Wer Geradlinigkeit vermissen lässt, erstickt das Engagement sowie das Vertrauen der Mitarbeiter im Keim und verliert damit Glaubwürdigkeit und Respekt – auch vor sich selbst. Mutiges Handeln hingegen gibt klare Orientierung, die zielgerichtete Aktivitäten ermöglicht und unnötige Reibungsverluste minimiert. Das stärkt die Einsatzbereitschaft und die Motivation der Mitarbeiter, sich entsprechend ihren Fähigkeiten einzubringen. Das schafft auch eine glaubwürdige Atmosphäre der Offenheit und Wertschätzung, die gegenseitigen Respekt und Vertrauen wachsen lässt.

Erwartete Chancen.

Stellen Sie sich einmal vor, was dadurch in Ihrem Team und in Ihrem Unternehmen alles möglich wäre. Die Bewertung der vorhandenen Risiken und Chancen wird in jeder Situation neu – meist unbewusst – vorgenommen und führt zu sichtbarem Verhalten. Machen Sie sich diese Zusammenhänge bewusst. Reflektieren Sie, welchen Mut Sie gerade zeigen und in sich tragen. Dann fällt Ihnen im Gegenzug auch auf, was Sie gerade vermissen und hilfreich sein könnte. Die bewusste und ehrliche Bestandsaufnahme der momentanen Sach- und Emotionslage erfordert den Mut, sich immer wieder selbst in Frage zu stellen. *„Für was hätten Sie gerne in Ihrem Führungsalltag mehr Mut? Was ist dann anders? Woran werden Sie und andere erkennen, dass Sie in bestimmten Situationen mutiger geworden sind?"*

Für was wäre Mut gut?

Eine chinesische Weisheit besagt: „Wer etwas will, findet Wege. Wer etwas nicht will, findet Gründe." So gehen Sie mit Ihrer inneren Auseinandersetzung einen wichtigen Schritt. Sie fokussieren Ihre Aufmerksamkeit auf das, was Sie erreichen wollen und halten damit automatisch Ausschau nach Mitteln und Wegen, Ihr Ziel zu verwirklichen.

Gewohnheit – das Band, das zurückhält

Je häufiger Sie etwas tun oder denken, desto eher wird es Ihnen zur Angewohnheit. Schließlich denken Sie gar nicht mehr groß darüber nach, sondern folgen unbewussten Routinen. Ein Autopilot übernimmt Ihre Steuerung. Erinnern Sie sich noch als Sie Autofahren lernten? Zu Beginn war alles neu, ungewohnt. Sie waren voll gefordert zu bremsen, kuppeln, schauen, entscheiden und dann auch noch auf die Anweisungen des Fahrlehrers zu hören und diese umsetzen. Doch schon nach kurzer Zeit ging Ihnen das in „Fleisch und Blut" über. Und die damit wieder freigewordenen Gehirnkapazitäten haben Sie genutzt: Sie wurden mutiger, fingen an sich beim Fahren zu unterhalten, Musik zu hören… Und denken Sie heute beim Fahren noch darüber nach, wann Sie den Blinker setzen? Sie machen es einfach, oder?

Unbewusste Routinen entstehen.

Erkennen wir einmal eine Denk- oder Verhaltensweise als gut und sinnvoll, dann speichert unser Gehirn das Ganze aus „Rationalisierungsgründen". Je mehr Wiederholungen dazukommen, desto mehr verselbständigt sich diese Fähigkeit und wandert von der Großhirnrinde, der Zentrale für unser bewusstes Tun, tiefer ins Hirninnere. Schließlich setzt sie sich als Gewohnheit dauerhaft im limbischen System fest, das die automatische Steuerung übernimmt. Tausende – zum Teil banalste – Entscheidungen müssen wir täglich treffen. Dank unserer Gewohnheiten kann das Gehirn bei vielem selbständig beschließen, was zu tun ist. Dieser Mechanismus schafft Sicherheit und verschafft uns damit den Freiraum, unsere Kraft und Energie auf das Wesentliche und Neue zu konzentrieren. Nur leider schaffen diese Gewohnheiten auch Bequemlichkeiten. Sie hindern uns daran, aus unserer Komfortzone, dem sicheren Bereich des Vertrauten hinauszugehen, unsere uns selbst gesteckten Grenzen zu erweitern, uns weiterzuentwickeln und zu lernen.

… geben Freiraum

und setzen Grenzen.

Die Erweiterung unserer Gewohnheiten setzt die Überwindung innerer Hemmschwellen und die Veränderung fest abgespeicherter Denk- und Verhaltensweisen voraus. Besonders wenn die Veränderung nicht selbst initiiert oder vom inneren System als extrem nützlich eingestuft wird, wird dies erst einmal als Belastung wahrgenommen. Sie steht dem menschlichen Bedürfnis nach Sicherheit und Orientierung entgegen. Bei Vertrautem wissen Sie, was Sie haben. Das Neue hingegen und dessen Konsequenzen können Sie noch nicht einschätzen. Das bringt unerwünschte Unwägbarkeiten mit sich, die Unsicherheit, Widerstände und Skepsis auslösen. Das gilt es in jedem Entwicklungsprozess – ob beruflich oder privat – zu Beginn sich bewusst zu machen und zu akzeptieren.

Akzeptanz als 1. Schritt

Den Kreis des Gewohnten erweitern

Erinnern Sie sich an das Eingangsexperiment zurück? Erst als die feste Kreisaufstellung und das Fangen des Balls gedanklich aufgehoben wurde, entstanden neue zielführende Handlungsoptionen. Überlegen Sie sich, wie Sie den festen Kreis dessen, was Sie gewohnt sind, sinnvoll und vor allen Dingen schrittweise auflösen und erweitern können. Wie bekommen Sie „Appetit auf Neues"? Was fördert Ihren Willen und die Energie, ein Risiko einzugehen? Es gilt: Lieber in kleinen Schritten langsam vorwärts gehen, als sich zu überfordern und in Panik zu geraten. Druck und Angst bauen nur unnötige Blockaden auf. Hier findet kein Lernen, keine Erweiterung unseres Denkens und Handelns statt. Wir versuchen nur erschreckt zur Rettungsinsel des Althergebrachten zurückzukehren. So ist es nicht mehr möglich, dem inneren Lockruf nach Sicherheit und Orientierung zu widerstehen und grenzüberschreitend weiter zu gehen.

Was bestimmt Ihr Handeln?

Wollen Sie künftig Ihre Handlungsoptionen im Führungsalltag sukzessive vergrößern, dann lohnt es sich zu erkunden, auf welcher Grundlage Sie Ihre Entscheidungen zum Handeln treffen. Dazu ist ein einfaches Modell zur Informationsverarbeitung hilfreich, das Ihnen im Folgenden gleichzeitig auch einige praktische Ansatzpunkte zur Selbstermutigung liefert.

Mut wahrnehmen – Selbstbewusstsein entwickeln

Ansatzpunkte zur Selbstermutigung.

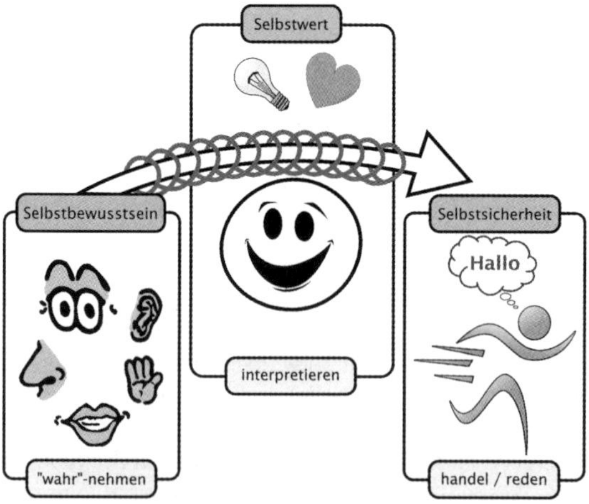

Übung zur selektiven Wahrnehmung.

Am Anfang steht die Aufnahme von Informationen durch unsere fünf Sinne, durch Sehen, Hören, Fühlen, Riechen und Schmecken. In jeder Sekunde prasseln unendlich viele Informationen auf uns ein. Um die Fülle überhaupt bewältigen zu können und Überforderung zu verhindern, filtern unsere Sinnesorgane rigoros aus, so dass wir nur einen kleinen Bruchteil bewusst wahrnehmen. Schauen Sie sich einmal in dem Raum, in dem Sie sich gerade befinden, bewusst um und merken Sie sich mindestens 5 Gegenstände, die blau sind. Fertig? Jetzt schließen Sie für einen kurzen Moment Ihre Augen und zählen alle Dinge auf, die rot sind. Durch die Konzentration auf die Farbe Blau konnten Sie das Rot im Raum gar nicht oder nur eingeschränkt wahrnehmen. Dieses Phänomen der selektiven Wahrnehmung beruht auf der Fähigkeit nur bestimmte Aspekte der Umwelt wahrzunehmen und andere hingegen auszublenden. So wie ich gerade Ihre Aufmerksamkeit gelenkt habe, können Sie es auch. Sie tun es tagtäglich anhand Ihrer gemachten Erfahrungen, Überzeugungen, Vorlieben und Interessen. Als Konsequenz kommt so Ihr individuell gewähltes und subjektiv geprägtes Bild der Welt zustande, das Sie als „wahr" nehmen und das als Ihre eigene Wirklichkeit Ihr Denken und Handeln beeinflusst. Manchmal können wir uns gar nicht mehr vorstellen, dass es auch andere Betrachtungsweisen, Perspektiven und Möglichkeiten gibt, als diejenigen, die wir gerade selbst vor Augen haben. Wir alle sind geprägt von Erziehung und Schule. Hier standen unsere Unzulänglichkeiten, Schwächen und Fehler allzu oft im Mittelpunkt, weil man mit guter Absicht versucht hat, uns aus diesen herauszutrainieren. So liegt unser Blickwinkel auch heute noch häufig auf Defiziten, Schwierigkeiten und Fehlern anstatt auf unseren Fähigkeiten und Verdiensten. Doch Sie können wählen, welche Aspekte Sie stärker in den Fokus nehmen wollen, welches Bild von sich selbst Sie sich anschauen möchten. Und wenn Sie schon wählen können, dann wählen Sie doch selbstermutigend!

Fokus bewusst lenken.

Wann waren Sie mutig im Alltag?

Deswegen: Wann in Ihrem Leben waren Sie mutig und haben damit positive Konsequenzen erlebt? Welche Mutsituationen fallen Ihnen ein, die Sie stolz machen? Denken Sie dabei auch an die vielen Alltagssituationen, bei denen Sie sich trotz innerer oder äußerer Widerstände positioniert haben, bei denen Sie anderen vertraut haben oder bei denen Sie für sich eine Grenze überschritten haben und den Moment gespürt haben, an dem es kein Zurück mehr gibt. Denken Sie an das, was Sie dadurch für sich oder andere erreicht haben, was dadurch alles möglich geworden ist. Und auch daran, wie dieses Handeln und das erreichte positive Ergebnis Sie bestärkt hat, einen weiteren Schritt zu gehen.

Mut ankern

Lassen Sie eine dieser mutigen Situationen wieder ganz lebendig vor Ihrem geistigen Auge auferstehen, so als würde es gerade eben passieren. Welche Bilder sehen Sie? Was hören Sie? Wo in Ihrem Körper hat Ihr Mut sein Zuhause? Wie fühlt es sich an, mutig zu sein? Tauchen Sie ein in Ihre Erinnerung und genießen Sie sie so intensiv wie möglich. Für welche künftige Herausforderung ist dieser gerade erlebte Mut gut? Was könnte Sie in Ihrem Führungsalltag wieder daran erinnern? Welches Symbol, Bild, Geräusch, welche Farbe oder vielleicht auch Handbewegung kann der Auslöser dafür sein, dass genau dieser Mut wieder in Ihnen entsteht?

Solche Auslöser werden im NLP Anker genannt. Sie verknüpfen ganz bewusst einen Reiz (Symbol, Bild, Handbewegung…) mit einer vergangenen Erfahrung. Je öfter Sie sich Ihren Mut und die zurückliegenden Erfolge vor Augen halten, desto besser wirkt auch hier die „Macht" der Gewohnheit, die sich mit jeder Wiederholungsschleife tiefer ins Gehirn einprägt. Stellen Sie sich zusätzlich vor, dass diese Fähigkeit, die Ihnen gerade gut tun würde, in einer künftigen konkreten Situation genauso zur Verfügung steht und Ihnen hilft, adäquat zu handeln. Tun Sie gedanklich so, als ob das, was Sie sich von sich selbst wünschen, schon gelebte Wirklichkeit wäre. Spüren Sie schon einmal die Freude und den Stolz, wenn Sie das geschafft haben, was Sie sich vorgenommen haben. Ihr Gehirn speichert das als Erfahrung ab, denn es kennt den Unterschied zwischen einem konstruierten Bild (= Phantasie) und einem erinnerten Bild (= Realität) nicht.

So-tun-als-ob

So stärken Sie mit Ihrer attraktiv ausgemalten Zukunft nicht nur Ihre Motivation und den damit verbundenen Handlungswillen. Sie erhöhen gleichzeitig die Wahrscheinlichkeit dafür, dass aus Ihrem Traum Wirklichkeit wird. Dazu trägt die menschliche Eigenschaft bei, gerne Recht haben zu wollen. Kennen Sie das? Selbst wenn wir einmal nicht Recht haben, suchen wir Bestätigung und Beweise für unsere Sicht der Dinge, unsere Überzeugungen, Gedanken, Gefühle und Taten. Das funktioniert wie bei einem Zielfernrohr. Wir nehmen das Ziel ins Fadenkreuz, peilen es an und steuern unvermeidlich darauf zu!

Ängste wahrnehmen.

Nehmen Sie zusätzlich genau wahr, was Sie in bestimmten Situationen unsicher werden lässt, was Sie daran hindert, tatkräftig zu handeln. Weil Mut mit Angst zu tun hat, geht es auch darum, die vorhandenen Ängste wahrzunehmen. Welche Befürchtungen sind im Spiel? Zwischen welchen Polen sind Sie hin- und her gerissen? Und welche Bedürfnisse stecken dahinter? Je klarer Sie wissen, um was Sie sich sorgen, desto besser können Sie den „schlimmsten Fall“ vorwegnehmen. So können Sie dem “Feind ins Auge blicken“ und sich Plan B und C… und damit verschiedene Handlungsmöglichkeiten auf die Reaktionen Ihrer Außenwelt überlegen. Das schafft Gelassenheit, sich der Situation zu stellen, anstatt davonzulaufen. Das schafft auch oft die Gelegenheit festzustellen, dass das Horrorszenario nur im Kopf stattgefunden hat.

Gelassenheit gewinnen.

Selbstbewusstsein als Voraussetzung.

Genaues Hinschauen, in-sich-hinein Hören und Hinspüren sind wesentlich. Die Wahrnehmung der bereits erlebten Fähigkeiten, noch ungenutzter Reserven und momentaner Grenzen sorgt für Selbstbewusstsein im wörtlichen Sinne. Das ist zum einen die Voraussetzung für den Mut, mit anderen zu wirken und auf andere einwirken zu können. Zum anderen ermöglicht es Ihnen den nächsten ermutigenden Lernschritt für sich festzulegen.

Ermutigend denken & fühlen – Selbstwert verstärken

Wahrnehmung schafft über die Interpretation der Informationsaufnahme gedankliche Fakten im Gehirn. Schon vor 2000 Jahren lehrte der antike Philosoph Epiktet, dass die Dinge weder gut noch böse sind, sondern erst unsere Gedanken sie dazu machen. Sie haben also auch hier die Wahl! Die entscheidende Frage ist: Wie verarbeiten Sie die eingehenden Informationen? Welche Bedeutung messen Sie Ihren verschiedensten Sinneseindrücken bei? Was denken Sie über sich und Ihre Fähigkeiten? So wie Sie sich selbst bislang kennen gelernt haben, glauben Sie, dass Sie z.B. es schaffen, Ihren Standpunkt zu verdeutlichen und Ihre Mitarbeiter ins Boot zu holen? Sind Sie davon überzeugt, dass Sie die richtige Entscheidung treffen?

Rechnen Sie mit Ihrem Erfolg?

Für das Tun – und für mutiges Handeln umso mehr – muss es einen guten Grund geben. Jeder, der vor einer Aufgabe steht, schätzt bewusst oder unbewusst die Erfolgsaussichten seiner Kompetenzen und seines Wirkens ab. Auch Sie werden nur aktiv, wenn Sie an die grundsätzliche Machbarkeit eines Ergebnisses glauben und davon überzeugt sind, dass auch Sie die Hindernisse überwinden und das Ziel erreichen können. Sich selbst zu ermutigen und das Vertrauen in die eigenen Stärken immer wieder zu untermauern, setzt eine optimistische Grundhaltung voraus. Dazu gehört auch die Zuversicht, dass Sie Ihr Leben in die eigene Hand nehmen und Ihre Zukunft mitgestalten können. Henry Ford sagt: „Ob du glaubst, du kannst es oder ob du glaubst, du kannst es nicht: Du hast immer Recht!“ Ihr Glaube kann zwar sprichwörtlich Berge versetzen, allerdings ist er nichts, was unabänderlich wäre. Er ist im Laufe der Zeit in Ihnen entstanden und hat sich verfestigt. Wenn Sie einmal Ihre inneren Leitbilder in sich verankert haben, dann bringen Sie erstmal auch gegenteilige Informationen nicht aus der Ruhe.

Beweisen Sie sich hilfreiche Überzeugungen.

Sie ignorieren sie einfach, halten sie für falsch oder interpretieren Ihre Erfahrungen so, dass sie Ihnen bestätigen, was Sie glauben – nur damit Sie Recht behalten. Aber nicht vergessen: Es ist immer noch Ihre eigene Konstruktion und Sie haben die Wahl. Sie können sich auch hilfreiche Einstellungen und Überzeugungen beweisen! Es ist wichtig, welche Erfahrungen Sie sich immer wieder in Erinnerung rufen oder sich für die Zukunft ausmalen. Das wirkt wie eine sich selbst erfüllende Prophezeiung, die sich deshalb erfüllt, weil Sie sich aufgrund der Vorhersage meist unbewusst entsprechend verhalten. Ähnliches kennen Sie auch als wissenschaftlich vielfältig nachgewiesenen Placebo-Effekt. Allein die Erwartung, dass ein bestimmtes Medikament hilft, wird in vielen Fällen den Schmerz lindern. Diese Wirkung entsteht einzig und allein aufgrund der Kraft der Suggestion, die Reaktionen im Körper auslöst.

Placebo-Effekt nutzen.

Erinnern Sie sich jeden Abend an drei Dinge des Tages, die Sie gut gemacht haben. Stellen Sie sich außerdem kurz vor, wie Ihnen konkrete Aufgaben des nächsten Tages gelingen. Das macht schon einen Unterschied. Probieren Sie es aus!

Jeden Abend: 3 x gut gemacht.

Was sagen Sie sich selbst immer wieder? Was denken Sie über sich selbst? Mit welchen Gedanken unterstützen Sie sich bei Ihrer Führungsaufgabe? „Ich führe gern – Ich schaffe das hervorragend – Ich kann auf andere Menschen zugehen – Ich werde einen Weg finden – Mit meinen Mitarbeitern habe ich Glück …“ Geben Sie sich selbst solche oder andere inneren Bestärkungen? Vielleicht schleicht sich manchmal aber auch eine innere Stimme ein, die Sie an wenig ermutigende Erfahrungen erinnert: „Du hast das noch nie geschafft – Das geht doch wieder schief – Verschwende nicht Deine Energie – Du bist schon wieder wie ein Elefant im Porzellanladen,…! Das ist alles andere als ermutigend und schafft in Konsequenz auch eher Verzagtheit als energievolles Zupacken, oder?

Wie wäre es, wenn Sie dem inneren Kritiker in Ihnen, der Sie in bester Absicht vor Rückschlägen bewahren will, die neue wirkungsvolle Aufgabe eines Qualitätssicherers geben? Und wie wäre es, wenn aus dem destruktiven Monolog ein konstruktiver Dialog werden würde? Mein innerer Qualitätsbeauftragter heißt Max und macht sich immer dann auf meiner Schulter sitzend bemerkbar, wenn Gefahr im Verzug ist. Sie sind als Führungskraft nicht der Problemlöser Ihrer Mitarbeiter, sondern stärken sie idealerweise, selbst auf Lösungssuche zu gehen. Genauso schicken Sie jetzt „Ihren Max“ nach der Warnmeldung und der Auflistung der Schwierigkeiten auf die Erkundung nach anderen Erfolg versprechenderen Möglichkeiten. Er glaubt: „Das funktioniert nicht!“ Also gut – was dann? Fragen Sie ihn: „Was kann ich anders machen? Auf was muss ich noch achten?“ Darin enthalten ist auch die implizite Vorannahme, dass es Wege gibt, die nur noch gefunden werden müssen. Das sorgt dafür, dass Sie an der Aufgabe dranbleiben, ausprobieren und üben. Auf Dauer lässt sich mit dieser Methode kaum verhindern, dass eine sich ankündigende Resignation oder ein schleichender Frust einem neugierigen Optimismus weichen, Sie immer besser werden und Ihr Ziel erreichen! Das innere Gespräch könnte (laut Theo Schoenaker) so funktionieren wie bei einer guten Freundschaft, bei der man auch die negativen Seiten des anderen kennen lernt. Man tut nicht so, als ob es sie nicht gäbe, sondern man spricht darüber. Aber Sie sind nicht so wichtig. „Erkenne deine Schwächen, aber betone deine Stärken, und wisse, dass du so, wie du bist, gut genug bist.“ (aus: Mut tut gut, S. 149)

Innerer Kritiker als Qualitätssicherung.

Freundschaftliches inneres Gespräch pflegen.

Sie selbst bestimmen, was Sie über sich denken, ob Sie Ihren Selbstwert mit Ihren Gedanken schwächen oder verstärken. Sie selbst bestimmen, welche Gefühle Sie dadurch in sich selbst hervorrufen. Nicht der von Ihnen wahrgenommene Erfolg oder Misserfolg ist verantwortlich für das in Ihnen entstandene Gefühl von Zuversicht oder Hoffnungslosigkeit, sondern rein die Bedeutung, die Sie den Ereignissen geben. Freuen Sie sich über Ihren Erfolg? Sind Sie stolz auf sich und sicher, dass Ihnen Ähnliches wieder gelingen wird? Oder sind Sie nur „ein blindes Huhn, das auch mal ein Korn findet“ und fürchten sich schon vor der nächsten „sicheren Pleite“? Wenn es nicht wie gewünscht geklappt hat, hatten Sie ausnahmsweise „nur“ einen schlechten Tag und überlegen sich umgehend, was Sie das nächste Mal anders machen könnten? Oder ist das Ergebnis sowieso „typisch“ für Sie und Sie lassen traurig und frustriert die „Flügel“ hängen, weil es ja doch nichts bringt? Was Sie denken, beeinflusst, wie Sie sich fühlen. Nehmen Sie Ihr „Schicksal“ selbst in die Hand und gehen Sie ressourcenorientiert mit sich um. Stärken Sie durch hilfreiche Gedanken und gute Gefühle Ihren Selbstwert und suchen Sie nach praktischen Möglichkeiten, angemessen auf die wahrgenommenen Ereignisse zu reagieren.

Gute Gefühle in sich erwecken.

Mutig handeln – Selbstsicherheit gewinnen

Jede innere Haltung ist im Außen sichtbar, denn das ist die Grundlage, auf der Sie Ihre Entscheidungen zum Handeln treffen. Ein gutes Selbstbewusstsein und damit die ehrliche Eigenwahrnehmung der erreichten Erfolge und künftigen Handlungsfelder, gepaart mit dem Vertrauen in die erworbenen Fähigkeiten und noch schlummernden Stärken sorgt für ein gesundes Selbstwertgefühl. Beide kommen in Form eines selbstsicheren Auftretens durch Ihr offenes und glaubwürdiges Verhalten zum Ausdruck. Paul Watzlawick sagt, dass Menschen nicht nicht kommunizieren können. Genauso wenig können Menschen auch nicht nicht handeln. Jedes Tun hat Konsequenzen – auch das Nichtstun. Die Frage ist nur: Welche Zumutungen folgen daraus? Und können Sie sich diese auf Dauer zumuten? Ärger mit Mitarbeitern, Donnerwetter vom Chef, Verlust des Arbeitsplatzes, innere Kündigung, ausgebrannt sein, Burn-Out, …? Und was können Sie den anderen, z.B. Ihren Mitarbeiterinnen und Mitarbeitern zumuten?

Was muten Sie sich zu?

Die Vermeidung von Konflikten, Fehlern, Unruhe – das alles ist eine Reaktion auf innere oder äußere Gefahrenhinweise. Das ist wie vorauseilender Gehorsam, der einerseits schützt, andererseits aber neue Erfahrungen verhindert und Ihre Grenzen fest zementiert. Meist nützt die Strategie auch nicht auf Dauer, sondern ist nur ein kurzer Aufschub, der mit der Verschärfung der vorherigen Situation bestraft wird. Und dafür werden Sie als Führungskraft doch auch nicht gebraucht! Nehmen Sie mögliche sich ankündigende Vermeidungsimpulse künftig einfach als Warnsignal. Je früher sie es bemerken, desto eher können Sie darauf reagieren, die Situation aktiv angehen und Ihre Führungsstärke beweisen. Meist ist es dann auch noch früh genug, um sich mit „kühlem Kopf“ Verhaltensoptionen zu überlegen und mit sich selbst Bedingungen für einen „Probelauf“ auszuhandeln. Selbstsicheres Handeln braucht das Gefühl, Kontrolle zu haben. Mit dem Plan B und C sind Sie für Eventualitäten gerüstet. Und wenn Sie kleine Schritte gehen, überfordern Sie sich auch nicht, sondern fördern sich selbst durch fordern – genau so wie Sie auch Ihren Mitarbeitern immer wieder helfen, den Kreis des Gewohnten zu erweitern. Nehmen Sie wahr, ob Ihre Schritte in die gewünschte Zielrichtung wirken. Wenn nein, dann korrigieren Sie Ihren Kurs. Wenn ja, dann freuen Sie sich und gehen Sie weiter. Nichts ist motivierender als Erfolg. Machen Sie sich diesen durch erreichbare Teilziele möglichst oft erfahrbar. Was ist also Ihr nächster Schritt für mehr Mut zum Führen?

So früh wie möglich handeln.

Kleine Schritte.

Erfolg als Motivation.

Sie kennen sicherlich Chefs, die Sie beeindruckt haben. Vermutlich waren es Menschen, deren Führung Sie konstruktiv wahrgenommen haben. Sie sind Ihnen nicht „hoch zu Ross“, sondern von Mensch zu Mensch begegnet. Nehmen Sie sich diese Führungskräfte als Beispiel. Führungskräfte sind nicht nur Vorbilder für Ihre Mitarbeiter, sondern können auch selber welche haben. Schauen Sie genau hin, welches erlebte Verhalten Sie von diesen Menschen für sich übernehmen und auf Ihre Art und Weise in Ihr System integrieren möchten. Mutige Menschen können Mut „verleihen" – auch Ihnen.

Sich Mut „ausleihen".

Flexibilität im Alltag üben

Mut verhält sich wie ein Muskel. Sobald er kein Training mehr erfährt oder nicht mehr gebraucht wird, bildet er sich zurück. So gilt es Ihren „Appetit auf Neues" und Ihre Anpassungsfähigkeit an ungewohnte Situationen durch Flexibilität im Wahrnehmen, Denken und Handeln zu trainieren.

Hier einige Beispiele, wie Sie Ihren Selbstermutigungsmuskel in Ihrem beruflichen wie privaten Alltag weiter festigen können:

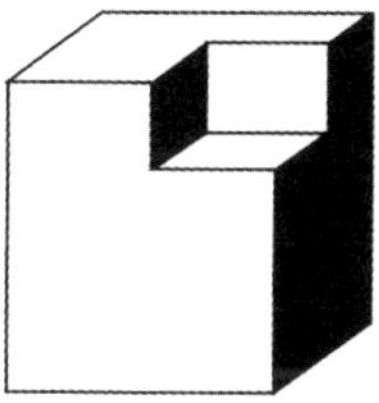

Geistiges Umschalten üben:
Was meinen Sie, wie viele verschiedene Möglichkeiten Ihr Gehirn hat, dieses Bild zu interpretieren? Ist das Eckgebilde ein vorspringender Balkon oder eine zurückspringende Nische? Schauen Sie in einen Raumwinkel, in dem ein Würfelgebilde hängt? Nehmen Sie wahr, was Ihnen als erstes aufgefallen ist. Suchen Sie dann bewusst nach den anderen möglichen Perspektiven und trainieren Sie das geistige Umschalten zwischen den verschiedenen Sichtweisen.

3 verschiedene Perspektiven.

Perspektivenwechsel
Besonders bei sich anbahnenden Konfliktsituationen fragen Sie sich, wie die Welt aus der Sicht Ihres Gegenübers aussieht. Mit welcher persönlichen Brille nimmt Ihr Mitarbeiter, Ihr Chef, Ihre Kollegin, Ihr Partner oder Ihr Kind das Geschehen war? Versuchen Sie den Standpunkt des Anderen nachzuvollziehen. Sie werden spüren, wie es ihm geht. Das verschafft Ihnen nicht nur mehr Verständnis für dessen Reaktionen, sondern auch die Erweiterung Ihres eigenen Weltbildes.

Sich in das Gegenüber hinein versetzen.

Von der Einbahnstraße zur Kreuzung
Ihnen fällt nur eine einzige Möglichkeit ein, wie Sie auf eine herausfordernde oder neue Situation reagieren können? Dann gönnen Sie sich eine Pause und suchen Sie nach weiteren Handlungsoptionen. Ruhen Sie nicht, bevor Sie sich von Ihrer inneren Einbahnstraße auf eine gedankliche Kreuzung befreit haben: Was wäre das Gegenteil von Ihrer aktuellen Idee? Wie könnte eine Mischung aus beiden aussehen? Wenn Sie weder das eine noch das andere tun, welche Alternative ergibt sich dann für Sie? Was würden andere in Ihrer Situation tun? Was haben Sie alles selbst schon an unterschiedlichen Reaktionen erlebt?

Handlungsoptionen suchen.

Raus aus dem Trott
Setzen Sie sich ganz bewusst neuen Situationen und Erfahrungen aus. Durchbrechen Sie Ihre Routinen, indem Sie einfach mal Ihren täglichen Ablauf ändern. Hören Sie Radio am Morgen? Tauschen Sie den Sender oder genießen Sie die ungewohnte Stille beim Frühstück. Probieren Sie eine neue Strecke zur Arbeit aus und kaufen Sie sich eine andere Zeitung. Laden Sie auch Menschen zu sich ein, die Sie noch nicht so gut kennen. Besuchen Sie Veranstaltungen, wo Sie noch nie waren. Begrüßen Sie Ihre Mitarbeiter einmal anders als gewohnt und ändern Sie den Ablauf der regelmäßigen Besprechungen. Tun Sie jeden Tag etwas für Sie Neues. Vielleicht stellen Sie dabei fest, dass manches noch Ungewohnte viel besser als das Alte ist. Wenn nicht, probieren Sie noch etwas ganz anderes aus.

Alltag verändern.

Experimentieren Sie und lassen Sie sich überraschen – jeden Tag aufs Neue!

Mut erkennen

Mut = sichtbar

Wie sehen Menschen aus, die Sie als mutig empfinden? Wie bewegen sie sich? Wodurch wird diese Tatkraft sichtbar? Schauen Sie sich bei Ihren Mitmenschen um und suchen Sie nach äußerlichen Kennzeichen für beherztes Tun. Ist es ein sicherer Blick, die aufrechte Körperhaltung oder noch etwas ganz anderes? Was klingt mutig? Sind es die klar formulierten Worte, die gesendeten Ich-Botschaften oder die feste Stimme, die keinen Zweifel aufkommen lassen? Mut strahlt aus und ermutigt andere, das Gleiche zu tun. Fahren Sie Ihre Antennen aus. Begeben Sie sich auf die Suche nach den kleinen alltäglichen Begebenheiten, bei denen Sie Mut von anderen oder Ihren eigenen erleben können. Wenn an der Supermarktkasse sich jemand vordrängelt, in Ihrer Gegenwart jemand schlecht behandelt wird oder ein Freund eine Verabredung nicht einhält,... Der Moment der Entscheidung, der ist vergleichbar mit einem gespannten Bogen, der bereit ist, den Pfeil zu seinem Ziel zu schicken. Spüren Sie den Moment in sich, an dem Sie sich entschließen, Ihren Unmut zu äußern oder aktiv zu werden und einzugreifen. Spüren Sie in sich auch den Moment danach – sobald Sie den Pfeil losgelassen haben – und es öffentlich gesagt oder getan ist und es kein Zurück mehr gibt.

... hörbar

und spürbar

Je öfter Sie sich auf die Suche nach Mut begeben, desto öfter werden Sie ihn auch bei anderen finden und ganz von selbst immer öfter auch bei sich danach Ausschau halten.

Ich wünsche Ihnen viele ermutigende Erfahrungen dabei!

Literaturhinweise:

Einleitungsgeschichte „Wer ist mutiger?“ aus: Lloyd Alexander: Lukas Kasha oder der Trick des Gauklers, Stuttgart 1983

Übung „Fliegende Bälle“ aus Bernd Heckmair: Konstruktiv lernen, Weinheim und Basel 2005, 2. Aufl.

Jenny Niederstadt: Gewohnheiten verhindern Innovation, http://www.wiwo.de/management-erfolg/gewohnheiten-verhindern-innovationen-405198/

Theo Schoenaker: Mut tut gut, Bocholt 2011, 16. Aufl. Jubil-Ausg.

Quadrat mit verschiedenen Perspektiven = „Die umkippende Perspektive“ entnommen aus dem Katalog zum Erfahrungsfeld Freudenberg, Wiesbaden 1999/2000

Kommunikationserlebnisse Elke Kammerer

Galileo Galilei

Mit dieser Idee von Galileo Galilei begleite ich seit mehreren Jahren Veränderungen in Unternehmen und verschaffe Mitarbeitern wie Führungskräften Kommunikationserlebnisse. Diese

- bringen Menschen auf vielfältige Art und Weise in den Dialog mit sich selbst und mit anderen,
- ermutigen zu neuen Erfahrungen
- und machen damit Veränderung durch eigenes Erleben leichter möglich.

Lassen Sie sich von mir ermutigen, sich Ihren Herausforderungen zu stellen. Rufen Sie mich an oder mailen Sie mir – Ich freue mich auf Sie!

Kommunikationserlebnisse Elke Kammerer
Metzstraße 14
60487 Frankfurt am Main
Telefon: (+49) 069 777 873
Mobil: (+49) 0163 838 0131
Email: ek@kommunikationserlebnisse.de
www.kommunikationserlebnisse.de

LEADERSHIP - FÜHREN MIT HERZ UND HIRN 12

DR. GUDRUN REINSCHMIDT

oder **Wie können Sie Spitzenleistungen erzielen?**

Welches Führungsverhalten ist notwendig, um ein Unternehmen zur Marktführerschaft zu bringen? Was können junge Unternehmer, die mit Ihrer eigenen Produktidee auf den Markt wollen, von erfolgreichen Unternehmern lernen? Welche Erkenntnisse der modernen Hirnforschung bringen sie weiter?

In diesem Beitrag lernen Sie ein überzeugendes Führungsmodell kennen, das Ergebnisse der Neurowissenschaften berücksichtigt und auf fundierte Erfahrungen mit dem NLP-Modeling zurückgreift. Sie erfahren, wie wirksame Methoden in der Praxis umgesetzt werden und welche Resultate erzielt werden, wenn Führungskräfte nicht nur verstandesmäßig handeln, sondern mit ganzem Herzen dabei sind.

Hier in Deutschland gibt es viele mittelständische Unternehmen, die in ihrer Branche über Marktanteile von weit über 80% verfügen. Allerdings haben diese Unternehmen speziell bei den Studenten an den Universitäten einen geringen Bekanntheitsgrad, obwohl sie von der Bundeskanzlerin als „treibende Kräfte für Wachstum und Beschäftigung“ beschrieben werden. Sie sind die Motoren der deutschen Wirtschaft im Weltmarkt. Sie sind die Hidden Champions.

Ein Hidden Champion (nach Definition Hermann Simon, 1990[1]):

- ist vom Marktanteil unter den TOP 3 auf dem europäischen Markt bzw. Weltmarkt.
- hat einen Jahresumsatz, der weniger als 3 Milliarden Euro beträgt.
- hat einen geringen Bekanntheitsgrad.

In diesem Jahr wurde das familiengeführte Unternehmen Wurst Stahlbau zum Hidden Champion 2011 gekürt. In der Begründung der Jury heißt es: „Wurst Stahlbau steht für den Mittelstand als Wirtschaftsmotor und agiert zugleich in allen Kategorien vielversprechend. Das Unternehmen ist wirt schaftlich erfolgreich und engagiert sich sozial, kulturell und ehrenamtlich. Bei all dem vergisst Wurst Stahlbau auch seine eigenen Mitarbeiter nicht, sondern wurde unter anderem für sein fortschrittliches System im Bereich Gesundheitsmanagement bundesweit bekannt.“[2]

Offensichtlich geht es diesen erfolgreichen Unternehmen um mehr als Umsatz und schwarze Zahlen. Sie haben erkannt, dass sie nur zusammen mit ihren leistungsbereiten Mitarbeitern hochgesteckte Ziele erreichen können. Diese Firmen sind meist lange schon am Markt und haben eine traditionsreiche Geschichte.

1 Simon, Hermann: „Hidden champions“: Speerspitze der deutschen Wirtschaft. In: Zeitschrift für Betriebswirtschaft (ZfB) 60(1990)9, S. 875-890

2 http://www.n-tv.de/Spezial/Mittelstandspreis/Wurst-Stahlbau-ausgezeichnet-article2578916.html

Robert Dilts, einer der Entwickler des NLP und sein Bruder John haben zwischen 2003 und 2005 aufgrund ihrer Beratungs- und Coachingerfahrung von internationalen Unternehmen, Unternehmern, Executives, CEO's, Investoren uva. ein Modell entwickelt, das die Leistungen von solchen wirtschaftlich sehr erfolgreichen Unternehmen systematisiert. Es geht hier um ein Führungsmodell, das nicht nur aufzeigt, welches die Erfolgsfaktoren sind, sondern das auch die kleinsten Firmen zu den größten Leistungen antreibt. So ist es beispielsweise einem französischen Unternehmen der Telekommunikationsbranche gelungen, mit nur 25 Leuten einen Großkonzern mit rund 1000 Mitarbeitern aufgrund seiner Innovationskraft von der Marktführung zu verdrängen.

Deutsche Familienfirmen wie Deichmann, Britta, Würth, oder Miele weisen vergleichbare Strukturen und Faktoren auf[3]. In seinem neuen Buch zeigt Matthias Pittrof[4] „die große Bedeutung der Unternehmenskultur für den Unternehmenserfolg anhand der sogenannten Hidden Champions, der unbekannten mittelständischen Weltmarktführer, auf. Der Autor ermittelt die Unternehmenskultur der Hidden Champions als intangiblen strategischen Erfolgsfaktor. So herrscht bei den mittelständischen Weltmarktführern eine Atmosphäre der Leistungsorientierung, die durch visionäre Unternehmensführung, Hochleistungsmitarbeiter, Innovationsfähigkeit und Kundenorientierung geprägt wird und die mit messbarem wirtschaftlichen Erfolg einhergeht."

Was heißt aber **visionäre Unternehmensführung**? Wie kommt eine Atmosphäre der Leistungsorientierung zustande? Wie gewinnt ein Unternehmen Hochleistungsmitarbeiter? Fallen die vom Himmel oder kann man sie am Straßenrand pflücken? Ein sehr erfolgreicher mittelständischer Unternehmer im Maschinenbau sagte: **„Ich kann zwar die Arbeiter einstellen und bezahlen, aber ihre Leistungsbereitschaft muss ich mir verdienen."**

Im Folgenden beschäftigen wir uns also mit der Frage, wie gelingt es einer Führungskraft, sich die Leistungsbereitschaft zu verdienen. Vor dem Hintergrund des diesjährig veröffentlichen Gallup-Engagement-Indexes 2010 kommt dieser Frage eine besondere Bedeutung zu. Seit 10 Jahren führt das Gallup-Institut weltweit Arbeitnehmer-Befragungen durch, wie stark sie sich mit ihrem Unternehmen verbunden fühlen. Das Ergebnis aus dem Jahr 2001 erregte Aufmerksamkeit, da 74% der deutschen Befragten angaben, sie hätte nur eine geringe bis gar keine emotionale Bindung an ihr Unternehmen. Wieso sollte sich ein Mitarbeiter motiviert und leistungsstark für seine Firma engagieren, wenn er sich nicht verbunden fühlt? Die Zahlen in diesem Jahr zeigen, dass mehr als jeder Fünfte (21%) innerlich gekündigt hat.[5]

---

3 Inga Michler, Wirtschaftswunder 2010, Campus 2009
4 Matthias Pittrof, Die Bedeutung der Unternehmenskultur als Erfolgsfaktor für Hidden Champions, Gabler 2011
5 http://eu.gallup.com/Berlin/118645/Gallup-Engagement-Index.aspx

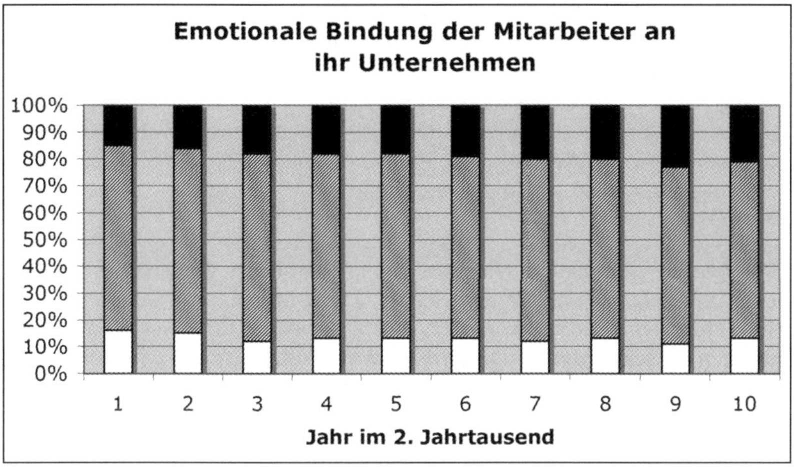

Abb. 1: Gallup Engagement-Index in Deutschland, Stand 2010

Wenn Unternehmer und Führungskräfte verstehen, dass im Grunde nur 13% ihrer Belegschaft die wirkliche Leistung erbringen, die das Unternehmen wettbewerbsfähig macht, erkennen sie, welches Potential in der gesamten Belegschaft steckt. Es ist visionäre Führungskunst, die Mitarbeiter auf dem Weg zur Marktführerschaft nicht nur mitzunehmen, sondern von Anfang an emotional einzubinden. Dies steigert die Innovationskraft eines Unternehmens langfristig.

Der große Verdienst des NLP ist, Erfolg zu analysieren und herunter zu chunken – also in kleine nachvollziehbare Bausteine zu zerlegen, um diese Erfolge reproduzierbar zu machen. Das Dilts'sche Success Factor Model® oder kurz SFM® erfasst die Erfolgsfaktoren hochkarätiger Führungskräfte und kommunizierte Grundwerte von Spitzenfirmen systematisch und ganz konkret. Es entstand ein innovatives Führungsmodell, eine Art moderner Leitfaden für die Entwicklung effektiver und ethischer Führungsfertigkeiten, die einen nachhaltigen unternehmerischen Erfolg garantieren. Interessanterweise können viele dieser Faktoren durch modernste Mess- und Analyseverfahren der Medizin biologisch begründet werden, so dass ich im Folgenden einen großen Bogen zwischen betriebswirtschaftlicher Relevanz und medizinisch nachweisbaren Bedürfnissen spanne.

Die ermittelten **Erfolgsfaktoren sind:**
Results = Positive Geschäftsergebnisse erzielen
Change = Veränderungen zulassen
People = Menschen und Teams in ihrer Entwicklung fördern
Values = Grundwerte verwirklichen

Woran lässt sich der Unternehmenserfolg bemessen?

Natürlich wird man nur dann ein Unternehmen als erfolgreich bewerten, wenn es schwarze Zahlen schreibt oder möglichst schnell den „Break Even"-Punkt erreicht. Dazu ist es wichtig, die Unternehmensstrukturen immer wieder den sich ändernden Marktbedürfnissen anzupassen oder Innovationen zu fördern. Naturgemäß scheuen sich Menschen jedoch vor Veränderungen. Sie halten lieber an dem Gewohnten fest, auch wenn sie viele Mängel und Nachteile beklagen.

Nach dem biologisch eingerichteten Energiespar-Prinzip wollen Mitarbeiter sich nicht dauernd auf veränderte Situationen in der Unternehmenspolitik einstellen. Dies ist noch weniger der Fall, wenn sie den Sinn in der Veränderung nicht verstehen. Andererseits möchten Menschen nicht täglich das Gleiche tun. Es gibt also eine Balance zwischen Sicherheit und Abwechslung, wobei das Pendel mal mehr in die eine und dann wieder in die andere Richtung ausschlägt. Erfolgreiche Führungskräfte nutzen genau diesen Antrieb.

Erfolgreiche Führungskräfte bieten ihren Mitarbeitern die Chance, sich mit dem Unternehmen weiterzuentwickeln. Dazu braucht es Vertrauen in die Motivation der Mitarbeiter und Transparenz, wie es zu Entscheidungen gekommen ist. **Kein Mensch möchte gern verändert werden, jedoch lieben Menschen die Veränderung, die sie selbst bewirken oder mitgestalten können.** Insbesondere, wenn sie darin Vorteile für sich selbst schon am Anfang erkennen können.

In vielen Mission Statements von Firmen ist zu lesen, dass Mitarbeiter gefordert und gefördert werden. Leider sind dies oft nur Worthülsen, hinter denen sich keine Strategie verbirgt, die Mitarbeiterentwicklung zur Erreichung der Unternehmensziele einzusetzen. So werden die Mitarbeiter zwar gefordert, Umsatzvorgaben zu erreichen, jedoch läuft die Förderung gar nicht oder nur pauschalisiert ab. Dabei profitieren gerade die Unternehmen von den bisher ungenutzten Potentialen.

Immer mehr Aufgaben in immer kürzerer Zeit sollen mit immer weniger Mitarbeitern erledigt werden. Dies schafft eine hohe Unzufriedenheit, Demotivation. Die Arbeit unter Druck führt zu psychischen Erkrankungen wie Stress, Burnout oder Depression, aber auch somatische Erkrankungen wie Bluthochdruck, Herzinsuffizienz oder Verdauungsprobleme stehen in engem Zusammenhang. Die Folge sind Arbeitsausfälle und es verbleibt noch weniger Zeit für Mitarbeitergespräche und Weiterentwicklungsmöglichkeiten.

Die diesjährige Gallup-Untersuchung belegt, dass die Fehlzeiten emotional ungebundener Mitarbeiter 28% höher ausfallen, als die von zufriedenen Mitarbeitern. Damit entstehen den Unternehmen Kosten von jährlich 3,7 Milliarden Euro. Dieser wirtschaftliche Schaden ist großenteils hausgemacht, denn hoher Stress und Leistungsdruck bedingen mangelnde Bewegung, falsche Ernährung und fehlende Entspannung. Es kommt zu neurologischen Defiziten durch Mangel an Sauerstoff, wertvollen Vitaminen und Mineralien sowie durch fehlendes Kortison. Dieses Stresshormon wirkt entzündungshemmend und stabilisiert das Immunsystem. Die Folge sind neben Burnout und Depression die großen Volkskrankheiten Herzinfarkt und Schlaganfall.

Auf diese Weise entwickelt sich keine vertrauensvolle und transparente Atmosphäre, die dazu führt, dass sich die Mitarbeiter mit ihren Ideen für den Unternehmenserfolg engagieren. Aber sind diese selbstständig denkenden Mitarbeiter gemeinhin gewollt? Nur 8% der Mitarbeiter ohne emotionale Bindung stimmten der Aussage uneingeschränkt zu, dass ihre Vorgesetzten offen für ihre neuen Ideen und Vorschläge seien. Bei den emotional hochgebundenen waren es auch nur 73%, weniger als drei viertel. **Wer mit seinen Vorschlägen immer wieder auf taube Ohren stößt, resigniert irgendwann.** Kein Wunder also, wenn die Zahlen der zufriedenen Mitarbeiter abnehmen. Dabei sind die Menschen die wertvollsten Ressourcen für die Innovationskraft einer Organisation.

Offene Kommunikation im Team und kurze Wege zur Führungskraft können lang vorbereitete und selten abgehaltene Mitarbeitergespräche ersetzen. Der vermeintlich höhere Zeitaufwand, um diese Führungsaufgaben wahrzunehmen, rechnet sich durch die erhöhte Produktivität eines sich wertgeschätzt fühlenden Mitarbeiters. Allerdings haben nur 71% der hoch emotional Beteiligten das Gefühl, ihr Vorgesetzter berücksichtige ihre Meinung.

Neurobiologische Studien belegen, wie die Gehirnaktivität durch emotional ausgelöste chemische Prozesse gesteigert wird. Diese Mitarbeiter denken mit, schlagen Verbesserungsmaßnahmen vor und halten auch in kritischen Zeiten zusammen.

„Nichts stimuliert uns so sehr wie der Wunsch, von anderen gesehen zu werden, die Aussicht auf soziale Anerkennung, das Erleben positiver Zuwendung und die Erfahrung von Liebe. Kern aller Motivation ist es also aus neurobiologischer Sicht, zwischen-menschliche Anerkennung, Wertschätzung und Zuwendung zu finden oder zu geben." (Prof. Dr. Joachim Bauer)

Ignoranz und verbale Angriffe werden hingegen vom Gehirn wie körperlich zugefügter Schaden verarbeitet. 98% der emotional wenig oder Unbeteiligten fühlen sich durch ihre Führungskraft eher vernachlässigt. Dies mag erklären, weshalb 66% der Mitarbeiter eher gegen als für die Interessen des eigenen Unternehmens arbeiten. Sie schließen eine Kündigung in den nächsten 12 Monaten nicht aus. Die hohe Fluktuation, der Know-How-Verlust, die Bewerbersuche und die Einarbeitungszeit neuer Mitarbeiter kosten die Unternehmen Milliarden. Solange Firmenchefs jedoch mehr ihre kurzfristigen Gewinne im Auge haben als die Interessen der Menschen im Unternehmen, wird sich daran kaum etwas ändern. Welche Auswirkungen dies auf die gesamte Marktwirtschaft hat, wurde in den letzten Jahren deutlich.

Ein Unternehmen sollte sich an den Grundwerten orientieren, um gemeinsam mit seinen Mitarbeitern Ziele zu verwirklichen. Gerade in einer Krisengeschüttelten Zeit, in der fast nichts mehr sicher scheint, ist es wichtig, sich wieder seiner Werte bewusst zu werden. Diese **Werteorientierung gleicht einem Leuchtturm an einem nebligen Novembertag.** Alle Menschen im Unternehmen können ihre Arbeit daran ausrichten und wachsen enger zusammen. Bereits geringe Investitionen, die zur Erhöhung der emotionalen Bindung der Mitarbeiter an das Unternehmern beitragen, bieten nicht nur ein verbessertes Arbeitsklima, sondern auch hohe Einsparpotentiale durch weniger Fehlzeiten und geringere Fluktuation.

Letztendlich entscheidet aber die Interaktion von Vorgesetzten und Mitarbeitern darüber, welche Ergebnisse erreicht werden. Im SFMTM® Modell werden deshalb 4 Verhaltensweisen als Kernkompetenzen einer erfolgreich agierenden Führungskraft angesehen.

Hervorragende Führung basiert zu gleichen Teilen **auf:**
Stretching = Streben
Empowering = Ermächtigen
Coaching = Coachen
Sharing = Mitteilen

Mit **Stretching** ist das kontinuierliche Streben nach Verbesserung gemeint. Damit verbunden ist auch die Bereitschaft, Gewohnheiten in Frage zu stellen, Risiken einzugehen und mit begrenzten Ressourcen überdurchschnittliches zu leisten.

Empowering bezeichnet die Förderung und Befähigung von Mitarbeitern zur Eigenständigkeit. Je nach Potential bekommen sie Verantwortung und können Einfluss nehmen. Sowohl die Arbeitsleistung des Einzelnen als auch die des gesamten Teams steigt, wenn die Mitarbeiter den Wert ihrer Arbeit erkennen und sich selbst damit ausdrücken können.

Durch **Coaching** entwickeln die Mitarbeiter das notwendige Selbstvertrauen und ihre Kompetenzen, um in diese Verantwortung hineinzuwachsen. Die Führungskraft leitet ihre Mitarbeiter an, klare Ziele zu setzen, und sie gibt Feedback, um diese Ziele zu erreichen.

Im **Sharing** werden Know-How und Informationen ausgetauscht. Es dient dazu, den Dialog unter den Menschen im Unternehmen zu fördern. Das moderne Wissensmanagement leistet dazu einen Beitrag, indem es den Zugang zu Ressourcen erleichtert, die allgemein genutzt werden können. Ein weiterer wichtiger Aspekt des Sharing ist, dass die Unternehmensführung ihre Visionen, Werte und Ziele transparent macht, quasi die Spielregeln erklärt. Daran können sich die Mitarbeiter orientieren, um selbst Ideen und Informationen einzubringen. Damit werden die gewünschten Ergebnisse schneller erzielt.

Diese vier Handlungen machen den Unterschied zwischen einem Manager und einem Leader aus. **Der Leader strebt ständig nach Verbesserungen, befähigt seine Mitarbeiter zur Eigenständigkeit und fördert ihr Selbstvertrauen. Er kommuniziert seine Ziele und berücksichtigt die Ideen der Mitarbeiter.**

Verhalten orientiert sich an Überzeugungen. Werte bilden in einer Organisation die Rahmenbedingungen. Geteilte Werte und Überzeugungen halten ein Team zusammen und sind der Schlüssel zur Motivation und Kultur in einer Firma. Hierbei spielen Rituale eine große Rolle. Sie können den Zusammenhalt verstärken und geben Halt und Sicherheit durch eine Struktur. Rituale entstehen mit der Zeit oder können bewusst initiiert werden, um positive Botschaften zu verstärken.

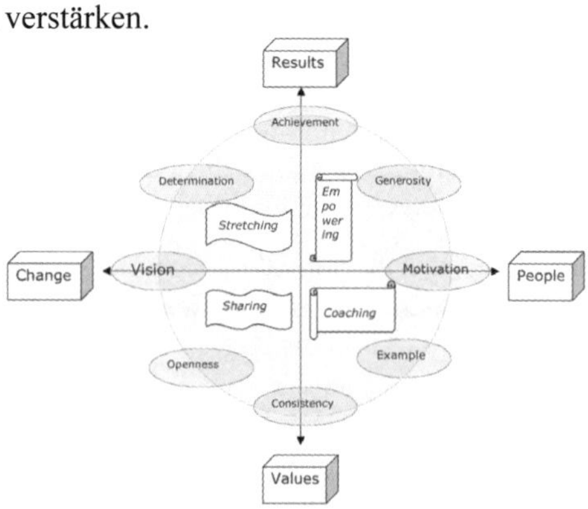

Abb.2: Das Success Factor Model® nach Robert und John Dilts, 2005[6]

6 Seminar mit Robert Dilts 2005 in Nürnberg bei Twinn: Auf der Suche nach Spitzenleistungen.

Laut dem SFM®-Modell sind 8 grundlegende Werte für Spitzenleistungen relevant:

Vision	=	Haben Sie Visionen
Determination	=	Folgen Sie Ihrer Bestimmung
Achievement	=	Setzen Sie Konzepte konsequent um
Generosity	=	Seien Sie großzügig
Motivation	=	Motivieren Sie sich und ihre Mitarbeiter
Example	=	Seien Sie ein Vorbild.
Consistency	=	Handeln Sie ausgewogen und beständig
Openness	=	Seien Sie offen für die Bedürfnisse Ihrer Mitarbeiter und üben Sie eine offene Informationspolitik aus.

Um diese Werte in der Praxis zu verdeutlichen, möchte ich an dieser Stelle noch mal auf den deutschen Mittelstand zurückkommen. Die Unternehmenskultur traditioneller Familienunternehmen ist geprägt durch die Erfolgsfaktoren:

Vision: Oft folgen die Gründer einer Idee, wie ihre Unternehmung zur Verbesserung der Lebensqualität beiträgt. Die Entscheidung, eine Firma zu gründen, ist eine notwendige Konsequenz, die oft aus dem Bauch heraus getroffen wird, weil man selbst Feuer und Flamme für sein Produkt ist.

Konsequenz: Werte, Nachhaltigkeit und Nachfolge wurden früher oft höher eingestuft als die eigene persönliche Entfaltung. Die Söhne übernahmen selbstverständlich das Unternehmen des Vaters, bauten es aus und sicherten somit ihre eigene Existenz und die ihrer Mitarbeiter. Heutzutage ist die Unternehmensnachfolge eine der größten Herausforderungen, der sich Familienunternehmen gegenübersehen.

Die langfristig angelegte **Firmenstrategie:** Firmen wurden für die Nachkommen auf- und ausgebaut. Diese Unternehmer wissen, dass sich manche Investitionen erst nach längerer Zeit bezahlt machen. Sie stellen gerade in Krisenzeiten Leute ein, da sie jetzt verfügbar sind und nicht von Großunternehmen abgeworben werden.

Kapitaleinsatz: Investitionen aus dem Eigenkapital sorgen für eine gesunde Unabhängigkeit von Banken. Dies zahlt sich gerade in der heutigen Zeit über die Maßen aus. Viele kleine mittelständische Betriebe stehen gesund da, während Firmen, die mit Fremdkapital zu schnell gewachsen sind, Insolvenz angemeldet haben und zerschlagen wurden.

Anerkennung und Zugehörigkeit: Mitarbeiter von Familienunternehmen fühlen sich als Menschen wahrgenommen und wertgeschätzt. So werden regelmäßig Betriebsfeste gefeiert, es gibt Rituale, wie zum Beispiel die Würdigung langjähriger Betriebszugehörigkeit. Vorgesetzte haben offene Ohren für die persönlichen Sorgen ihrer Mitarbeiter. Sie wissen, dass monetäre Reize nur kurzfristig wirken. Besser sind kleine, häufige Belohnungen in Form von verbaler Anerkennung oder ein Schulterklopfen, um eine emotionale Bindung herzustellen. Dadurch wird ein ganzer Motivationscocktail im Hirn ausgeschüttet, den man nirgendwo kaufen kann. Er erhöht die Konzentration und Handlungsbereitschaft durch Dopamin, stärkt die Lebensfreude mit Hilfe der körpereigenen Opioide und schafft mit Oxytocin das Gefühl der Zugehörigkeit und fördert die Einsatzbereitschaft.

Vorbildfunktion: Erfolgreiche Familienunternehmer erwarten das von ihren Mitarbeitern, was sie selbst bereit sind einzubringen. Sie leben ihr Engagement vor und ziehen sich in Krisen nicht zurück. Im der englischen Sprache heißt ein Sprichwort: „Walk your talk".

Die Neurowissenschaften haben auch hierzu wieder eine Erklärung. Ein Großteil unserer Erziehung und dem, was wir lernen, basiert auf der Fähigkeit, Handlungen ganz unbewusst nachzuahmen. Verantwortlich hierfür sind die Spiegelneurone, Zellen, die sich in unserem Gehirn auf verschiedene Areale verteilen. Da dieses Spiegeln oft unbewusst vor sich geht, sollten sich Führungskräfte ihrer enormen Verantwortung bewusst sein und ihre Handlungen wohl bedenken.

Sam Walton, der Günder von WalMart bestätigt: „Es dauert keine 14 Tage, dann behandeln die Mitarbeiter ihre Kunden genauso, wie sie selbst von ihrem Chef behandelt werden."

Beständigkeit: An einmal gemachte Zusagen wird sich gehalten. Auf Zuverlässigkeit in Qualität und Termintreue kann man bei erfolgreichen Familienunternehmen zählen.

Offenheit: Hier können auch manche erfolgreichen Unternehmen noch dazulernen. Es ist nicht einfach, ein funktionsfähiges, systematisches Vorschlagssystem zu etablieren, um die Ideen der Mitarbeiter zu nutzen. Umso wichtiger ist, dass die persönlichen Beziehungen innerhalb der Firma gepflegt werden, um auf informellen Wegen kreativen Lösungen zu begegnen. Oft entsteht aus einer banalen Unterhaltung während der Pause oder nach Feierabend ein wichtiger Gedanke, der das Unternehmen voranbringt.

Unternehmensgründer oder Unternehmer, die bereit sind, Veränderungen einzuführen und Neuerungen zuzulassen, können anhand des SFM®-Modells durch einen Coaching-Prozess geführt werden, um diese Erfolgsfaktoren auch für Ihre Unternehmen zu definieren und in ihre Führung zu integrieren.

Was bedeutet das SFM® Modell nun für Ihre Unternehmensführung?

Schritt 1

Wie beantworten Sie die folgenden Fragen?
Welche Resultate wollen Sie erzielen? Sind diese Resultate nur monetärer Art oder wollen Sie etwas Nachhaltiges schaffen? An welchen Werten orientiert sich Ihre Unternehmensführung? Welche Menschen spielen für Ihr Unternehmen eine wichtige Rolle? Investoren? Kunden? Zulieferer? Mitarbeiter? Wie können Sie diese Menschen für Ihr Unternehmen gewinnen? Und welcher Veränderungen bedarf es, um Ihre Ziele zu erreichen?

Schritt 2

Wie sind in Ihrem Unternehmen die 8 Grundwerte realisiert? Wichtiger als die Formulierung der Werte ist deren Konkretisierung durch die sinnesspezifischen Erfüllungskriterien. Anhand welcher Kriterien können Sie messen, ob alle 8 Grundwerte des Erfolgsmodells zu Ihrer Zufriedenheit erfüllt sind? Welche Maßnahmen können Sie ergreifen, um den einen oder anderen Wert noch stärker zu leben?

Schritt 3
Um letztendlich wirklich erfolgreich zu sein, kommt es auf das konsequente Handeln an. Das Erfolgsmodell SFM® beschreibt dazu die Interaktion des Führungsteams mit den Mitarbeitern. Informationsaustausch steht an erster Stelle des Zyklus. Wie haben Sie Ihre Vision, Ihre Ziele im Unternehmen kommuniziert? Wem sind diese Ziele bewusst und wer handelt danach? Beispielsweise kann bei gemeinsamen Mittagessen auf ganz informellem Weg der Grad des Verständnisses für die Unternehmensziele überprüft werden.

Gehen Sie die Schritte weiter
Gemeinsam soll nach den besten Ergebnissen gestrebt werden. Wie stark ist der Wille zum Erfolg in Ihrem Unternehmen ausgeprägt? Wie sind der Zusammenhalt der Mitarbeiter untereinander und die emotionale Bindung mit dem Unternehmen? Welche Einsatzbereitschaft können Sie erwarten? Zeigen Sie, dass Sie das, was Sie machen, gerne tun und achten Sie darauf, dass Sie auch Ihre Mitarbeiter an den Stellen positioniert haben, auf denen diese ihren Neigungen entsprechend handeln können. Ein motiviertes Team bringt sich leidenschaftlich ein, hat Spaß am Tun und will sein Bestes geben.

Eigenständigkeit fördert dieses Engagement. Dürfen die Mitarbeiter eigene Ideen umsetzen? Werden Sie zur Selbstverantwortung ermutigt oder gibt es noch zu strikte Vorgaben? Beispiele: Muss der Aussendienstler jede Stunde seiner Arbeitszeit rechtfertigen? Wird jeder einzelnen Bürokraft die genaue Arbeitszeit vorgegeben? Oder fordern Sie nur, dass das Telefon ständig besetzt sein soll, und lassen dann die Mitarbeiter selbst organisieren, wie sie diese Vorgabe erfüllen können?

Menschen wollen sich weiterentwickeln. Regelmäßige Mitarbeitergespräche unterstützen diese Entwicklung, wenn sie gut vorbereitet sind und in einer vertrauensvollen Atmosphäre stattfinden. Fragen Sie, welche Unterstützung sich der Mitarbeiter wünscht und geben Sie ihm ein ehrliches konstruktives, das heißt konkretes Feedback zu seiner Tätigkeit. Gerade, wenn Sie mit seiner Leistung zufrieden sind, loben Sie für konkretes Handeln. Ermutigen Sie den Mitarbeiter, selbst zu äußern, welche Aufgaben er gern übernehmen möchte.

Informationsaustausch und das Einbringen von Ideen schließen den Zyklus. Hier geht es darum, in wie weit Informationen vernetzt sind. In welchem Maß können Mitarbeiter ihre Ideen einbringen und Vorschläge machen? Wie oft werden diese berücksichtigt und umgesetzt? Eine Wissensdatenbank, auf die jeder Zugriff hat, kann das Arbeiten erleichtern. Mobiles Lernen ist hierzu ein weiteres Schlagwort. Ermutigen Sie Ihre Mitarbeiter zum selbstgesteuerten Lernen und geben Sie ihnen dazu die Zeit und die Gelegenheit. Sie können auch ein Vorschlagssystem etablieren, bei dem die besten oder realisierten Ideen ausgezeichnet werden.

Wie sehr sich Mitarbeiter für ihr Unternehmen einsetzen und damit Verantwortung für den Unternehmenserfolg übernehmen, hängt von 4 Determinanten ab.

Wollen sie das, was sie tun?
Wissen sie genau, was zu tun ist und wohin es führen soll?
Können sie das tun, was von ihnen erwartet wird?
Dürfen sie das tun, was sie gerne tun?

Wenn Menschen sich über- oder unterfordert fühlen, sinkt die Arbeitsleistung. Stecken sie den Handlungsspielraum lieber großzügig ab, denn ein Mensch wächst mit seinen Aufgaben. Nicht, was die Menschen sind oder zu sein scheinen ist wichtig. Viel wichtiger ist, was aus ihnen werden könnte.

Beim Führen geht es nicht darum, alles richtig zu machen. Es geht vielmehr darum, das Richtige zu machen!

Aus neurowissenschaftlicher Sicht ist die Persönlichkeit eines Menschen das Spiegelbild seines individuellen, neuronalen Netzwerks. Führen mit Herz und Hirn bedeutet, die Einzigartigkeit jedes Menschen zu akzeptieren, die individuellen Potentiale zu entdecken, sie zu fördern und auszubauen.

Zusammenfassung

In diesem Essay wurde das SFM® Modell vorgestellt. Es wurde zwischen 2003 und 2005 von Robert und John Dilts entwickelt. Aus Interviews mit Spitzenführungskräften über ihre Erfolgsrezepte, wurden die übereinstimmenden Faktoren und Strategien herausgefunden, deren Beziehung zueinander in Abbildung 2 verdeutlicht wurde.

Anhand dieses Erfolgsmodells wurde gezeigt, wie Sie Ihr Unternehmen auf Erfolg programmieren können. Manchmal ist es sinnvoll, für die Untersuchung des eigenen Unternehmens einen unabhängigen Betrachter hinzuzuziehen, der auch die betriebsblinden Flecken aufdeckt. Je nach Betriebsgröße kann das jemand aus dem Bekannten- oder Verwandtenkreis sein oder ein Branchenkenner.

Dr. rer. nat. Gudrun Reinschmidt ist Business-Coach, NLP-Lehrtrainerin und ausgebildete Marketing-Expertin. Seit 1994 arbeitet die promovierte Biochemikerin im Pharma- und Medizintechnikmarkt. Ihr Erfahrungsschatz umfasst die Arbeit in und mit international besetzten Teams an den Schnittstellen von Vertrieb – Marketing – Produktmanagement – Klinischer Forschung – Training und der Geschäftsführung. Seit 2003 berät und coacht die selbstständige Interim- und Projektmanagerin internationale Firmen, die innovative Produkte auf den europäischen Markt einführen.

Ihr besonderes Interesse gilt der Gestaltung von Fachtrainings und Wissensvermittlung mit Blended Learning Konzeptionen, um den nachhaltigen Lernerfolg zu sichern. Als e-learning Consultant betreut sie entsprechende Projekte in der Medizintechnik. Durch die Bedeutung der neurowissenschaftlichen Erkenntnisse für Führung, Marketing und Didaktik schließt sich der Kreis zwischen den Naturwissenschaften und der nun mehr interpersonell ausgerichteten Trainer- und Coaching-Tätigkeit. Die Kunden profitieren von der hohen Feld-, Fach- und Führungskompetenz aus langjähriger Berufserfahrung sowie ihren ausgeprägten sozialen Kompetenzen.

Ihr Motto ist **grow by communicaton!** Denn erst der Austausch von Ideen, Meinungen und Fakten ermöglicht persönliches Wachsen und wirtschaftliches Wachstum.

Kontakt:
Dr. Reinschmidt – Marketing und Managementberatung
Pirckheimerstr. 128
90409 Nürnberg
0911/598 5752
www.dr-reinschmidt.de
info@dr-reinschmidt.de

EFFEKTIVES ZUSTANDSMANAGEMNET FÜR VERÄNDERUNGEN IM UNTERNEHMEN 13

PROF. DR. JUTTA HELLER

Veränderungen sind in frühen Jahren für Menschen ganz normal und selbstverständlich: wir lernen zu laufen statt zu krabbeln, wir lernen zu schreiben, zu rechnen und vieles mehr, so dass wir uns eigenständig in der Welt orientieren und bewegen können. Je älter Menschen werden, desto mehr halten sie an Bestehendem fest und lassen sich nicht so leicht auf Veränderungen ein. In Unternehmen scheitern Veränderungen oft, weil nicht genügend Mitarbeiter und Führungskräfte die notwendigen Veränderungen unterstützen. Einige Grundregeln und Techniken[1] können helfen, dass Veränderungen in Unternehmen gelingen und genügend Unterstützer und Unterstützerinnen finden. Hier setzt „Zustandsmanagement – neu gedacht" an, da kompetent verändern gelernt werden kann. Im Folgenden finden Sie fünf Schritte sowie kleine Reflexionsübungen zur Überprüfung und vielleicht auch Veränderung Ihrer aktuellen Herausforderungen.

Prüfen Sie die Stimmigkeit Ihrer Veränderungsvorhaben

Abbildung 1: © Thomas Siepmann, pixelio.de

Schwierig und herausfordernd sind Veränderungen insbesondere für Führungskräfte in der Sandwichposition, wenn sie einerseits nicht verstehen und akzeptieren können, was die Geschäftsleitung verändern will. Andererseits müssen sie diese Vorhaben überzeugend bei ihren eigenen Mitarbeitern auf eine Weise vertreten, dass diese motiviert sind und mitziehen. Möglicherweise ist die Führungskraft selbst in der Situation emotional gefordert, da sie noch gar nicht weiß, ob ihr eigener Arbeitsplatz noch sicher ist.

Als ersten Schritt zur individuellen Prüfung eines Veränderungsvorhabens können Sie das Konzept der Salutogenese[2] nutzen. Dies ist ein Rahmenkonzept, das sich auf Faktoren und dynamische Wechselwirkungen bezieht, die zur Entstehung (Genese) und Erhaltung von Gesundheit führen. Das Kohärenzgefühl (Gefühl von Stimmigkeit) steht im Zentrum dieses Konzeptes. Wenn Menschen in einer Situation sagen können: „Das ist stimmig, das passt", dann können sie voraussichtlich anstehende Herausforderungen annehmen und mittragen. Dieses Kohärenzgefühl kann in drei Aspekte untergliedert werden:

---

1 Hilfreiche NLP-Techniken werden hier nur kurz angerissen. Zur Vertiefung siehe www.landsiedel-seminare.de/nlp/nlp-lexikon.html und http://www.nlp.at/lexikon_neu

2 Vgl. Antonovsky, Aaron (1997). Salutogenese. Zur Entmystifizierung der Gesundheit. Tübingen: Dgvt-Verlag

- Gefühl von Verstehbarkeit: Herausforderungen der eigenen Umwelt werden als verständlich und durchschaubar erlebt.
- Gefühl von Handhabbarkeit: Den Herausforderungen stehen passende Ressourcen zur Bewältigung gegenüber, die man selbst unter Kontrolle hat oder die von anderen kontrolliert werden, denen man vertraut.
- Gefühl von Sinnhaftigkeit. Die Auseinandersetzung mit der Herausforderung wird als lohnenswert bewertet.

Mitarbeiter und Führungskräfte sagen möglicherweise: „Ja, ich verstehe sehr wohl, dass diese Veränderung notwendig ist. Ja, ich halte dieses Vorhaben auch für sinnvoll." Danach kommt es jedoch zum Knackpunkt, der Handhabbarkeit: „Kann ich mit meiner Kraft, mit meinen Fähigkeiten, mit meinen Mitarbeitern, mit meinem Budget das leisten? Es wäre schon sinnvoll. JA, ABER punkt punkt punkt..."

Übung

Was sagen Sie für Ihre Herausforderungen und Veränderungsthemen? Analysieren Sie die Komponenten der Stimmigkeit im Hinblick auf Ihre berufliche Situation, Ihre gesundheitliche Situation, Ihre private Situation. Differenzieren Sie Ihre eigene Sicht und – wenn Sie Führungskraft sind – die Ihrer Mitarbeiter. Für den privaten Bereich können Sie Kinder, Freunde und Lebenspartner für die andere Sicht wählen.

Veränderungsthema	Verstehbar: ja/nein		Handhabbar: ja/nein		Sinnvoll: ja/nein	
	Eigene Sicht	Sicht des/der Mitarbeiter	Eigene Sicht	Sicht des/der Mitarbeiter	Eigene Sicht	Sicht des/der Mitarbeiter
1.						
2.						
3.						
Etc.						

Abbildung 2: Veränderungsthemen und Check des Kohärenzgefühl

Für jedes Nein in der Tabelle sollten Sie überlegen, was genau Sie oder andere brauchen, damit Sie und die anderen JA sagen – ohne Wenn und Aber.

Klären Sie Ihre Haltungen im Umgang mit Veränderungen

Als zweiten Schritt auf dem Weg hin zum kompetenten Verändern, sollten Sie Ihre Haltungen im Umgang mit Veränderungen prüfen. Es braucht drei Haltungsqualitäten für erfolgreiche Veränderungen:

- **Fokussiert sein:**
  mit klarem Ziel, schwungvoll und konsequent den Weg der Veränderung gehen.
- **Balanciert sein:**
  mutig vorangehen, Übergänge zwischen Alt und Neu aushalten sowie für Auftanken sorgen im Prozess der Veränderung.
- **Ermutigend wirken:**
  charismatisch und inspirierend eine Vision vermitteln, Freiraum geben und vertrauensvoll andere auf den Weg der Veränderung mitnehmen.

Abbildung 3: Veränderungskompass©

Alle drei genannten Qualitäten erfordern ein kontinuierliches Zustandsmanagement:

Wenn Sie sich fokussieren, blenden Sie anderes aus. Wie mit einem Bühnen-Scheinwerfer wählen Sie einen Ausschnitt der Wirklichkeit. Mit dem Ziel-Fokus entscheiden Sie sich und entwerfen einen attraktiven Weg.

Wenn Sie balanciert sind, haben Sie Zugang zu Ihren Ressourcen und wissen genau, was Ihnen gut tut und wann es zu viel wird. Auch Phasen des Übergangs gehören dazu. Vielleicht können wir ja vom Hummer lernen, der sich um zu wachsen seines alten Panzers entledigt und dann in einer schützenden Höhle ein paar Tage abwartet, bis der neue Chitinpanzer ausgehärtet ist.

Wenn Sie ermutigend andere auf den Weg der Veränderung mitnehmen, nehmen Sie bewusst Einfluss auf deren inneren Zustand. Mit der Fähigkeit zur Imagination kann eine positive Zukunft erschaffen werden, als wenn das Ziel schon erreicht sei. Wichtig ist dabei auch immer wieder, dass die Menschen wahrnehmen, dass sie ihre inneren Bedürfnisse von Orientierung, Bindung und Zugehörigkeit, Selbstwertschutz, Selbstwerterhöhung sowie Lustgewinn und Unlustvermeidung zumindest in Ansätzen befriedigen können.

Mittels der somatischen Marker[3] – aufgrund von Erfahrungswissen und den dazugehörenden abgespeicherten Emotionen – sind wir in der Lage vernünftige Entscheidungen zu treffen, d.h. wir bewerten aufgrund unserer bewussten und unbewussten Erfahrungen, ob es besser für uns ist, etwas zu tun oder zu unterlassen. Machen Sie sich Ihre Emotionen bewusst. Sie werden entdecken, dass Emotionen immer treue Begleiter bei Veränderungen sind. Sie zeigen Ihnen Bedürfnisse und Veränderungsbedarf an.

Übung

Sie kennen sicherlich Situationen, in denen Sie innerlich eher Blitz und Donner verspüren, Unwohlsein, zumindest Fragezeichen oder andererseits Vergnügen, Spaß, gute Laune, Lachen bis hin zur Euphorie oder Ekstase. Prüfen Sie Ihre Emotionen, die Sie momentan in Bezug auf Ihre Herausforderungen verspüren. Bewerten Sie Ihre Gefühlsstärke sowohl für positive als auch negative Gefühle auf einer Skala von 1-10 (z.B. Unwohlsein = 1-2; heftige Wut = 9-10 oder vorsichtiges Lächeln = 1-2; Ekstase/Euphorie = 9-10 oder unsicher = 1-2; erstarrt = 9-10).

Veränderungsthema	Emotion	1-2	3-4	5-6	7-8	9-10
1.						
2.						
3.						
Etc.						

Abbildung 4: Veränderungsthemen und Check der Emotionen

3 Vgl. Storch, Maja (2010). Machen Sie doch, was Sie wollen!, Bern: Verlag Hans Huber

Tipp:
Passen Sie auf, dass Sie auf der Skala nicht bei 7-10 landen. Wenn Sie völlig in Ihren Emotionen aufgehen, völlig assoziiert sind, dann können Sie nicht mehr denken. Sie sind dann auch nicht mehr wirklich handlungsfähig – das gilt auch für positive Emotionen. Deshalb sollten Sie sich selbst so steuern, dass Sie sich maximal im Mittelbereich bewegen. Über Dissoziierung, Metaposition, Wechsel der Metaprogramme erreichen Sie leicht eine emotionale Zustandsveränderung.

Testen Sie Ihre Veränderungskompetenz

Der 3. Schritt für kompetentes Verändern basiert auf 8 Kompetenzfeldern. In einer quantitativen Befragung von 129 Führungskräften[4] konnten diese Fähigkeiten als entscheidend für erfolgreiche Veränderungsprozesse identifiziert werden. Methodische Kompetenzen und Projekt-Know-how wurden als deutlich weniger wichtig klassifiziert. Wie schätzen Sie sich ein?

	Geringe Ausprägung				Stark entwickelt
Kompetenz	1-2	3-4	5-6	7-8	9-10
Wahrnehmungsfähigkeit					
Kommunikationsfähigkeit					
Vertrauenswürdigkeit					
Motivation					
Zuverlässigkeit					
Eigenverantwortung					
Ausdauer					

Abbildung 5: Check der Einzelelemente für Veränderungskompetenz

Selbstbild und Fremdbild weichen oftmals voneinander ab. Holen Sie sich sowohl von Ihren Kritikern als auch von Freunden Feedback. Bitten Sie um eine ehrliche Rückmeldung. Entscheiden Sie sich anschließend für maximal 3 Aspekte, die Sie für sich weiter entwickeln wollen. Machen Sie daraus ein kleines Veränderungsprojekt für sich selbst.

4 Vgl. Yavuz, Nazli (2010). Veränderungskompetenz. Welche speziellen Kompetenzen benötigen Führungskräfte für erfolgreiche Veränderungsprozesse. Unveröffentlichte Diplomarbeit. Betreuerin: Heller, Jutta. Erding: Fachhochschule für angewandtes Management.

Lernen Sie von der Natur

Stein, Schwamm, Wasser – welches Material hat nach Ihrer Einschätzung am meisten Veränderungskompetenz?

Alle drei Materialien können unterschiedliche Aggregats- und Bewegungszustände annehmen: weich, hart, trocken, nass, erstarrt, gasförmig, schäumend etc.. Von den verschiedenen Arten des Wassers können wir sicherlich am meisten lernen. Situationsflexibel passt es sich seinem Umfeld an und bahnt sich seinen Weg – pacen und leaden als Strategie.

- Nicht Druck verändert, sondern die Geschmeidigkeit des Wassers.
- Nicht Festhalten verändert, sondern die Ausdauer des Wassers.
- Nicht einer allein verändert, sondern die Fülle des Wassers.
- Nicht Wegschauen verändert, sondern die Spiegelung im Wasser.

Balancieren Sie Alt und Neu

Beim 4. Schritt auf dem Weg hin zum kompetenten Verändern geht es explizit um die Übergänge, den Wechsel zwischen Alt und Neu, die Balance zwischen Bewahren und Verändern. In dieser Phase wechseln die inneren Zustände von Trauer, Ärger, Resignation, über Verwirrung, Depression hin zu Neugier, Freude, Optimismus. Diese emotionalen Wechsel brauchen Energie und Zeit, die Sie sich gönnen sollten.

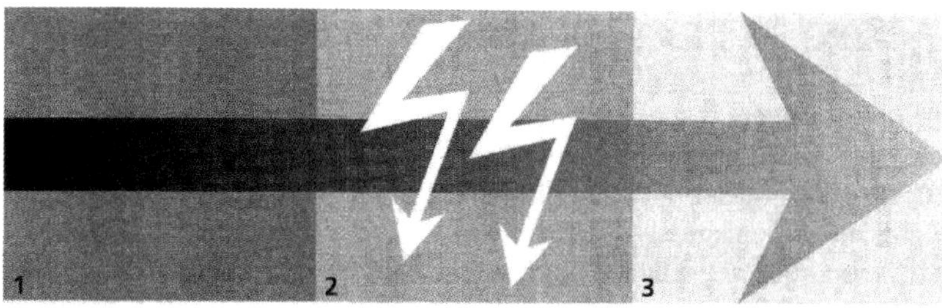

1. Abschied: Trauer, Ärger, Resignation, Widerstand

2. Zwischen Altem und Neuem: Verwirrung, Depression

3. Neuanfang: Neugier, Freude, Optimismus

Abbildung 6: Psychologische Phasen der Veränderung [5]

---

5 Loebbert, M. (2006). The Art of Change. Von der Kunst, Veränderungen in Unternehmen und Organisationen zu führen. Leonberg: Rosenberger Fachverlag, S. 41

Jeder ist vermutlich schon mal umgezogen. Beim Einpacken geht der emotionale Prozess des Entscheidens in der Regel los. Was soll und muss mit, was kann auf den Müll? Was ist besonders wichtig und muss ganz vorsichtig verpackt werden, damit es ja sicher ankommt? Alte Fotos und andere Erinnerungsgegenstände – gehören die noch zum aktuellen Leben? Ist genügend Platz am neuen Ort bzw. wo sollen all die Dinge dann untergebracht werden? Die organisatorischen Fragen sind dabei nur oberflächlich, in der Tiefe geht es um Identitätsfragen und Aspekte der Selbstinszenierung. Beim Auspacken geht der Prozess dann weiter: Wo genau soll was stehen und untergebracht werden? Viele kleine Entscheidungen müssen Sie sich in dieser Situation stellen, die bereits ein gedankliches Probehandeln erfordern. Beim Eingewöhnen dauert es dann auch noch, bis Sie die richtigen Schränke öffnen, wenn Sie etwas suchen, da das alte System sehr wohl noch bewusst ist, aber das neue Ordnungssystem noch nicht internalisiert wurde.

Übung

Machen Sie eine kleine Gedankenreise zu Ihren Veränderungen im Leben. Anhand Ihres eigenen Modells, Ihren Erfahrungen können Sie sich stärken, damit zukünftige Veränderungsschritte leicht werden.

Woran erinnern Sie sich gerne?
Was war gut im Leben zu verändern?
Was war gut zu „entsorgen" bzw. zu verabschieden?
Was war typisch für Ihre Übergänge?
Was gab Ihnen Vertrauen, dass es anders und gut wird?

Abbildung 7: Reflexion eigener Veränderungs-Erfahrungen

Stärken Sie sich mit Ihrem „Moment of excellence"

Beim 5. Schritt auf dem Weg hin zum kompetenten Verändern geht es um Ihre innere Stärke, um Ihre Ressourcen, damit Sie das Neue mutig in kleinen Schritten anfangen können. Was ist Ihre Ressourcesituation, Ihr „Moment of excellence" (MOE), der Ihnen hilft, der Sie stärkt, um schwungvoll in eine Veränderung hineinzugehen? Suchen Sie sich einen Satz, ein Bild, ein Körpergefühl, eine Bewegung, um Ihren MOE zu verankern.

Und abschließend – vergessen Sie nicht den Öko-Check[6], um die Veränderungen auf ihre Verträglichkeit für Sie und Ihr Umfeld zu überprüfen. Mögliche Einwände aus Ihrem Unbewussten sollten Sie frühzeitig integrieren, so dass Sie sich stimmig fühlen und die Veränderungen mittragen können.

6 Ein Öko-Check überprüft die Stimmigkeit einer individuellen Veränderungsarbeit. Sie können abwägen, was Sie einerseits durch die Veränderungen gewinnen und was andererseits der Preis dafür ist.

Resümee:

Je erfahrener und veränderungsgeübter Menschen sind, desto leichter können sie sich und andere mit einem effektiven Zustandsmanagement steuern. Sie können Veränderungen in Unternehmen dann leichter mitgestalten, da sie eigenverantwortlich prüfen, ob und wie sie die Veränderungsvorhaben unterstützen wollen: Nicht mit-schwimmen verändert, sondern der Energieeinsatz jedes einzelnen Wassertropfens.

- Prüfen Sie Ihr Veränderungsvorhaben mit dem Kohärenzgefühl.
- Klären Sie Ihre Haltungen im Umgang mit Veränderungen.
- Steuern Sie Ihre Emotionen, um denk- und handlungsfähig zu sein.
- Seien Sie wie das Wasser: situationsflexibles pacen und leaden für den eigenen Weg.
- Gönnen Sie sich die Zeit für Übergänge, auch wenn die damit verbundenen Gefühle nicht immer angenehm sind.
- Würdigen Sie das Alte, beginnen Sie Neues in kleinen Schritten.
- Stärken Sie sich selbst mit MOE!

Kompetent verändern – ohne Wenn und Aber! Das wünsche ich Ihnen. Viel Erfolg dafür!

Prof. Dr. Jutta Heller, Expertin für Veränderungskompetenz, Professorin für Training & Coaching. Jutta Heller kennt selbst viele Veränderungen – privat und beruflich. Sie sagt von sich: „In meinem früheren Leben habe ich vieles festgehalten und in Kauf genommen, um mich nicht zu verändern. Jedoch durch eine große Krise habe ich gelernt, dass alles möglich ist, wenn ich in einem guten Zustand bin." Dieser ressourcenorientierte Ansatz ist ihr wichtig für alle ihre Kundenprojekte. Sie ist seit über 20 Jahren selbständig als Beraterin, Trainerin und Coach. Sie forscht insbesondere zu Resilienz und Veränderungskompetenz. Sie ist NLP-Lehrtrainerin (Society of NLP International, Chris Hall), systemische Beraterin (Institut für systemische Beratung, Wiesloch) und ausgebildeter Business Coach (Metaforum International, Abano Terme, Italien).

Kontakt:
Homepage: www.juttaheller.de
E-Mail: kontakt(at)juttaheller.de
Tel.: 0911-2786 1770

prof.dr.jutta heller
kompetent verändern – ohne wenn und aber

EMOTIONALES MARKETING: MEHR GEFÜHL - MEHR ERFOLG

ASTRID-BEATE UND CHRISTOPH OBERDORF

14

Berufung zum Beruf machen?!

Solider Start in die Selbstständigkeit.

Die Coaching- und/oder Trainerausbildung war super. Sie haben viel gelernt. Sie würden am liebsten sofort loslegen und Ihr frisches Wissen unter die Leute bringen. Und die innere Stimme wird immer lauter, unüberhörbar verkündet sie: „Es ist so weit, ich mache mich selbstständig." Innerlich stehen Sie in den Startlöchern. Doch es drängt sich parallel eine Frage auf: „Wie bringe ich den Ball ins Rollen? "

Die Angst vor den ersten Schritten kennt jeder Existenzgründer. Wir alle wissen, der Markt kennt kein Pardon. Selbstbewusste Alpha-Rüden nehmen es leicht. Siegessicher stürzen sie sich in den Wettbewerb. Ihr Credo: Kooperation ist etwas für Feiglinge, Konkurrenz beflügelt. Was aber können Sie tun, wenn Sie statt zu den Lauten und Selbstverliebten zu den Sensiblen oder gar Hochsensitiven unserer Gesellschaft gehören? Welcher Weg ist für Sie richtig, wenn der Gedanke an Marketing und Akquise unaufhörlich Bauchweh und Fluchtreflexe in Ihnen auslöst? Wenn Sie sich zwischen Euphorie und Erfolgsdruck hin- und hergerissen fühlen und bisher noch keinen roten Faden für Ihr Business gefunden haben, dann lassen Sie sich von uns auf den nächsten Seiten in die Welt des sympathischen Sogmarketings entführen. Denn ein solider Start in die Selbstständigkeit hat nichts mit Glück zu tun. Eine erfolgreiche Selbstständigkeit hat mehr mit den richtigen Entscheidungen zu tun.

Zart besaitet und empfindsam zu sein ist noch lange kein Grund den Kopf in den Sand zu stecken. „Erfolg braucht eine Strategie", sagt Professor Wolfgang Mewes, der Gründervater der Engpass-Konzentrierten-Strategie. Wir sehen das auch so. Damit jedoch die Rechnung für Sie aufgeht, ist es wichtig, blauäugige Schnellschüsse zu vermeiden und eine realistische Selbsteinschätzung vorzunehmen.

Mal ehrlich: Rekordhochs an Akademien haben in den letzten Jahren für einen drastischen Anstieg von Coaching-, Trainings- und Beratungsangeboten gesorgt. Die europäische Schuldenkrise, politische Handlungsunfähigkeit und unsichere Arbeitsmärkte lassen Menschen im Gegenzug nur sehr verhalten ihr kostbares Geld ausgeben. Da hilft es, gut beraten zu sein, damit Ihre Geschäftsidee auch wirklich auf fruchtbaren Boden fällt. Gute Vorbereitungen schützen Sie vor unnötigem Frust und bösen Überraschungen.

Sicher, souverän und selbstbewusst starten.

Gewinnen Sie Sicherheit im Wirrwarr Ihrer Gefühle. Dazu laden wir Sie auf den nächsten Seiten ein. Vielen empfindsamen Existenzgründern hat die folgende Vorgehensweise sehr geholfen. Sie werden sehen, hoffnungslos ist Ihre Lage wirklich nicht. Wenn Sie bisher angestellt waren und noch keine Erfahrung mit der Selbstständigkeit haben, wird Ihnen die folgende Struktur eine willkommene Hilfe im Durcheinander Ihrer gemischten Gefühle sein.

Gerade wenn Sie sehnsuchtsvoll auf eine bessere Zukunft hoffen, sind Existenzängste auch nicht fern. Lachen und Weinen liegen in Zeiten des Wandels extrem nah beieinander. Doch jeder der folgenden Schritte wird Sie mit mehr Klarheit beschenken. Sie werden sicherer, souveräner und selbstbewusster agieren können – und das ist unser Ziel.

21. Jahrhundert: Wir stehen an einem Wendepunkt.

Zarte Seele – starke Werte? Bei Licht betrachtet waren die Zeiten für Sensitive und Sensible nie besser als heute. Wir befinden uns mitten in einer Zeitenwende. Zukunft entsteht aus der Krise und Zukunft braucht Werte. Neue Wissenschaften verändern das Denken: angefangen mit der Quantenphysik, Kosmologie, der modernen Gehirnforschung und der neuen Medizin der Emotionen. Der Zukunftsforscher Prof. Dr. Ervin Laszlo ist überzeugt davon, dass dieses Wissen innerhalb weniger Jahre im Mainstream der Wissenschaft ankommen wird und sich unsere Gesellschaft dementsprechend verändert.

Nur Mut: Als ganzheitlich denkender Mensch, der Sie als „Sensibelchen" schon von Hause aus sind, werden Sie und Ihre Angebote gerade jetzt und in der kommenden Zeit dringend gebraucht. Der reine Fokus auf egoistische Profitmaximierung stirbt aus. Nachhaltige Konzepte und Sensibilität im Geschäftsleben nehmen zu. Das Bewusstsein der Menschen verändert sich – auch im Business. Da Sie nicht zu den Menschen gehören, die mit allen Wassern gewaschen sind, laden wir Sie ein, einen Weg zu finden, sich ethisch und ehrlich selbst zu vermarkten. Wie das gehen kann, das verraten wir Ihnen auf den folgenden Seiten.

Ihr Starter-Set: 3 essentielle Erfolgsbausteine.

Aller guten Dinge sind drei und weil weder Euphorie noch Panik gute Berater sind, haben wir Ihnen hier ein strukturiertes Starter-Set kreiert. Unsere dreistufige Vorgehensweise hilft Ihnen, sich ein solides Unternehmensfundament aufzubauen. Als besonderes Bonbon bekommen Sie fünf Masterfragen an die Hand, um das Besondere in Ihrem kleinen Unternehmen auf den Punkt zu bringen. Wir wollen Sie inspirieren, sich von Anfang an auf das Wesentliche zu konzentrieren. In Ihren Antworten auf die folgenden Fragen, liegt schon der erste Schlüssel zum Erfolg, um kurz, knapp, knackig bei Menschen im Herzen zu landen. Schließlich soll JEDER sofort verstehen und erkennen, worum es bei Ihnen geht und wann es sich lohnt Sie zu buchen.

Wir wollen an dieser Stelle mit einem Vorurteil aufräumen. Kunden für sich zu gewinnen, hat nichts damit zu tun, sich anzubiedern. Wir behaupten: Kundengewinnung war noch nie so einfach wie heute – nicht leicht, aber einfach. Noch nie wusste man mehr über die Psyche und das Verhalten von Kunden als heute. Wir wissen um die wahren Kundenbedürfnisse sowie Kaufmotive. Die Gehirnforschung hat uns offenbart wie Kundenkommunikation funktioniert.

Neurowissenschaftliche Erkenntnisse bestimmen längst, wie man erfolgreiches Marketing betreibt. Nicht um Kunden über den Tisch zu ziehen, sondern vielmehr, um Kunden zu verstehen und deren Bedürfnisse zu befriedigen. Es steht fest, nie war es so leicht wie heute, Kunden ehrlich für sich zu begeistern und sie zu loyalen Empfehlungsgebern zu machen.

Oh, Sie haben noch Bedenken und suchen nach dem Haar in der Suppe: „Wie soll das funktionieren? Schließlich gab es noch nie so viel Konkurrenzdruck". Ja, da haben Sie Recht. Und genau hier liegt für Sie als Einzelunternehmer eine riesige Chance. Noch nie wurden Anbieter so klar aufgefordert, Farbe zu bekennen. Individuelle Ideen, persönliche Produkte und zielgruppengerechte Kommunikation liegen voll im Trend.

Noch nie war es so zwingend nötig, seine persönliche Nische im Business zu finden. Noch nie waren die Bedürfnisse der Kunden so bunt, vielschichtig, aber auch so klar erkennbar. Noch nie waren die Möglichkeiten für Angebote so immens groß.

1. Erfolgsbaustein für Ihren Erfolg: Ihre Persönlichkeit

Neues Bewusstsein wächst - auch im Business.

Ein erfolgreiches Business braucht einen roten Faden. Sie halten ihn in der Hand, wenn Sie die folgenden Fragen in Ruhe beantwortet haben: Wer sind Sie? Was begeistert Sie? Was können Sie vertreten? Wofür stehen Sie? Was entspricht Ihnen? Womit identifizieren Sie sich? Was schenkt Ihnen Sinn?

Geht es hier um Philosophie? Nein. Es geht um die Basis für Ihren Erfolg. Im Marketing wird immer wieder von Positionierung gesprochen. Damit ist gemeint, dass jedes Unternehmen seine eigene Position bezieht und für etwas (ein)steht. Diese Position sollte klar und deutlich für andere wahrnehmbar und sichtbar sein. Zeigen Sie der Welt, was Ihnen wichtig ist – mit allem Pipapo.

Beispielsweise hat Reinhold Messner seine Position als Extrem-Bergsportler über Jahrzehnte festgelegt. Er ist der, der über 100 Berge als Erster bestiegen hat. Der Bergsteiger ist ein Abenteurer, ein echter Grenzgänger und Pionier. Er hat die menschlichen Gesetze auf dem Berg neu definiert. Er hat eine Position zum Thema Bergsteigen und er steht dazu. Oh, bitte jetzt nicht stöhnen. Ganz so herausragend, halsbrecherisch und lebensbedrohlich braucht Ihre Positionierung nicht ausfallen. Es sei denn, Sie wollen das.

FKK für die Seele: unverhüllt und schamlos.

Damit Ihnen das Beantworten der obigen Fragen leicht von der Hand geht und die Fragen nicht nur nüchtern im Raum stehen, haben wir für Sie und alle NLP-Junkies, zusätzlich eine transderivationale Suche vorbereitet. Ein leeres Blatt, ein Stift und ein paar freie Minuten helfen, die inneren Bilder auf Papier zu bringen. Träumen ist jetzt mehr als erlaubt. Träumen ist erwünscht. Träumen ist so, als wenn Sie Ihre Seele am FKK-Strand von der Sonne verwöhnen lassen. Ganz unverhüllt und schamlos. Freuen Sie sich auf das, was aus Ihrem tiefsten Inneren an das Tageslicht dringt. Genießen Sie Ihre Antworten und schicken Sie den inneren Kritiker solange in den Urlaub.

Ab geht es in verschüttete Archive: ...Wenn Geld keine Rolle spielen würde, ... also, wenn genügend Geld vorhanden wäre, um nach Ihrer Meinung richtig gut leben zu können – unabhängig davon, ob das monatlich 5.000 Euro oder 5 Millionen Euro wären, ... was würden Sie dann tun? ... Wer wären Sie dann, wenn ein gutes Leben gesichert wäre? ...

Unser Ziel ist es, dass Sie zu sich selbst finden und sich Ihrer eigenen Sehnsüchte aus dem Inneren bewusst werden. Erlauben Sie sich, reinen Tisch zu machen und einschränkende Vorstellungen über Bord zu werfen. Erfolgreiche Unternehmer waren zu allen Zeiten Freigeister und Visionäre. Wie viel tragen Sie davon in sich? Wie fühlt es sich an, der/die zu sein, der/die Sie sind? Wie wäre es, Selbstzweifel ad acta zu legen und einfach nur echt zu sein? Gut? Frei im Kopf? Wagen Sie es!

2. Erfolgsbaustein: Ihre Wunschkunden

Loyale Kunden sind die Basis für Ihren Erfolg.

Wenn Sie bisher aktiv mitgemacht haben, wissen Sie schon jetzt, was Sie motiviert und begeistert. Kommen wir zu Ihren Kunden und damit zu einem ganz heiklen Thema: Ihren Wunschkunden! Sie runzeln die Stirn und fragen sich: „Ist das nicht an den Haaren herbeigezogen? Wie kann ich mir meine Kunden aussuchen? Ich bin doch froh über jeden Auftrag."

Nun, an dieser Stelle liegt bereits der Hase im Pfeffer. Wir möchten, dass Sie die zwei häufigsten Fehler bei der Existenzgründung vermeiden:

1. Nach Schema F vorzugehen
2. Einfach andere Coachs, Trainer und Berater kopieren

Wir sagen, dass sich schon an diesem Punkt entscheidet, ob Ihr kleines Unternehmen ein solides Fundament erhält oder ob Sie es auf Sand bauen. Denn die Tragfähigkeit Ihrer Selbstständigkeit hängt entscheidend von der Passgenauigkeit Ihrer Zielgruppe ab. Warum ist das so?

Als sanfte, empfindsame oder gar hochsensitive Persönlichkeit sind Begegnungen mit weniger zart besaiteten Menschen oftmals anstrengend für Sie. Erinnern Sie sich: Ihre Arbeitsweise ist geprägt von Perfektionismus und Tiefgründigkeit. Nachhaltige Ergebnisse und ein respektvoller Umgang liegen Ihnen nicht nur am Herzen, sondern sind existenziell für Sie. Wenn Sie ohne den Blick durch die rosarote Brille auf Ihr Leben zurückblicken, dann müssten Sie sich eingestehen, dass ganz viele Menschen gar nicht zu schätzen wussten, was sie an Ihnen und Ihrer besonders achtsamen Art und Weise hatten.

Damit die Lust nicht zur Last wird.

Andere traten Ihnen häufig verbal und energetisch auf die Füße – und merkten es noch nicht einmal. Waren Sie selbst entspannt, verliefen Kontakte in der Regel ganz gut, weil Sie sich anzupassen in der Lage waren. Waren Sie gestresst, fühlten Sie sich schnell von anderen genervt und tendierten zur Flucht. Summa summarum: Die meisten Kontakte kosten Sie viel Energie. Kritik, Disharmonie und unterschiedliche Wertvorstellungen rauben Ihnen Kraft – selbst über die Zeit des Zusammenseins hinaus. Wenn Sie Energieverlust im beruflichen Umfeld erleben, fällt Ihre Leistungskurve augenblicklich rapide in den Keller. Gute gemeinsame Arbeitsergebnisse werden unter disharmonischen Umständen nur noch mit allergrößtem Aufwand möglich. So einen Kraftakt bekommen Sie langfristig nicht hin.

Denn nur wenn Sie sich wohl, akzeptiert, anerkannt und sicher fühlen, stehen Ihnen alle Ihre Ressourcen voll und ganz zur Verfügung. Dann läuft Ihr innerer Motor auf Höchstleistung. Deshalb sollten Sie sich hier und heute die Fragen stellen: „Mit wem möchte ich arbeiten? Möchte ich mit jedem Kunden arbeiten, der kommt? Oder erlaube ich es mir, mit den Menschen zusammenzuarbeiten, die zu mir passen?“ Bereichernde Beziehungen heißen nicht umsonst so – sie schaffen Reichtum.

Bereichernde Beziehungen garantierten Höchstleistungen.

Um den Damm zu brechen und bei Ihren potentiellen Kunden einen Stein im Brett zu haben, braucht es mehr als ein überzeugendes Angebot. Um mittel- und langfristig am Markt zu bestehen, brauchen Sie zufriedene Kunden, die durch Mund-zu-Mund-Propaganda für dauerhaften Kundenzulauf sorgen. Nur so können Sie am Markt überleben: durch supergute Ergebnisse und loyale Kunden. Wollen Sie Ihren Erfolg durch „falsche“ Kunden gefährden lassen?

Oh, Sie verstehen und trotzdem fällt Ihnen die Vorstellung schwer, Kunden ganz gezielt auszusuchen? Sie fühlen sich unwohl bei dem Gedanken, bestimmte Menschen abzulehnen? Das verstehen wir. Können wir uns darauf einigen, dass Sie sich die nächsten Fragen einfach als Arbeitshypothese vorstellen? Es wird Ihnen bestimmt gefallen!

Wir haben die folgende Metapher von dem amerikanischen Unternehmensberater und Autor Michael Port übernommen. Das Bild des roten Teppichs finden wir einfach fantastisch und wir freuen uns, wenn Sie sich von der Vorstellung überzeugen lassen.

Los geht’s: Angenommen Sie dürften Sich Ihre Kunden aussuchen. Und es gäbe einen roten Teppich, der vor Ihrem Unternehmen ausliegt. Erlauben Sie sich diese Vorstellung. Sehen Sie die Menschen an der Absperrung. Neugierige Gesichter blicken erwartungsvoll auf das, was hier in den nächsten Minuten geschehen wird. Im vorderen Bereich stehen breitschultrige und finster blickende Bodyguards. Die schon durch ihre Erscheinung die Massen davon abhalten, zu Ihnen durchzudringen.

Und nun sind Sie an der Reihe, denn nur Sie entscheiden, wen die schwarz gekleideten Kraftpakete durchlassen dürfen. Bedenken Sie, als sensitiver Mensch haben Sie eine gute Intuition, aber diese kampffreudigen Kerle nicht. Die brauchen klare Erkennungskriterien von Ihnen, welche Personen über Ihren roten Teppich zu Ihnen kommen dürfen und welche nicht? Auf welche menschlichen Eigenschaften legen Sie besonderen Wert?

Wunschkunden-Steckbrief: Wen laden Sie ein?

Kundenbeziehungen sind Partnerschaften. Partnerschaft beruht auf passenden Profilen – privat wie beruflich. Bitte erlauben Sie sich deshalb, gnadenlos zu selektieren. Auch wenn Sie vielseitig interessiert und offen sind, so gibt es bei genauerem Hinsehen bestimmte Züge, die Sie bei Ihren Mitmenschen besonders schätzen. Es gibt bestimmte Charaktereigenschaften, die Sie brauchen, um gute Arbeit zu leisten. Es gibt klare Parameter, die die Grundlage für Ihre Zusammenarbeiten bilden: Einkommen, Bildungsgrad, Werte, Ziele der Kunden und vieles mehr. Sie wissen, Ihre Zeit und Ihre Energie sind tagtäglich begrenzt. Wem wollen Sie Ihre kostbare Zeit und Energie zur Verfügung stellen?

Je klarer und genauer Sie Ihre Wunschzielgruppe von Anfang an kennen, umso leichter können Sie diese Menschen erreichen und zu Kunden werden lassen. Das Gute ist, je klarer Sie Ihren Wunschkunden-Steckbrief erstellen, desto erfolgreicher können Sie Ihr gesamtes Marketing darauf aufbauen. Na, wie gefällt Ihnen der Gedanke, ausschließlich mit Menschen zu arbeiten, die zu Ihnen passen und deren Aura Sie als angenehm empfinden? Wunderbar, oder?

3. Erfolgsbaustein: Ihre Problemlösung(en)

Haben Sie alle Fragen beantwortet? Dann wissen Sie jetzt, wer Sie sind. Sie haben ein Bild davon, wer Ihre Wunschkunden sind und jetzt bleibt nur noch die Frage offen, was Sie diesen Menschen zu bieten haben.

Sagen Sie jetzt bitte nicht, ist doch klar: Coaching, Training oder Beratung. Henry Ford bringt auf den Punkt, worum es bei Ihrem Angebot wirklich geht: „Das Geheimnis des Erfolgs ist es, den Standpunkt des anderen zu verstehen. Wenn ich die Menschen vor der Schaffung des ersten Automobils gefragt hätte, was sie wollen, sie hätten sich schnellere Pferde gewünscht."

So erlangen Sie Weisheit, Weitblick und Wirksamkeit.

Und das zeichnet unserer Meinung nach einen erfolgreichen Unternehmer aus: Weisheit, Weitblick und Wirksamkeit. Und all das zeigt sich im dem Gespür für die wahren Kundenbedürfnisse. Wenn Sie es schaffen, die Probleme Ihrer Kunden aus deren Sicht besser zu beschreiben, als es Ihren Kunden selbst möglich ist, dann werden Ihre Kunden Sie lieben. Um zu verstehen, was wir genau meinen, laden wir Sie ein, mit uns einen kleinen Abstecher ins Neuromarketing zu unternehmen.

Warum? Weil Menschen im Umgang mit Geld kleine Egoisten sind. Sie fragen sich: „Worum geht es? Was habe ich davon?" Je mehr Sie in der Lage sind, diese beiden Fragen kurz, knapp und knackig zu beantworten, desto mehr steigt Ihre Chance, wie ein leuchtendes Feuerwerk im grauen Einerlei bekannter Angebote wahrgenommen zu werden. An dieser Stelle macht es Sinn, etwas auszuholen und erst einmal etwas über die verschiedenen Kundenbedürfnisse zu erfahren.

Neuromarketing: Die Kunst Kundenbedürfnisse zu kennen

Hatten Sie schon mal das Vergnügen, einen engagierten Versicherungsvertreter bei der Arbeit zu beobachten? Nein? Schade. Von vielen Versicherungsvertretern können Sie etwas lernen. Wir meinen, dass jetzt rein fachlich. Menschlich ist ihr Verhalten nicht immer vorbildlich. Aber gerade Versicherungsvertreter sind sehr wach im Kundengespräch. Ohne Unterschriften auf Antragsformularen können sie in ihrem knallharten Business nicht überleben. Unterschriften sind für sie wie Trophäen – ein klares Zeichen des Sieges im Alltag.

Nur kundengerechte Kommunikation füllt Ihre Kasse.

Ihr Business braucht nicht so harten Konkurrenzbedingungen ausgesetzt zu sein. Worauf wir hinauswollen ist, dass erfolgreiche Menschen es verstanden haben, dass sie ihre Kunden individuell ansprechen müssen, wenn sie deren Geldbeutel öffnen wollen. Verkäufer wissen, dass sie nur über eine kundengerechte Kommunikation ihre Angebote an den Mann oder an die Frau bringen. Und das sollten Sie von guten Verkäufern lernen und übernehmen.

Der Mensch – ein emotionales Wesen

Wissen Sie, warum Sie dieses Buch jetzt in den Händen halten? Was hat Sie motiviert, diese Zeilen bis hierher zu lesen? Welche Gefühle haben dazu geführt? Ja, Sie haben richtig gelesen – Gefühle, nicht Gedanken. Sie fragen sich, welche Gefühle? Seit Jahren belegen neurowissenschaftliche Studien: menschliches Verhalten ist überwiegend hormonell und emotional gesteuert. Für die Liebe akzeptieren wir das schon lange. Bei anderen Entscheidungen glauben wir, der Verstand würde uns leiten.

Haben Sie schon mal darüber nachgedacht, warum Sie glauben, die meisten Entscheidungen in Ihrem Leben würden Sie auf andere Art und Weise treffen? Heute wissen wir, die Erde ist keine Scheibe und der Mensch kein rationales Wesen. Dank der Neurowissenschaftler haben wir jetzt farbige Computerbilder über Kaufzentren im Gehirn, die bei Lustempfinden leuchten und Schmerzempfindungen vermeiden wollen. Schwarz auf weiß können wir die passenden Erklärungen dazu studieren. Es ist eindeutig: Die wahre Steuerungsinstanz unserer Kaufentscheidungen ist in unserem Gehirn das Limbische System.

Hormone entscheiden, was gekauft wird.

Je stärker Emotionen sind, die ein Produkt oder eine Dienstleistung in uns auslöst, desto lockerer sitzt das Geld im Portemonnaie. Dabei spielen zwei Faktoren eine wichtige Rolle: Entweder erzeugt das Angebot viele gute Gefühle in uns oder es hilft uns, negative Gefühle zu vermeiden. Fehlt der emotionale Wert, bleibt das Geld in der Börse. Dank Dr. Hans-Georg Häusel und seinen Veröffentlichungen zum Thema wissen wir, erst wenn die schmerzhafte Ausgabe des Geldes auf der anderen Seite durch positive Gefühle ausgeglichen wird, wird die Trennung vom schnöden Mammon erfolgen.

Emotionale Kundenwünsche

Je nach unseren persönlichen Präferenzen springen unsere Kaufhormone an oder eben nicht. So wie wir alle nach einem unbewussten Bodyschema unsere Partner auswählen, so treffen wir auch alle anderen Entscheidungen – emotional. Und deshalb lohnt sich ein kleiner Einblick in unsere emotionalen Kaufbedürfnisse, weil Selbstständige diese Kundenbedürfnisse kennen sollten. Nur so können Sie sicher sein, marktgerechte Angebote zu konzipieren.

Sie werden sehen, es ist ganz leicht. Die folgende dreistufige Kategorisierung zeigt grob, welche Kriterien Sie bei Ihren Angeboten berücksichtigen sollten. Machen Sie sich bewusst, kein Kunde kauft von Ihnen Coaching, Beratung oder ein Training. Sie werden für Problemlösungen gebucht – Punktum! Kunden wollen mit Ihrer Hilfe Engpässe überwinden, Ziele erreichen und sich wohler fühlen als zuvor.

Kunden wollen Engpässe überwinden.

Wenn Sie das bei Ihren Angeboten immer im Blick haben, sind die Voraussetzungen für ein leichtes Spiel bei Ihren Kunden gegeben. Aber Vorsicht, jeder Jeck ist anders. Und das ist nicht nur im Kölner Karneval so. Auch im wahren Leben weiß das jeder, doch kaum einer berücksichtigt das im Business-Bereich. Und hier können Sie Ihren Wettbewerbsvorteil ausspielen. Zeigen Sie Ihren Kunden genau, dass Sie sie verstehen und die passenden Lösungen zu bieten haben. Gehen wir kurz ins Detail.

Entscheidend sind: Persönlichkeit und Situation.

So wie wir mithilfe von Gaspedal und Bremse unser Auto beschleunigen oder verlangsamen, so navigieren uns ein Belohnungssystem und ein Vermeidungssystem im limbischen Gehirn. Sie helfen uns, gute Entscheidungen zu treffen, bei all den Kaufverführungen. Emotionen sind für uns Menschen überlebenswichtig, weil sie uns zeigen, was für uns wertvoll ist. Wie ein Autopilot halten sie uns auf Kurs. Sie sorgen dafür, dass außer unserem reinen Überleben durch Essen, Trinken, Schlaf und Sex auch noch drei andere große Emotionssysteme Platz in unserem Leben haben. Ihr Ziel ist es, dass wir sicher, freudvoll und autonom überleben können. Tauchen wir einmal kurz in die Welt der Emotionssysteme ein, damit Sie verstehen, was Kunden wirklich kaufen:

1. **Sicherheitsbedürfnis statt Risikofreude**
   Unser Sicherheitssystem ist für unser Überleben existenziell. Es hilft uns, unnötige Risiken zu vermeiden und Stabilität in unserem Leben sicherzustellen. Geborgenheit, Verlässlichkeit, Bewährtes, Traditionen und familiäres Miteinander tragen dazu bei. Veränderungen, Abenteuer, Innovationen, Spontaneität und Wettkämpfe verursachen in diesem Bereich des Gehirns – auch Balance-System genannt – schnell Unsicherheit, Stress und Angst.
2. **Spiel, Spaß, Spannung statt gähnender Langeweile**
   Das Stimulanzzentrum ist eine weitere große Triebfeder in uns Menschen. Es ermöglicht uns, Freude an Neuem zu empfinden. Im Stimulanzsystem wohnt der Abenteurer in uns. Sinn und Zweck dieses Systems ist unsere Weiterentwicklung. Neugierde hilft uns über den bestehenden Tellerrand zu schauen. Abwechslung und ungewöhnliche Erfahrungen ermöglichen uns, Freude zu erleben und Langeweile zu vermeiden. Offenheit hilft uns, Grenzen zu überschreiten und Innovationen zu entwickeln. Merke! Was das Sicherheitssystem mag, findet das Stimulanzsystem super langweilig: Bewährtes und Vertrautes.
3. **Stolz und Status statt Ohnmacht und Wut**
   Unsere dritte Grundsteuerung geht vom Dominanzsystem aus. Es hilft uns, uns als Individuen erfolgreich im Leben durchzusetzen und unser Leben selbst in der Hand zu haben. Der Wunsch, Oberwasser im Konkurrenzkampf des Alltags zu behalten, unterstützt uns, Komfortzonen zu verlassen und über uns selbst hinauszuwachsen. Als Lohn ernten wir einen Zuwachs an Stolz und Siegessicherheit und vermeiden damit unnötige Ohnmachtgefühle.

Was wirklich zählt: Sicherheit, Stimulanz, Status.

Auf den Punkt gebracht: Wir alle haben diese drei Emotionssysteme im Gehirn- aber nicht in gleicher Stärke und Ausprägung. Wir alle sind Mischtypen. Aber man kann sagen, jeder von uns hat meist einen Schwerpunkt in der Ausprägung dieser Emotionssysteme. Kaufbedürfnisse hängen deshalb von zwei Faktoren ab. Erstens, welche konstanten Persönlichkeitseigenschaften jemand mitbringt und zweitens, wie die momentane Stimmung und aktuelle Situation des Menschen aussieht. Denken wir noch einmal an einen Versicherungsvertreter. Stellen wir uns vor, ein Vertreter besucht die folgenden drei Personen. Die Beispiele sind extra plakativ gehalten, um Ihnen zu zeigen, wie unterschiedlich Menschen mit Geldausgaben umgehen.

3 Beispiele, die Sicherheit schenken.

Der angestellte Familienvater
Sein ganzer Stolz ist seine Familie. Und seinen Traum eines Eigenheims hat er sich bereits erfüllt. Mit all dem ist er sehr glücklich – mehr braucht er nicht. Bei ihm hat der Vertreter ein leichtes Spiel, weil der Kunde auf jeden Fall Sicherheit darüber haben möchte, die richtige Alters- und Risikoversorgung für sich und seine Lieben im Rücken zu haben.

Der Gedanke, dass in der Zukunft etwas Schlimmes passieren könnte, belastet ihn. Bei ihm überwiegt das Sicherheitssystem. Sein Wunsch, sich abzusichern wird durch Ängste und Sorgen motiviert. Gute Gefühle entstehen bei ihm dadurch, dass er negative Erfahrungen vermeidet. Versicherungen spielen gerne mit dieser Angst.

Die selbstständige Grafikerin
Bei ihr wird der Versicherungsvertreter es schon schwerer haben. Sie ist selbstständig und beweist damit eine gewisse Risikofreude. Sie lebt seit Jahren mit einem schwankenden Einkommen und kann mit den Unwägbarkeiten des Lebens ganz gut umgehen. Als Grafikerin ist sie offen für Neues, liebt Überraschungen und Lifestyle. Leben im Jetzt ist ihr wichtiger, als sich Gedanken um die Zukunft zu machen. Sie blickt optimistisch ins Leben und gibt ihr Geld am liebsten für die schönen Dinge des Lebens aus. Sie denkt: „Was morgen ist, na schaun wir mal." Gute Gefühle entstehen für sie durch Stimulanz: Spiel, Spaß und Spannung. Versicherungen langweilen Sie. Sparen ist nicht so ihr Ding.

Der statusorientierte Unternehmer
Der Businessmann hat kein Problem dem Versicherungsvertreter einen Termin einzuräumen. Aber nur mit der unmissverständlichen Aussage, dass er sich nur Zeit für ein Gespräch nimmt, wenn der Vertreter ihm etwas Lohnenswertes mit hoher Rendite mitbringt. Ansonsten könne er sich den Weg und die Zeit sparen. Eine Unterschrift hängt vom Geschick des Vertreters ab: Kapitalaufbau mit exorbitant guten Konditionen sind dem Unternehmer wichtig – viel wichtiger als Sicherheit.

Er gibt gerne Geld aus, wenn es sich für ihn lohnt. Für hohe Gewinnversprechen riskiert er auch schon mal etwas. Bei ihm ist das Dominanzsystem stark ausgeprägt. Er ist ein Macher und will immer ganz vorne im Leben mitspielen – alles andere interessiert ihn nicht.

Sie sehen, nicht jeder Mensch hat die gleichen Probleme, Bedürfnisse und Interessen. Nicht jeder Mensch glaubt eine Lebens- oder Kapitalversicherung zu brauchen. Und so ist das auch mit Coaching-, Trainings- und Beratungsangeboten. Deshalb macht es Sinn, die folgenden fünf Fragen zu beantworten. Sie werden Ihnen helfen herauszufinden, wo der Schwerpunkt Ihrer zukünftigen Angebote liegt und wer Sie wirklich braucht. Der Vorteil ist, Ihre Antworten ermöglichen Ihnen genialerweise direkt eine bildhafte, ansprechende und gefühlvolle Kundenkommunikation zu erlernen.

Nominalisierungen wie Coaching, Training, Beratung sagen nicht viel aus. Lösungsfokussierung, Ressourcenorientierung, Prozessbegleitung sind schon etwas klarer, aber nicht gut geeignet zur Kundenansprache. Die Kunden empfinden solche Fachbegriffe oft als abstrakt. Innere Bilder und emotionale Eindrücke erzeugen Nominalisierungen aber nicht.

Deshalb empfehlen wir: sprechen Sie kundisch. Verbalisieren Sie Ihre Aussagen und sofort werden Sie besser, leichter und schneller verstanden. Sie werden nicht darum herumkommen, Kundisch zu lernen. Kundisch ist die Sprache, die Kunden erreicht. Und mit dieser kleinen Vorarbeit wird dabei vieles leichter.

Auf geht es: Arbeiten Sie Ihr authentisches Angebotsportfolio aus. Der nächste Schritt führt Sie ohne Umschweife zu einem klaren, konkreten und knackigen Angebot. Und zu dem Besonderen Ihrer Arbeit. Sicher, so viel Vorarbeit ist eine Extrameile zu Beginn der Existenzgründung. Aus unserer Erfahrung ist es eine Extrameile, die viele Umwege erspart, es ist ein Weg, der sich zigfach auszahlt. Wieso Sie mehrfach davon profitieren?

1. Voller Stolz können Sie im Anschluss auf Ihr ganz persönliches Angebot blicken
2. Sie erkennen das Herzstück Ihrer Arbeit – Ihre Besonderheit
3. Sie verstehen besser, wie Ihre Kunden ticken (denken Sie an Henry Ford)
4. Ihre Antworten liefern die Grundlage für Ihre gesamte Kunden- und Unternehmenskommunikation. Genial – besser geht's doch gar nicht!

Haben Sie ein Din A 4 Blatt vor sich liegen? Ist Ihr Stift gezückt? Haben Sie etwas Zeit? Dann geht es los: Legen Sie das Blatt quer und zeichnen Sie sich eine Tabelle mit fünf Spalten. Schreiben Sie die folgenden Überschriften jeweils nebeneinander in die Spalten.

1. Welche Probleme haben meine Kunden (die ich lösen kann)?
Bevor Sie sich irgendetwas aus den Fingern saugen, versetzen Sie sich doch einmal in die Lage der Betroffenen. Welche Probleme sehen Sie immer wieder, von denen Sie denken, dass diese Probleme überflüssig sind? Nur wenn Sie sich hier einfühlen und einen guten Riecher haben, können Sie sicher sein, nicht nur leeres Stroh zu dreschen. Ihre Problemlösungsfähigkeit ist Ihr Kapital. Nur die Probleme, die der Kunde auch sieht und lösen will, werden Ihnen eine „gute Ernte" bescheren. Tipp: Sie können erst einmal alle Probleme wie Kraut und Rüben durcheinander werfen. Später macht es aber Sinn, Ihre Aufzeichnungen nach Bereichen zu sortieren, beispielsweise nach Berufs- und Privatleben.

Vorhandene Probleme des Kunden zu erkennen ist der erste Schritt. Um diese nun auch gut lösen zu können, macht es Sinn, sich zu überlegen, was Kunden stattdessen wollen. Unser Beispiel von Henry Ford – schnellere Pferde oder alternative Fortbewegungsmittel und damit verbunden schnellere Mobilität? Lesen Sie Ihre soeben aufgeschriebenen Antworten und machen Sie sich klar, was Ihre Kunden sich wahrscheinlich als Alternative zum Bekannten wünschen.

2. Was möchten meine Kunden stattdessen?
Nehmen Sie uns als Beispiel: Unsere Kunden möchten sich trotz ihres sensiblen Charakters ein tragfähiges und starkes Business aufbauen. Sie wollen erfolgreich selbstständig sein obwohl sie Akquisehasser und Marketingmuffel sind. Dazu benötigen sie ein selbstbewusstes Auftreten, ein authentisches Angebot und eine Anziehungskraft auf Kunden. Viele kleine Entwicklungen sind für dieses Gesamtziel notwendig. Und so ist das auch bei Ihren Kunden. In welchen Bereichen wollen Ihre Kunden mehr Sicherheit, Stimulanz oder Status? Wenn Sie bis hierhin fleißig am Ball geblieben sind, dann ist Ihnen jetzt klar, welche Probleme Sie gut lösen können. Sie kennen die Ziele Ihrer potentiellen Wunschkunden und jetzt stellt sich die Frage, wie Sie diese Bedürfnisse erfüllen. Schauen wir uns Ihre Arbeitsschritte näher an.

1.Probleme	2. ... stattdessen	3. Erfüllung	4. Herzensanl ...	5. Vorteile
Problem 1	Bedürfnis 1	Vorgehens-weise	Mir besonders wichtig	Kundenvorteil
Problem 2				
Problem 3				

Auf einen Blick: Warum Ihre Kunden Sie buchen.

3. Wie erfülle ich diese Bedürfnisse?
Schauen Sie sich die ersten beiden Spalten Ihrer Tabelle an. Sie sehen die Probleme und was Kunden sich stattdessen wünschen. Und jetzt schreiben Sie daneben, wie Sie diese Bedürfnisse erfüllen. Diese Frage ist für Sie leicht zu beantworten, wenn Sie schon Erfahrungen mit Kunden gesammelt haben.

Wenn Sie noch Neuling ohne Referenzprojekt sind, dann haben Sie vielleicht in Ihrem Kopf die Vorstellung davon, wie Sie vorgehen könnten. Aber das nützt Ihnen nicht wirklich viel. Potentielle Kunden wollen vor einer Buchung als erstes erfahren, was es bei Ihnen gibt, denn sie brauchen Klarheit – Klarheit in Form von Kommunikation. Ihre gesamte Unternehmenskommunikation hängt somit von dieser Vorarbeit ab. Wenn Sie etwas zu bieten haben, dann sagen Sie es – oder teilen Sie sich schwarz auf weiß mit.

Kunden wollen Klarheit.

Falls Ihnen die Frage nach der Erfüllung der Kundenbedürfnisse schwer im Magen liegt, empfehlen wir Ihnen einen exemplarischen Kundentermin durchzuspielen. Schreiben Sie Ihre Vorgehensweise schrittweise auf. Ihre Antworten werden Ihnen dabei helfen, auch für sich selbst klarer zu werden und somit können Sie auch selbstbewusster beim Kunden auftreten. Verdeutlichen Sie sich genau, was Sie tun werden. Sie brauchen Ihr Licht nicht unter den Scheffel zu stellen – bringen Sie Ihr Angebot lieber zum Leuchten.

4. Was liegt mir am Herzen und würde die Bedürfnisse der Kunden übererfüllen?
Hier kommen wir zum Herzstück Ihres Unternehmens: zu Ihrer Besonderheit. Ihr USP (Unique Selling Proposition), Ihre Einzigartigkeit können Sie hier später ablesen. Nehmen Sie nun jede Vorgehensweise aus Spalte drei und finden Sie heraus, warum Ihnen gerade diese Vorgehensweise wichtig ist.

Je mehr Sie Ihre Werte in Ihrer täglichen Arbeit leben, desto erfolgreicher werden Sie sein. Warum ist das so? Erstens geht es Ihnen gut, wenn Sie für sich ehrlich und authentisch leben. Zweitens können Kunden zu Ihnen finden, die diese Werte teilen. Es lohnt sich herauszufinden, was Ihre Arbeit von den anderen Angeboten unterscheidet.

5. Welchen Vorteil hat das für meine Kunden?

Glückwunsch! Sie haben soeben das Fundament gelegt und die passenden Bausteine für Ihre gesamte Unternehmens- und Kundenkommunikation organisiert. Als i-Tüpfelchen brauchen Sie jetzt nur noch zu schauen, welche Vorteile Ihre Kunden gerade durch Sie haben. Wenn Sie es schaffen, Ihren Kunden das Gefühl zu vermitteln, dass Sie sie und deren Probleme besser verstehen, als sie sich selbst verstehen, dann haben Sie beste Chancen, schnell ausreichend viele Kunden für Ihr Angebot zu begeistern.

Ihr i-Tüpfelchen: klein und kraftvoll.

Fassen wir zusammen: Wenn Sie sich ein emotionales Sogmarketing aufbauen möchten, dann beschäftigen Sie sich mit Ihrer Emotionswelt und den Bedürfnissen Ihrer Kunden. Was haben Sie für Gemeinsamkeiten? Brauchen Sie selbst viel Sicherheit, Stimulanz oder Status? Was brauchen Ihre Kunden? Welche Werte teilen Sie miteinander? Gemeinsamkeiten schaffen Sympathie. Sympathie ist die Grundvoraussetzung für gute Zusammenarbeit.

Sympathisches Sogmarketing: klar und eindeutig.

Nehmen Sie sich Zeit, sich mit dem 5-Fragen-Kaufentscheidungsprozess Ihrer Kunden zu beschäftigen, weil das letztendlich den Sog auf Ihre Angebote ausmacht und Sie von Ihrem Wettbewerb unterscheidet.

Erlauben Sie sich, direkt und klar zu sagen, für wen Sie was tun und mit welchem Ergebnis. Ihre Aufgabe ist es, Ihre Angebote in Kundensprache zu übersetzen. Als frischgebackener Coach, Trainer oder Berater sollten Sie am besten etwas aufs Tapet bringen, was eine echte Bereicherung für Ihre Zielgruppe ist.

Sympathisches Sogmarketing ist Marketing, das Kunden begeistert. Dazu braucht es scharfe Kommunikation. Kommunikation ist Ihr Werkzeug, um Kunden zu gewinnen. Henry Ford soll gesagt haben: „Wenn ich acht Stunden Zeit hätte einen Baum zu fällen, würde ich mir sechs Stunden Zeit nehmen, um die Axt zu schärfen. Und in den restlichen zwei Stunden würde ich den Baum fällen."

Wie beim Axtschärfen verbringen Sie am Anfang Ihrer Selbstständigkeit viel Zeit mit Vorarbeiten – aber dafür werden Sie im Nachhinein doppelt und dreifach belohnt. Schenken Sie Ihren Kunden reinen Wein ein und sagen Sie, warum es sich lohnt, mit Ihnen zusammenzuarbeiten. Auf ganz offene und sympathische Art und Weise. Dann kommen Sie schneller an Ihr Ziel.

Wenn Sie den Artikel bisher nur gelesen haben, dann wird es nun Zeit, Stift und Papier zur Hand zu nehmen und die kleinen grauen Zellen auf Empfang zu stellen. Zaudern? Hilft nicht. Kopieren? Ist dumm. Auf Wunder warten? Könnte zu lange dauern. Seien Sie entschlossen und legen Sie los! Es macht Sinn und Spaß, sich auf die eigenen Socken zu machen. Sie wissen – sich regen bringt Segen. Im diesem Sinne wünschen wir Ihnen viel Erfolg bei all Ihren Schritten in die erfolgreiche Selbstständigkeit. Und immer schön dran denken: Mehr Gefühl - mehr Erfolg.

Sich regen bringt Segen.

Sanfter Charakter. **Starkes Business.**

Astrid-Beate und Christoph Oberdorf sind integral denkende und handelnde Unternehmercoachs und Seminarleiter. Beide verfügen über 20 Jahre Erfahrung im Vertrieb und Marketing. Seit 2006 unterstützen sie gemeinsam hochsensible und sensitive Selbständige dabei, ausreichend Kunden für ihre Dienstleistungen zu gewinnen. Ihr Motto lautet: sanfter Charakter – starkes Business.

Aus eigener Erfahrung wissen die beiden, sensible Selbständige haben andere Probleme als andere. Zugleich haben sie auch andere Chancen. Deshalb legen die erfahrenen Verkaufsprofis und Coachs ihren Blick auf das Besondere im Angebot ihrer Kunden. So ermöglichen sie ihren Klienten, die eigenen Wunschkunden zu erkennen und sich individuell und zielgruppengerecht zu vermarkten.

Persönlichkeitsentwicklung und Kundengewinnung gehören für die Oberdorfs zusammen. Sie kombinieren:

- Engpass-Konzentrierte-Strategie (EKS) nach Prof. W. Mewes
- Neuromarketing nach Dr. Häusel
- NLP, Verkaufspsychologie, Business-Kommunikation
- Integrales Bewusstsein
- Suggestopädie

Existenzgründer und Jungunternehmer erhalten durch lebendige Seminare, Business-Aufstellungen und Einzel-Coachings wirkungsvolle Werkzeuge, um über ein authentisches Sogmarketing nachhaltig erfolgreich zu sein – frei von Verkaufsdruck. Auf die innere Zufriedenheit und eine hundertprozentige Stimmigkeit in der Ausrichtung des Unternehmens legen die beiden besonders viel Wert, um einen nachhaltigen Kundenzulauf zu sichern. Sie setzen auf Resonanz statt Kampf. Ihre Angebote sind anerkannt: Deshalb gibt es in vielen Fällen eine 50%ige Kostenübernahme durch den Europäischen Sozialfond.

Astrid-Beate Oberdorf

- Entspannungspädagogin
- Systemischer Coach
- Multidimensionaler Coach
- Kauffrau und Lithografin

Christoph Oberdorf

- KfW-Gründercoach
- Diplom-Betriebswirt (VWA)
- NLP Business-Master
- Multidimensionaler Coach
- Groß- u. Außenhandelskfm.

dieOberdorfs

Hahnerhof 2
40882 Ratingen
Tel 02102 16777 55
Fax 02102 16 777 56
info@dieoberdorfs.de
www.dieoberdorfs.de

AUSTAUSCHBARKEIT WAR GESTERN - FINDEN SIE IHRE ERFOLGSPOSITION MIT HILFE DER RICHTIGEN STRATEGIE! 15

ANNIKA MATERN

Macht Ihnen Ihre Arbeit Spaß und haben Sie damit den wirtschaftlichen Erfolg, den Sie sich wünschen?

Wenn Sie diese Frage nicht mit einem eindeutigen „Ja" beantworten können, könnte dieses Kapitel für Sie der Wegweiser in eine neue Richtung sein.

In Lehrbüchern heißt es ja immer so schön: Sie müssen „zielgerichtet handeln" – nur, wie geht das? Hierzu gibt es eine ganz eindeutige Antwort: Die Strategie muss stimmen! Ich werde Ihnen in diesem Kapitel meinen Strategieansatz, der an der engpasskonzentrierten Verhaltens- und Führungsstrategie nach Prof. Wolfgang Mewes angelehnt ist, näher bringen. Strategie bedeutet nach diesem Ansatz nicht – wie üblich – zahlenorientierte, langfristige Erfolgsplanung. Strategie ist die Art und Weise, seine Stärken optimal zum Nutzen seiner Zielgruppe einzusetzen und so einen Nachfragesog zu erzeugen.

Wenn Ihnen Ihre Arbeit keine Erfüllung (mehr) bringt und/oder sie nicht den gewünschten wirtschaftlichen Erfolg damit haben, fehlt Ihnen wahrscheinlich die richtige Strategie.

Vorweg noch ein kleiner Kommentar am Rande: Ich werde der Einfachheit halber in diesem Kapitel die männlichen Formen wählen, aber natürlich sind die weiblichen Selbständigen genauso angesprochen.

Arbeiten Sie AM Unternehmen oder IM Unternehmen?

Die meisten Selbständigen arbeiten nur im Unternehmen statt am Unternehmen. Wo liegt nun der Unterschied? Im Unternehmen arbeiten bedeutet, die Tätigkeiten einer Fachkraft zu erledigen, also das operative Tagesgeschäft. Viele Klein- und Einzelunternehmer haben sich selbständig gemacht, um die fachliche Tätigkeit, die sie mal für einen Arbeitgeber gemacht haben, nun in eigener Regie auszuüben. Sie versprechen sich davon viele Vorteile, z.B. freie Zeiteinteilung, keine Vorgesetzten mehr, Selbstverwirklichung und einen höheren Verdienst. Also machen diese frischgebackenen Selbständigen weiterhin Ihren Job, diesen meist auch recht gut. Trotzdem führt so eine Selbständigkeit häufig nicht zum gewünschten Erfolg und damit auch nicht zur erwarteten, persönlichen Befriedigung. Geldsorgen, Überforderung, Verzettelung, zu wenig Kunden, keine Zeit mehr für die Familie – für viele der Alltag.

Die meisten Einzel- und Kleinunternehmer arbeiten nur IM Unternehmen, die Arbeit AM Unternehmen wird vernachlässigt.

Für eine erfolgreiche Selbständigkeit ist auch der Unternehmer erforderlich, nicht nur der Facharbeiter.

Der Unternehmer arbeitet am Unternehmen, er macht also die strategische Arbeit. Dazu gehört es, Visionen zu erschaffen, Ziele festzulegen, Strategien zu entwickeln und für die Umsetzung zu sorgen. Grob gesagt, kümmert er sich um die Zukunft des Unternehmens.

Wenn Sie Einzelunternehmer sind, müssen Sie beide Rollen beherrschen. Bei schätzungsweise 80% der Selbständigen fehlt der Unternehmer völlig. Laut einer Studie scheitern 80% der Selbständigen in den ersten fünf Jahren ihrer Selbständigkeit. Gründe hierfür sind meist die fehlenden Kenntnisse in Sachen Strategie, Unternehmensführung und Marketing, zu wenig Zeit auf Grund von Verzettelung, ständige Existenzangst, die den Kopf nicht frei werden lässt. Häufig fehlen auch die Einsicht und das Interesse daran, sich mit dem eigenen Unternehmen wirklich konstruktiv auseinanderzusetzen.

Eine gute Strategie ist die Grundlage für langfristigen Erfolg und Zufriedenheit.

Was ist überhaupt eine Strategie?

Ich ziehe hier gerne den Vergleich mit einer Urlaubsreise heran.

Wenn Sie verreisen möchten, was benötigen Sie dann zuerst? In der Regel ein Ziel. Wenn Sie als Klein- oder Einzelunternehmer ein klares und schriftlich fixiertes Ziel haben, gehören Sie schon einer Minderheit von ca. 20 % an.

Ohne eine Strategie ist Ihr Handeln nicht zielgerichtet, es wird viel Zeit und Geld unnütz vergeudet.

Wenn das Ziel feststeht, was benötigen Sie dann? Setzen Sie sich einfach ins Auto und fahren los, in der Hoffnung, z.B. irgendwann in Italien anzukommen? Dann würden Sie wie ca. 80 % der Selbständigen handeln.

Häufig werden mehr oder weniger spontan Maßnahmen durchgeführt, wie z.B. Flyer, Anzeigenaktionen, Messebesuche. All dies ist nicht grundsätzlich verkehrt. Doch wenn nicht am Gesamtziel orientiert, verfehlen diese Maßnahmen meistens ihr Ziel, es wird unnötig Zeit investiert und viel Geld vergeudet.

Um die Maßnahmen, die ich übrigens bei unserer Reise mit dem Verkehrsmittel (Auto, Flugzeug, etc.) vergleiche, wirklich sinnvoll und zielgerichtet einzusetzen, benötigen Sie eine Strategie. Die Strategie ist die Route, die den Weg zum Ziel beschreibt. Ohne Route sind die Maßnahmen zufällig und führen genau so zufällig zum gewünschten Erfolg.

Die Strategie weist den Weg Richtung Ziel.

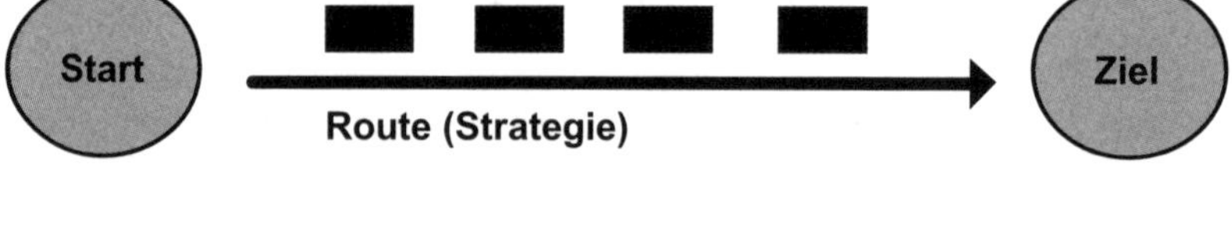

Die richtige Strategie ist das Ende der Konkurrenz und der Anfang des Erfolgs!

Es gibt eine Menge Strategien. Ich möchte Ihnen nun eine vorstellen, die Ihre Stärken und den Nutzen Ihrer Arbeit in den Vordergrund rückt, statt als Ziel nur die schnelle Gewinnoptimierung zu verfolgen.

Richten Sie Ihr Unternehmen passgenau auf die Probleme, Wünsche und Bedürfnisse Ihrer eng umrissenen Zielgruppe aus und werden damit in diesem Segment zum Marktführer.

Der von mir favorisierte Strategieansatz hat genau ein Ziel: Die passgenaue Ausrichtung Ihres Unternehmens auf die Probleme, Wünsche und Bedürfnisse einer eng umrissenen Zielgruppe.

Haben Sie sich schon einmal gefragt, wie es kam, dass Würth, Kärcher, Rational und viele weitere, auch Klein- und Kleinstunternehmen, zum Weltmarktführer wurden? Die Antwort lautet immer: Spezialisierung und Liebe zum Produkt und zum Kunden.

Nutzen Sie Ihre Stärken und Vorlieben, um sich zum Experten oder zur Expertin für einen bestimmten Bereich zu machen. Das führt dazu, dass Sie einen Nachfragesog erzeugen und sich künftig bei Ihren Kunden unersetzlich machen.

Die Natur macht uns ökonomisches und erfülltes Handeln vor.

Die Natur macht uns dieses Vorgehen vor. Sie ist die Meisterin im effektiven Einsatz jeglicher Energien und ist hoch spezialisiert. Oder haben Sie schon mal einen Apfelbaum gesehen, der plötzlich auch Birnen hervorbringt, nur weil ihm Äpfel zu langweilig werden oder Birnen grade im Trend liegen?

Sie mögen jetzt schmunzeln, aber genau so handeln viele Selbständige und Unternehmer. Ich erlebe es oft, dass das Angebot und die Außendarstellung den (angenommenen) Trends hinterherlaufen. Leider verliert ein Unternehmen oder ein Selbständiger so ganz schnell sein klares Profil (wenn vorhanden), die Kunden wissen irgendwann nicht mehr, wofür das Unternehmen steht.

Natürlich ist es zwingend erforderlich, zu innovieren, sich also den Marktentwicklungen anzupassen. Dies sollte aber immer an den Bedürfnissen der Zielgruppe und dem eigenen Stil und Profil orientiert sein.

Es geht, kurz gesagt, darum, seine Kräfte zu bündeln und auf den wirkungsvollsten Punkt zu richten: auf das Bedürfnis der erfolgversprechendsten Zielgruppe. Es geht außerdem darum, nicht immer mehr, sondern das Richtige zu tun!

Leitsätze für strategisches, ganzheitliches Handeln

Tun Sie die Dinge, die Sie lieben.

Bieten Sie nichts an, nur weil es gerade im Trend liegt oder gewinnversprechend zu sein scheint. Die Kunden werden Ihnen anmerken, ob Sie wirklich hinter Ihrem Angebot stehen, ob Sie die Dinge aus voller Überzeugung und Liebe tun. Ist das der Fall, werden Sie authentisch sein, Begeisterung versprühen und andere damit anstecken. Die Arbeit wird Ihnen leicht fallen und Sie erfüllen, mögliche Schwierigkeiten lassen sich leichter überwinden.

Nicht es allen recht zu machen führt zum Erfolg, sondern die Spezialisierung auf ein konkretes Thema oder Bedürfnis.

Je mehr Sie sich spezialisieren, desto leichter wird der Markteintritt.

Alle Werkzeuge, um Widerstände zu überwinden, sind nicht ohne Grund spitz. Nur wenn Sie sich auf ein Thema, eine bestimmte Problemlösung oder eine klare Zielgruppe spezialisieren, können Sie leicht in den Markt eindringen. Je stärker Sie sich konzentrieren, desto geringer wird die Gefahr von Konkurrenz und desto höher die Wahrscheinlichkeit, einen Nachfragesog zu erzeugen und Zielgruppenbesitzer zu werden.

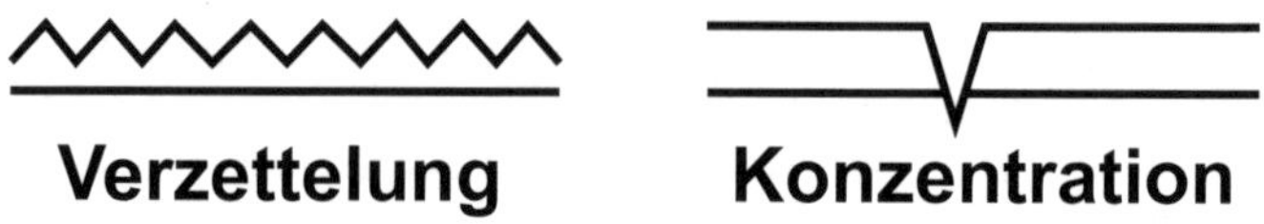

Spitz lassen sich Widerstände leichter überwinden.

Bieten Sie Ihrer Zielgruppe das, was sie am dringendsten benötigt.

Bieten Sie einen echten Nutzen.

Justus von Liebig hat herausgefunden, dass Pflanzen immer das knappste Element, also jenes, bei dem der größte Mangel besteht, zugeführt werden muss, damit die Pflanze sich weiter entwickeln kann. Ist der Mangel beseitigt, z.B. indem der Pflanze Kalium zugeführt wurde, kann sie weiter wachsen, bis der nächste Engpass in Form eines fehlenden Elements entsteht.

Ein weiteres Beispiel ist ein Gartenschlauch, in den Sie Wasser hineinströmen lassen, der aber in der Mitte geknickt ist. Bevor die Engstelle nicht beseitigt ist, führt jedes Mehr an Wasser höchstens zum Platzen des Schlauches.

In Bezug auf Ihre Geschäftstätigkeit heißt dies, sich immer auf das dringendste Problem Ihrer Zielgruppe zu konzentrieren. Schauen Sie genau hin, was Ihren Kunden daran hindert, sich weiter zu entfalten, sei es privat oder geschäftlich. Wenn Sie alleine das Problem nicht lösen können, kaufen Sie sich Leistungen anderer zu oder kooperieren Sie. Helfen Sie Ihrem Kunden dabei, dieses für ihn brennende Problem zu lösen, wird er Sie garantiert gerne weiterempfehlen und Ihnen treu bleiben.

Bringen Sie zuerst die nicht materiellen Werte in Fluss, die materiellen werden folgen.

Materie ist Energie und folgt der Aufmerksamkeit.

Gedanken, Gefühle, Visionen, Geist, Energie, Know-how, Lerngewinne, Kundenzufriedenheit, Beziehungen und das Vertrauen der Zielgruppe sind langfristig wichtiger als schneller Umsatz. Der Kunde ist im zweiten Fall nur Mittel zum Zweck, das spürt er. Wie reagieren Sie, wenn Sie das Gefühl bekommen, mit Ihnen möchte jemand nur Geld verdienen?

Wie Sie wahrscheinlich wissen, bestimmen der Geist, Gedanken und Gefühle unsere erlebte Realität und damit auch die materiellen Faktoren. Wir ziehen die Dinge, Personen, Ereignisse etc. in unser Leben, mit denen wir uns überwiegend gedanklich beschäftigen.

Kümmern Sie sich also um die immateriellen Faktoren, werden die materiellen folgen. Immaterielle Faktoren erleben im Gegensatz zu den materiellen eine Wertsteigerung durch den Gebrauch. Materie nutzt sich ab, immaterielle Faktoren wie z. B. Kundenbeziehungen und Wissen werden durch die Beschäftigung damit immer mehr.

Vorgehensweise bei der Entwicklung Ihrer neuen Strategie

6 Phasen für Ihren Erfolg.

Ich werde Ihnen nun einen Leitfaden vorstellen, anhand dessen Sie Ihre eigene Strategie überprüfen oder neu entwickeln können. Dieses Vorgehen wende ich in meinen Beratungen seit Jahren mit Erfolg an, es ist angelehnt an der Verhaltens- und Führungsstrategie nach Prof. Wolfgang Mewes.

1. **Vision und Ziele**

   Gehen Sie in sich, diese Phase ist die wichtigste von allen. Denn nur ein von einer positiven und starken Vision getragenes Vorhaben wird Sie langfristig erfüllen, Sie auch in schwierigen Phasen durchhalten lassen und Ihre Begeisterung wie ein Feuer verbreiten.

2. **IST-Analyse**

   Hier erfolgt nun eine Standortbestimmung. Werte, Motive, Ressourcen, Stärken, Erfahrungen, Kenntnisse usw. werden analysiert. Es wird ein Stärkenprofil erstellt, um eine spezielle Ausprägung zu erkennen.

3. **Ihr Spezialgebiet**

   Aus den beiden vorangegangenen Phasen wird sich nun Ihr Thema, Ihr Spezialgebiet herauskristallisieren. Idealerweise steht es im Einklang mit Ihrer Vision, Ihren Stärken und erfüllt ein konstantes Grundbedürfnis einer Zielgruppe. Sollten Ihre Stärken oder Kenntnisse Ihre Vision noch nicht tragen können, ist das erst mal kein knock-out-Kriterium. Fehlende Kenntnise oder Stärken lassen sich ausgleichen, weichen Sie von Ihrer Vision nicht vorschnell ab.

4. **Ihre Zielgruppe**

   Zielgruppen sind Menschen mit gleichen Problemen, Bedürfnissen und/oder Wünschen. In dieser Phase geht es um die für Sie erfolgsversprechendste Zielgruppe, die perfekt zu Ihrem Profil passt. Eine Stärke ist nichts wert ohne einen Bedarf, daher suchen wir hier nach der Zielgruppe, der Sie den größten Nutzen bieten können.

5. Überführung in die Realität

Jetzt geht es erstmalig auch um Ihre Schwächen. In dieser Phase wird nach Kooperationspartnern und Lieferanten gesucht, die Ihre eigenen Engpässe und Schwächen ausgleichen. Außerdem wird das weitere, konkrete Vorgehen geplant, eine Marketingstrategie erarbeitet, es werden evtl. Testläufe gemacht und erste Ergebnisse ausgewertet.

6. Nachhaltigkeit

Um Spezialisierungsrisiken zu vermeiden, wird in dieser Phase eine langfristige Strategie erarbeitet. Hier geht es vor allem um Innovationen und eine langfristige Sicherstellung der Nachfrage. Nachhaltige Innovationen bedeuten eine gezielte Leistungsverbesserung. Denn mit Innovationen (z.B. noch eine Zusatzausbildung), die Ihnen zwar gefallen, die aber nicht am Bedürfnis der Zielgruppe orientiert und damit vielleicht gar nicht in ihrem Sinne sind, werden Sie höchstwahrscheinlich keinen Erfolg haben.

Die Durcharbeitung der ersten 4 Phasen führt oft schon dazu, dass sich die neue Strategie herausschält. Um Ihnen erste Erkenntnisse und Fortschritte zu ermöglichen, werde ich nun diese ersten 4 Phasen etwas näher erläutern und Ihnen einige Fragen aus der Strategieberatung an die Hand geben.

Phase 1

Vision und Ziele

„Nichts ist mächtiger als eine Idee, deren Zeit gekommen ist." Victor Hugo

Um Ihrer Vision und Ihren Zielen auf die Spur zu kommen, kann es sehr hilfreich sein, sich für einige Zeit aus dem Alltag zurückzuziehen. Der Wegweiser zu der Wahrhaftigkeit Ihrer Wünsche ist Ihr eigenes Gefühl. Stellen Sie sich vor, Sie hätten Ihre Vision bereits erreicht… Erfüllt Sie die Vorstellung mit Glück, innerem Strahlen und mit der Lust, sich sofort an die Umsetzung zu machen?

Leitsätze:

- ☞ Lassen Sie Ihre Gedanken frei treiben und zensieren Sie sie nicht.
- ☞ Lassen Sie alle Gedanken und Gefühle zu. Die größten Errungenschaften der Menschheit sind aus zunächst unrealistisch erscheinenden Ideen entstanden.
- ☞ Schreiben und/oder zeichnen Sie alles auf!

Einige Fragen, mit denen Sie Ihrer Vision und Ihren Zielen auf die Spur kommen können:

1. Wovon haben Sie schon als Kind geträumt?
2. Was hat Ihnen schon immer am meisten Freude bereitet?

3. Stellen Sie sich vor, Sie sitzen im hohen Alter glücklich und zufrieden auf einer Bank und schauen auf Ihr Leben zurück. Was haben Sie dann alles erlebt, gesehen, gemacht, erschaffen?
4. Was möchten Sie erleben, besitzen, sein ...

   ... in einem Jahr?

   ... in fünf Jahren?

   ... in zehn Jahren?

Phase 2

IST-Analyse

Nun geht es darum, die aktuelle Situation zu analysieren und ein Profil der speziellen Stärken zu erstellen. Bei der IST-Analyse geht es erst mal um eine reine Bestandsaufnahme, z.B. um Größe und Umsätze des Unternehmens, Art und Anzahl der Kunden, Ihr Portfolio, etc. Auch wird hier bereits geschaut, wo Ihre Schwerpunkte liegen, welche Erfahrungen Sie haben, mit welchen Kunden der größte Umsatz gemacht wird.

Wer sich auf seine Stärken konzentriert, kann seine Schwächen zunächst vernachlässigen.

Bei Neugründungen werden der Lebenslauf und Werte, Motive, Ressourcen, Stärken, Erfahrungen, Kenntnisse etc. analysiert.

In der Stärken-Analyse werden dann die Stärken von Ihnen persönlich und/ oder des Unternehmens zusammengetragen und bewertet. Ziel dieser Phase ist es, die Ausprägung der speziellen Stärken zu erkennen und daraus ein unverwechselbares Profil zu erschaffen.

Leitsätze:

- ☞ Analysieren Sie Ihre IST-Situation und bestimmen Sie so Ihren Standort.
- ☞ Suchen Sie konsequent nach Ihren Stärken – auch da, wo Sie keine vermuten.
- ☞ Analysieren Sie gezielt Ihre Stärken – vernachlässigen Sie zunächst ihre Schwächen.
- ☞ Lassen Sie Ihre größten Stärken auch von anderen bewerten.
- ☞ Bauen Sie ein unverwechselbares Stärken- und Leistungsprofil auf.

Einige Fragen, mit denen Sie Ihren speziellen Stärken auf die Spur kommen können:

1. Welche Kundenprobleme lösen Sie oder Ihr Unternehmen?
2. Welche davon lösen Sie besser als die Mitbewerber?
3. Welche Besonderheiten bieten Sie oder Ihr Unternehmen Ihren Kunden (z.B. in den Bereichen Service, Preis, Qualität, Lieferzeiten, Beratung, etc.)?

Außerdem wird in dieser Phase eine Bewertung Ihrer Stärken vorgenommen. Listen Sie Ihre 20 wichtigsten Stärken auf und bewerten Sie sie anhand einer Skala von 0 bis 100. Beurteilen Sie Ihre Stärken bitte im Vergleich zu Ihren Mitbewerbern, es geht hierbei um eine annähernde, eigene Einschätzung. Lassen Sie außerdem eine Bewertung durch Ihre Kunden vornehmen.

Phase 3

Ihr Spezialgebiet

In dieser Phase wird nach Ihrem Spezialgebiet gesucht, dieses ist das Ergebnis aus Ihrer Vision, Ihren Stärken und einem konstanten Grundbedürfnis einer Zielgruppe.

Leitsätze:

Es geht hier darum, ein unverwechselbares Leistungsprofil zu erstellen.

- ☞ Seien Sie lieber der erste im Dorf als der zweite in der Stadt.
- ☞ Je besser Sie Ihre Spezialisierung auf konkrete Bedürfnisse richten, desto größer ist der Erfolg.
- ☞ Was Ihnen leichtfällt und den Stärken entspricht, hat die besten Chancen, ein erfolgversprechendes Spezialgebiet zu werden.

Einige Fragen, mit denen Sie sich dem für Sie erfolgsversprechendsten Spezialgebiet nähern können:

Welche Probleme lösen Sie besser als andere?

1. Welche Spezialgebiete ergeben sich unmittelbar aus Ihren Stärken?
2. Welche weiteren Verwendungszwecke und Vermarktungschancen sehen Sie für Ihre Stärken?
3. Welche Probleme können mit den speziellen Stärken gelöst werden?
4. Auf welchen Spezialgebieten könnte Ihr Unternehmen relativ schnell die Marktführung übernehmen?

Phase 4

Ihre Zielgruppe

Kennzeichen einer Zielgruppe sind immer gleiche Probleme und/oder Wünsche. Jede Zielgruppe (z.B. Einzelunternehmer) lässt sich in weitere Teilzielgruppen (z.B. Einzelunternehmer aus beratenden und therapeutischen Berufen) untergliedern. Ihre Zielgruppe sollte so klein und eng umrissen wie möglich aber auch so groß wie nötig und wirtschaftlich sinnvoll sein. Wenn man in dieser Zielgruppe irgendwann die „Hausmacht" hat, kann das Geschäftsfeld langsam erweitert werden.

Welche Vorteile hat es, sich auf eine Zielgruppe zu spezialisieren?

Zielgruppen sind Menschen mit gleichen Problemen, Bedürfnissen, Wünschen und Engpässen.

1. Sie haben transparente Teilmärkte.
2. Sie sind im ständigen, engen Kontakt mit Ihren Kunden. Dadurch fallen Ihnen Änderungen in den Bedürfnissen schnell auf.
3. Weil Sie sich auf eine Zielgruppe mit Ihren Problemen konzentrieren, haben Sie erhebliche Lerngewinne in diesem Bereich, Sie werden zum Experten oder zur Expertin.
4. Letztlich ist das Ziel der Zielgruppenbesitz, d.h., Sie sind Marktführer und Experte für ein Problem oder eine Zielgruppe. Sie werden innerhalb der Zielgruppe weiterempfohlen, andere Firmen möchten mit Ihnen kooperieren und die Aufmerksamkeit der Presse ist Ihnen sicher.

Leitsätze:

- ☞ Zielgruppenorientierung statt Produktorientierung.
- ☞ Zielgruppen sind Menschen mit gleichen Problemen oder Bedürfnissen.
- ☞ Werden Sie zum besten und stärksten Problemlöser Ihrer Zielgruppe.
- ☞ Bleiben Sie im ständigen Dialog und setzen Sie auf Lerngewinne durch Feedback.

Mit diesen Fragen kommen Sie der Antwort nach der Frage IHRER Zielgruppe näher:

1. Bei welchen Zielgruppen/Teilzielgruppen hatte das Unternehmen bisher die beste Resonanz?
2. Welche Kunden sind bisher die angenehmsten und lohnendsten?
3. Welche gemeinsamen Merkmale haben diese?
4. Welche Zielgruppen verbergen sich hinter Ihrem Spezialgebiet?
5. Lässt sich diese Zielgruppe in weitere Teilzielgruppen unterteilen?
6. Bei welcher Zielgruppe können Sie das von ihr empfundene Problem am sichersten und schnellsten lösen?
7. Formulieren Sie Ihren Idealkunden.

Und so kann es praktisch für Sie weitergehen:

Wenn Sie einen neuen, strategischen Ansatz erarbeitet haben, sei es alleine oder mit Hilfe eines Beraters oder einer Beraterin, muss das Ganze natürlich auch umgesetzt und gelebt werden. Durch eine Strategie, die in der Schublade liegt oder in Ihrem Kopf die 100. Runde dreht, wird sich höchstwahrscheinlich nichts verändern.

Haben Sie den Mut, Kunden und Aufträge, die nicht zu Ihrer Spezialisierung passen, loszulassen.

Machen Sie ruhig kleine Schritte und integrieren Sie die neue Strategie langsam in Ihre bisherige Arbeit. Ihre neue Strategie sollte permanent überprüft und angepasst werden, schließlich verändern sich auch die Gegebenheiten, z.B. der Mitbewerb und die Gesetzeslage. Wichtig dabei ist, dass Sie Ihrer Vision und Ihrem Profil immer treu bleiben.

Wenn Sie sich auf eine Zielgruppe spezialisieren, sollte das langfristige Ziel sein, alle Kunden abzulehnen, die nicht zu Ihrer Spezialisierung passen. Natürlich sollen Sie nicht passende Kunden nur in dem Maße abgeben, wie der Erfolg es zulässt.

Der größte Widerstand gegen eine neue Strategie ist übrigens das Loslassen lernen... ;-)

Ich wünsche Ihnen viel Erfüllung und Erfolg!

Annika Matern

Literatur:

Eigenverlag (bestellbar über http://www.annika-matern.de/über-mich/publikationen), Annika Matern: „Finden Sie IHRE Erfolgsposition mit Hilfe der richtigen Strategie!

Gabal Verlag, Kerstin Friedrich, Fredmund Malik, Lothar Seiwert: „Das große 1x1 der Erfolgsstrategie"

Annika Matern

Erfüllt & erfolgreich! Positionierung • Strategie • Vermarktung

Positionierung, Strategie, Vermarktung ...

- Positionierungs-Coaching (Strategien zur persönlichen Entfaltung),
- engpasskonzentrierte und spezialisierte Unternehmensstrategien,
- Marketing-Strategien.

... für Unternehmer, Selbständige und Existenzgründer, die erfüllt und erfolgreich sein möchten.

- Sind Sie **Unternehmer**, **selbständig oder Freiberufler** und haben das Gefühl, im **Hamsterrad** zu laufen, sich und/oder das Unternehmen nicht zufrieden stellend weiter zu entwickeln? *

- Sind Sie fest angestellt, **"äußerlich" erfolgreich** und dabei doch **unzufrieden**? Spielen Sie mit dem Gedanken an eine **Veränderung in Richtung Selbständigkeit** und wünschen sich dabei Unterstützung, sowohl strategisch als auch persönlich? **

- Sind Sie **Existenzgründer**?

Ich biete Ihnen eine professionelle und bodenständige Beratung mit ganzheitlicher Dimension.

** Förderbar durch das KfW-Programm "Turn Around Beratung". ** Förderbar durch das KfW-Programm "Gründercoaching Deutschland". Für beide Programme bin ich bei der KfW Bank akkreditiert.*

Kontakt:

Annika Matern
Postfach 34 01 12
44242 Dortmund

Fon: 02 31 - 56 88 22 3
Fax: 03 21 21 - 37 25 57
Mob: 01 70 - 48 48 96 0

mail@annika-matern.de
www.annika-matern.de
Folgen Sie mir auf Twitter: www.twitter.com/AnnikaMatern

UNTERNEHMENSGRÜNDUNG 40PLUS - BERUFLICHER PERSPEKTIVWECHSEL

MONIKA FUNSCH

16

40 … und was nun?

40 … und was nun? Soll das schon alles gewesen sein? Machen Sie wirklich das, was Sie wollen? Sicher stellen auch Sie sich manchmal diese Frage? Die Kinder sind aus dem Haus, es gilt, das Leben neu zu ordnen. Die Karriereleiter ist erklommen. Was könnte noch kommen? Mein Job ist in Gefahr. Welche Möglichkeiten habe ich? Arbeitslos, wie geht's nun weiter?

Vielleicht denken Sie aber auch, das, was bisher gut lief, sollte möglichst nicht verändert werden! Vorsicht: Stillstand bedeutet Rückschritt!

Besonders in Veränderungsphasen, ob gewollt oder ungewollt, sollte auf keinen Fall Stillstand eintreten. Hier ist es wichtig, in die aktive Phase zu kommen. Sie sind verantwortlich für Ihr Leben, niemand sonst!

Machen Sie sich Ihre Potenziale bewusst: Wissen, Lebens- und Berufserfahrung, fachliche und persönliche Qualifikationen. Denken Sie dabei auch an Ihre entstandenen Netzwerke und Ihre geschaffenen Kontakte. Fragen Sie sich, was Sie wirklich wollen: Nicht bewusste Talente wecken und ausleben; Ihrem Leben ganz neue Impulse geben; zeigen, was Sie wirklich können?

Veränderung

Unser Leben ist eine ständige Veränderung. Seit Jahrtausenden leben wir im gesellschaftlichen, technischen, ökonomischen und ökologischen Wandel. So, wie wir nicht nicht kommunizieren können, so ist es nicht möglich, uns nicht zu verändern!

Im Privatleben kein Problem, im Beruf lehnen wir eine Veränderung oft ab.

So geht's

Was können Sie also tun?

Rigorose Ablehnung	• Sie verschränken die Arme • Sie lehnen Veränderung rigoros ab • Sie arbeiten ihr möglicherweise entgegen
Abwarten, was passiert	• Sie verschränken die Arme • Sie warten einfach ab • Was wird passieren
Sich mit Veränderungen arrangieren	• Sie akzeptieren die Veränderung • Sie fügen sich • Sie passen sich an
Veränderungen als Chance sehen, annehmen und nutzen	• Sie werden aktiv • Sie suchen Ihren persönlichen Nutzen • Sie geben Ihrer berufl. Karriere den Schub nach vorne

Warum tun Sie nicht schon längst das, was Sie wirklich wollen? Was (be-) hindert Sie, neue Wege zu gehen, unbekanntes Terrain zu beschreiten? Jetzt ist die beste Zeit dafür, Altes hinter sich zu lassen und Neues zu beginnen. Was sind Ihre Blockaden?

Werden Sie zur Chancendenkerin,
zum Chancendenker!

Glaubenssätze

Der Glaube versetzt Berge! Ein Spruch, vielleicht auch aus Ihrer Kindheit, den Sie sicher kennen. Hat er in Ihrem Leben eine Rolle gespielt? Wie weit lassen Sie sich von Glaubenssätzen beeinflussen, wie weit bestimmen sie Ihr Leben?

Ein schönes Beispiel ist die Hummel, die mit einer Flügelfläche von 0,7 Quadratzentimetern und einem Gewicht von 1,2 Gramm nach den Gesetzen der Aerodynamik überhaupt nicht fliegen könnte. Dennoch tut sie es!

Welche Glaubenssätze gibt es in Ihrem Leben, die Sie in Ihrer Entwicklung behindern, die Sie begrenzen? Und was können Sie tun, um diese Glaubenssätze zu verändern und positiv zu nutzen?

Übung

Notieren Sie sich einen Ihrer Glaubenssätze. Streichen Sie diesen dann dick durch und schreiben darunter einen ähnlichen, jedoch positiven Satz.

Mein Glaubenssatz:

....

Mein neuer Glaubenssatz:

....

Beispiel:	Ich muss perfekt sein
Besser:	Ich bin gut und leiste gute Arbeit. 80 % reichen völlig aus.

Trauen Sie sich! Betreten Sie Neuland!

Wenn es Ihr Traum ist, sich selbstständig zu machen, ein eigenes Unternehmen zu gründen, fangen Sie jetzt an. Ob Sie 40, 50, 60 oder älter sind, setzen Sie auf Ihre 3 Lerntrümpfe:

- Geistige, körperliche Fitness
- Berufs-/Lebenserfahrung
- Motivation

Starten Sie mit einer perfekten Vorbereitung zu Ihrer Zielerreichung. Entwickeln Sie aus Ihrer Vision Ihre Geschäftsidee. Definieren Sie Ihr Vorhaben so konkret wie möglich. Machen Sie sich noch heute auf Ihren Weg.

3 entscheidende Faktoren für die Gründung 40plus

Faktoren

Sie möchten Ihr eigenes Unternehmen gründen, sich selbstständig machen. Jüngere Unternehmensgründerinnen und –gründer haben es in vieler Hinsicht leichter. Drei entscheidende Faktoren für die Gründung 40plus, die zu beachten und zu bedenken sind.

1. Die Zeit

Hürden Gründung 40plus

Der Zeitkorridor, um erfolgreich unternehmerisch tätig zu werden, ist, im Gegensatz zur Gründung, wenn Sie die berufliche Lebensmitte noch nicht erreicht haben, sehr viel kürzer.

Das heißt, dass Sie wahrscheinlich nur eine einzige Chance haben, Ihr Unternehmen auf solide Beine zu stellen. Bei einer Gründung mit dreißig können Sie es sich leisten, einen zweiten Start zu versuchen, noch einmal neu zu beginnen. Jenseits der 40 ist das erheblich schwerer.

2. Kredite

Kaum eine Unternehmerin, ein Unternehmer hat so viel Eigenkapital, dass auf Zuschüsse der Banken verzichtet werden kann. So beurteilt der Banker nicht nur Ihren Businessplan und Ihre eigene Persönlichkeit, ob Sie für einen Kredit in Frage kommen, sondern er schaut auch, leider, auf Ihr Alter. Besonders hinsichtlich der Endzeit des Kredits. Für Sie heißt das, heute ist es grundsätzlich auch für jüngere Gründer nicht einfach, einen Gründungskredit zu erhalten. Ab dem 40. Lebensjahr wird es schwerer, ab dem 50. Lebensalter fast unmöglich, danach ist es (fast) aussichtslos, Kredite, auch die, die mit öffentlichen Geldern bezuschusst werden, von Banken zu erhalten.

3. Konkurrenz

Professionell von Anfang an!

Konkurrenz ist gut, und sie belebt das Geschäft. In Ihrem Fall bedeutet das, dass Ihre Konkurrenz länger am Markt ist, sich also bereits einen Namen geschaffen hat; dass Sie kaum oder wenig bekannt sind und meistens nur wenige oder keine nachweisbaren Erfolge als Unternehmerin oder Unternehmer zu verzeichnen haben.

Umso wichtiger ist es, sich professionell von Anfang an darzustellen, das Konzept, die eigene Idee strukturiert umzusetzen und sich perfekt zu positionieren.

Lassen Sie sich professionell unterstützen! Keiner muss alles alleine machen, aber man muss die kennen, die es können! Es gibt spezielle GründungsberaterInnen. Gehen Sie ganz strategisch vor.

Stellen Sie Ihren Vorgehensplan auf. Beantworten Sie sich die Fragen: Bin ich DIE Unternehmerin bzw. DER Unternehmer? Erstellen Sie selbst Ihren Businessplan. Überlegen Sie genau, wen oder was Sie an Ihrer Seite zur Unterstützung benötigen und benennen Sie Ihre Vision, Ihr Unternehmen, damit erkennbar wird, welche „Marktlücke“ Sie schließen.

Übung

Probieren Sie Ihre Vision zunächst z. B. mittels der „Walt-Disney-Strategie[1]“ aus. Definieren Sie Ihr Ziel so konkret wie möglich!

Checkliste

Es gibt gute Checklisten zum Thema Unternehmereigenschaften. Fragen Sie in meinem Büro nach und bestellen Sie sich die Liste.

Auf welche Stärken konzentrieren Sie sich?

Ihre Persönlichkeit

Fragen zu Ihrer Persönlichkeit:

1. **Ziehen Sie Bilanz**
2. **Sehen Sie Ihre Talente**
3. **Erkennen Sie Ihre Prioritäten**
4. **Definieren Sie Ihr Lebensziel**

Ihre persönliche Marke

Was ist Ihre persönliche Marke?

- **Die Identitätsfindung**
- **Die Profilierung**
- **Die Selbstdarstellung**
- **Beziehungen gestalten**

Unique Selling Proposition (USP)

Erstellen Sie sich eine Liste mit Ihren zehn beruflichen Stärken, auf die Sie stolz sind. USP

Denken Sie dabei auch an Ausbildung, an Auslandserfahrungen, an Referenzen, an persönliche und berufliche Stärken und Erfolge. Dies zusammen beschreibt Ihr „**Alleinstellungsmerkmal**".

Erstellen Sie diese Liste auch für Ihre Geschäftsidee. Was machen Sie anders, was bieten Sie an, das die Konkurrenz so nicht erbringt? Was ist Ihr „besonderes" Angebot? Expertenstatus! Übung

Erstellen Sie Ihren Businessplan, auch dann, wenn Sie keinen Kredit von Banken benötigen. Beachten Sie: Schreiben Sie diesen selbst, damit Sie „Ihre Zahlen kennen"! Darauf legen die Banken großen Wert. Businessplan

Ich möchte an dieser Stelle bewusst nur im Überblick darauf eingehen, wie das Konzept Ihres Businessplans auszusehen hat. Dazu gibt es gute und hilfreiche Literatur. Im Plan sollten u. a. nachstehende Positionen beschrieben sein:

Ihr Geschäftskonzept

- **Beginn mit einer kurzen, einseitigen Zusammenfassung**
- **Kernpunkte der Idee, Marktchancen und Risiken**
- **Rechtsform, Genehmigungen, Räumlichkeiten, Versicherungen**
- **Investitionsplan**
- **Rentabilitätsvorschau**
- **Liquiditätsplan**
- **Umfang des Konzepts, 5 bis 20 Seiten**

Beachten Sie, dass Sie als Unternehmerin, als Unternehmer, „neue" Gesprächspartner haben werden: Gründungsberater, (potenzielle) Kunden, Investoren, Bankberater, Geschäftspartner usw.. Gesprächspartner

Wie sieht Ihre Eigendarstellung aus? Entsprechen Sie Ihrer neuen Rolle? Verhalten Sie sich so, dass Sie akzeptiert und wahrgenommen werden?

Bedenken Sie: Es gibt nur ein „Erstes Mal" und meist keine Möglichkeit, den ersten – unguten – Eindruck korrigieren zu können.

Das Bankgespräch – Der erste Eindruck

Bankgespräch

Achten Sie hierbei besonders auf die „Verpackung“, auf Ihren persönlichen Auftritt:

- **Körpersprache**
- **Kleidung**
- **Sprache**
- **Duft**

Halten Sie immer Blickkontakt, ohne zu starren, verstellen Sie sich nicht, nehmen Sie Haltung ein, stellen Sie Nähe und Distanz her, zeigen Sie Gesten der Wertschätzung.

Eigene Organisation

Organisation

Besonders, wenn Sie ein Einzelunternehmen gründen wollen, ist es wichtig, sich konkrete Ziele zu setzen, sich selbst eine Struktur zu geben, eigene Prioritäten zu definieren.

Prioritäten

Erstellen Sie Ihre ganz persönliche Prioritätenliste, indem Sie jeden Abend die für Sie 6 wichtigsten Tätigkeiten, die Sie am nächsten Tag tun möchten, notieren. Nummerieren Sie diese der Wichtigkeit nach und arbeiten Sie diese dann konsequent ab.

3-Monats-Planung

Planung

Was möchten Sie in den kommenden drei Monaten erreichen, welche Ergebnisse möchten Sie erzielt haben, wie soll Ihre finanzielle Situation aussehen?

Jahresziele

Überlegen Sie, was Ihnen in den letzten 3 Jahren gelungen und was Ihnen misslungen ist und was Sie daraus gelernt haben. Danach definieren Sie Ihre Ziele für das kommende und die nächsten drei Jahre.

Gründungsfahrplan

Besonders für die Gründungsphase ist es unabdinglich, einen Fahrplan zur Abarbeitung all der Dinge zu erstellen, die wichtig sind, damit Sie zeitlich nicht in Bedrängnis kommen und wirklich alle Vorbereitungen für den Tag Ihrer Existenzgründung vorgenommen haben. Binden Sie Überlegungen mit ein, wie Sie sich am Markt bekannt machen können, wer Ihre Multiplikatoren sein werden, wie Sie Ihre Zielgruppe finden und sich den Medien präsentieren.

Erste Marketingüberlegungen

Bedenken Sie: Bevor das erste Wort gesprochen wurde, sind schon 90 % gesagt!

Marketing

So werden Sie „magnetisch" – 4 Strategieansätze

Strategieansätze

Im Akquisegespräch ist es besonders wichtig, sich selbst und die Marke oder Dienstleistung zu präsentieren.

1. „Dicke" Behauptung	• **Ich kann Ihnen helfen ...**
2. Zwei Nutzen	• **Das bedeutet für Sie ...**
3. Zwei Beweise	• **Ich sage das, weil ...**
4. Fragen	• **Bevor ich weiter spreche, möchte ich Sie fragen...**

Bedenken Sie, dass sich Ihr Erfolg aus Leistung, Selbstdarstellung und eigener Kontakte zusammensetzt

10 % - eigene Leistung
30 % - Selbstdarstellung
60 % - Kontakte / Beziehungen

2 Tipps

Tipps

Formel 20:2

Jeden Tag 20 Minuten Konzentration und 2 Aktionen = voller Terminkalender

Netzwerke ...

sind heute unerlässlich: aber, schauen Sie genau hin, mit wem Sie kooperieren, wen Sie sich in Ihr Boot holen.

- **Es ist gut, wenn man jemand kennt, der jemand kennt ...**
- **Essen Sie nie alleine**
- **Dankesschreiben**

Michelangelo

Machen Sie es wie Michelangelo, als er seinen David aus einem zunächst rohen Felsblock schuf. Sein Auftrag war, aus diesem rohen Felsblock etwas Besonderes zu erschaffen. Er hatte eine Vision und entfernte zunächst all das, was er als überflüssig ansah und erschuf so seinen berühmten „David".

Ihr Start

Entwickeln Sie Ihre Vision, die zunächst wie ein roher Felsblock erscheinen mag, zu Ihrer Geschäftsidee. Entfernen Sie alles, was Sie daran hindert, diese Idee umzusetzen, werden Sie aktiv statt passiv zu bleiben, gründen Sie Ihr eigenes Unternehmen. Aber beachten Sie: professionell – von Anfang an!

Zum Schluss

Willst Du Erfolg haben, müssen drei Dinge zusammenkommen:

Du musst
wissen, was Du tust,
lieben, was Du tust, und an das
glauben, was Du tust.

William Penn Adair „Will" Rogers
(1879 – 1935)

Quellen, Literaturliste

Walt-Disney-Strategie: Robert B. Dilts: Strategius of Genius. Volume I: Aristotle, Sherlock Holmes, Walt Disney, Wolfgang Amadeus Mozart. Meta Publications, Capitalo (California/USA) 1994, ISBN 0-916990-32-X. (engl.)

top forty
Karriereberatung · Persönlichkeitsentwicklung

Monika Funsch, Gründerin und Inhaberin der Agentur für berufliche Veränderungsprozesse „top forty Karriereberatung • Persönlichkeitsentwicklung", bietet eine hochindividualisierte, komplexe berufs- und lebensbezogene Beratung an, die sich speziell, aber nicht ausschließlich, an Menschen ab 40 Jahren wendet. Monika Funsch hat über 35 Jahre Berufserfahrung im Personalmanagement. Aufgrund ihrer Ausbildungen und regelmäßigen Weiterbildungen verfügt sie über fundierte Kenntnisse im HR-Bereich. Sie berät als Business-Coach, Change-Managerin, Personaltrainerin sowohl Unternehmen als auch Privatpersonen.

Monika Funsch erhielt 2009 für ihre innovative Geschäftsidee die Auszeichnung „Ausgewählter Ort 2009" der Initiative „Deutschland – Land der Ideen", Schirmherr Bundespräsident a. D. Horst Köhler.

Ihr Coaching ist keine Beratung „von der Stange" sondern ein stets individueller Prozess für Menschen, die sich anspruchsvolle Ziele setzen, die ihre berufliche Situation verbessern möchten, sich beruflich wie privat in einer Umbruchphase befinden, die die eigene Persönlichkeit entwickeln wollen. Für Unternehmen, die die wichtige Ressource – Mitarbeiterinnen und Mitarbeiter – erkannt haben.

Ihr Kredo: Weg vom Geburtsdatum – Hin zur Persönlichkeit!

Mit diesem zukunftsweisenden Konzept möchte Monika Funsch Unternehmen sowie Betroffene sensibilisieren und unterstützen, sich den demographischen Veränderungen zu stellen und sie als Chance mit hohen Potenzialen zu sehen und zu nutzen.

Monika Funsch ist zertifizierte Gründungsberaterin der KfW (IHK, RKW) und des IfB, Mentorin für berufsrelevante Projekte und in qualifizierten Coach-Datenbanken gelistet. Sie schreibt Artikel in Fachzeitschriften, hält Workshops, Seminare und Vorträge und beantwortet als Expertin der „Best Agers" Fachfragen in ausgesuchten Medien. Sie wird als TV-Studiogast gerne eingeladen und befragt.

Zukunftsforscher Matthias Horx zählt die Agentur zu den „Trend Pionieren" der deutschen Unternehmen. (Quelle: Studie Horx „Zukunft Deutschland 2020" – Wie sich unsere Top-Standorte zukunftsfit machen)

Mitglied

- KfW – Gründercoaching Deutschland
- IFB Institut für freie Berufe
- bga Bundesweite Gründerinnenagentur
- Consultingregion FrankfurtRheinMain
- emotion Coach-Datenbank 2011 & 2012
- Experten-Coaching
- Büro gegen Altersdiskriminierung

Deutschland Land der Ideen
Ausgewählter Ort 2009

2012 emotion Coach www.emotion.de

Consulting Region FrankfurtRheinMain

top forty
Karriereberatung • Persönlichkeitsentwicklung
Agentur für berufliche Veränderungsprozesse
Coaching – Training – Potenzialentwicklung
www.topforty-beratung.de

Monika Funsch
Karl-Horn-Straße 17
61350 Bad Homburg v. d. Höhe
Telefon: 06172 13 90 99
mfunsch@topforty-beratung.de

PRIVATES VERMÖGENSMANAGEMENT – DIE GRUNDREGELN ZUM ERFOLG

JÜRGEN KOHLMANN

17

Einleitung

Griechenland, Portugal, Irland, Spanien, Italien – immer mehr Länder reihen sich in die Riege der hoch verschuldeten Staaten ein. Die Lage an den internationalen Finanzmärkten spitzt sich merklich zu. Selbst die Finanzsupermacht USA büßte kürzlich die Top-Bewertung ihrer Kreditwürdigkeit ein. Nun verfolgen Wirtschaft und Politik, aber auch die Spekulanten gespannt die Auswertungen der großen Ratingagenturen – immer mit der bangen Frage, welches Land es als nächstes treffen wird.

Gerade private Anleger sind durch diese Entwicklungen und die Achterbahnfahrten an den weltweiten Börsen verunsichert. In der niemals stillstehenden Finanzwelt erscheint vielen die passende Vermögensanlage eher wie ein Roulettespiel denn wie eine langfristige Zukunftssicherung. Dabei hat finanzieller Erfolg, egal ob im privaten oder beruflichen Bereich, wenig mit Glück zu tun – und noch weniger mit dem zufälligen Setzen auf die richtige Zahl oder Anlage. Vielmehr stellen Entschlossenheit, Know-how und eine große Portion Disziplin die wesentlichen Faktoren dar. Denn diese Eigenschaften sind ein wichtiger Bestandteil für die ersten Schritte in die finanzielle Freiheit.

Für einen langfristigen Erfolg sollten zudem wichtige Grundlagen der Vermögensanlage beachtet werden. Es gibt fünf einfache Regeln, die Sie berücksichtigen sollten, wenn Sie selbst in Zeiten von Finanzkrisen und schwankenden Märkten nicht untergehen wollen. So können Sie Ihr Erspartes zusammenhalten oder sogar vermehren. Diese fünf Prinzipien oder Strategien lassen sich allesamt aus einer wichtigen Grundannahme ableiten: Für sich alleine genommen ist keine Anlageform sicher.

Selbst in Zeiten von Krisen und schwankenden Märkten helfen fünf einfache Strategien Privatanlegern, ihr Erspartes sinnvoll zu investieren.

1. Grundannahme: Keine Anlageform ist sicher

Egal ob Aktien, Immobilien, Staatsanleihen, Zertifikate, Geldmarktfonds oder Festgelder – die Erfahrungen der letzten Börsendekade haben gezeigt, dass in handfesten Krisenzeiten keine Anlageklasse mehr vor der Entwertung sicher ist.

1.1. Die Wertentwicklung von Aktien, Immobilien und Co.

Schon der Schriftsteller Mark Twain wusste, wie unbeständig **Aktienmärkte** sind: „Für die Börsenspekulanten ist der Februar einer der gefährlichsten Monate. Die anderen sind Januar, März, April, Mai, Juni, Juli und August bis Dezember." Wie wahr diese Aussage gerade auch aktuell ist, zeigt die Entwicklung des Deutschen Aktienindex (DAX) von August 1999 bis heute.

Alleine in diesem Zeitraum kam es zu drei heftigen Kurseinbrüchen. Mit dem Platzen der Technologieblase verlor der DAX von März 2000 bis März 2003

Zwei Einbrüche der Aktienmärkte um jeweils über 50 Prozent allein in der letzten Dekade.

über 72 % seines Wertes, machte aber diesen Verlust in der anschließenden fulminanten Rallye bis Ende 2007 komplett wieder wett. In der Finanzkrise 2008/2009 gab er erneut um über 50 % nach, erholte sich von März 2009 bis Juli 2011 fast wieder auf seine alten Höchststände und brach im August 2011 wieder um fast 30 % auf 5500 Punkte ein – einen Wert, den er bereits schon einmal im Mai 1998, also vor über 13 Jahren erreicht hatte.

Abbildung 1: Wertentwicklung des DAX in Prozent im Zeitraum 01.08.1999 bis 19.08.2011 (Quelle: Eigene Darstellung anhand Daten FVBS)

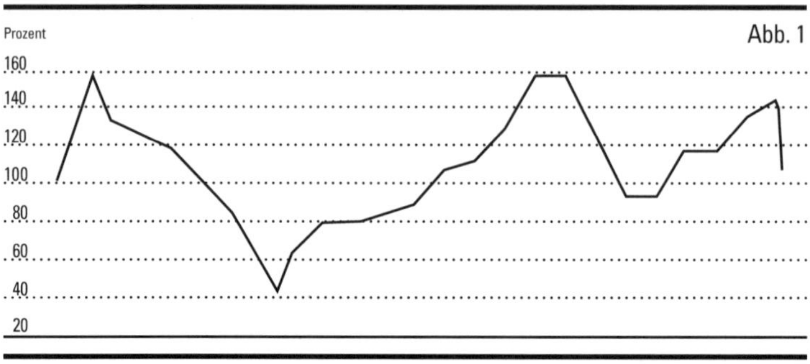

Aber auch bei der Spekulation mit Rohstoffen oder Edelmetallen konnten Investoren in den vergangenen 30 Jahren ein Wechselbad der Gefühle erleben. Wer 1980 eine Unze Gold für umgerechnet knapp 600 Euro erwarb, musste 28 Jahre lang warten, bis er 2008 seinen Einstiegspreis wiedersah – um dann in nur dreieinhalb Jahren bis heute seinen Wert auf über 1200 Euro zu verdoppeln. Noch wilder ging es beim Silber zu, das von seinem Hoch 1980 in den folgenden 12 Jahren um 90 Prozent abstürzte. Erst im April 2011 – also 31 Jahre später – notierte die Feinunze Silber kurz wieder auf dem alten Hoch, um dann allerdings in der ersten Maihälfte 2011 wieder über 30 Prozent ihres Wertes zu verlieren.

Auch die Entwicklung der vermeintlich beständigeren **Immobilien** verlief in den letzten Jahren nicht immer positiv: Diese wird hier beispielhaft am Immobilienmarkt Würzburgs dargestellt. Vom Jahr 2000 an bis zum Jahr 2011 fielen dort die Preise – je nach Wohnwert – zum Teil sehr kräftig (vgl. Abb. 2).

Starker Rückgang der Wertentwicklung auch bei Immobilien.

Lange Zeit galten offene Immobilienfonds als quasi risikolose Gewinngaranten – bis zur Lehmanpleite 2008. Aus Angst vor fallenden Marktwerten der Immobilien verkauften zu viele Anleger ihre Anteile. Die daraus resultierenden Liquiditätsengpässe zwangen viele offene Immobilienfonds die Rücknahme von Fondsanteilen auszusetzen. Bis heute können diese Anteile nur über die Börse mit zum Teil sehr hohen Abschlägen verkauft werden.

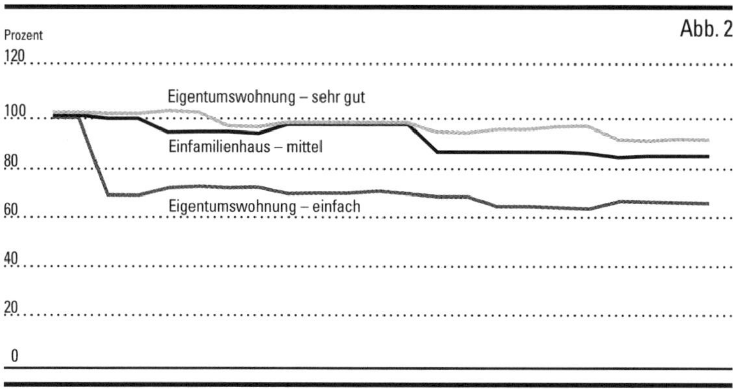

Abbildung 2: Wertentwicklung von Immobilien am Beispiel Würzburgs im Zeitraum vom 01.08.2000 bis 31.07.2011 (Eigene Grafik anhand Daten FVBS)

Eine weitere Anlageform, die als besonders sicher und lukrativ galt, sind **Anleihen** und hier insbesondere die **Staatsanleihen**. Diese Schuldverschreibungen staatlicher Institutionen sollen mit einer laufenden Verzinsung nach einer vereinbarten Frist zurückgezahlt werden. Dabei besteht jedoch ein Ausfallrisiko, wenn der Staat oder der Schuldner zahlungsunfähig wird. Genau dieser Fall trat beispielsweise 2002 mit dem Staatsbankrott der Argentinischen Republik ein. Staatsanleihen, die das Land 1996 mit 8,5 Prozent Zinsen unter anderem auch durch die Deutsche Bank an deutsche Anleger verkauft hatte, konnten so nicht mehr zurückgezahlt werden. Die Entwicklung der griechischen Staatsanleihen zeigt, dass sich dieses Szenario durchaus auch in der Eurozone wiederholen kann: Ihre Kurse brachen zwischen Mai 2010 und August 2011 phasenweise um über 50 Prozent ein.

Ausfallrisiko der Emittenten bei Anleihen und Zertifikaten beachten.

Totalverlust droht auch den Besitzern von **Zertifikaten**, wenn der Emittent zahlungsunfähig wird. Anders bei **Investmentfonds**: Das Kapital der Anleger ist hier als juristisches Sondervermögen vor einer Insolvenz der Kapitalanlagegesellschaft geschützt. So haben Besitzer von Investmentfonds der KAG Lehman Brothers zumindest durch die Insolvenz der Gesellschaft keinen Schaden erlitten, während die Halter der Zertifikate einen Totalverlust beklagen mussten.

Geldmarktfonds werden nach wie vor als sehr sichere Anlageklasse mit hoher Kursstabilität wahrgenommen. Bei dieser Sonderform der Investmentfonds wird das Kapital normalerweise in kurzfristige Anleihen höchster Bonität und am Geldmarkt investiert. Da Anleger jederzeit auf ihre Anteile zurückgreifen können, eignen sich Geldmarktfonds als attraktive Alternative zu Festgeldern und zum Parken für kurzfristige Anschaffungen. Trotzdem können auch Geldmarktfonds in extremen Marktphasen hinter der erwarteten Rendite zurückbleiben und sind durchaus verlustbehaftet. So verlor z.B. der SEB Moneymarket Ende 2008 innerhalb von vier Monaten 45 % seines Wertes.

Verlustrisiko bei Geldmarktfonds und Festgeldern nicht unterschätzen.

Selbst wenn der Anleger seine Ersparnisse vermeintlich solventen Kreditinstituten überlässt, beispielsweise in Form von **Festgeldern**, bleibt ein Restrisiko bestehen. Dies wurde im Zuge der isländischen Bankenkrise 2008 deutlich: Die angeschlagene Kaupthing-Bank, bekannt für hoch verzinste Tages- und Festgelder, fror im Oktober sämtliche Konten ein. Auch knapp 40.000 deutsche Anleger konnten nicht mehr auf ihre Anlagen zugreifen. Der isländische Staat sah sich daraufhin gezwungen, das größte Finanzinstitut des Landes zu verstaatlichen.

1.2. Allgemeine Risiken der Kapitalanlage

Die Beispiele zeigen, dass mit jeder Anlage des Ersparten auch ein gewisses Risiko verbunden ist. Eine Kapitalanlage stellt zu einem bestimmten Grad auch ein Wagnis mit ungewissen Folgen dar. Deshalb sollten sich private Anleger grundsätzlich mit folgenden Aspekten vertraut machen:

Geldanlagen sind nie zu 100 Prozent sicher.

- **Verlust der Geldanlage:** Gerade bei hochspekulativen Anlagen besteht die Gefahr, einen Teil oder im schlimmsten Fall das gesamte eingebrachte Kapital zu verlieren. Zudem muss die Volatilität, also die Schwankungsbreite der Kapitalanlage innerhalb eines Zeitraumes, berücksichtig werden. Im Falle eines sinkenden Kurses sind die Verluste zwar bis zum Verkauf der Anlage noch nicht realisiert, müssen aber trotzdem mit einkalkuliert werden. Ein weiterer, oftmals unterschätzter Faktor ist die permanente Geldentwertung der Anlage durch die Inflation. Allein um den Status Quo zu halten, muss eine Kapitalanlage den sogenannten kritischen Zins einbringen – eine Mindestrendite, die Verluste durch Inflation und Steuern ausgleicht.

Illiquidität von Kapitalanlagen und Märkten.

- **Mangelnde Verfügbarkeit:** Investiert ein Anleger das Ersparte in eine Kapitalanlage, steht ihm der Wert nicht mehr direkt in Form von Bargeld oder Bankguthaben zur Verfügung. Falls der Anleger das Kapital doch kurzfristig benötigt, muss er mit Teilverlusten rechnen. Speziell bei Anlagen wie z.B. Lebens- und Rentenversicherungen oder bei geschlossenen Fonds ist Vorsicht geboten. Hier kann der Investor unter Umständen überhaupt nicht vorzeitig über sein Geld verfügen.

Angesichts der dargestellten Entwicklungen, drängt sich nun die Frage auf: Lohnt es sich denn als privater Anleger bei all den Risiken überhaupt, in eine Kapitalanlage zu investieren? Trotz der aktuellen Marktlage ist diese Frage klar mit Ja zu beantworten. Mehr noch, intelligentes Vermögensmanagement ist geradezu ein Muss, beispielsweise bei der privaten Altersvorsorge, die im Hinblick auf die demographische Entwicklung Deutschlands mittlerweile unumgänglich ist. Zudem sind Risiken durchaus mit Chancen verbunden. Darauf weist bereits die ursprüngliche Bedeutung des Begriffes hin. Laut dem Brockhaus entstammt der Ausdruck „Risiko“ dem altitalienischen Wort „ris(i)co“ und beschreibt die Klippe, die zu umschiffen ist. Dahinter befindet sich dann eine Vielzahl an Möglichkeiten. Die folgenden fünf Regeln zeigen die notwendigen Voraussetzungen auf und sollen Ihnen helfen, die Klippen der Kapitalmärkte souverän zu umschiffen. So können Sie Ihr Erspartes sicher und gewinnbringend anlegen und in den heimischen Hafen zurückbringen.

2. Die fünf goldenen Anlageregeln

Hat man sich als Anleger die vorhandenen Risiken vor Augen geführt, gilt es, diese zu vermeiden. Wie bereits dargestellt ist für sich gesehen keine Anlageform sicher – deshalb sollte das Kapital in einem umfassenden Portfolio breit gestreut werden. Zudem sollten Sie regelmäßig investieren, Ihre Entscheidungen diszipliniert treffen und trotz oder gerade durch die verschiedenen Anlageklassen flexibel bleiben.

2.1. Risiko vermeiden

Viele Privatanleger lassen sich bei der Wahl der passenden Vermögensanlage in erster Linie von den Renditeerwartungen der jeweiligen Anlageform leiten. Das erscheint zunächst nur allzu verständlich, immerhin sollen die Ersparnisse möglichst schnell gedeihen. Dabei muss man sich jedoch bewusst sein, dass höhere Renditen in der Regel mit einem höheren Verlustrisiko einhergehen. Aus diesem Grund zahlen sich hohe Renditen in Hausse-Phasen nur kurzfristig aus. Längerfristig gesehen ist bei dieser Alternative jedoch auch die Wahrscheinlichkeit eines hohen Wertverlustes größer als bei einer bodenständigeren Anlage. Hier kommt die erste Regel zum Tragen: Wer gewinnen will, darf möglichst nichts verlieren. Denn jeder Verlust muss erst wieder mühsam mit dem übrigen Kapital erwirtschaftet werden. Drei einfache Beispielrechnungen verdeutlichen diesen Umstand. Jedes Szenario beginnt dabei mit einer Investition von 100 Euro (vgl. Abbildung 3).

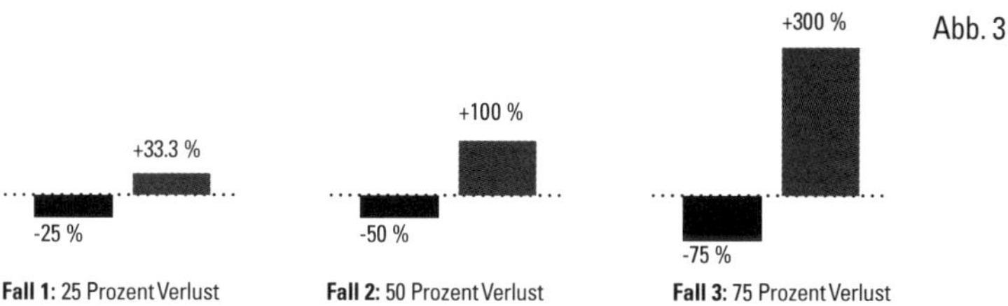

Abbildung 3: Wer gewinnen will, darf nichts verlieren.

Fall eins geht von einem Wertverlust von 25 Prozent aus, es verbleiben noch 75 Euro der ursprünglichen Investition. Um wieder auf den Anfangswert zu gelangen, ist ein Gewinn von 25 Euro nötig. Das entspricht 33,3 Prozent des verbleibenden Kapitals von 75 Euro. Im zweiten Fall wird dagegen ein Verlust von 50 Prozent angenommen. Um diesen wieder wettzumachen, muss der Anleger bereits 50 Euro Gewinn einfahren. Das sind 100 Prozent des verbleibenden Kapitals. Steigert man den Verlust wie im dritten Fall auf 75 Prozent, bleiben dem Anleger lediglich 25 Euro, die er noch investieren kann. Folglich benötigt er einen Gewinn von 75 Euro, um den Verlust wieder auszugleichen. Das entspricht bereits 300 Prozent des noch übrigen Geldes. Wie die Beispiele zeigen, ist es sehr mühsam, hohe Verluste mit dem verbleibenden Kapital wettzumachen.

Je spekulativer die Anlage, desto höher sind die Renditeerwartungen in Hausse-Phasen. Gleichzeitig steigt aber auch das Risiko eines (Teil)Verlustes der eingebrachten Ersparnisse. Auch wenn hohe Renditen locken, erfüllt die Investition in eine einzelne Anlageklasse oder einen einzelnen Anlagestil bestenfalls kurzfristige Spekulationsziele. Längerfristig betrachtet bietet eine langfristige, sicherheitsorientierte Anlagestrategie die besten Erfolgschancen – denn sie vermeidet Verlustrisiken.

Ein Beispiel für den Erfolg dieser Strategie ist der vermögensverwaltende Investmentfonds eurotax all invest. Der Fonds nutzt ein breites Spektrum aller Anlageklassen, beispielsweise Aktien, Renten, Immobilien und Alternative Investments. Der Fonds ist auf einen steten Ertrag ausgerichtet, der jedoch nicht nach festen Vorgaben erfolgt. Statt auf kurzfristige hohe Renditen, zielt der eurotax all invest auf dauerhaft positive Ergebnisse bei möglichst geringer Volatilität ab. Abbildung 4 skizziert die Kursentwicklung des eurotax all invest im Vergleich zum EuroStoxx 50 von November 2007 bis zum August 2011. Hier zeigt sich deutlich, wie mühsam es ist, hohe Verluste wieder zu erwirtschaften. Obwohl der EuroStoxx 50 von März 2009 bis Januar 2010 um 71 % zulegte, konnte er die zuvor eingefahrenen Verluste nicht ausgleichen. Durch seine hohe Stabilität verlor der eurotax all invest in der Krise bei weitem weniger und kann seit seiner Gründung bis heute ein um über 42 Prozentpunkte besseres Ergebnis vorweisen.

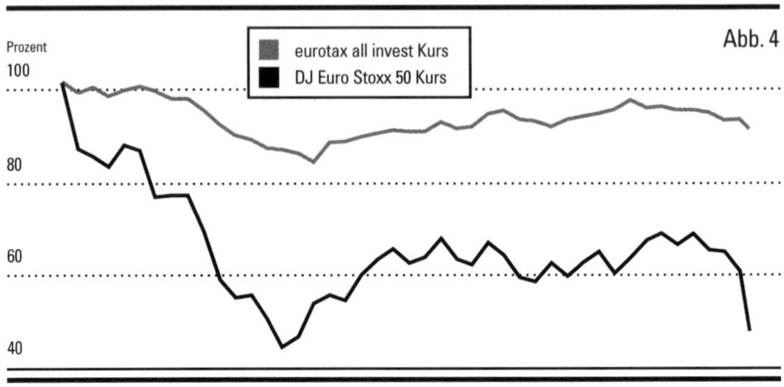

Abbildung 4: Wertentwicklung des eurotax all invest im Vergleich zum Euro Stoxx 50 vom 01.01.2008 bis 19.08.2011 Quelle: Eigene Darstellung anhand Daten FVBS)

2.2. Breit streuen

Verteilen Sie Ihre Fracht.

Eine breit gestreute Anlagestrategie ist die zweite Regel, um die Erfolgschancen der Anlage zu steigern und das Verlustrisiko zu minimieren. Bereits die Kaufleute in Venedig kannten diese Weisheit und verteilten ihre wertvolle Fracht gleichmäßig auf mehrere Schiffe. Sollte eines der Schiffe auf hoher See verloren gehen, kam mit dem Rest der Flotte immer noch ein Großteil der Fracht wohlbehalten im Heimathafen an. Gleichzeitig war die Wahrscheinlichkeit, dass der gesamten Flotte etwas zustößt, verschwindend gering.

Nach diesem Leitprinzip sollten auch Anleger ihr Kapital auf verschiedene Schiffe bzw. Anlageklassen verteilen. Abbildung fünf zeigt beispielhaft aus welchen Anteilen sich ein breit gefächertes Portfolio zusammensetzen kann. Kriselt es in einem bestimmten Bereich, lässt sich so der Verlust begrenzen. Im besten Fall kann der Wertverlust sogar durch Zuwächse der übrigen Bereiche ausgeglichen werden.

Abb. 5

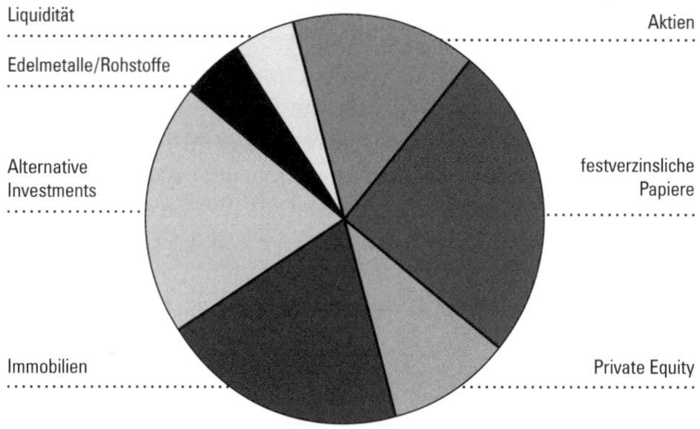

Abbildung 5: Beispiel einer breit gefächerten Strategie in verschiedene Anlageklassen.

Zwei Faustformeln helfen zudem, eine ausgeglichene Strategie zu verfolgen: (1) Ein Portfolio sollte mindestens über 20 Positionen verfügen und (2) keine Position sollte eine wesentlich größere Gewichtung als 5 Prozent des gesamten Portfolios ausmachen. So können die Vorteile der einzelnen Anlageklassen kombiniert und das Risiko minimiert werden.

2.3. Regelmäßig investieren

Nutzen Sie den Cost-Average Effekt.

Regelmäßige Investitionen bilden eine weitere wichtige Grundlage des erfolgreichen Vermögensmanagements. Durch diese Strategie kann der Anleger Stück für Stück sein Vermögen aufbauen und erweitern. Außerdem kommt bei der regelmäßigen, längerfristigen Anlage der Cost-Average Effekt zum Tragen. Dieser Effekt beschreibt die Tatsache, dass ein Anleger für einen gleich bleibenden Betrag bei fallenden Kursen mehr Anteile bekommt. Gleichzeitig kann er so bei steigenden Kursen weniger Anteile erwerben. Investiert der Anleger bei einem längerfristigen Fondssparplan jeweils einen festen Betrag, erhält er seine Anteile zu einem niedrigeren Durchschnittspreis als ein Anleger, der jeweils ein festgelegtes Kontingent an Aktien erwirbt. Bei der regelmäßigen Investition einer festgelegten Summe wird der Anleger praktisch zum antizyklischen Handeln gezwungen. Ist der Preis der Anteile hoch, erwirbt er wenige, bei einem niedrigen Preis dagegen viele Anteile.

Abb. 6

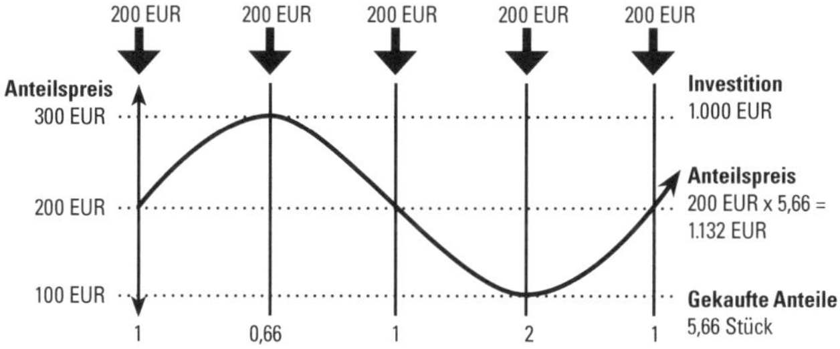

Abbildung 6: Darstellung des Cost-Average-Effektes Quelle: Das Investment Extra.

Abbildung 6 zeigt die Funktionsweise und Auswirkungen des Cost-Average-Effektes. In dem dargestellten Szenario investiert ein Anleger monatlich 200 Euro. Durch die vorhandenen Kursschwankungen zwischen 100 und 300 Euro hat er nach fünf Monaten 5,66 Anteile bei einer Investition von 1.000 Euro erworben. Der Gesamtwert der Aktienanteile beträgt zu diesem Zeitpunkt jedoch bereits 1.132 Euro. Bei dieser Strategie profitieren die Anleger also von den Kursschwankungen. Insgesamt fallen die Auswirkungen des Cost-Average-Effektes umso stärker aus, je volatiler der Kurs der Fonds ist. Auch Peter Lynch, Manager des Fidelity Magellan Fund, ist von dem Nutzen des Effektes überzeugt: „Für jemanden, der regelmäßig investiert und einen langen Atem hat, ist es sogar positiv, wenn die Kurse zeitweise sinken."

2.4. Diszipliniert entscheiden

Genau dieser lange Atem ist auch entscheidend, um langfristig erfolgreich an den Finanzmärkten zu agieren. André Kostolany, ungarischer Journalist, Schriftsteller und Börsenexperte, brachte diesen Umstand wie folgt auf den Punkt: „Einer Straßenbahn und einer Aktie darf man nie nachlaufen. Nur Geduld: Die nächste kommt mit Sicherheit." Denn paradoxerweise scheinen die Regeln des Alltags an der Börse ausgesetzt zu sein. Während wir uns auf dem Wochenmarkt über günstige Einkaufspreise freuen und diese zum Anlass nehmen, verstärkt zuzugreifen, setzen gerade Privatpersonen bei Geldanlagen andere Maßstäbe an. Viele Anleger investieren in Wertpapiere mit steigenden und nicht mit fallenden Kursen.

Zeigen Sie Disziplin und Durchhaltevermögen.

Im schlimmeren Fall verlieren die Anleger bei einbrechenden Kursen die Nerven. Anstatt auf eine Entspannung des Marktes zu warten, stoßen sie ihre Anteile während der Talfahrt oft am tiefsten Punkt für wenig Geld ab. Das Kapital investieren sie später wieder, wenn sich die Kurse erholt haben, also die Papiere wieder teuer sind und deren Kurse oft schon kurz vor ihrem Zenit stehen. Durch das sprunghafte Verhalten verzichten sie auf die tatsächliche Rendite und die damit einhergehenden Erträge. Wie hoch dieser Verlust tatsächlich ist, zeigt eine Studie der Dalbar Inc. Dort wurde die durchschnittliche Jahresrendite eines Aktieninvestments in den S&P 500, also in die 500 größten US-amerikanischen Unternehmen im Zeitraum 1998 bis 2008 ermittelt: Sie betrug 8,35 Prozent pro Jahr. Der durchschnittliche Anleger erreichte jedoch im gleichen Zeitraum mit seinem Investment im gleichen Markt dagegen nur magere 1,87 Prozent Rendite pro Jahr. Dieses Beispiel zeigt eindrucksvoll, wie teuer undiszipliniertes Handeln zu stehen kommt. Dazu schmälern die Transaktionskosten häufiger Käufe und Verkäufe noch die Rendite: Hin und her macht Taschen leer und füllt nur die Taschen der Bank oder des Brokers.

2.5. Flexibel bleiben

Bei aller Disziplin ist es in Zeiten schwankender Märkte und fallender Kurse auch wichtig, das angelegte Vermögen flexibel zu verwalten. Denn nur so kann man schnell auf Marktveränderungen reagieren. Aber auch die persönlichen Lebensumstände müssen mit einbezogen werden. Anleger ist nicht gleich Anleger: Neben den Marktgegebenheiten sollten deshalb auch unterschiedliche Wertvorstellungen und Einstellungen, wie beispielsweise das Risikoverhalten beim Aufbau des Portfolios eine Rolle spielen.

Abbildung 7 verdeutlicht beispielhaft die Anordnung verschiedener Anlageklassen anhand der Ziele Rendite, Verfügbarkeit und Sicherheit. Da aus diesen Zielen unterschiedliche Forderungen an die Kapitalanlage resultieren, entsteht zwangsweise ein Konflikt. So geht die höhere Rendite einer Kapitalanlage in der Regel entweder mit einem höheren Risiko oder mit einer eingeschränkten Verfügbarkeit einher. Die Kunst der erfolgreichen

Abb. 7

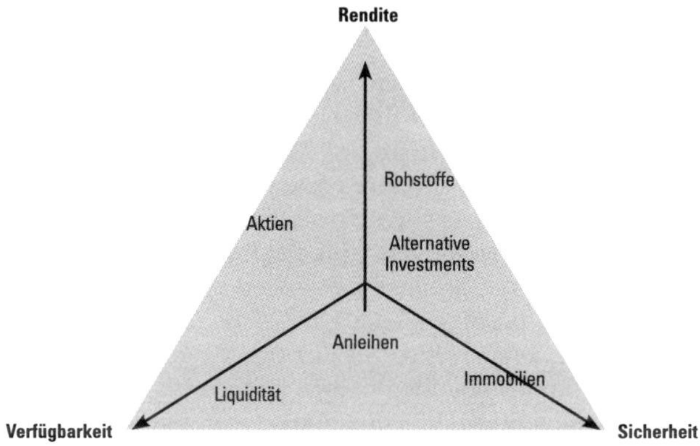

Abbildung 7 Darstellung des magischen Dreiecks – Rendite – Verfügbarkeit – Sicherheit Quelle: Eigene Darstellung.

Vermögensanlage besteht demnach darin, die verschiedenen Anlageformen im richtigen Maß und zum richtigen Zeitpunkt zu kombinieren. Die einzig wahre Kapitalanlage existiert nicht. Vielmehr ist die passende Vermögensanlage ein Mix aus diversen Formen, die speziell auf den Anleger zugeschnitten sind. Die Flexibilität, jederzeit auf veränderte Umweltbedingungen und Marktentwicklungen reagieren zu können, darf dabei nicht aus den Augen verloren werden.

3. Fazit

Es ist für jeden Anleger möglich, sein Vermögen gewinnbringend anzulegen, ohne dabei auf hochspekulative Anlageformen zurückgreifen zu müssen. Wie das geht, zeigen erfolgreiche Akteure auf den Finanzmärkten wie beispielsweise die Stiftungsfonds der Universitäten Harvard und Yale. Beide setzen auf eine breite Streuung des Kapitals über verschiedene Anlageklassen sowie auf eine Strategie der Risikominimierung ganz nach dem Motto „Wer gewinnen will, darf nichts verlieren".

Darauf zielen auch die hier vorgestellten Strategien ab, die Ihnen dabei helfen sollen, Ihr Vermögen erfolgreich zu investieren und Fehler zu vermeiden. Dafür ist es zunächst wichtig, sich die Wertentwicklung der Kapitalanlagen sowie die damit verbundenen Risiken vor Augen zu führen: Für sich genommen ist keine Kapitalanlage (mehr) sicher. Bei allen Formen – seien es Aktien, Immobilien, Staatsanleihen, Zertifikate, Festgelder oder Geldmarktfonds – bestehen gewisse Risiken. Mit einigen einfachen Strategien können Sie diese Risiken jedoch souverän meistern.

Wie die Beispiele gezeigt haben, zahlen sich hohe Renditeerwartungen im besten Fall kurzfristig aus. Viel erfolgversprechender ist dagegen eine solide, sicherheitsorientierte Anlagestrategie. Zudem sollten Anleger auf ein breit gestreutes Portfolio setzen und ihre kostbare Fracht so auf mehrere Anlageklassen verteilen. Um den Cost-Average-Effekt zu nutzen, sollte man zudem auch regelmäßig investieren, z.B. mit flexiblen Fondssparplänen. Entschlossenheit, Disziplin und Durchhaltevermögen bilden weitere wichtige Pfeiler auf dem Weg in die finanzielle Unabhängigkeit. Bei all Ihren Entscheidungen und Investitionen sollten Sie auf eine ausgeglichene Verteilung des Kapitals achten. So bleiben Sie flexibel, können Ihr Portfolio aktiv an neue Marktgegebenheiten und Bedürfnisse anpassen und ihr Vermögen gewinnbringend anlegen.

4. Literatur

Brockhaus-Enzyklopädie in 24 Bänden (1992), Mannheim: Brockhaus.

Wierichs, Günter/Smets, Stefan (2010): Gabler-Kompakt Lexikon Bank und Börse, Wiesbaden: Gabler.

Vogt, Edda/Liebing, Dorothee (2011): Stichwort Liquidität: Hin und Her macht Taschen leer. Welchen Einfluss Liquidität auf die Rendite haben kann, Deutsche Börse, <http://www.boerse-frankfurt.de/DE/index.aspx?pageID=44&NewsID=146>, Zugriff: 19.08.2011.

Das Investment Extra

Jürgen Kohlmann betreut als selbstständiger Finanzdienstleister seit mehr als 20 Jahren Mandanten in allen ihren Fragen rund um das Thema Geld und Vermögensbildung. 1991 gründete er die unabhängige Vermögensberatung eurotax GmbH. Bereits 2003 wurde die eurotax GmbH bei einem Test von Focus Money in Kooperation mit der Universität Freiburg zu einem der besten Finanzverwalter und Vermögensberater Deutschlands gekürt.

Das Unternehmen orientiert sich nicht an der kurzfristigen Gewinnung von Marktanteilen oder anderen Zielvorgaben, sondern an einer langfristigen Vermögensmehrung für seine Mandanten. Auch der 2007 gegründete, hauseigene Investmentfonds eurotax all invest zielt auf einen soliden Ertrag bei gleichzeitiger minimaler Volatilität des Investments ab. 2010 erzielte der Fonds eine Rendite von 4,87 Prozent bei einer Volatilität von 4,4 Prozent.

Dank seiner langjährigen Branchenerfahrung und der exzellenten Performance seiner Vermögensverwaltung, insbesondere des eurotax all invest, ist Kohlmann ein gefragter Experte und Interviewpartner bei Fachmedien wie Fin@nzwelt online, €uro Spezial, Cash und vielen anderen mehr.

eurotax GmbH
Jürgen Kohlmann
juergen.kohlmann@eurotaxgmbh.de
Marktplatz 6
D-97753 Karlstadt

Fon: +49 (0) 9353 99373
Fax: +49 (0) 9353 99386

GELD ALS SPIEGEL DER SEELE

ODER WIE SIE GLÜCK UND GELD INS LEBEN ZIEHEN

ALEXANDRA STÖHR

18

„Wenn Ihnen jemand eine Million schenkt, sollten Sie so schnell wie möglich Millionär werden, sonst sind Sie das Geld bald wieder los". Viele Lottomillionäre sind nur ein paar Jahre später ärmer als vor ihrem Gewinn und die Lebensgeschichten erfolgreicher Menschen zeigen, dass diese – auch wenn sie alles verlieren – in kürzester Zeit wieder in der Lage sind, das gleiche Vermögen zu erschaffen.

Diese Umstände verdeutlichen, wie sehr Geld mit unserer Persönlichkeit zusammenhängt. Wie sich innere Vorgänge nach außen spiegeln und sich gerade im Umgang mit Geld zeigen.

Was haben Sie in der Schule über Geld gelernt? Kaum jemand erklärt die Regeln im Geldspiel und doch ist es ein Spiel, das jeder spielt, unabhängig davon ob reich oder arm, gebildet oder ungebildet. Es gibt kein Fach, in dem wirtschaftliche und finanzielle Bildung vermittelt wird. Kein Fach, das darüber aufklärt wie die psychologischen Geldspielregeln sind.

Und doch hat jeder eine Einstellung zu Geld. Einstellungen, die bereits in frühester Kindheit gelernt, zum größten Teil von den Eltern übernommen und ein Leben lang beibehalten wurden, ohne sie je zu hinterfragen.

Dass sehr vieles in unserem Leben von der Struktur unserer Gedanken abhängt, ist inzwischen bekannt. Aber diese Gedanken wohnen nicht mietfrei in unserem Kopf. Wir zahlen einen Preis für unser Denken und dieser Preis spiegelt sich auch auf unserem Kontoauszug.

Ausgehend von einer der Grundannahmen im NLP „Der Mensch hat alle Ressourcen, die er braucht, bereits in sich" können wir auch davon ausgehen, dass Sie alles, was Sie brauchen, Ihren Bezug zu Geld zu verändern, bereits in sich tragen.

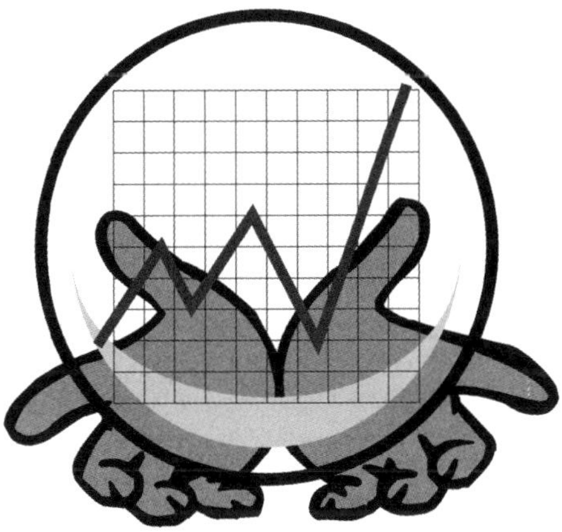

Es geht darum, die durch Glaubenssätze geschaffene Distanz zum Geld aufzugeben. Begrenzende Dogmen, Urteile, Vergleiche und Bewertungen zu überwinden.

- Was haben Sie in Ihrer Kindheit über Geld gelernt?
- Mit welchen Meinungen über sich selbst sind Sie aufgewachsen? Wie sind Ihre Eltern mit Geld umgegangen?
- Was denken Sie über Menschen mit Geld oder über das Geld selbst?
- Welche Ängste entdecken Sie in sich in Bezug auf Geld?
- Was bietet Ihnen Geld oder was kompensieren Sie mit Geld?

Wer Geld verurteilt, schafft eine Trennung zwischen sich und dem Geld.

Solange das Unterbewusstsein nicht auf Wohlstand programmiert ist, wird langfristig gesehen keine äußere Strategie wirklich Erfolg haben. Unbewusste Lernprogramme lassen sich nicht einfach durch logisches Denken verändern.

Das Unterbewusstsein denkt weder logisch noch hält es inne und fragt sich, was das Beste für Sie ist. Es tut einfach das, worauf es konditioniert ist und es wird alles tun, um zu beweisen, dass diese unbewussten Programme, die auch das Verhältnis zum Geld bestimmen, der Wahrheit entsprechen. Der eigenen Wahrheit.

Das Unterbewusstsein wird immer wieder Ereignisse schaffen, die die innere Welt widerspiegeln.

So werden immer wieder ähnliche Menschen, ähnliche Erfahrungen, ähnliche Ereignisse ins eigene Leben gezogen.

Gleiches zieht Gleiches an

Verantwortlich sind die sogenannten Spiegelneuronen. Sie stehen dafür, dass wir in Resonanz gehen, wo immer es sich ergibt. Wenn jemand gähnt, gähnen wir auch. Wenn jemand lacht, so steckt das an – selbst wenn wir den Grund dafür nicht kennen.

Viele Redewendungen deuten genau darauf hin. Wir sprechen von Unglücken, die selten alleine kommen. Oder fallen vom Regen in die Traufe. Und: Jeder kennt bestimmt das Sprichwort „Geld will zu Geld".

Unsere Gedanken steuern unseren Fokus, die Dinge, die wir beachten. Und alles was Beachtung findet, wird wachsen. Dadurch zieht man, wie ein Magnet, immer wieder die gleichen Umstände, die gleichen Bedingungen ins eigene Leben.

Der Fokus steuert die Wahrnehmung, richtet den Blick auf bereits Bekanntes, auf alles womit wir uns ständig innerlich beschäftigen.

Wer ständig über Mangel nachdenkt, das Fehlen von Geld beklagt, richtet seine Aufmerksamkeit dadurch genau auf die Dinge, die er nicht haben möchte und zieht sie damit magisch an. Das ist einer der Gründe, warum Menschen, die bereits ein Reichtumsbewusstsein entwickelt haben, Reichtum immer wieder neu erschaffen können. Sie sehen die Gelegenheiten, die Chancen in der Krise.

Ein „weg von“ Metaprogramm, das durch ein inneres Mangelbewusstsein verursacht wird, wird Sie in Ihrer langfristigen Erfolgskurve immer wieder an den Ausgangspunkt zurückkommen lassen oder sogar noch etwas darunter.

Als Katalysator der Ereignisse, die wir in unser Leben ziehen, wirken die Gefühle, die unsere Gedanken erzeugen. Auf der grundlegenden Ebene unseres Lebens, gibt es nur zwei Arten von Empfindungen: angenehme und unangenehme. Gefühle also, die Lust und Freude erzeugen, oder Gefühle, die Schmerz, Angst oder Wut erzeugen.

Wer lernt seine Wahrnehmung zu verändern, Wut, Angst und Schmerz als Energie zu verstehen, kann diese umwandeln und inneren Reichtum erleben.

Ich empfehle meinen Klienten in solchen Situationen ein Glückstagebuch zu führen. Die positiven Dinge des Lebens festzuhalten. Alles aufzuzählen, wofür man dankbar ist und darüber die eigene Wahrnehmung zu verändern.

Schuld und Schulden

Zwei Worte die zusammenpassen. Wenn mich jemand fragt, wieso er so viele Schulden hat, dann frage ich zurück, wofür er sich schuldig fühlt? Welche moralische Schuld wurde eventuell aus der Familie übernommen, die ein anderes Familienmitglied unbewusst versucht über Geld abzuzahlen?

Darüber hinaus sind wir in einer Gesellschaft aufgewachsen, in der das kollektive Unbewusste vom Thema Schuld durchzogen ist.

Schuldgefühle können aber auch entstehen, wenn wir unsere eigenen Werte verletzen. Dinge tun, die mit unseren Werten oder unseren Grundbedürfnissen nicht in Einklang stehen. Auch das kann wiederum starke Emotionen auslösen.

Die Psychologie kennt sieben Grundbedürfnisse des Menschen:

- Das Bedürfnis willkommen zu sein im Leben
- Geborgenheit, menschliche Wärme und Zuneigung
- Zugehörigkeit und Gemeinschaft
- Der Respekt der eigenen Grenzen
- Raum für Entwicklung, Raum, die eigenen Gefühle ausdrücken zu können
- Unterstützung durch Andere
- Wertschätzung und Anerkennung

Ist eines dieser Grundbedürfnisse nicht oder nur mangelhaft erfüllt, versucht das Unbewusste dieses Bedürfnis ersatzweise zu befriedigen. Unerfüllte Bedürfnisse die u.a. auch durch Geld kompensiert werden.

Welche Möglichkeiten finden Sie, diesen Bedürfnissen in Ihrem Leben wirklich gerecht zu werden, sie anzuerkennen, entsprechend zu kommunizieren und zu integrieren?

Die dunkle Seite der Persönlichkeit

Aspekte der eigenen Persönlichkeit, die unsere Kultur, unsere Familie oder gar wir selbst nicht anerkennen und unterdrücken bezeichnet die Psychologie als Schatten. Die Charaktereigenschaften, die wir uns selbst nicht zuschreiben wollen, die wir an uns selbst ablehnen, werden gerne auf andere projiziert.

Zu den paradoxen Eigenschaften der Selbstentwicklung zählt es jedoch, dass unsere Schatten auch unsere strengsten Lehrmeister sind. Innere Persönlichkeitsanteile, die Gehör finden wollen, die wir nicht einfach ignorieren und verbannen können.

In Bezug auf Geld sind diese Schatten Angst und Gier. Und Börsenmakler werden bestätigen, dass die Geldmärkte hauptsächlich von diesen beiden Empfindungen angetrieben werden.

Es gilt also wachsam gegenüber den eigenen dunklen Seiten zu sein. Sich mit den eigenen Schatten auseinander zu setzen. Daher sind unsere Feinde auch so wichtig, sie können uns zeigen, was wir noch nicht integriert haben. Nichts anderes meinte die christliche Lehre damit, sie lieben zu lernen.

Auch das Polaritätsgesetz greift diese Aspekte auf. Wir haben immer beides in uns. Wer das eine Ende eines Stabes aufhebt, hebt das andere Ende automatisch mit auf. Gefühle und Charaktereigenschaften, die sich diametral gegenüber stehen. Tiefe, leidenschaftliche Liebe kann in abgrundtiefem Hass enden. Ein Gesetz, das sich auch in dem Symbol von Yin und Yang wieder findet.

Im Mittelalter gab es Währungssysteme die genau dieses Gesetz berücksichtigten. Eine harte Währung, die dem Fernhandel diente und aus beständigen Materialien wie Gold oder Silber gefertigt war. Mit dieser Währung waren auch sehr patriarchale Kennzeichen verbunden wie Hierarchie, Konzentration, Kontrolle und Wettbewerb. Und im Gegensatz dazu gab es lokale – weiche – Währungen. Währungen, die als reines Zahlungs- und Tauschmittel dienten, die in Umlauf gehalten wurden und zu bestimmten Zeiten umgetauscht werden mussten.

Auch gab es Zeiten, in denen sogenannte Demurrage, also Liegegebühren für das Geld, das nicht in Umlauf gehalten wurde, bezahlt werden mussten.

Diese Yin und Yang Aspekte im Umgang mit Geld zeigen uns Möglichkeiten auf, gleichzeitig das Geld im Fließen zu halten und Vermögen aufzubauen. Unsere Seele nicht durch übermäßiges Sparen in Mangelzustände zu bringen, die wiederum weiteren Mangel nach sich ziehen werden.

Geld und Frauen

Geld ist häufig ein Thema zu dem gerade Frauen schwer Zugang finden.

Aussagen wie „Ich arbeite ja nicht des Geldes wegen“ oder Ängste wie „Wenn ich um eine Gehaltserhöhung bitte, verliere ich meinen Job“ begegnen mir sehr häufig innerhalb meines weiblichen Klientels.

Auch hier kann ein Blick in unsere Geschichte Aufschlüsse bringen.

In Deutschland konnten Frauen noch bis 1977 nur mit Zustimmung ihres Mannes ein Konto eröffnen. Auch konnte der Ehemann mit der Begründung „Die Berufstätigkeit der Frau störe den häuslichen Frieden“ bis Mitte der 70iger Jahre den Arbeitsplatz der Frau kündigen. Brachte eine Frau bereits eigenes Vermögen mit in die Ehe, so unterstand dieses Vermögen noch bis 1953 der Verwaltung des Mannes.

Die Folgen davon sind noch heute sichtbar. Für Frauen ist das Gehalt selten der entscheidende Faktor beim Einstellungsgespräch. Sie führen auch statistisch nur etwa alle zehn Jahre eine Gehaltsverhandlung. Gerade Berufe, die hauptsächlich von Frauen ausgeübt werden, sind häufig sehr schlecht bezahlt.

So neigen Frauen auch vielfach dazu, den Wert ihrer Arbeit in Frage zu stellen, Rechnungen geringer auszustellen oder haben gar Schwierigkeiten überhaupt eine Rechnung zu schreiben.

Wer sein Reichtumsbewusstsein entwickeln möchte, wird sich mit sich selbst auseinander setzen müssen. Seine Glaubenssätze hinterfragen, ein anderes Resonanzfeld aufbauen und seinen dunklen Seiten begegnen.

Geld ist mehr als nur ein Tauschmittel.

Geld ist unser Spiegel.

Es ist ein Spiegel unserer Seele.

Literaturhinweis

Rüdiger Dahlke - Die Psychologie des Geldes

Bernard Lietaer - Mysterium Geld

Alexandra Stöhr

Alexandra Stöhr lebt als selbständige Unternehmerberaterin, Führungstrainerin und Coach in der Nähe von Kaiserslautern. Sie studierte Betriebswirtschaft und beschäftigt sich schon seit frühester Jugend mit positiver Psychologie.

Seit mehr als 10 Jahren begeistert sie sich für NLP, Transaktionsanalyse und systemische Aufstellungen. Sie ist NLP-Lehrtrainerin, NLP-Coach und hat seit vielen Jahren Coachingerfahrung. Sie war lange Zeit in der Finanzbranche tätig und stellte dabei immer wieder fest, wie viel Psychologie gerade in dem Thema Geld steckt, wie die Persönlichkeitsmerkmale der Kunden die Auswahl der Kapitalanlagen bestimmte. Seit mehreren Jahren hat sie sowohl ihre betriebswirtschaftlichen als auch ihre psychologischen Kenntnisse und Erfahrungen miteinander verknüpft und coacht und berät Menschen auf dem Weg in die Selbständigkeit, im Unternehmensaufbau, in der Entwicklung ihrer Führungsfähigkeiten und darin, den inneren Reichtum zu erkennen und in äußeren zu verwandelt, die Persönlichkeit zu entwickeln und den eigenen Platz im Leben zu finden.

Kontakt

Alexandra Stöhr · Matzenbergstr. 26 · 66989 Höheinöd ·
Mobil: 0170-2329798 · E-Mail: alexandra.stoehr@landsiedel.com

GARANTIERT OHNE GÄHNTECHNIK – EINSATZ VON IMPROTHEATER-ELEMENTEN IN SEMINAREN

EVI ANDERSON-KRUG

19

Lesen Sie den Beipackzettel!

Sagen Sie hinterher nicht, ich hätte Sie nicht gewarnt!

Risiken und Nebenwirkungen.

„Das Mittel kann süchtig machen. Es hebt die Stimmung, verschafft ein Gefühl von Leichtigkeit und kann stundenlange Heiterkeit auslösen. Schon bei erstmaliger Anwendung werden bei Probanden extreme Lachanfälle beobachtet. Regelmäßiger Gebrauch kann zu gesteigertem Selbstvertrauen und Angstverlust führen. Außerdem wird häufig bei Anwendern eine Tendenz zur Dosis-Steigerung entdeckt." Das ist nur eine Auswahl der Risiken und Nebenwirkungen. Also nochmals: sagen Sie bitte nicht, ich hätte Sie nicht gewarnt!

Nein, ich rede nicht von Psychopillen oder Alkohol. Diese Symptome können auftreten, sobald Sie sich näher mit Improvisationstheater beschäftigen, auch Improtheater oder schlicht „Impro" genannt. Eine einzige intensive Anwendung kann genügen. Und schon hat es Sie erwischt. Ehrlich.

Es gibt zwei Kategorien von Menschen, die darauf neugierig geworden sind: die einen gehen als Zuschauer in eine Improtheater-Vorstellung, um einen vergnüglichen Abend zu verbringen und mal „unverbindlich zu gucken", was das ist. Die anderen besuchen einen Workshop wie diesen hier, um eine vergnügliche Stunde zu verbringen und mal „unverbindlich zu gucken", was das ist. Letztere ist eindeutig die mutigere Gruppe. Herzlich Willkommen!

Schwimmen und Impro lernt man durch Ausprobieren.

An dieser Stelle werden vermutlich einige einen Vortrag von mir erwarten. Ebenso gut könnte ich vor einer Gruppe von Nichtschwimmern eine Rede über verschiedene Schwimmstile halten. Mit dem Ziel, dass alle danach wissen, wie es geht. Doch genauso wie Schwimmen lernt und erlebt man Improtheater durch Ausprobieren und Mitmachen. Deshalb stellen Sie bitte Ihre Stühle zur Seite, wir brauchen Platz zum Spielen! Und denken Sie danach bitte daran, die Stühle wieder an den ursprünglichen Platz zurückzustellen. Vielen Dank. Und los geht's!

Warum Impro spielen? oder „Was bringt mir das?"

Improtheater ist auf keinen Fall etwas für Sie, wenn folgendes auf Sie zutrifft: Sie sind weder Schauspieler noch haben Sie Ambitionen, einer zu werden. Ihre Arbeitswoche läuft immer so, wie Sie es geplant haben, Ihr Alltag geht planmäßig vonstatten und hält keine lästigen Überraschungen bereit. Teamarbeit ist für Sie nicht so wichtig oder allenfalls ein lästiges Übel. Kreativität brauchen Sie nicht, Sie arbeiten schließlich nicht in einer Werbeagentur. Und für alberne Spiele haben Sie ohnehin keine Zeit, denn Sie sind erwachsen. Dann sollten Sie auf keinen Fall weiterlesen.

Impro könnte interessant für Sie sein, wenn Sie im Team arbeiten, mit Menschen zu tun haben, Seminare leiten oder gelegentlich Vorträge halten müssen, wenn Ihre gut geplante Arbeitswoche regelmäßig von Kunden, Mitarbeitern, Kollegen oder Ihrer Familie auf den Kopf gestellt wird. Wenn Sie täglich improvisieren müssen, um Ihr Pensum zu schaffen. Oder wenn Sie der Meinung sind, dass Lachfalten die schönsten Falten sind.

Es gibt unzählige Bücher mit Seminarspielen auf dem Markt, für jede Gelegenheit und Gruppensituation. Ich beschränke mich deshalb auf eine Auswahl von Spielen, die überwiegend aus dem Improtheater stammen. Sie fördern die Kommunikation, können zum Teamverständnis beitragen und mit Leichtigkeit zu neuen Erkenntnissen führen. Sie sind schnell zu lernen, kosten nix und machen jede Menge Spaß. Den Einsatzmöglichkeiten sind keine Grenzen gesetzt. Sie können Sie in der Erwachsenenbildung nutzen, zur Teamentwicklung, im Führungskräftetraining ebenso wie in der Arbeit mit Jugendgruppen und Kindern. Oder, um einen Teilnehmer aus dem Kongress-Workshop zu zitieren: „Das kann man ja super bei Hochzeiten einsetzen!"

Vielleicht ist Ihnen manches bekannt, vielleicht entdecken Sie Varianten, die Sie noch nicht kennen. Die Auswahl ist mit Sicherheit nicht vollständig.

Was ist denn nun Improtheater?

Improtheater ist die Kunst, eine Szene aus dem Stegreif zu entwickeln. Die Spieler nehmen die Impulse von Mitspielern und Zuschauern auf und setzen sie spontan um. Jede Szene, jeder Auftritt ist einzigartig und einmalig. Es gibt keinen auswendig gelernten Text, kein Drehbuch. Deshalb passiert es natürlich auch mal, dass einem Spieler partout nichts einfallen will. Er ist konfrontiert mit einer Situation, in der eine schnelle Reaktion erwartet wird, und das auch noch vor den Augen eines zahlenden Publikums. Die Kunst besteht darin, locker zu bleiben und die Szene gut zu Ende zu bringen. Hier ist Kreativität und Spontaneität gefragt, aber auch der Mut zum Fehler machen und zum „Nicht-perfekt-sein".

Das kommt Ihnen bekannt vor, auch wenn Sie kein Theater spielen? Auch Sie geraten gelegentlich in Situationen, in denen Ihnen nichts mehr einfällt? Dann habe ich eine gute Nachricht für Sie: diese Fähigkeiten lassen sich trainieren. Ich habe Ihnen einige Spiele zusammengestellt, zum Ausprobieren und Nachmachen. Sie basieren auf den Grundregeln des Improtheaters, die ich Ihnen kurz erläutern möchte. Die Spielanleitungen folgen im Anschluss.

Grundregeln

Gutes Improtheater gelingt nur dann, wenn die Spieler sich aufeinander einlassen und die gemeinsam entwickelte Szene wichtiger ist als ein einzelner Spieler im Rampenlicht. (Sie können das Wort „Improtheater" wahlweise mit „Teamarbeit", „Partnerschaft" oder „Familienleben" ersetzen.)

Damit das Zusammenspiel gelingt, sind folgende Regeln hilfreich:

- **Fahr deine Antennen aus!**
  Wer sich mit NLP auskennt, wird vermutlich zustimmend nicken: Kommunikation gelingt dann am besten, wenn ich den anderen auch wahrnehme. Dazu gehört es, aufmerksam zu sein und auf den anderen zu achten, auf die Feinheiten seiner Mimik und Körpersprache. Dann können auch winzige Impulse wahrgenommen und aufgegriffen werden. Oft übersehen wir jedoch Signale, weil wir in Gedanken ganz woanders sind oder vielleicht schon den übernächsten Schritt planen.

- **Es gibt kein „Falsch".**
  Schon Kinder haben Angst davor, Fehler zu machen, etwas Falsches zu sagen oder nicht gut genug zu sein. Woher das kommt, will ich an dieser Stelle nicht hinterfragen. Diese Angst scheint uns jedenfalls in den Knochen zu stecken. Aus Sorge, etwas Dummes oder Unpassendes zu sagen, sagen viele lieber gar nichts.

  Beim Improvisieren besteht nicht die Zeit, lange zu überlegen, ob das, was einem in den Sinn kommt, jetzt richtig oder falsch ist. Für den agierenden Spieler bedeutet es, das nahe liegende zu sagen oder zu tun. Für den aufgreifenden Spieler, der den Impuls empfängt, bedeutet es „was gesagt wurde, ist jetzt da, also nutze es" und „mach was draus." Eine vielleicht als blöd oder langweilig empfundene Bemerkung kann der Impuls zu einer tollen Szene werden.

- **Sag ja, nimm es an!**
  Wie viele Teamsitzungen ziehen sich endlos hin, weil jeder Vorschlag zunächst blockiert oder skeptisch betrachtet wird? Wie viele gute Ideen werden nie ausgeführt, weil eine kritische Bemerkung sie im Keim erstickt? Allzu oft hören wir ein „Ja, aber..." statt ein „Ja genau!" Spontane Ablehnung scheint manchen leichter zu fallen als spontane Zustimmung. Vielleicht mag keiner zu den „Ja-Sagern" gehören?

  Beim Improtheater geht es genau darum, ohne großes Nachdenken „Ja" zu sagen. Ein Auftritt gelingt nur dann, wenn die Vorgabe des Partners bejaht und aufgegriffen wird. Widersprüche blockieren den Spielverlauf, Zustimmung fördert ihn.

Die Spiele

Warming up – zum Kennenlernen

Moleküle bilden

Das Spiel ist ein Eisbrecher und für große Gruppen geeignet. Es dient zum ersten Kennenlernen, bringt Bewegung (und leichtes Chaos) in die Runde.

Die Teilnehmer laufen durch den Raum, bis der Spielleiter eine Zahl ruft, z.B. „Vier!“. Jetzt bilden sich Gruppen zu je vier Personen, haken sich mit den Armen unter und bilden so ein „Molekül“. In der so entstandenen Kleingruppe können sich die Teilnehmer mit Namen vorstellen. Anschließend wieder durch den Raum laufen, bis der Spielleiter eine andere Zahl nennt und ein Molekül mit der entsprechend neuen Anzahl bilden.

Spiele zum „Antennen ausfahren“

Im Folgenden stelle ich Ihnen zwei Spiele vor, bei denen die Aufmerksamkeit für die Mitspieler geschult wird. Die Teilnehmer werden wieder aufnahmefähig und kommen ins „hier und jetzt“. Es sind Beispiele für eine Vielzahl an ähnlichen Spielen. Viel Spaß beim Ausprobieren!

Klatsch-Spiel

Die Teilnehmer stehen im Kreis. Der Spielleiter startet, indem er seinen linken Nachbarn anschaut und in die Hände klatscht. Dieser dreht sich zu seinem linken Nachbarn um und klatscht ebenfalls in die Hände. Der gibt das Klatschen erneut weiter, bis das Klatschen wieder beim Spielleiter angekommen ist.

In der nächsten Runde kann das Klatschen jederzeit vom „Angeklatschten“ wieder zurückgegeben werden. Der Teilnehmer schaut in dem Fall nicht seinen nächsten Nachbarn an, sondern seinen Vorgänger und klatscht in die Hände. Dadurch ändert sich die Richtung, bis erneut ein Teilnehmer das Klatschen zurück gibt.

In der dritten Runde wird ein beliebiger Mitspieler im Kreis angesehen und dabei geklatscht. Dieser greift den Impuls auf und gibt das Klatschen mit Blickkontakt zu einem anderen Spieler im Kreis weiter. Spätestens jetzt ist jeder aufmerksam und achtet auf die anderen Mitspieler, um seinen Einsatz nicht zu verpassen.

Variante: Zeitgleich klatschen

Verfeinert wird die Aufmerksamkeit durch gleichzeitiges Klatschen. Der Spielleiter blickt seinen linken Nachbarn an und klatscht zeitgleich mit diesem in die Hände. Dieser gibt das Klatschen entsprechend weiter. Der Blickkontakt ist hier noch wichtiger. Weiter geht es ebenso mit Richtungswechsel und Klatschen zu einem anderen Teilnehmer im Kreis.

Waldspaziergang

Die Mitspieler stehen im Kreis. Der Spielleiter erklärt, dass alle bei einem Waldspaziergang sind. Plötzlich bricht ein imaginäres Wildschwein aus dem Dickicht und rennt nach rechts davon.

Der Spielleiter hebt die Hände, schreit „UAAH!“ und dreht sich zu seinem rechten Nachbarn. Dieser greift den Impuls auf und gibt das „Wildschwein“ mit Hände heben und „UAAH!“-Schrei ebenfalls an den rechten Nachbarn weiter, solange bis das Wildschwein wieder beim Spielleiter angekommen ist.

Im Wald befindet sich auch ein Jogger. Der Spielleiter macht auf seinem Platz joggende Bewegungen, keucht dazu und gibt den Impuls an den linken Mitspieler weiter. Dieser beginnt ebenfalls zu joggen und zu keuchen und wendet sich an seinen linken Mitspieler. Die anderen folgen entsprechend.

In der dritten Runde wandert eine Oma mit ihrem Gehstock zitternd nach rechts durch die Runde, dabei sagt sie „mimimi“.

Und als letztes taucht im Wald noch ein Spanner auf, hält ein imaginäres Fernglas vor die Augen (mit beiden Händen ein Fernglas bilden), sagt „Ooh!“ und läuft links durch die Runde.

Zunächst werden die einzelnen Figuren einzeln durch die Runde geschickt. Als Steigerung startet erst das Wildschwein nach rechts und kurz danach wird der Jogger nach links losgeschickt. Die Spieler müssen aufmerksam darauf achten, woher der Impuls kommt und ihn schnell weitergeben. Wenn die Runde einmal durch ist, die beiden anderen Figuren zeitversetzt ins Rennen schicken, so dass alle vier gleichzeitig durch die Runde rennen bzw. wandern. Manche Spieler werden bei der Gelegenheit mehrere Figuren nacheinander oder fast zeitgleich spielen müssen.

Ein leichtes Chaos und jede Menge Gelächter bleibt bei dem Spiel nicht aus, die Antennen sind wieder ausgefahren und, falls das Spiel nach der Mittagspause oder einer längeren Arbeitseinheit gespielt wird, sind alle wieder frisch und wach.

Es gibt kein „Falsch“ – Spiele zum „Fehler machen“

Folgende Spiele fordern heraus, Fehler zu machen oder etwas vermeintlich Falsches zu sagen oder zu tun. Die Botschaft dahinter ist: „Es passiert jedem und es ist völlig okay, dass etwas danebengeht!“

Satz ohne „S"

Zwei Spieler unterhalten sich über ein Alltagsthema. Bedingung ist es, den Buchstaben „s" auf keinen Fall auszusprechen. Meist versuchen die Spieler, Worte ohne „s" zu verwenden, was zu komischen Satzkonstruktionen und seltsamer Wortwahl führt, oder auch, das „s" in einem Wort einfach wegzulassen. Zumindest versuchen sie, alles richtig zu machen, während die Zuhörer darauf lauern, dass ein Fehler passiert.

Im zweiten Durchgang dürfen die Zuschauer bei jedem „Fehler" bzw. Versprecher lautstark jubeln und applaudieren. Das heißt, dass hier nicht die „richtige" Form beklatscht wird, sondern der Fehler den Applaus erhält.

Spitfire

Dieses Spiel wird in Dreiergruppen gespielt. Einer erzählt eine (erfundene) Geschichte (z. B. „was ich letztes Wochenende gemacht habe"). Die beiden Zuhörer werfen einen Begriff ein, der spontan in die Erzählung eingebaut werden muss. Erst wenn der Begriff in der Geschichte genannt wurde, wird der nächste Begriff eingeworfen und entsprechend verwendet. Besonders witzig sind Begriffe, die mit der eigentlichen Geschichte absolut nichts zu tun haben.

Das Spiel (vor allem in einer kleinen Gruppe) nimmt die Angst, sich zu blamieren. Zudem ist es ein gutes Schlagfertigkeitstraining.

Bunny Bunny Bunny

Bunny Bunny ist ein Spiel, das herrlich sinnfrei und albern ist und jederzeit zur Auflockerung und/oder zur Aufmerksamkeitssteigerung eingesetzt werden kann.

Die Spieler stehen wieder im Kreis. Der Spielleiter ist der „Oberhase" und hält beide Hände seitlich neben seine Ohren und wackelt mit diesen. Dabei ruft er „Bunny Bunny Bunny". Seine beiden Nachbarn halten jeweils eine Hand ans Ohr und wackeln damit. Der rechte Nachbar hält seine rechte Hand ans rechte Ohr, der linke Nachbar hält die linke Hand ans linke Ohr. Beide rufen ebenfalls „Bunny Bunny Bunny".

Der Oberhase guckt sich einen Mitspieler im Kreis aus und „wirft" ihm die Ohren zu, indem er ihn deutlich anblickt, mit dem Kopf nickt und einmal „Bunny" ruft. Der Mitspieler löst den Oberhasen ab, ist damit neuer Oberhase, wackelt mit beiden Händen am Ohr, und seine beiden Nachbarn wackeln entsprechend mit ihrer linken bzw. rechten Hand usw.

Wenn sich alle eingespielt haben, wird es ernst: jeder, der einen Fehler macht (falsche Hand am falschen Ohr, zu späte Reaktion o.ä.), muss ausscheiden und von außen aufmerksam beobachten, wer als nächster unaufmerksam ist. Da früher oder später jedem ein Fehler unterläuft, bleiben zum Schluss nur noch zwei Hasen übrig.

Sag ja, nimm es an! – Spiele zum „Ja-Sagen"

Sie erinnern sich? Ein Auftritt gelingt nur dann, wenn die Vorgabe des Partners bejaht und aufgegriffen wird. Widersprüche blockieren den Spielverlauf, Zustimmung fördert ihn. Im nächsten Spiel wird zunächst das „Annehmen" der Idee des Vorgängers trainiert, um so eine gemeinsame Sache (die Geschichte) voranzubringen. Das zweite Spiel („Ja-genau") ist eine extreme Form des Ja-Sagens, die dazu dient, den Spieler in ein sogenanntes „Yes-Setting" zu bringen, bei dem auch Außergewöhnliches spontan bejaht wird.

Gemeinsame Geschichte erzählen

Die Teilnehmer stehen im Kreis. Ein Spieler beginnt, startet mit dem ersten Satz einer Geschichte. Der nächste setzt die Geschichte fort, gefolgt von seinem Nachbarn usw.

Normalerweise überlegen sich die meisten, was sie sagen können, sobald sie an der Reihe sind. Da sich die Geschichte bis dahin schon längst verändert hat, nützt die Vorplanung gar nichts und ist meist kontraproduktiv. Wer dennoch die eigenen Ideen durchsetzen will, gefährdet das Gesamtwerk.

Das gemeinsame Geschichten erzählen fördert zudem genaues Zuhören und aufmerksam im „Hier und Jetzt" zu sein. Als Variante ist es möglich, einen gemeinsamen Satz zu bilden, bei dem jeder nur ein Wort beiträgt. Hier sind die Auswirkungen von Ja-Sagen und Annehmen bzw. das Durchsetzen eigener Ideen noch deutlicher zu sehen.

Eine Steigerung des „Annehmens" bietet das Ja-Genau-Spiel.

Ja-Genau

Zwei Spieler unterhalten sich. Abwechselnd stellt jeder Spieler eine Behauptung über den anderen auf, die dieser auf jeden Fall akzeptieren und rechtfertigen muss. Die Behauptungen sind beliebig, die Antwort beginnt immer mit „Ja genau!". Ein Beispiel:

- Spieler A: „Gestern hab ich dich mit der Blonden gesehen"
- Spieler B: „Ja, genau, sie hatte mich zum Essen eingeladen, weil sie mich als Kunden haben will. Und du hast deinen Job gekündigt!"
- Spieler A: „Ja, genau, weil ich jetzt endlich auswandern werde." etc.

Den meisten Spielern fällt es anfangs sehr schwer, völlig haltlose und auch absurde Behauptungen einfach zu akzeptieren und mit „Ja, genau" zu antworten. Es ist auch eine sehr extreme Form des Bejahens. Mit 5-10 Minuten Training hat sich diese Art zu antworten jedoch etabliert und macht zunehmend Spaß.

Darf's zum Abschluss ein bisschen „Gefrorenes" sein?

Zum Schluss möchte ich Ihnen noch eine wunderbare Möglichkeit vorstellen, in der Sie all die vorher genannten Aspekte umsetzen können: das „Freeze" genannte Spiel mit verschiedenen Szenen. Hier kommen all die vorher genannten Aspekte zum Tragen, die ausgefahrenen Antennen, das Annehmen und Ja-Sagen und natürlich die Regel, dass es kein Falsch gibt.

Freeze

Beim Freeze beginnen zwei Spieler mit einer beliebigen Szene, z. B. Ehekrach. Sie spielen spontan und mit ausdrucksstarker Mimik und Gestik. Der Spielleiter (oder ein Zuschauer) ruft an einer beliebigen Stelle „Freeze!" oder „Stop!". Die Spieler erstarren in ihrer momentanen Körperhaltung, frieren buchstäblich ein.

Ein dritter Spieler kommt auf die Bühne, schaut sich die beiden unbeweglichen Personen an und entscheidet sich für eine der beiden Rollen. Er tippt den Spieler an, dessen Körperhaltung er übernehmen möchte und positioniert sich in exakt derselben Haltung. Während der abgelöste Spieler die Bühne verlässt, fühlt sich der neue Spieler kurz in die Position ein und startet mit einer völlig neuen Szene, die sich aus der Körperhaltung ergibt. Der Spielpartner, der noch auf der Bühne ist, steigt in die Szene mit ein.

Freeze kann mit beliebig vielen Teilnehmern gespielt werden. Es trainiert das Einfühlen in fremde Rollen.

Zu guter Letzt: Wo kann ich Improspiele einsetzen?

Generell können Sie die Spiele überall da einsetzen, wo Menschen zusammenkommen und ein Spiel passend erscheint. Wie bereits oben erwähnt, sind dem keine Grenzen gesetzt. Wenn Sie einen guten Draht zu Ihren Seminarteilnehmern haben, können Sie gar nichts falsch machen.

Zur Verdeutlichung noch ein Beispiel aus der Praxis.

Seit vielen Jahren führe ich Telefontrainings für Mitarbeiter im Kundenservice durch, die Reklamationen bearbeiten. Hier passiert es regelmäßig, dass ein Kunde verärgert anruft, weil er Probleme mit dem Produkt oder der Dienstleistung hat, und seinen Ärger am Telefon ablässt. Nun wissen die Telefonmitarbeiter, dass nicht sie persönlich gemeint sind, dass sie für die Panne nichts können, dass sie Verständnis für den Kunden aufbringen sollen. Sie wissen es zumindest in der Theorie. Dennoch fühlen sich einige persönlich angegriffen oder laufen Gefahr, sich am Telefon zu rechtfertigen.

Vor einiger Zeit setzte ich zum ersten Mal das „Ja-Genau“-Spiel zur Auflockerung in einem Telefontraining ein. Kurze Zeit später erhielt ich eine Mail einer Teilnehmerin, die häufig zu Rechtfertigungen am Telefon neigte. Sie wollte sogar schon den Job kündigen, weil sie sich nicht mehr wohl fühlte. Seit dem „Ja-genau“-Spiel hatte sich bei ihr etwas verändert. Sie schrieb mir, dass sie wieder einmal einen aufgebrachten Kunden am Telefon hatte. Doch statt in die „Rechtfertigungs-Schiene“ zu rutschen, dachte sie automatisch „Ja, genau! Er hat Recht!“. Allein durch diese innere Einstellung gelang es ihr, die Reklamation kompetent und freundlich zu bearbeiten.

Ich bin sicher, Sie finden in Ihrem beruflichen Alltag, sei es im Team oder im Seminar, selbst genügend Beispiele und Anwendungsmöglichkeiten. Lachen entspannt und in einem entspannten Zustand ist es leicht, zu lernen, spielerisch zu lernen. In einem Rahmen, in dem auch Fehler passieren dürfen (ja, in dem sie sogar ausdrücklich erlaubt oder erwünscht sind), können neue Rollen ausprobiert und ausgereizt werden.

Die aufgezeigten Spiele sind nur ein Bruchteil der vielen Facetten und Einsatzmöglichkeiten. Mir ist klar, dass ich vieles ausgelassen habe, vieles auslassen musste. Wer Feuer gefangen hat und Lust auf Mehr bekommen hat, findet einige Anregungen in den Literaturhinweisen und Links. Wer selbst Impro spielen und ausprobieren möchte, findet bei den Improtheatergruppen in größeren Städten Schnupperabende oder Workshops.

Danke

Ich bedanke mich an dieser Stelle herzlich bei meinen Ausbildern und Impro-Lehrern, bei Dr. Charlotte Tracht von „ImproKom“ und bei Werner Högel, Annette Hallström und Christiane Mudra von „TATwort“, für ihre tollen Workshops, ihre Kompetenz und ihre Ideen.

Und zu meinen Lesern und Zuhörern sage ich herzlichen Dank fürs Mitspielen! Sie waren ein klasse Publikum! Und danke, dass Sie die Stühle wieder an ihren ursprünglichen Platz gestellt haben.

Weiterführende Literatur und Links:

Tracht, Charlotte Dr.: Mut zur Improvisation! – Ungewöhnliche Tools für Beratung und Coaching. HumorCare Verlag, München 2006,erhältlich bei www.improkom.de.

www.tatwort.de

www.improwiki.de

Evi Anderson-Krug, Jahrgang 66, wollte schon als Kind Schauspielerin werden, doch ihre Eltern rieten ihr von der „brotlosen Kunst" ab. Nach einem Sozialpädagogikstudium und mehreren Berufsjahren in Beratung, Personaldisposition und –entwicklung entdeckte sie 1997 ihr Faible für die Erwachsenenbildung. Seit dieser Zeit ist sie freiberufliche Trainerin. Ihre Schwerpunkte sind Telefonkompetenz und Kommunikation, Potenzialentwicklung in Teams sowie Zukunftsworkshops.

Als Coach in eigener Praxis unterstützt sie ihre Klienten in Fragen beruflicher Neu-Orientierung sowie in der Persönlichkeits- und Potenzialentwicklung. Sie sieht sich selbst als „Geburtshelferin für das Potenzial, das in jedem von uns steckt."

Sie ist Lehrtrainerin und Coach (DVNLP) und leitet die NLP-Ausbildungen für Landsiedel NLP Training in Augsburg. Ihre Ausbildungsteilnehmer schätzen besonders, dass in den Kursen der Spaß nicht zu kurz kommt. Ihr Stil ist humorvoll und lebendig, dabei ist ihr wichtig, dass die Teilnehmer mit allen Sinnen lernen. In Augsburg starten regelmäßig NLP-Practitioner-Ausbildungen. Wer Evi vorher kennenlernen und erleben will, findet die Termine für die nächsten kostenlosen Abendseminare unter http://www.landsiedel-seminare.de/nlp/nlp-in-augsburg.html .

Evi spielt leidenschaftlich gern Improtheater und lebt mit ihrem Mann und zwei Söhnen in Gröbenzell bei München.

Evi Anderson-Krug
Brennerstrasse 24
82194 Gröbenzell
www.anderson-krug.de
mail: evi@anderson-krug.de

INFORMATIONSFLUT - NEIN DANKE?

HELGO BRETSCHNEIDER

20

Helgo Bretschneider ist Experte und Buchautor für das aktuelle Thema: „Wie gehe ich erfolgreich und effizient mit der täglichen Datenflut um?" Weitere Infos auch unter www.datenflut.info.

Auf den folgenden 10 Seiten geht es um „Ihren" erfolgreichen Umgang mit der beruflichen und privaten „Informationsflut". Wir betrachten dieses wichtige Thema aus verschiedenen Blickwinkeln:

- Ist Multitasking eine Lösung gegen das Informationschaos?
- Effizientes Lesen – Ein wirksames Mittel gegen Informationsflut
- Info-Kommunikation: Ganz ohne Regeln geht es nicht
- Tierisch gut – Arbeiten Sie nach dem MAUS-Prinzip
- Wie ist Ihre persönliche Einstellung zur täglichen Datenflut?

Die heutige Technik bringt uns viele Chancen und Möglichkeiten, die es so nie zuvor gegeben hat. Andererseits wird unser „Steinzeitgehirn" in der komplexen und virtuellen Welt ständig an seine Grenzen geführt. Es braucht deshalb „gehirngerechte" Techniken, Strategien und Einsichten, damit wir tatsächlich einen hohen Nutzen daraus ziehen können. Wer sich um diese Dinge nicht aktiv kümmert, versinkt irgendwann im täglichen Stress und Informationschaos.

Stellen Sie sich doch folgende Situation vor: Sie kommen extra früher ins Büro und wollen endlich den wichtigen Bericht in Ruhe lesen, der seit vier Tagen auf Ihrem Schreibtisch liegt. Sie schauen „nur ganz kurz" mal in Ihr Mailprogramm und bemerken, dass mittlerweile 21 ungelesene E-Mails da sind, davon die Projektberichte und Protokolle, die Sie für das Meeting morgen Vormittag brauchen. Das Telefon klingelt, sie greifen halb abwesend zum Hörer, obwohl Sie ja eigentlich lesen wollten: „Hallo Herr Schulze, ja um 13.00 Uhr. In Ihrer E-Mail, wann war das? OK, ich schau es mir an und rufe später zurück". Ihre Teamassistentin bringt den Stapel Post von heute rein „…das sieht wichtig aus…" und gleichzeitig meldet Ihr Outlook, dass Ihr Chef spontan das Meeting auf heute vorverlegt hat…

Kennen Sie solche Situationen? Sitzen Sie manchmal vor Ihrem Computer und denken: „So geht es nicht weiter"? Befürchten Sie, die vielen Informationen könnten Sie irgendwann verschlingen? Dann sind Sie nicht allein…!

Ist Multitasking eine Lösung gegen das Informationschaos?

„Unter Multitasking versteht man die Fähigkeit eines Menschen, mehrere Tätigkeiten zur gleichen Zeit oder abwechselnd in kurzen Zeitabschnitten durchzuführen". Solche Situationen sind im heutigen Arbeitsleben nicht selten. Deshalb ist die Frage interessant, ob Menschen in Sachen Multitasking trainierbar sind. Wir fangen mit den „Nebenwirkungen" an: Alle Studien zu diesem Thema zeigen, dass schnell Stress entsteht, wenn zu viele Reize gleichzeitig auf das Gehirn einströmen. Eine Untersuchung der Deutschen Gesetzlichen Unfallversicherung in Berlin hat das zuletzt wieder bestätigt. Stress und Druck erhöht die Herzfrequenz und vor allem die Fehlerquote. Anspannung führt zu schlechteren Leistungen und auch zu einem potenziell erhöhten Unfallrisiko. Das genau macht Multitasking beim Autofahren gefährlich. Wenn durch ein gleichzeitiges Telefongespräch die Aufmerksamkeit beim Fahren nur noch bei 65 % liegt, besteht eine höhere Unfallgefahr. Studien zeigen, dass selbst bei Benutzung einer Freisprecheinrichtung die Unfallgefahr viermal höher ist. Das entspricht etwa dem Risiko bei einer Autofahrt mit 0,8 Promille Alkohol im Blut. Laut einer Studie der Universität Virginia steigt beim Schreiben einer SMS das Unfallrisiko sogar auf den Faktor 23.

Sie sollten deshalb bewusst darauf achten, wo Multitasking wirklich notwendig und sinnvoll ist und wie sich diese Arbeitsweise auf die eigene Gesundheit auswirkt.

Unterschwellige Hektik und Stress erzeugen langfristig Gesundheitsschäden. Zudem kann Multitasking als berufliche Standardsituation die Effizienz deutlich mindern. Typisch sind etwa eine hohe Ablenkungsbereitschaft und die mangelnde Fähigkeit, sich auf das Wesentliche zu konzentrieren. Die Aufmerksamkeit kann nur schlecht von einer Aufgabe auf die nächste übertragen werden.

Grundsätzlich können wir also feststellen: Gesünder und eher effizienter ist es, sich nur mit jeweils einer Aufgabe zu beschäftigen. Wem das in seinem Beruf möglich ist, kann sich glücklich schätzen!

Wenn ich allerdings in einem Seminar mit Führungskräften oder Assistentinnen vorschlage, nicht mehrere Dinge gleichzeitig zu machen, dann empfinden es die Teilnehmer als realitätsfremd. Letztlich lassen sich Multitaskingsituationen nicht immer vermeiden. Deshalb jetzt nochmals die Frage nach der Trainierbarkeit:

Wissenschaftliche Experimente zeigen, dass es eng wird, wenn sich unser Gehirn außerhalb von Routinen, also mit neuen und abstrakten Informationen beschäftigt. Dann reduziert sich der gleichzeitig mögliche Input im Arbeitsgedächtnis auf nur zwei Informationen. Das klingt nach sehr wenig, ist jedoch bereits eine Fähigkeit, die beruflich einen hohen Nutzen bringt.

Tatsächlich gibt es mittlerweile genügend wissenschaftliche Nachweise für die Trainierbarkeit von Multitasking. Ein kritischer Punkt ist dabei allerdings die zu schaffende Gesamtleistung. Torkel Klingberg hat bei gutem Training eine max. Leistung von 130 % nachgewiesen. Was bedeutet das praktisch? Der Output wird bei gleichzeitig einströmenden Informationen insgesamt vergrößert. Die Aufmerksamkeit für das einzelne Thema ist jedoch deutlich schwächer und liegt nur bei max. 65 %.

Der Schlüssel liegt im sog. Arbeitsgedächtnis. Es ist den ganzen Tag pausenlos im Einsatz. Von seiner Leistungsfähigkeit hängt es weitgehend ab, wie gut wir unseren Informationsalltag bewältigen. Sie können beispielsweise die Software „Braintwister" nutzen, die eine Forschungsgruppe der Uni Bern entwickelt hat. Damit lässt sich die Leistung Ihres Arbeitsgedächtnisses relativ schnell und spürbar steigern! Schon mit etwas Übung werden Sie positive Veränderungen spüren.

Auch die Ergebnisse der New Yorker „Einstein Aging Studie" sind spannend. Über 400 Senioren wurden fünf Jahre intensiv begleitet, um den Einfluss ihrer täglichen Beschäftigung auf die geistigen Fähigkeiten herauszufinden. Eines der Ergebnisse: Die Multitaskingfähigkeit wurde durch Tätigkeiten wie Schach, Tanzen, Musizieren oder Lesen verbessert und das Demenzrisiko im gleichen Maße vermindert. Vorraussetzung: Die Tätigkeit musste mehrfach in einer Woche ausgeübt werden. Ein Schachspiel pro Woche reichte nicht aus. Bei sehr geistig aktiven Leuten sank das Demenzrisiko um etwa 60 %! Kreuzworträtsel haben kaum einen Effekt beim Training der kognitiven Fähigkeiten. Positiv hingegen ist Sudoku, wo mehrere Parameter ähnlich wie beim Schach gleichzeitig berücksichtigt werden müssen. Dabei wird unser Arbeitsgedächtnis sehr gefordert.

Was können Sie konkret für Ihr persönliches Multitasking-Training tun?

- Trainieren Sie Ihr Gehirn am Limit, jedoch ohne Stress. Ausreden wie: „Dafür bin ich zu alt…" sind längst widerlegt. Unser Gehirn braucht Input durch neue Reize und auch Anstrengungen, sonst baut es ab.

- Machen Sie einmal in der Woche einen „Anders-Tag". Fahren Sie andere Wege, benutzen Sie das Besteck anders, achten Sie bewusst auf andere Dinge… Sie spüren, wie gut es Ihrem Gehirn tut, aus gewohnten Bahnen gebracht zu werden.

- Es gibt genügend Situationen, Multitasking sinnvoll zu trainieren. Wichtig ist, dafür entspannte Situationen zu nutzen. Stellen Sie Ihr Gehirn regelmäßig vor die Herausforderung, sich gleichzeitig mit neuen Informationen bzw. Aufgaben zu beschäftigen.

- Wenn Sie Multitasking intensiv trainieren möchten, ist die Software „Braintwister" empfehlenswert. Arbeiten Sie über einen Zeitraum von etwa vier Wochen regelmäßig mit diesem Programm und Sie werden einen Unterschied spüren.

- Das Wichtigste zum Schluss: Ihre Einstellung ist entscheidend! Informationsflut ist wie das Regenwetter, man kann sich darüber ärgern, sich hilflos ausgeliefert fühlen oder überlegen, wie man sinnvoll damit umgeht. Es gibt Regenschirme, Jacken oder andere Möglichkeiten, nicht nass zu werden. Ebenso bei der Informationsflut! Wenn wieder einmal alles gleichzeitig auf Sie einstürmt, wissen Sie, dass Sie mit einem besseren Trainingszustand solche Situationen meistern können. Nutzen Sie die Möglichkeiten von Multitasking bewusst und maßvoll als ein Werkzeug, um jeden Tag ein wenig erfolgreicher mit der Informationsflut umzugehen.

Soweit zu den Trainingsmöglichkeiten. Dennoch, um die tägliche Informationsflut in den Griff zu bekommen, sollten Sie das Multitasking nicht überschätzen. In Ihrer Erfolgsstrategie sollte Multitasking nur ein Baustein für bestimmte Kontexte sein, der hoffentlich nicht zu häufig eingesetzt wird.

Das folgende Thema ist von noch größerer Bedeutung. Effizientes Lesen! Etwa 70 % unserer Informationen erhalten wir schriftlich. Auch wenn es banal klingt: Beim Lesen versteckt sich die wahrscheinlich wirksamste Möglichkeit, Ihren Umgang mit der Datenflut zu optimieren. Bereits eine Steigerung der Lesegeschwindigkeit um 25 % bringt Ihnen als durchschnittlichem Leser bereits 14 Arbeitstage pro Jahr. Möchten Sie darauf verzichten?

Effizientes Lesen – Ein wirksames Mittel gegen Informationsflut

„Wieso verdoppeln Sie nicht einfach Ihre Lesegeschwindigkeit?" Vielleicht haben Sie Gegenargumente wie: „Ich glaube das funktioniert bei mir nicht" oder „dann behalte ich ja nichts". Spannend ist, dass es die meisten meiner Seminarteilnehmer erfolgreich schaffen, ihre Lesegeschwindigkeit angemessen zu erhöhen.

Seit 2004 führe ich das Seminar „Effizientes Lesen" in Unternehmen wie Bayer, Siemens, ThyssenKrupp oder Telekom durch. Mir begegnen dort alle Bereiche von Sekretariats- bis zu Vorstandspositionen, die regelmäßig beruflich lesen müssen. Spannend ist, dass etwa 90 % der Teilnehmer weit unter Ihren Möglichkeiten lesen. Dies führt natürlich zu einer erheblichen Zeitverschwendung, zu Demotivation und oftmals auch zu Stress. Dabei ist schnelles Lesen ein wesentlicher Baustein für den beruflichen Erfolg.

Die hier gezeigten Grundlagen des effizienten Lesens beruhen auf den langjährigen Erfahrungen von Rotraut und Walter Uwe Michelmann. Beide gehören nach 30 Jahren Leseforschung zu den Experten für berufliche Leseergonomie. Mit der „Deutschen Gesellschaft für berufliches Lesen e.V." ist außerdem eine wichtige Plattform entstanden.

Ich höre häufig die Sorge, dass schnelles Lesen vor allem dazu führen würde, die Inhalte schnell wieder zu vergessen. Es klingt verblüffend, denn es verhält sich sogar genau umgekehrt. Durch schnelleres Lesen nutzen Sie Ihr Kurzzeitgedächtnis besser. Innerhalb der so genannten „Gegenwartsdauer von Informationen" begegnen Sie mehr Argumenten und Aspekten. Zusammenhänge lassen sich so besser erkennen.

Gleichzeitig wird gedankliches Abschweifen verhindert. Insgesamt verbessert sich dadurch das Verstehen und Verarbeiten des Textes. Doch wieso gibt es beim effizienten Lesen so ein riesiges Potential? Die Antwort ist einfach: Das Lesen ist eine stark verankerte Gewohnheit, die Sie als Kind in der Schule gelernt haben. Dabei wird leider von Lehrern oder Eltern nicht auf optimale Lesetechniken geachtet.

Erwachsene stehen mit ihrer Lesequalität auf dem Niveau der Schulzeit, weil es kein Feedback, keine Hilfestellungen oder Korrekturen gibt. Manche, vielleicht haben Sie es auch schon beobachtet, gehen immer noch mit dem Finger über jede Zeile oder (was für die Umgebung nervig ist) lesen sogar hörbar mit. Es sind nur wenige entscheidende Dinge zu beachten und Ihre Lesequalität verändert sich spürbar. Was zunächst dagegen wirkt sind die Gewohnheiten. Oftmals sträubt sich unser Gehirn, wenn etwas geändert werden soll. Für das Ändern von Lesegewohnheiten brauchen Sie deshalb einen starken Willen und wiederholte Übungen.

Wissen Sie eigentlich, wie schnell Sie lesen? Hier ein paar Erfahrungswerte: Ohne Optimierung der Leseeffizienz liegt die Geschwindigkeit der meisten Leser irgendwo zwischen 120 und 240 Wörter pro Minute. Was bedeutet das? Bei z.B. 240 Wörtern pro Minute, Arial Schriftgröße 12 und einzeiligem Abstand dauert das Lesen einer DIN A4 Seite ziemlich genau zwei Minuten. Der Bereich zwischen 150 bis 180 wpm wird anfangs besonders häufig erreicht. Nur etwa 5 % der Teilnehmer erreichen 300 wpm oder mehr. Sehr schön ist: Nach dem Training ist für viele Teilnehmer eine zuverlässige Lesegeschwindigkeit von 360 wpm gut und sicher erreichbar. Bei der Messung der Lesegeschwindigkeit muss man auch berücksichtigen, dass die Durchschnittswerte vom Textniveau oder dem eigenen Vorwissen abhängen. Die Rede eines Politikers ist wahrscheinlich schneller zu lesen, weil sie nicht so viele wesentliche Details enthält. Manche Fachbücher dagegen enthalten sehr dichte Passagen. Dennoch geben die Werte einen ersten guten Hinweis über das im Berufsleben „normale" Lesetempo. Ein wesentlicher Grund für eher langsames, nicht optimales Lesen sind die sog. Lesebremsen. Drei häufige Lesebremsen möchte ich Ihnen nennen:

Bewusst langsam lesen

Es ist wichtig, dass man die Dinge gründlich und ordentlich erledigt!!! Das ist eine der Tugenden, die viele in der Grundschule mitbekommen haben. Beim Lesen ist es eine verbreitete Meinung, dass die Lesequalität besonders hoch ist, wenn man langsam liest. Und genau das Gegenteil ist der Fall. Wenn Sie zu langsam lesen, ist Ihr Gehirn sehr schnell unterfordert, gelangweilt und damit auch abgelenkt. Im Ergebnis haben Sie bei einem höheren Tempo mehr Argumente und Gesichtspunkte gleichzeitig im Bewusstsein. Dies führt zu einem besserem Verstehen und höherer Merkfähigkeit.

Das sog. Zurückblicken (Regression)

Damit gemeint ist die verbreitete Unsitte des Zurückblickens. Dies geschieht oftmals bewusst, weil ein gelesenes Wort nicht verstanden wurde. Bei vielen Lesern entwickelt es sich auch zu einer Art Tick, bei fast jedem Satz noch mal einen Blick zurück zu werfen. Das ist einerseits ein sehr großer Zeitaufwand, weil jede dieser Unterbrechungen bis zu zwei Sekunden dauert und andererseits wird die Konzentration beim Lesen sehr gestört. Natürlich haben Sie jederzeit die Möglichkeit, in einem Text zu stoppen und auch nochmals den Satz zuvor anzuschauen. Doch macht es auch wirklich Sinn? Diese Frage sollten Sie sich im Einzelfall stellen. Ihr Gehirn wird von dem Text am meisten verstehen und auch behalten, wenn Sie flüssig, ohne viele Unterbrechungen lesen. Oftmals ist es auch so, dass Unklarheiten im Verlauf des weiteren Textes geklärt werden oder vielleicht im Zusammenhang auch gar nicht mehr so wichtig sind.

Etwas Lesen und gleichzeitig reflektieren bzw. lernen

Vielen glauben an eine besonders hohe Effektivität, wenn der Lese- und Lernprozess direkt miteinander verbunden wird. Tatsächlich kommt es hierbei meistens zu einer Überforderung unseres Arbeitsgedächtnisses. Vielleicht haben Sie sich auch schon einmal dabei beobachtet, dass Ihre Augen weiter durch den Text gingen und Sie gleichzeitig über das Gelesene nachgedacht haben. Es funktioniert nicht wirklich gut. Die Erfahrungen in der Leseforschung zeigen, dass es meistens sinnvoll ist, einen Text zunächst flüssig zu lesen, ohne sich dabei bewusste Gedanken über das Behalten bzw. Lernen zu machen. Dieser Schritt sollte besser später und separat geschehen. Fazit: Entweder Sie lesen oder Sie lernen. Beides gleichzeitig mindert die Qualität spürbar. Übrigens: Auch wenn Sie nicht bewusst nachdenken, wird Ihr Gehirn die Textinhalte gut erfassen.

Lesen Sie zwar flüssig, aber ohne Hetzerei!

Wenn Sie das Wort Lesebeschleunigung hören, ist keinesfalls ein hektisches, durch den Text Rasen gemeint. Sie kennen das vielleicht vom Sport: Ab einer gewissen Geschwindigkeit geht einem die Puste aus. So ist es auch beim Lesen. Sie sollten niemals das Gefühl haben, auf der Flucht zu sein.

Lesebeschleunigung bedeutet eher, dass Sie Ihr Auge „nicht daran hindern“, flüssig den Text zu lesen. Im optimalen Fall geschieht das von ganz allein, ohne dass Sie etwas bewusst dafür tun müssen. Häufig reicht es aus, die bereits festgestellten Lesebremsen wegzulassen. Ein guter Vergleich ist das Autofahren: Manche Autofahrer fahren nicht flüssig, sondern bremsen zu häufig und vor allem unnötig. Das nervt! Deshalb haben wir uns ja mit den Lesebremsen beschäftigt. Doch was ist beim Gaspedal zu beachten? Hektisches und unstetiges Drücken des Gaspedals ist ebenfalls ungünstig und hat wenig mit vorausschauendem Fahren zu tun. Stellen Sie sich vielleicht eine leere Autobahn vor (ich weiß, so etwas gibt es ja kaum noch) und stellen Sie den „Tempomaten“ auf eine hohe, noch sehr gut kontrollierbare Geschwindigkeit ein. Sie sollten nicht das Gefühl haben, auf der Flucht zu sein.

Was können Sie für Ihr „effizientes Lesen“ tun?

- Beachten und vermeiden Sie die oben beschriebenen Lesebremsen und Sie werden eine spürbare Verbesserung Ihrer Lesequalität erleben.
- Optimales Lesen funktioniert bei etwa 1000 Lux, das entspricht einem bewölkten Frühlingshimmel. Die meisten Büroleuchten entsprechen dem nicht. Zu dunkel, zu grell, flackernd, es gibt viele ungünstige Varianten.
- Häufiger die Leseposition wechseln. Wenn möglich, sollten Sie alle 20 Minuten die Leseposition wechseln. Optimal ist es beispielsweise, zwischendurch an einem Stehpult zu lesen.
- Oftmals scheitert das effiziente Lesen an der richtigen Brille. Ändern sich die Dioptrin-Werte sieht Ihr Auge ggf. den Text nicht mehr scharf. Dies führt zu einer extremen Verlangsamung des Lesens, zu Kopfschmerzen und Verspannungen.
- Es ist sinnvoll, häufiger eine Lesepause einzulegen. Einerseits lässt die Konzentration Ihres Gehirns nach etwa 15 Minuten deutlich nach. Das kann auch passieren, ohne dass Sie es sofort spüren. Vielleicht haben Sie es schon erlebt, dass Ihre Augen weiter durch den Text gehen, Sie dabei aber unkonzentriert oder abgelenkt sind. Im Sinne einer hohen Effizienz sollte eine kurze Pause von zwei oder drei Minuten eingelegt werden. Andererseits sollten Sie nach dieser Zeit die gelesenen Inhalte für das Langzeitgedächtnis sichern. In der kurzen Pause wird sich das Gelesene im Gehirn vernetzen. Dabei ist es hilfreich, wenn Sie nicht über den Text nachdenken. Nach der kurzen Pause sollten Sie prüfen, welche Textinhalte für Sie wichtig sind, was noch fehlt oder nicht verstanden wurde und wie die Inhalte gelernt werden.

Mit dem effizienten Lesen kennen Sie eine wesentliche Möglichkeit, Ihre tägliche Datenflut zu verringern. Natürlich gibt es noch viele andere Aspekte. Einige davon möchte ich Ihnen noch vorstellen.

Info-Kommunikation: Ganz ohne Regeln geht es nicht!

Im Zeitalter der „zu vielen Informationen“ braucht es klare Regeln, wie wir miteinander umgehen. Denken Sie nur einmal an Ihre E-Mails… Wie oft ärgern Sie sich darüber, dass Sie unnötige oder unübersichtliche Informationen erhalten? Geht es um die Etikette am Tisch, sind klare Benimm-Regeln vorhanden. Es gibt ausreichend Seminare und Bücher, die auf solche Situationen gut vorbereiten.

Geht es allerdings um die „Vermittlung von Informationen“ in Meetings oder um das Versenden von E-Mails, leben wir scheinbar in einer Anarchie. Rücksichtslos werden Menschen mit Informationen zugeschüttet ohne auf die angemessene Qualität, Quantität, Verständlichkeit oder Struktur zu achten. Weil diese Situation zunehmend Arbeitszeit verschlingt, kümmern sich sogar einige Unternehmen (endlich) um verbindliche Regeln der beruflichen Info-Kommunikation, etwa einem E-Mail-Verhaltenskodex. Eine Anleitung dazu finden Sie in meinem Buch: „Und täglich grüßt die Datenflut“ oder unter entsprechenden Suchwörtern im Internet.

Der ständig wachsende „E-Mail-Stress“ ist ja allseits bekannt. Ich erlebe es in meinen Seminaren, wie manche Blackberry-Junkies bereits Entzugserscheinungen haben, wenn sie nicht alle 10 Minuten Ihre E-Mails kontrollieren. Eine aktuelle Forsa-Umfrage macht es deutlich: Jeder Zweite fühlt schon wenige Tage nach der Rückkehr von Sonne, Strand und Meer, dass die Urlaubserholung wieder verpufft ist. Die wahre Flut von unbearbeiteten E-Mails und Akten wird dabei als ein wichtiger Grund genannt.

Übrigens: E-Mails können genauso abhängig machen wie das Spielen. Da sind sich Mediziner mittlerweile sicher. Das Ergebnis von Studien zeigt: Der E-Mail-Eingang wird wesentlich häufiger geprüft, als es dem Nutzer bewusst ist. Und da auf diese Weise unsere Alltagsroutine, unseren Arbeits- oder Gedankenablauf ständig unterbrochen wird, kostet es zusätzliche Zeit, wieder zur ursprünglich unterbrochenen Tätigkeit zurückzufinden. Viele Info-Junkies sind von E-Mails sogar noch stärker abhängig als vom Handy. In Studien reagierten Probanden auf eine neu eintreffende E-Mail meist innerhalb von Sekunden. Das ist schneller, als ein Handy dreimal läuten zu lassen. War es eine wichtige E-Mail, wurde der Absender tatsächlich im Durchschnitt innerhalb von 1:44 Minuten mit einer Antwort bedacht.

Und? Wie sieht es bei Ihnen aus? Ach so, Sie schauen nur jede Stunde nach neuen E-Mails… Noch mal Glück gehabt!

Tierisch gut – Arbeiten Sie ganz einfach nach dem Maus-Prinzip!

Das Maus-Prinzip schreibt sich wie die richtige Maus, also M A U S. Diese Buchstaben stehen für einfache Handlungsschritte. Manche Mitarbeiter sagen, nur ein chaotischer Schreibtisch sei in ihrem Unternehmen der Indikator für gute Auslastung. Nun, wenn es so ist, sollten Sie die folgenden Hinweise besser ignorieren. Ich möchte nicht verantwortlich sein, dass Sie noch mehr Arbeit erledigen müssen. Ansonsten gehört es wohl eher in das Reich der Legenden, dass ein unordentlicher Arbeitsplatz hilfreich ist. Ihr Gehirn lässt sich gern von allem ablenken, was zwischendurch wahrgenommen wird. Das kann der Bildschirmschoner sein, das Gespräch am Nachbartisch oder auch die vielen Unterlagen, die mit der momentanen Erledigung nichts zu tun haben. Der effiziente Umgang mit Informationen erfordert eine hohe Konzentration! Dazu gibt es noch einige Gefahren auf dem Chaos-Schreibtisch: Unterlagen müssen zu lange gesucht werden…, der Überblick fehlt, was, wann erledigt werden muss…, Verlockung, immer neue Sachen anzufangen, aber nicht zu beenden usw. Ärgerlich ist es, ein Dokument mehrfach

in die Hand zu nehmen, kurz den Inhalt zu erfassen und dann unerledigt wieder auf irgendeinen Stapel zurückzulegen. Wenn Sie ein Dokument aus dem Posteingang in der Hand halten, sollten Sie diesen ersten Kontakt nutzen um eine klare Entscheidung zu treffen. Hier hilft Ihnen das MAUS-Prinzip.

Jeder Buchstabe des Wortes Maus steht für eine Feststellung oder Handlung. M wie „Müll“, A wie „Aktenordner“, U wie „unternehme ich was?“ und S wie „Senden an Andere“.

M – **wie Müll:** Es ist für Sie eine große Entlastung, unnötige Informationen in den Papierkorb zu werfen. Wenn Sie sofort merken, dass ein Dokument nicht hilfreich ist, wird sich das auch in näherer Zukunft kaum ändern. Sicher ist jedoch, dass dieser Berg immer Unsicherheit und auch Stress ausstrahlt, denn er ist unbearbeitet. Das gilt für den Papierkorb im Büro und auch für den auf Ihrem PC.

A – **wie Aktenordner:** Heften Sie nur ab, was Sie wirklich brauchen. Wichtig: Machen Sie es sofort bzw. zeitnah. Das Abheften von Unterlagen funktioniert auch sehr gut in einer Zeit, in der Sie nicht kreativ arbeiten, konzentriert lesen oder gut entscheiden können. Auch in müdem Zustand finden die Unterlagen noch den richtigen Ordner. Auch hier: Dieses Prinzip gilt für reale Ordner ebenso wie für Computerdokumente.

U – **wie Unternehme ich etwas?** Wenn Sie sich für eine Bearbeitung entscheiden, dann sortieren Sie das Dokument sofort in den passenden Projektordner etc. und notieren sich in Ihrem Kalender den Erledigungstermin.

S – **wie Senden an andere?** Die passenden Informationen an die richtigen Leute weiterzuleiten, kann von existenzieller Bedeutung für Sie oder das Unternehmen sein. Zu den positiven Benimm-Regeln in Zeiten der Informationsflut gehört es, nur gezielt Infos an andere weiterzuleiten. Nur um etwas loszuwerden, oder weil Sie sich keine klaren Gedanken gemacht haben, sollten Sie besser nichts verschicken.

Noch ein letzter Tipp: Schaffen Sie für jede Ihrer „Maus-Entscheidung“ eine eigene Ablage bzw. einen Ordner. Notieren Sie diese Entscheidung ggf. auf der Unterlage mit Datum für den Erledigungstermin. Sortieren Sie die Sachen chronologisch.

Welche persönliche Einstellung haben Sie eigentlich zur Informationsflut?

Ich treffe im Management selten Menschen, die eine selbstbewusste und reflektierte Einstellung zum Thema Informationsflut haben. Was ist realistisch schaffbar? Wo sind Chancen und wo liegen menschliche Grenzen? Wie weit hilft uns die Technik und wann führt sie in eine negative Abhängigkeit? Die heutige Wissenschaft und Medizin geben viele Antworten. Doch wie lassen sich die Erkenntnisse persönlich umsetzen? Die Veränderung beginnt im Kopf!!! Dazu gehört auch, die eigene Einstellung kritisch zu prüfen: Fragen Sie sich: „Muss ich wirklich immer Alles wissen, immer erreichbar sein und mich allmählich zur Informationsmaschine entwickeln?“ Also…

Aus die Mouse – Was wäre, wenn Sie nicht einschalten?

Für viele „moderne“ Menschen ist es mittlerweile undenkbar, auf ihre ständige Erreichbarkeit zu verzichten. Sicherlich freut es die Unternehmen, wenn Mitarbeiter 168 Stunden pro Woche und an jedem Ort erreichbar sind. Auch für Sie als Mitarbeiter schafft es mehr Flexibilität, auf wichtige Fragen besser und schneller reagieren zu können. Letztlich erhöht es jedoch den Stresspegel, wenn Sie nicht regelmäßig und kontrolliert das Gerät ausschalten. Die ständige Erreichbarkeit ist ein negativer Baustein in der reizüberfluteten Welt. Umfragen zeigen, dass sich 70 % der Manager von dieser Situation sehr belastet fühlen, dennoch gelingt es den Wenigsten, darauf zu verzichten. Die Gründe sind durchaus unterschiedlich. Die Motivation zum Dauereinsatz kann beispielsweise darin liegen, allen Aufgaben gerecht werden zu müssen. Andere glauben ernsthaft, dass es ohne ihre Erreichbarkeit nicht weitergeht. Viele Mitarbeiter haben einfach nur Angst, sich dem Diktat zu entziehen und damit negativ aufzufallen.

Wo die Gründe auch liegen, die Gesundheit ist gefährdet. Wer es nicht schafft seinen eigenen Lebensrhythmus von der Arbeitswelt abzugrenzen, geht persönlich ein hohes Risiko ein. Prüfen Sie doch mal den Grad Ihrer persönlichen Erreichbarkeit. Sind Sie mit diesem Zustand zufrieden? Falls nicht, definieren Sie neu, wann, wo und wie Sie erreichbar sein möchten. Besinnen Sie sich darauf, dass es für Ihr Wohlbefinden und Ihre Gesundheit wichtig ist, sich auch zurückziehen zu können. Überlegen Sie konkret, zu welcher Anforderung Sie zukünftig „Nein“ sagen, um nicht dauerhaft überfordert zu sein.

Was wird Schlimmes passieren, wenn Sie Ihr Smartphone bzw. Ihren Blackberry zu bestimmten Zeiten ausschalten? Um es genauer zu wissen, müssen Sie es selbst ausprobieren. Am Anfang haben Sie wahrscheinlich ein ungutes Gefühl. Doch hat es tatsächlich negative Konsequenzen? Folgen Sie nicht nur einem Gefühl, sondern hinterfragen Sie genau, ob Ihre fehlende Präsenz (z.B. für einige Stunden) konkrete negative Folgen für Sie oder andere hat. Falls ja, ist noch abzuwägen, ob Sie diese Folgen in Kauf nehmen können und möchten. Nach einer Eingewöhnungsphase werden Sie sich mit dem Luxus der Nichterreichbarkeit sehr wohl fühlen.

Jetzt stellt sich noch die Frage, was Sie jetzt konkret verändern, um Ihre tägliche Datenflut besser im Griff zu haben? Vielleicht sind Sie ja davon inspiriert, Ihre Multitaskingfähigkeit zu trainieren. Oder Sie werden zu einem echten Leseprofi, der Texte flüssig und ohne Lesebremse liest? Es kann natürlich auch sein, dass bei Ihnen das Stichwort MAUS hängen geblieben ist. War es das „MAUS-Prinzip“ oder etwa „Aus die Mouse?“ Bei letzterem ging es um Ihre persönliche Einstellung, sicherlich einem der wichtigsten Schlüssel für weniger Informationsstress.

Helgo Bretschneider ist Experte für das Thema der „täglichen Informationsflut“: Hier ein Überblick seiner Impuls-Vorträge und Seminare:

- **Informationsflut – Nein danke?**
  Tipps und Techniken, wie Sie die tägliche Datenflut erfolgreich meistern

- **mega memory® – Gedächtnistechniken**
  Effizienter im Kopf – Erfolgreicher im Beruf
  Informationen filtern, strukturieren, spielend leicht merken

- **Effizientes Lesen im Beruf**
  Berufliche Lesetechniken für mehr Durchblick
  Verdoppeln Sie erfolgreich Ihre Lesegeschwindigkeit

- **Image IQ – Präsentieren Sie „limbisch“**
  Der einfache Weg in den Kopf des Anderen
  Nutzen Sie die einfachen „Spielregeln“ des Gehirns

Member of GSA
German Speakers Association
Germany Austria Switzerland

Expert Member 2011 Vortragsredner.de

DGfbL Deutsche Gesellschaft für berufliches Lesen e.V.

Das Buch zum Thema:

Audioseminar mit dem Schwerpunkt „Effizientes Lesen“:

IMPULS-Seminare Helgo Bretschneider Selhofer Str. 6a 53604 Bad Honnef

E-Mail: helgo.bretschneider@impuls-seminare.de Internetadresse: www.datenflut.info

IST IHR RAUM DIE QUELLE IHRER INSPIRATION?

UNGENUTZTE RESSOURCEN MIT RAUMPSYCHOLOGIE, FENG SHUI UND I GING FREI SETZEN.

JULIA DOLD

21

Vielleicht wundern Sie sich über das Bild eines Gurkenglases. Mir wurde geraten, mein Geschäft so vorzustellen, dass es jedes Kind und jeder alte Mensch verstehen könnte.

Frage an Sie: Was macht die Essiggurken sauer?

Die Antwort: das Umfeld. Legen Sie eine frische Gurke in Essiglake ein und nach ein paar Tagen wird die Gurke sauer. Unabhängig davon, ob die Gurke es will oder nicht.

Wirkung Ihres Umfeldes erkennen.

So ist es auch mit uns Menschen. Das Umfeld übt ununterbrochen eine Wirkung auf uns aus. Unabhängig davon, ob die Wirkung auf uns bewusst oder nicht bewusst ist.

Nur angenommen, Sie würden Gurken einlegen. Bevor Sie es tun, werden Sie sich bestimmt fragen, welche Geschmacksrichtung Sie mögen und haben wollen. Mögen Sie es scharf, legen Sie eine Chilischote bei. Mögen Sie es süß-sauer, geben Sie Zucker zum Essig dazu. Stimmt's?

Eine weitere Frage an Sie: Als Sie Ihr Arbeitsumfeld (Büro, Homepage, Visitenkarten) gestaltet haben, haben Sie sich überlegt, was genau Sie in Ihrem Geschäft erreichen wollen? Haben Sie die Wirkung Ihres Umfeldes für das Erreichen Ihrer Ziele genutzt?

Wirkung Ihres Arbeitsumfeldes auf Ihr Geschäft

Kraft und Macht des Unterbewusstseins nutzen.

Wenn Sie Räume betreten oder eine Visitenkarte in die Hand bekommen, nehmen Sie deren Gestaltung bewusst und unbewusst wahr. Ihr bewusstes Denken verarbeitet die Informationen mit einer Geschwindigkeit von 40 Reizen pro Sekunde. Ihr Unterbewusstsein jedoch kann pro Sekunde bis zu 20 Millionen äußere Reize verarbeiten[1]. Es registriert nicht nur die Bilder, Wandfarbe, oder den Schriftzug auf Ihrer Visitenkarte, sondern auch was „in der Luft liegt". Sogar wenn Sie keine Ahnung von Farblehre haben und nicht bewusst auf Farbkonzepte achten, bemerkt Ihr Unterbewusstsein Disharmonie und Unstimmigkeiten in der Raumgestaltung und sendet Warnsignale an das Unterbewusstsein: „Hier stimmt etwas nicht"!

1 Bruce Lipton, Intelligente Zelle

Intuitiv ziehen Sie eine innere Bremse und überlegen sich noch mal, ob Sie hier ein Geschäft abschließen sollen.

Harmonische Gestaltungskonzepte mit Berücksichtigung von Formen und Farben wirken auf den Betrachter dagegen anziehend und öffnen neue Türen. Alleine das Vorkommen von Formen und Farben Ihres Corporate Designs in Ihrer Raumgestaltung löst ein Gefühl von Vertrauen bei Ihren potentiellen Kunden aus. Voraussetzung ist natürlich, dass Ihr Corporate Design stimmig ist. Eine adäquate und stilvolle Atmosphäre des Raumes wirkt inspirierend auf die Kommunikation und trägt zu fruchtbaren Ergebnissen bei. Sie benötigen dann weniger Überzeugungskraft, um Ihr Geschäft abzuschließen.

Der Mensch und sein Arbeitsumfeld bilden ein kybernetisches System.

Wirkung Ihres Arbeitsumfeldes für das Erreichen Ihrer Ziele nutzen.

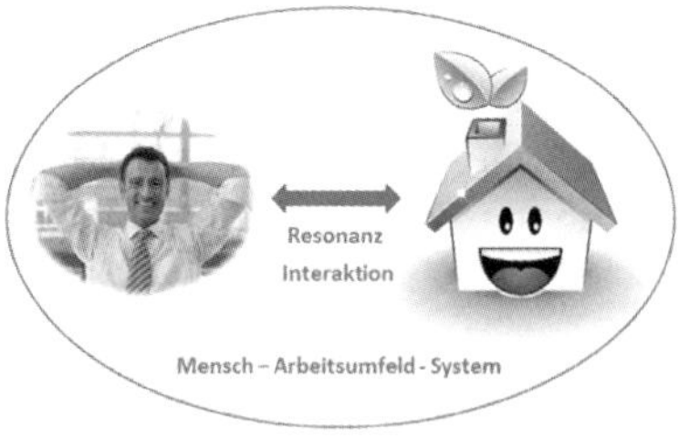

Ihr Arbeitsumfeld steht in direkter Resonanz mit Ihnen und ist somit ein Spiegel Ihrer Persönlichkeit. Alle Komponenten, die Sie für Ihre Arbeit nutzen, Ihre Räumlichkeiten, Ihre Homepage, Ihre Visitenkarten und Flyer bilden ein verbindendes kybernetisches System. Zwischen Ihnen und Ihrem Arbeitsumfeld finden permanent Interaktionen statt. Jede Sekunde, 24 Stunden am Tag. Sie gestalten Ihr Arbeitsumfeld und danach prägt es Sie. Diese Interaktion können Sie bewusst zu Ihrem persönlichen Vorteil nutzen.

Zum Beispiel, indem Sie bei der Gestaltung Ihres Arbeitsumfeldes bewusst die Farben auswählen, die Ihre persönliche Entfaltung begünstigt und damit das Erreichen Ihrer Ziele vereinfacht. Oder die Farben, die Ihre Charaktereigenschaften und Fähigkeiten wie Selbstbewusstsein, Vertrauen, Gelassenheit und sicheres Auftreten fördern.

Es gibt noch einen wichtigen Grund, sich das „Mensch-Arbeitsumfeld-System“ genauer anzuschauen: Da Ihr Arbeitsumfeld eine sichtbare, materialisierte Projektion Ihrer inneren Welt ist, können Sie durch genaue Betrachtung wertvolle Erkenntnisse über sich selbst und Ihr Geschäft gewinnen. Wo klemmt es bei Ihnen? Wo drückt der Schuh? Wo gibt es ein Optimierungspotential? Die meisten Menschen haben Angst vor ihren Schwächen. Vollkommen umsonst! Genau Ihre Schwachstellen sind Ihre verborgenen und noch nicht erkannten Ressourcen. Wenn Sie Ihre Lücken schließen, kommen Sie in Fluss.

Wertvolle Erkenntnisse durch Arbeitsumfeld gewinnen.

Prozess der Gewinnentstehung:

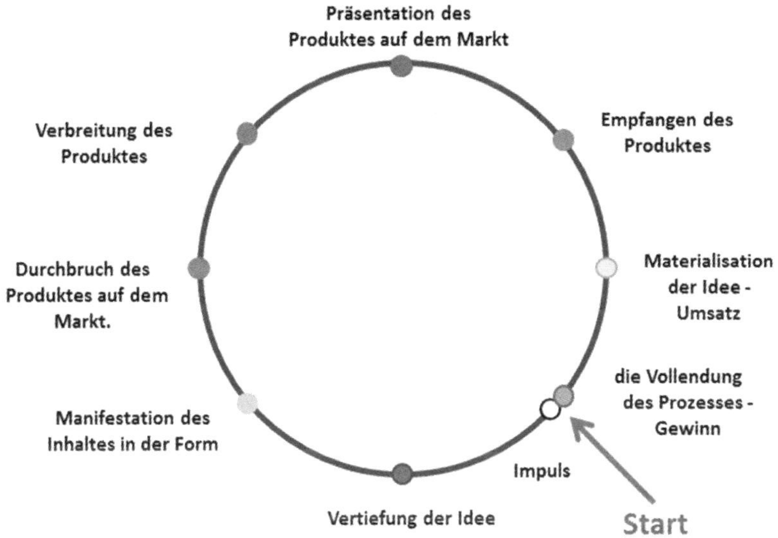

Die Entstehung von Gewinn ist immer ein vollendeter Prozess:

1. **Impuls.** Ein Gedankenblitz beim Duschen, Spazierengehen oder beim Lesen eines Buches inspiriert beispielsweise einen Autor dazu, ein Buch zu schreiben. Dieser Impuls ist reine Energie, Energie des Gedankens.

Prozess der Gewinnentstehung genauer anschauen.

2. **Vertiefung** der Idee. Der erste Impuls setzt einen Prozess in Gang. Es beginnt zu fließen. Der Autor sammelt die Informationen über das Thema, geht in die Tiefe, arbeitet am Inhalt.

3. **Manifestation** des Inhalts in der Form. Die Idee wird Realität indem der Autor ein Skript anfertigt.

4. **Durchbruch des Produkts auf den Markt.** Der Autor bringt sein Skript zum Verleger. Der Inhalt findet Resonanz beim Verleger und dieser druckt das Buch.

5. **Verbreitung** des Produkts. Das Buch wird in die Welt gebracht.

6. **Präsentation** des Produkts auf dem Markt. Der Verleger betreibt ein professionelles Marketing, wie z.B. Werbung auf der Buchmesse.

7. **Empfangen** des Produkts. Das Buch kommt in die Buchläden und der Kunde öffnet sich für das Produkt.

8. **Materialisation** der Idee. Der Inhalt des Produkts spricht für sich und ermöglicht den Verkauf des Produkts. Der Kunde zahlt und so entsteht der Umsatz.

9. Der Autor bekommt das Geld. Sein Gewinn ist das Resultat und spiegelt den Wert des Inhaltes seines Buches wider. Der Gewinn **ist die Vollendung** des Prozesses.

Wenn ein einziges Glied in dieser Kette ausbleibt oder schwach ist, kann der Gewinn nicht entstehen.

Die Knickstelle als die Unterbrechung des Flusses.

Kennen Sie dieses Bild?

Ursache finden.

Stellen Sie sich folgendes vor: Sie gießen Blumen im Garten und bewegen sich von einer Pflanze zur anderen. Durch die Bewegung wird der Gartenschlauch geknickt und das Wasser fließt nicht mehr, obwohl der Wasserhahn immer noch offen ist.

Nur wenn Sie die Knickstelle finden und begradigen, haben Sie das Problem gelöst. Übertragen Sie dieses Bild auf Ihr Geschäft. Wenn etwas nicht so läuft wie Sie es wollen, suchen Sie bestimmt neue Wege.

Sie machen zum Beispiel eine neue Aktion mit Werbung. Wenn Sie die Ursache richtig erkannt haben (z.B. ein Mangel an Werbung), werden Sie Erfolg haben. Wenn nicht, dann bringt Ihnen das tollste Marketing nicht viel. Richtig gesetzte Impulse bringen Ihr Geschäft ins Laufen und zwar mit Leichtigkeit.

Prozess der Gewinnentstehung auf Räumlichkeiten übertragen.

Arbeitsumfeld gibt wichtige Erkenntnisse über Ihr Geschäft.

Eine Raumanalyse Ihres Geschäftes hilft Ihnen, die Schwachpunkte in Ihrem Geschäft zu erkennen und den Prozess der Gewinnentstehung anzustoßen. Dafür können Sie auf den Grundriss Ihres Geschäftes den oben gezeichneten Kreis auflegen.

Zum besseren Verständnis hier ein Beispiel.

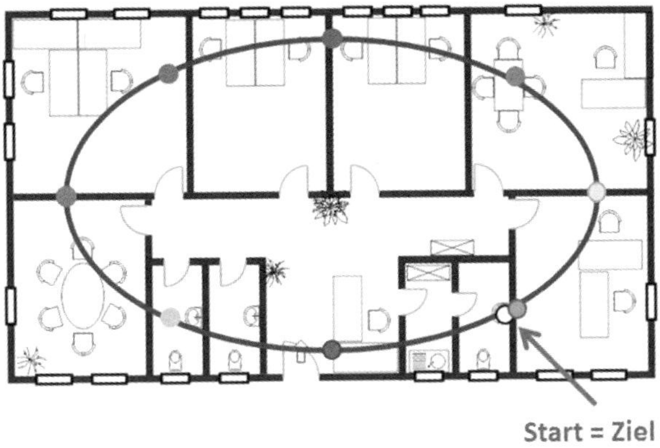

Praktisches Beistpiel

Der Plan stammt von einem meiner Kunden (Unternehmer - Ingenieurbüro).

Seine Herausforderung war: Viel Vorbereitungsarbeit (Akquise, Angebote), wenig Aufträge, noch weniger Zeit für sich und Unzufriedenheit mit Umsatz und Gewinn.

Seine Frage war: Warum entspricht sein Gewinn trotz viel Arbeit und Bemühungen nicht seinen Wünschen? Er suchte nach der Ursache und nach Lösungen.

Um seine Fragen zu beantworten, habe ich für ihn eine Raumanalyse seines Geschäftes erstellt.

Wie Sie sehen, befinden sich die Punkte 1, 3 und 9 in Nasszellen. Die WC`s, Bäder und Küchen sind aus Feng Shui Sicht (darüber gleich mehr) energetisch unstabil, weil unter anderem die Energie des Raums mit dem Wasser verloren geht. Das WC dient zur notwendigen Reinigung des Körpers, Befreiung von dem, was man nicht mehr braucht und Klärung.

Auf das Geschäft übertragen, sind die drei Themen, die das Unternehmen für sich zu klären hatte:

1. **Punkt 1 der Impuls.** Start-Anfang. Meine erste Frage an den Unternehmer war: Ist diese Leistung, die Sie anbieten, stimmig für Sie? Freuen Sie sich über Aufträge und erledigen Sie Ihre Arbeit mit Begeisterung? Die Antwort war: Früher habe ich alles sehr gerne erledigt, inzwischen arbeite ich wie ein Roboter. Ich brauche das Geld, deswegen biete ich diese Leistung weiter an.

Wie Sie ja wissen, ist die Begeisterung die Antriebskraft, die Sie beflügelt und Sie mit Leichtigkeit sicher zu Ihrem Ziel führt. Wenn Sie Freude und Begeisterung nicht mehr verspüren, wenn alles kompliziert wird, dann ist es an der Zeit Ihre Tätigkeit zu überprüfen.

2. **Punkt 3 - die Manifestation** des Inhalts in der Form. Thema ist die Klärung des Inhalts. Wenn die Idee für den Unternehmer nicht mehr stimmt, kann auch kein starker Inhalt entstehen und auch keine starke Resonanz beim Kunden entstehen. Auch wenn das Produkt schön verpackt ist, spürt der Kunde die Unstimmigkeit unbewusst und kauft es nicht. Das Resultat ist: Die Angebote wurden geschrieben, aber nicht vom Kunden angenommen.

3. **Punkt 9 - die Vollendung.** Start ist gleich Ziel. Nur aus einem starken, gesunden Samenkorn kann eine starke, gesunde Pflanze entstehen. Die Information vom Gewinn liegt in der Idee. Die Idee ist schon der Gewinn.

Um die Klarheit im Denkprozess meines Kunden anzustoßen, wurde mit Raumakupunktur ein harmonischer Impuls mit Hologramm gesetzt. Der Unternehmer besuchte mein Seminar, wo er noch ein paar seiner „brennenden" Themen entdeckte. Er lernte seine Impulse wahrzunehmen und seiner Intuition zu vertrauen. Durch eine Potentialanalyse wurde ihm klar, welche Fähigkeiten er hat und wo seine Denksperren liegen. Durch Coaching gelang es, sein Selbstwertgefühl und Vertrauen in seine Begabungen zu stärken. Der Unternehmer überprüfte seine Leistungen und veränderte sein Produkt so weit, bis es für ihn vollkommen stimmig wurde. Da mein Kunde viel offener und flexibler geworden ist, sieht er mehr neue Möglichkeiten, die ihn zum Erfolg führen. Seine Arbeit erledigt er heute mit Freude und so erreicht er mit Leichtigkeit seinen gewünschten Gewinn.

Ungenutzte Ressourcen mit I Ging und Feng Shui frei setzen.

*„Glück ist zu begreifen, wie alles zusammenhängt." Sten Nadolny (*1942), dt. Schriftsteller*

I Ging zeigt die Zusammenhänge zwischen Ereignissen und deren Ursprung.

Um die Entwicklungspotentiale meiner Kunden zu finden und die Blockaden aus dem Weg zum Erfolg zu räumen, nutze ich zwei Instrumente. Diese Instrumente heißen I Ging und Feng Shui.

I Ging (übersetzt: Buch der Wandlungen) ist die älteste Wissenschaft über das Sein.

I Ging erklärt den Ursprung der Welt und damit ihre Gesetzmäßigkeiten, die Lebenssituationen, Umstände und auch deren ursächliche Hintergründe. Auch wenn I Ging aus dem fernen Osten des alten China kommt, zeigt sich eine kulturunabhängige und alles erklärende „Weltformel". Nicht umsonst hat das Buch der Wandlungen mehrere Jahrtausende (seit ca. 3. Jahrtausend v. Chr.) überlebt und steht (nach der Bibel) auf dem zweiten Platz der weltweit meist gedruckten Bücher.

Viele bedeutende Persönlichkeiten der Welt haben von der Weisheit des I Ging sehr profitiert. Zwei davon sind: Carl Gustav Jung, ein Schweizer Psychologe und Mediziner, Begründer der Analytischen Psychologie und Dr. phil. Joseph Murphy, ein bekannter Autor, Philosoph und Psychologe aus Kalifornien.

Feng Shui, wie auch die Traditionelle Chinesische Medizin, Tai Chi, Qi Gong, Karate, etc., basiert auf dem I Ging.

Das Zeichen[2] für Feng Shui besteht aus zwei Trigrammen (drei Linien) des I Ging.

Feng Shui bereitet Raum für Erfolg.

Trigramm Feng (der Wind) steht für Rückbindung an die ursprüngliche Quelle der Lebensenergie, die alles auf der Erde und die Erde selbst erschaffen hat. Trigramm Shui (das Wasser) steht für den Menschen, sein Selbst, die Seele. Somit ist Feng Shui die Kunst das Umfeld des Menschen so zu gestalten, dass er mit der Quelle der Lebenskraft verbunden wird.

Wenn I Ging einen tiefen Einblick in Zusammenhänge zwischen Ereignissen und deren Ursprung ermöglicht und einen Blick in das Unbewusste erlaubt, unterstützt das Feng Shui durch Gestaltung des Umfeldes die persönliche Entfaltung. Feng Shui ermöglicht es, energetische Blockaden im Umfeld und somit auch im Bewusst- und Unbewusstsein des Menschen aufzulösen. Mit gezielt und bedacht eingesetzten Impulsen wird die Dynamik im System belebt, damit sich die Prozesse auf natürliche Weise vollenden können.

DIE SONNENBLUMEN – STRATEGIE.

Der Samenkern trägt die Information der Ernte in sich.

Haben Sie schon mal eine Sonnenblume betrachtet? Aus einem winzig kleinen Sonnenblumenkern wächst in kürzester Zeit eine Pflanze, die bis zu 3,5 Meter hoch ist. Einzigartig ist die ausgeklügelte Strategie der Sonnenblume. Die Pflanze wendet sich immer ihrer Energiequelle, der Sonne, zu. An sonnigen Tagen verfolgt die Knospe die Sonne auf ihrer Reise entlang des Himmels von Ost nach West, während sie nachts oder in der Morgendämmerung auf ihre nach Osten gerichtete Position zurückkehrt. Wenn die Fruchtstände zu schwer werden für diese Mitbewegung, drehen sich nur die Blätter und Knospen nach der Sonne.

2 Schriftzeichen: Copyright © by René van Osten und Ning Wang

Die Natur ist der beste Lehrer.

Wenn wir Menschen auf Dauer erfolgreich sein wollen, sollten wir in Übereinstimmung mit den Naturgesetzen handeln. Die Natur ist vollkommen und dauerhaft und sollte für uns der beste Lehrer sein. Sie kennt keinen Stress, sie erholt und regeneriert sich in Ruhephasen, um ihre Kräfte zu sammeln, die sie später für Blüte und Ernte brauchen wird.

Wie können wir Menschen die Sonnenblumen-Strategie übernehmen und so produktiv und erfolgreich sein?

1. Sich selbst leben. Das zu sein, was man ist. Authentisch sein.

Nur die bewussten Potentiale werden gelebt.

Sie werden auf Dauer erfolgreich sein, wenn Sie authentisch sind. Wenn Sie Ihre Fähigkeiten erkennen und sie zur Entfaltung bringen. Die Sonnenblume ist frei von Ego und denkt nicht darüber nach, ob sie lieber eine Rose, ein Apfelbaum, oder etwas anderes sein will. Sie bewertet nicht und lebt ihr Leben, in Gegensatz zu den meisten Menschen. Wenn Ihre Vision Ihrer Natur entspricht und Sie Ihren Fähigkeiten entsprechend handeln, dann erreichen Sie einfach und mühelos Ihre Ziele.

Aus meiner Erfahrung weiß ich, dass nicht jeder seine eigenen Potentiale kennt. Durch eine Potentialanalyse, die auf I Ging basiert, kommen viele verborgene Talente und Fähigkeiten zum Vorschein. Nur die bewussten Potentiale können gelebt werden.

2. Wirkung des Umfeldes nutzen.

Erleichtern Sie Ihr Leben durch Feng Shui.

Das Ziel von Feng Shui ist es, einen optimalen Raum für die natürliche Entfaltung Ihrer Persönlichkeit zu schaffen. In Ihrem Arbeitsumfeld (Raum, Corporate Design, Homepage, Flyer und Visitenkarten) durch die Form und Farben die notwendige Energie hineinzubringen. So wie die Sonne das Wachstum der Pflanze ermöglicht, so kann Ihr Umfeld Ihnen auf den Weg zu Ihren Zielen verhelfen. Nutzen Sie bewusst die Wirkung Ihres Umfeldes für Ihren Erfolg

3. Die Sonnenblumen-Strategie - sich zur Energiequelle wenden.

Wenden Sie sich zu Energiequelle.

Sie haben einen entscheidenden Vorteil: Sie besitzen die Fähigkeit zu denken, zu entscheiden und zu handeln. Nur mit dem Strom der Natur können Sie mühelos zu Ihren Zielen ankommen.

Wenn Sie Ihre Potentiale fördern, indem Sie die Wirkung Ihres Arbeitsumfeldes nutzen, setzen Sie wertvolle Energien frei. Sie befruchten sich mit Begeisterung und stärken Ihre Motivationskraft, indem Sie mit Ihrem Unbewussten in Kontakt treten.

Was liegt Ihnen näher als erfolgreich und glücklich zu leben?

Erfolg ist ein M U S-S

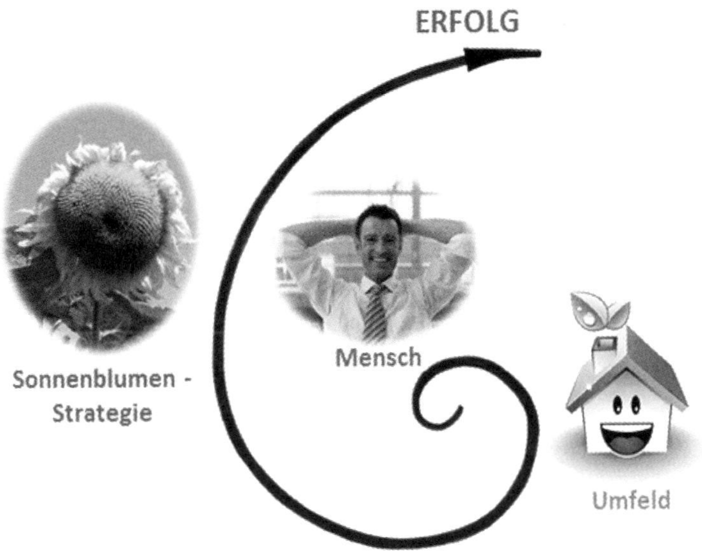

ERFOLG = MENSCH + UMFELD + SONNENBLUMEN-STRATEGIE Erfolgsformel

Erfolg ist die natürlichste Sache der Welt...

...wenn Sie authentisch sind und in Überein-

stimmung mit den Naturgesetzen handeln.

Julia Dold

Julia Dold, studierte Bauingenieurin, Feng Shui und I Ging-Expertin, betrachtet das Arbeitsumfeld als Brutkasten für Erfolg. Ein Arbeitsumfeld (Arbeitsräume und Corporate Design) von Selbständigen und Unternehmern, das in Übereinstimmung mit Naturgesetzen gestaltet ist, wirkt unmittelbar auf den erfolgreichen Verlauf des Geschäftes.

Auf I Ging basierte Potentialanalyse offenbart Kunden deren Denkstruktur und Verhaltensmuster sowie verborgene, meist noch nicht genutzte Potentiale. Eine Raumanalyse des Geschäftes zeigt auf Schwachstellen im Prozess der Gewinnentstehung zum jeweiligen Zeitpunkt, auf deren Ursprung und damit auch auf konkrete Lösungen.

Mit ihrem individuell angepassten Konzept für Raum- und Corporate Design-Gestaltung und der von ihr erarbeiteten Methode „Raumakupunktur" setzt Julia Dold notwendige Impulse für langfristigen Erfolg.

Durch ihre Begleitung als Coach und Seminarleiterin führt sie die Menschen zur Selbstreflexion und Schärfung der Wahrnehmungsfähigkeit sowie zum tieferen Verstehen der Geschehnisse in Bezug auf die eigene Person. Gewonnene Erkenntnisse verleihen mehr Klarheit, zeigen beste Lösungen, motivieren, wecken neue Kräfte und eröffnen ungeahnte Möglichkeiten.

Für Selbständige, die ihren Weg zum Erfolg vereinfachen wollen, kreierte Julia Dold ein praktisches Seminar „Mein Arbeitsumfeld spiegelt mich. So gestalte ich selbst meinen Erfolg". In diesem Seminar analysieren die Seminarteilnehmer ihr Arbeitsumfeld und lernen, wie sie durch dessen gezielte Gestaltung die positive Entwicklung ihres Geschäftes beleben können. Die Seminarteilnehmer bekommen Anregungen, die sie gut und unmittelbar in die Tagespraxis umsetzen können.

Dipl. Bauing. Julia Dold
Feng Shui & I Ging Expertin
www.Die-ErfolgsGestalterin.de
info@feng-shui-dold.de
Tel. +49(0)7821-982 999
Mobil: +49(0)170-86 82 957

GESCHICHTEN, DIE DIE SEELE HEILEN 22

STEFIE RAPP

In meiner NLP Master Ausbildung begegnete ich erstmals bewusst dem Thema „Metapher". Fasziniert vom ersten Augenblick, ging ich mit ihr eine Liebesbeziehung ein, die bis heute anhält.

Weshalb Metapher?

Beim tieferen Eintauchen in das Thema „Metapher", erkannte ich, wie wirkungsvoll und hilfreich der Einsatz einer Metapher ist und seitdem setze ich in meinem beruflichen Kontext täglich Metaphern ein: im Training, um Dinge zu veranschaulichen, im Einzelcoaching, um im übertragenen Sinn oder im metaphorischem Sinn Lösungen zu finden. In der Konfliktklärung und auch im Mitarbeitergespräch, um dem Gesprächspartner die Möglichkeit zu geben, seine „Lösung" oder seine „Wahrheit" zu entdecken. An dieser Erkenntnis, möchte ich Sie nun gerne teilhaben lassen und Ihnen Werkezuge an die Hand geben, mit denen Sie schnell treffende Metaphern entwickeln können.

Die Wahrheit über Metaphern.

Die Wahrheit über Metaphern

Die Wahrheit klopfte an die Tür der Menschen, doch keiner machte auf,
da sie nackt war.
Die Parabel fand die Wahrheit allein und frierend.
Sie nahm sie mit nach Hause.
Dort zog sie der Wahrheit eine Geschichte an.
Als die Wahrheit erneut bei den Menschen klopfte,
öffneten sie die Türen,
und saßen am Abend noch lang am Feuer zusammen.
(Verfasser unbekannt)

Dieses Kapitel ist wie der Besuch in einer Gärtnerei, in der es unterschiedliche Samen zu kaufen gibt. Sie können wählen, welche Art von Samen Sie erwerben wollen und welche Frucht oder welche Blumen daraus erwachsen sollen. Sie selbst haben es in der Hand, ob ihr Samen aufgeht und Frucht bringt oder ob er in Vergessenheit gerät.

Bedeutung:

Metapher heißt übersetzt „übertragener bildlicher Ausdruck". Der Begriff kommt aus dem Griechischen, metaphorá, und bedeutet „anderswohin tragen" und „Übertragung".

Beispiel

Mit dem Vertrauen ist es wie mit einer wunderschönen Porzellantasse. Fällt sie einmal runter und zerbricht, kann sie vielleicht geklebt werden und es wird möglich, wieder daraus zu trinken. Doch sie wird nie wieder so wunderschön, wie sie einmal war.

Mit dieser Metapher veranschaulichte ich meinem damals 7 jährigen Sohn wie wichtig es ist, die Wahrheit zu sagen, denn sonst „verändert“ sich das Vertrauen zwischen mir und ihm. Ich erzählte ihm diese Geschichte, als ich die Vermutung hatte, dass er sich gerade nicht ganz an die Wahrheit gehalten hatte.

Wodurch sind Metaphern ein so wirkungsvolles Instrument in der Kommunikation mit Menschen?

- Sie machen Menschen ein Angebot, was die Wahrheit sein könnte
- Sie bieten Lösungsansätze an, ohne zu überfordern
- Sie zeigen oder veranschaulichen Menschen, Dinge, Strukturen und Situationen.

Jede Metapher bietet Bedeutung; diese schafft oder vertieft unser Verständnis. Sie erzählt uns eine Story, die aus einem einzigen Wort oder einer Redewendung besteht. Sie vermag uns die Vorstellungen anderer Menschen zu zeigen. Wenn wir aber die Natur von Metaphern nicht begreifen, dann denken diese sogar für uns.

Vielen Menschen begegnet irgendwann in ihrem Leben eine Metapher, die sie tief bewegt, oder die sie lang begleiten wird. Mich bewegt diese Metapher bis heute:

„Vor Millionen von Jahren, als die Erde erschaffen war, erschuf die Schöpfung die Ente und setzte sie in einen Teich. Die Ente wurde gefüttert und musste sich um nichts kümmern. Sie hatte daher keine Verantwortung. Nach einer Weile erschuf die Schöpfung dann den Adler. Dieser hatte ein viel spannenderes Leben. Er konnte die höchsten Gipfel der Welt erreichen, er schwebte hoch am Himmel und genoss seine grenzenlose Freiheit. Dafür musste er sich allerdings sein Fressen selbst suchen und damit die Verantwortung für sein eigenes Leben übernehmen.

Nun erschuf die Schöpfung den Menschen und gab diesem die Möglichkeit, zwischen dem langweiligen Leben einer Ente und dem spannenden Leben eines Adlers zu wählen. Doch dann passierte etwas. Als die Menschen die Ente betrachteten, wollten viele nur die Vorteile haben, aber den Preis dafür wollten sie nicht zahlen. Nun betrachteten die Menschen den Adler, und auch hier wollten sie nur die Vorteile genießen, die das Leben eines Adlers mit sich bringt. Doch den Preis wollten sie auch hier nicht bezahlen.

So kam es wie es kommen musste. Die meisten Menschen konnten sich einfach nicht entscheiden: Ente oder Adler? Die Schöpfung machte dies dem Menschen zur Lebensaufgabe. Seitdem wohnen zwei Seelen in seiner Brust: die einer Ente, die immer nur schnattert und über den Rand des eigenen

Teiches nicht hinausblickt, und die eines Adlers, der frei und majestätisch seine Kreise zieht und die Freiheit genießt. Jeder Mensch hat beides in sich und kennt beide Zustände: den einer Problem suchenden Ente und den des lösungsorientierten Adlers."

Metaphern sind in fast jedem Kontext nutzbar.

Im **Einzelcoaching** ist die Frage häufig hilfreich: „Wenn dieser Zustand eine Landschaft, eine Pflanze, ein Tier, ein Märchen, ein Klang, eine Bewegung, das Wetter, eine Frucht oder eine Sportart wäre, wie sähe er dann aus?" Aus der Antwort, kann dann weiter mit der Metapher gearbeitet werden.

Beispiel:
Klient: *„Dieser Zustand ist wie ein Vogel, der in einen Käfig gesperrt wurde."*

Coach: *„Was bräuchte der Vogel im Käfig?"*

Klient: *„Er braucht mehr Platz um sich entfalten zu können."*

Coach: *„Wodurch würde er mehr Platz bekommen, um sich entfalten zu können"?*

Klient: *„Wenn er den Käfig verlassen könnte."*

Coach: *„Was hinderte den Vogel bis gerade eben daran, den Käfig zu verlassen?"*

Klient: „ ...."

In der **Konfliktlösung** werden Metaphern sehr gern verwendet.

Beispiel:
Klient: *„Diese Kollegin behandelt mich wie einen fünfjährigen kleinen Jungen!"*

Coach: *„Durch welches Verhalten der Kollegin würden sie erkennen, dass sie als Erwachsener behandelt werden?"*

Klient: „ ...."

Im **Trainingskontext und in Vorträgen** sorgen Metaphern dafür, dass Inhalte besser verstanden und behalten werden. Teilnehmer erinnern sich häufig noch nach Jahren an die Geschichten. Zudem sorgen sie für Unterhaltung, Abwechslung und Kurzweiligkeit.

Ein Beispiel über die Priorität im Kundenkontakt. Häufig gewünscht wird im Trainingskontext, Mitarbeiter darauf hinzuweisen, dass der Kunde zur obersten Priorität zählt. Leider wird das sowohl im Einzelhandel in der Kundenberatung oder auch am Telefon häufig unterschätzt. Um dies zu verdeutlichen, sage ich gerne: „Im Bekleidungsgeschäft geht es mir häufig so, dass ich durch das Verhalten der Verkäuferinnen erkenne: VERMUTLICH BIN ICH UNSICHTBAR!"

Im **Gespräch als Berater** können Metaphern Sachlagen „veranschaulichen".

Ein Beispiel einer Führungskraft, die sich häufig unnötig unter Zeitdruck setzte: „Völlig außer Atem rennt ein Mann zum Bootssteg, schleudert seinen Koffer auf die drei Meter entfernte Fähre, springt hinterher, zieht sich mit letzter Kraft an Bord und stöhnt erleichtert: „Gerade noch geschafft!"

„Gar nicht mal so schlecht", sagt der Matrose, der ihn beobachtet hat, „aber warum haben Sie nicht einfach gewartet, bis wir angelegt haben?"

In der **Kindererziehung** sind Metaphern ein sehr starkes Instrument. Wie die Geschichte der Porzellantasse am Anfang zeigt.

Ein Beispiel dafür, einem Kind oder einem Jugendlichen Mut zu machen, sein Potenzial auszuschöpfen und Grenzen zu überwinden, ist dieses Geschichte: „An der Universität Heidelberg machten Studenten ein Floh-Experiment: Sie setzten Flöhe in einen Glasbehälter, der oben offen war. Was passierte, war voraussehbar: Die Flöhe hüpften munter drauf los und aus dem Behälter hinaus. Ein paar Mal setzten die Studenten die Flöhe wieder in den Behälter, und ebenso schnell waren diese wieder frei.

Nun schlossen die Studenten den Glasbehälter mit einem Deckel. Die Flöhe versuchten natürlich wieder, dem Behälter zu entkommen, und stießen sich ein ums andere Mal den Kopf an dem Deckel. Nach einer gewissen Zeit begnügten sich die Flöhe damit, im Behälter zu bleiben. Sogar nach Entfernen des Deckels behielten die Flöhe erstaunlicherweise ihre niedrige Sprunghöhe bei, so dass sie den Behälter nicht mehr verließen. Nun setzten die Studenten neue Flöhe zu den anderen in den Glasbehälter. Die „Neulinge" sahen sich kurz nach der allgemeinen Sprunghöhe um und passten sich ihr umgehend an."

In einer Situation sind Metaphern suboptimal geeignet, das ist wenn Zeitdruck herrscht.

Eine Metapher im Umgang mit Menschen, deren Fokus auf Zahlen, Daten, Fakten liegt, sei nicht geeignet, wurde schnell widerlegt. Denn gerade diese Menschen nehmen dankbar eine Metapher an, denn sie bietet Spielmaterial für das Unbewusste.

Die Bedeutung von Metaphern

Deshalb funktionieren Metaphern.

- Metaphern haben in der Kommunikation und für das eigene Verständnis eine sehr große Bedeutung.
- Schamanen, Philosophen, Propheten und Jesus haben intuitiv die innewohnende Kraft der Metaphern erkannt und sich ihrer bedient.
- Sie werden zur Veränderung von Vorstellungen, von Ideen und Lebenseinstellungen eingesetzt.

- Der rote Faden der Metapher vertreibt der Ratio (linken Gehirnhälfte) die Zeit, so kann die Botschaft direkt ins Unbewusste gelangen. Die Ratio (linke Gehirnhälfte) hat darauf keinen Zugriff.

Konstruktionshilfen von Metaphern

Um Ideen für die Konstruktion von Metaphern an der Hand zu haben, findest Du hier eine kleine Sammlung von Themen, welche häufig in der Praxis als das Thema eines Problems betrachtet werden. In einem Brainstorming wurden passende „Übertragungen" gesucht. Wenn Schwierigkeiten zum Thema **Lernen** bestehen, könnte eine Metapher mit dem Inhalt *„Schule, Überleben, kleine Küken, ...“* eine Lösungsmöglichkeit aufzeigen.

- **Lernen**
  Schule, Überleben, kleine Küken, Junge Tiere, Autofahren, PC
- **Selbstvertrauen**
  Fundament, Gebäude, Raubtiere, Felsen
- **Kreativität**
  Natur, Musik, Theater, Zeichnen, Farben
- **Entscheidung**
  Mauerfall, Abendessen, Wirtschaft, Beruf
- **Motivation**
  Sportler, Mozart, Michelangelo, Erfolgserlebnisse
- **Konflikte**
  Gandhi, Märchen, Archetypen
- **Zeit**
  Jahreszeiten, Uhr, Einstein, Wachsen der Bäume, Mond, Kinder
- **Selbstverwirklichung**
  Schmetterling, Leonardo da Vinci, das hässliche Entlein, Blume

Metaphern Konstruieren

1. **Problem bestimmen**
   Worum geht es bei diesem Problem? Wer sind die relevanten Personen, die an diesem Problem beteiligt sind? Wer spielt welche Rolle dabei? Wie verhält sich die Person, die das Problem hat?

2. **Ziel bestimmen**
   Was möchte die problembehaftete Person erreichen? Wie möchte sie sich verhalten können? Wie fühlt sie sich, wenn sie ihr Ziel erreicht?

3. **Geeignete Inhaltsebene wählen**
   Suchen sie nach einer Inhaltsebene, in der Sie die Problemstruktur spiegeln können. Alles ist denkbar, je nach Geschmack. Märchen, Fabeln, Science-Fiction, ...

4. **Problem und Ziel in der Inhaltsebene spiegeln**
   Soll eine Geschichte Probleme lösen, muss sie dem Problem strukturell ähnlich sein. Die therapeutische Metapher enthält grundsätzlich die Struktur der problematischen Situation des Klienten, seine Beziehung und den Problemzusammenhang.

5. **Den Weg zum Ziel entwerfen**
   Wie kommt der Held oder die Heldin der Geschichte zum Ziel? Überlegen Sie dabei Ressourcen, die auch der Adressat Ihrer Metapher zur Zielerreichung nutzen könnte.

6. **Die Metapher schreiben**
   Lassen Sie Ihrer Fantasie freien Lauf und beachten Sie dabei die Struktur.

7. **Überprüfe die Ökologie der Metapher**
   Ökologisch nennen wir ein Ziel, wenn es in den Lebenszusammenhang eines Menschen hineinpasst, ohne negative Konsequenzen für die Persönlichkeitsstruktur des Betreffenden und seinen sozialen Zusammenhang nach sich zu ziehen.

Tipps für das Vortragen von Metaphern im Trainingskontext

Benutzen Sie Körpersprache, damit die Zuhörer sehen, was Sie sagen.

- Der Unterschied zwischen INNEN- und AUSSEN-Momenten. Treten Sie bei einer wichtigen Aktion oder Reaktion, immer IN die Geschichte ein und ZEIGEN diesen Moment, statt ihn zu beschreiben.

Metaphern Leben einhauchen.

AUSSEN: Sprechen Sie das Publikum direkt an.

Stellen Sie Augenkontakt mit dem Publikum her.

Sprechen Sie mit erzählender Stimme in der Vergangenheitsform.

INNEN: Sprechen Sie das Publikum nicht direkt an.

Stellen Sie keinen Augenkontakt mit dem Publikum her.

Sie befinden sich hier und jetzt in einer imaginierten, vorgestellten Realität.

Sie sprechen in der Gegenwartsform.

Zeigen Sie ganz persönliches, privates Verhalten.

Die Verteilung von INNEN- und AUSSEN-Momenten sollte 20 zu 80 sein. Die INNEN-Momente sind wie Gewürz. Man darf nicht zu viel davon nehmen. Stellen Sie sich die INNEN-Momente als Cayennepfeffer vor. Zu viel ist zu viel.

Körpersprache, Bewegung und Gestik

Wenn Sie sagen:

„Ich bücke mich, um meine Tasche zu nehmen" – bücken Sie sich und nehmen die gedachte Tasche.

„Ich stieß mir den Zeh an der Schreibtischkante" – stoßen Sie sich den Zeh und spüren den Schmerz.

„Ich ging hin und öffnete die Tür" – gehen Sie ein paar Schritte und öffnen pantomimisch die Tür.

In jedem Kontext gilt: Setzen Sie Ihre **Stimme** ein, damit Ihre Zuhörer **hören** und **fühlen**, was Sie sagen.

Setzen Sie Schnell- und Langsamsprechphasen ein.

- Schnellsprechen zeigt: Stress oder Angst, dass Sie am Ende Ihrer Kraft sind, Enttäuschung oder Verzweiflung, Ungeduld oder Eile, Ärger oder Wut.
- Langsamsprechen zeigt: Schock oder Unglauben, Langeweile oder Lethargie, Furcht oder Besorgnis, kontrollierte Wut, Erschöpfung oder Müdigkeit, Aufgabe oder Niederlage.

Sie werden sehen, wenn Sie beginnen mit Metaphern zu arbeiten, werden Sie nicht mehr wegzudenken sein, in Ihrem Leben.
Menschen werden Ihnen erzählen, wie lange Ihre Geschichte sie noch begleitet hat.
Sie selbst haben es in der Hand, ob dieser Samen aufgehen wird und Frucht bringt, oder ob er in Vergessenheit gerät. Sie entscheiden, ob er Wasser und Nährstoffe bekommt, oder nicht.

Machen Sie Sprechpausen. Möchten Sie ein Wort ganz besonders betonen, machen Sie direkt danach eine Sprechpause. Dann hat das Wort Zeit zu wirken.

Spielen Sie mit Ihren Worten, bis sie sich darin wohl fühlen.

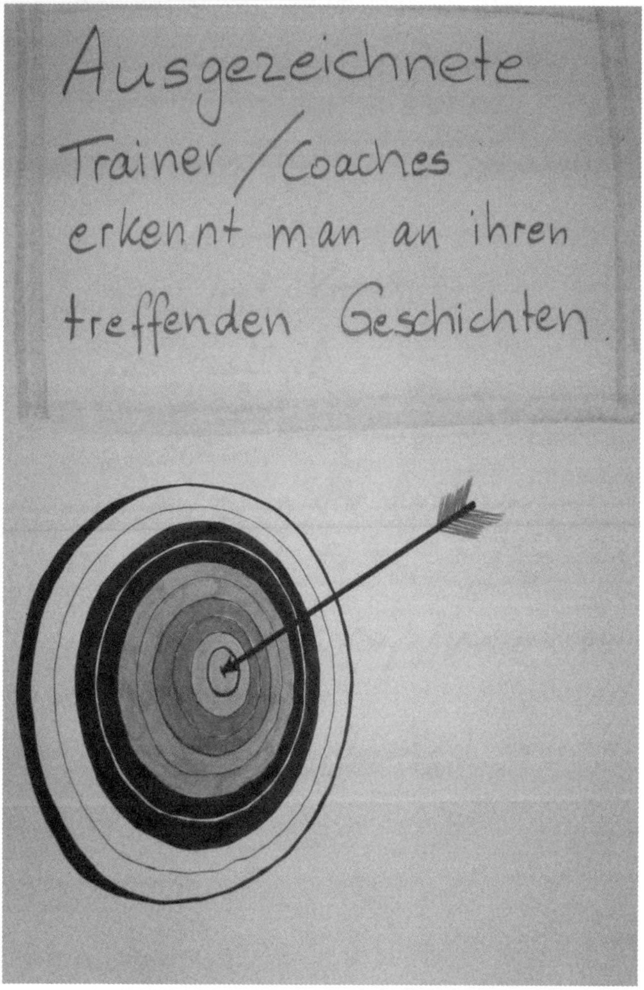

Geschichten treffen. Geschichten helfen.

Literaturverzeichnis

Story Power (Vera F. Birkenbihl)
Mataphern – Lernbuch (Alexa Mohl)
Ente oder Adler (Ardeschyr Hagmaier)
Die Storytheater Methode (Doug Stevenson)

Über Stefie Rapp
2005 gründete sie das Unternehmen SR Training – Coaching, welches sie bis heute sehr erfolgreich führt. Seit 03/2011 ist sie anerkannte NLP Lehrtrainerin nach DVNLP. Sie ist Ausbildungsleiterin für Landsiedel NLP Training in Ulm.

Beruflicher Hintergrund

- Mehrjährige Berufserfahrung als Trainerin und als Coach
- Führungskräfte Training
- Führungskräfte Entwicklung
- Coaching für Führungskräfte
- Seminare zur Persönlichkeitsentwicklung

Tätigkeitsbereiche

- Konzeption individueller Trainings
- Führungskräfte Training
- Führungskräfte Entwicklung
- Coaching für Führungskräfte
- Autorin mehrerer Fachartikel für „Treuhand Hannover" zum Thema „Kommunikation"
- NLP Ausbildungsleiterin in Ulm für Landsiedel NLP (nach DVNLP)

Stefie Rapp
Training - Coaching

Lindenstrasse 33
88441 Mittelbiberach
Mobile: 0170-3088955
Email: rapp@sr-coaching.com
www.sr-coaching.com

INTEGRALE AUFSTELLUNGEN FÜR DIE PERSÖNLICHE EVOLUTION – DIE SYSTEMISCHE ERGÄNZUNG ZU NLP

ROLF LUTTERBECK

23

Das „klassische" NLP hatte ursprünglich kaum systemische Anteile. Diese kamen erst später durch z.B. Robert Dilts (Neurologische Ebenen) und im deutschsprachigen Raum durch Aufstellungsarbeit dazu. Inzwischen sind Aufstellungen Bestandteil vieler NLP-Ausbildungen.

Die hier vorgestellte Methode „Integrale Organisations- und Strukturaufstellungen (IOSA)" ist eine Weiterentwicklung der Systemischen Strukturaufstellungen (SySt, Varga von Kibéd & Insa Sparrer, siehe Kasten), ergänzt um Elemente aus prozessorientiertem (NLP-)Coaching, Erfahrungen aus der Organisationsentwicklung und Erkenntnissen aus dem Integralen Ansatz von Ken Wilber (siehe weiter unten im 2. Kasten). Eine Aufstellung ist auch mit Symbolen statt Personen möglich, z.B. im Einzelcoaching. In Strukturaufstellungen werden sehr einfach gehaltene, assoziationsarme Symbole mit einer Blickrichtung verwendet. Hier muss sich der Klient selber in die einzelnen Symbole einfühlen oder man arbeitet etwas „oberflächlicher" mit der Bildinformation. Da der Begriff RepräsentantIn eher für Aufstellungen mit Personen gebraucht wird, spreche ich manchmal allgemeiner von Elementen der Aufstellung.

In kürzester Zeit lassen sich mit Aufstellungen z.B.

- im Business-Umfeld systemische Unternehmensanalysen durchführen und Veränderungen (neue Personen, neue Produkte, Projekte, neue Strukturen, Fusionen, u.v.m.) testen;

- im persönlichen Bereich Beziehungen klären, Probleme jeglicher Art analysieren und lösen und die (oft unbewussten) Themen hinter den Themen finden.

Es gibt inzwischen Dutzende von Aufstellungsmodellen mit unterschiedlichen sogenannten „Grammatiken", wie z.B. die aus dem NLP kommende Problemaufstellung zur Lösung „allgemeiner Probleme" (hier werden Ziel, Blockaden, Ressourcen, Gewinn des Problems und künftige Aufgabe gestellt), die Tetralemma-Aufstellung zur Lösung von Dilemmata, Entscheidungen oder Entwicklungsängsten (Abbildung von Differenzierung, Integration und übersehene Kontexte) und natürlich „klassische" Familien-, Team- und Organisations-Strukturaufstellungen.

- Mit Unternehmensumfeldaufstellungen (UUA) wird in der einfachsten Form auf das Unternehmen, seine Produkte (oder Dienstleistungen) und seine Kunden geschaut. Mit diesem Modell lassen sich Fragen und Probleme im Unternehmensumfeld klären (Kundenorientierung, Attraktivität von alten und neuen Produkten, Beziehung zu den Kunden, Kundenzufriedenheit, etc.).

- Anhand von Spiral Dynamics-Aufstellungen kann der Status der (spirituellen) Bewusstseinsentwicklung (inkl. Erkennung der noch fehlenden Integration) eines Klienten oder der Einfluss der Ebenen auf ein bestimmtes Thema/Anliegen analysiert werden: Wo stehe ich in meiner Entwicklung? Auf welcher Ebene sind meine wichtigen „Baustellen" (bzw. Schatten, wie es Wilber nennt), die ich mir anschauen und integrieren sollte (Schattenarbeit)? Wie beeinflussen die Bewusstseinsebenen mein Thema?

http://www.landsiedel-seminare.de/kongress2011/rolf-lutterbeck

Systemische Strukturaufstellungen SySt
wurden von Prof. Matthias Varga von Kibéd (Universität München) und seiner Frau Insa Sparrer auf der Basis von Familienskulpturarbeit (Virginia Satir), Organisationsaufstellungen (Gunthard Weber), Lösungsfokussierter Beratung (Steve de Shazer) und Hypnotherapie (Milton Erickson) entwickelt. Weitere Einflüsse kommen u.a. aus Systemtheorie, Kommunikationstheorie, NLP und philosophischen Ansätzen (Wittgenstein, Spencer Brown). Die Methode des Aufstellens wurde dabei wissenschaftlich untersucht (im Sinne der drei Stränge der Erkenntnis Ken Wilbers: Injunktion, Praxis und Verifikation) und es wurden grundlegende Systemprinzipien über Systemerhalt, -wachstum, -fortpflanzung, -immunisierung und -individuation entdeckt. Es entstand eine eigenständige Grammatik für die transverbale Sprache Systemische Strukturaufstellungen (Zitat Varga von Kibéd), die bildliche Informationen, Körperempfindungen und verbale Sprache umfasst.
Eine Aufstellung ist auch mit Symbolen statt Personen möglich (z.B. im Einzelcoaching). In Strukturaufstellungen werden dabei sehr einfach gehaltene, assoziationsarme Symbole mit einer Blickrichtung verwendet. Hier muss sich der Klient selber in die einzelnen Symbole einfühlen oder man arbeitet etwas „oberflächlicher" mit der Bildinformation.

Die Bildsprache in integralen Strukturaufstellungen

Die räumliche Anordnung der „Systemelemente" (Symbole bzw. RepräsentatntInnen) in einer Aufstellung ist ein wichtiger Aspekt der Arbeit, wobei die Bedeutung der Elemente einen Unterschied macht (z.B. welches Element repräsentiert den Klienten, eine andere Person, etwas Abstraktes wie ein Ziel, usw.).

Beispiel: Wenn zwei Personen hintereinander stehen – sagen wir Person A steht direkt hinter dem Rücken von Person B – dann können mit diesem „Bild" mindestens vier sehr unterschiedliche „Aussagen" dargestellt werden:

1. Aus Sicht von Person A steht B vielleicht blockierend im Weg (das Gefühl ist dann meist unangenehm)

2. oder B wirkt wie ein Schutzschild (meist angenehm), d.h. A versteckt sich hinter B.

3. Aus Sicht von B als Person wird die Person A als etwas Unangenehmes („etwas, was mir im Nacken sitzt") empfunden

4. oder als eine angenehme Stärkung (rückenstärkende Ressource).

Sie können zusammen mit einer zweiten Person einmal ausprobieren, wie unterschiedlich sich das gleiche Bild anfühlt. Stellen Sie sich z.B. für die Varianten 1 und 2 an einen beliebigen Platz im Raum hin (als Repräsentant für sich selbst) und bitten Sie die zweite Person, sich als „Blockade" mit dem Rücken vor Sie zu stellen (Variante 1). Nehmen Sie wahr, wie sich das anfühlt. Dann bitten Sie die zweite Person wieder zur Seite zu gehen, sich zu entrollen (Separator) und dann noch einmal mit dem Rücken zu Ihnen sich vor Sie hinzustellen, diesmal mit der Vorstellung, ein Schutzschild für Sie zu sein. Nehmen Sie wahr, wie sich dieses Bild anfühlt und ob Sie einen Unterschied (schon) spüren können. Gehen Sie dann beide aus der Aufstellung raus. Entrollen Sie sich durch kurzes Ausschütteln. Die Varianten 3 und 4 können Sie analog testen. Neben diesem Bild mit den vier Bedeutungen gibt es viele andere. In der nebenstehenden Grafik finden Sie einige Beispiele mit möglichen Bedeutungen.

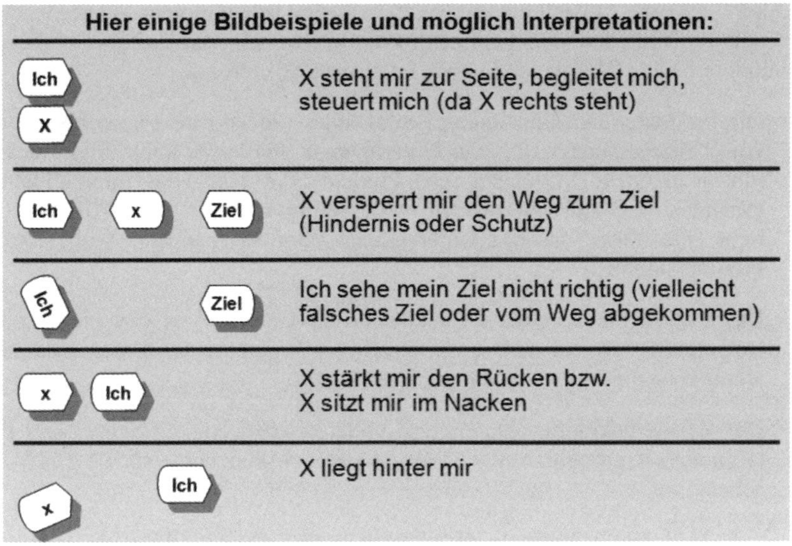

Die Unternehmensumfeld-Aufstellung (UUA) – eine Unternehmensanalyse in wenigen Minuten

Ein Unternehmen (U) definiert sich – sehr vereinfacht dargestellt – in der Beziehung (Auftrag, Mission, Zweck) zu seinem Kunden (K). Zur Erfüllung dieses Zwecks liefert das Unternehmen Produkte und/oder Dienstleistungen (P) an die Kunden.

In der Unternehmensumfeld-Aufstellung UUA wird das Unternehmen U durch eine Person bzw. ein Symbol dargestellt, dann ein bis drei Personen (Symbole) für die Kunden(gruppen) und ein bis drei Personen (Symbole) für die Produkte/Produktgruppen. Evtl. ist dem Klient der (wirtschaftliche) Erfolg als Maßstab wichtig (zusätzlich oder statt des Kunden). Je nach Anliegen können außerdem noch Partner, Lieferanten, Aufsichtsrat, Konzern, Aktionäre, etc. weitere wichtige Elemente der Aufstellung sein.

Für eine schnelle Analyse in wenigen Minuten brauchen wir nur die drei Elemente U, K und P. Allein mit dieser „kleinen“ Aufstellung wird (bei einer Personenaufstellung) vieles schon deutlich. Beispiele:

- Wie es dem Unternehmen, den Kunden und den Produkten insgesamt geht.
- Wie es den Kunden mit dem Unternehmen und mit seinen Produkten geht (z.B. sind Unternehmen und/oder Produkte attraktiv?),
- „Sieht“ das Unternehmen die Kunden „gut“ (Kundenorientierung) oder schaut es ganz woanders hin?
- Wie wirken die Kunden auf das Unternehmen? Sind die Kunden sympathisch oder eher uninteressant?
- Wie geht es dem Unternehmen mit seinen Produkten und umgekeht? Z.B. ist das Unternehmen stolz auf seine Produkte, steht es dazu, kann es sich damit identifizieren? Fühlen sich die Produkte wertgeschätzt? Sind die Produkte mächtiger als das Unternehmen?

Aber auch eine Aufstellung mit Symbolen zeigt schon einiges. Insbesondere, ob das Bild von einem häufigen Idealbild abweicht, das sich als Ergebnis hunderter von UUA-Aufstellungen herauskristallisiert hat:

- Die Produkte/Dienstleistungen P sind links – meist direkt an der Seite - vom Unternehmen U, d.h. das Unternehmen dominiert/ kontrolliert diese (hat sie im Griff, hat sie integriert). Produkte, die rechts vom Unternehmen stehen, sind oftmals neu (noch nicht richtig integriert/unter Kontrolle) bzw. „mächtiger“ als das Unternehmen (hier ist spannend, woher das Produkt stammt).
- Das Unternehmen „steht zu seinen Produkten“, d.h. es gibt eine gute Beziehung (Partnerschaft) zwischen U und P. Sonst muss man erst daran arbeiten (seine Produkte achten/lieben lernen).
- Der Kunde bekommt idealerweise volle Aufmerksamkeit von U und P (Kundenorientierung). Interessant ist auch, wohin der Kunde GENAU schaut:
    - Auf U UND P: Normales Bild, wenn Unternehmen und Produkte wichtig sind.
    - Auf U: Das Unternehmen ist wichtig, weniger das (veränderbare oder sogar austauschbare) Produkt. Kommt oft bei Unternehmen vor, die von einer oder mehreren Unternehmerpersönlichkeiten geführt werden. Hier interessiert den Kunden der/die Mensch/en, egal was „gerade angeboten wird“. Zum Beispiel im Bereich Training/Coaching/Beratung. In diesem Fall sollte man nicht zu viel Zeit mit seiner „Produktpflege“ verbringen.
    - Auf P: Produkt ist wichtiger als das Unternehmen und wird vermutlich von verschiedenen Unternehmen angeboten (Beispiel: Franchising). Ein eigenständiger Trainer sollte in diesem Fall unbedingt am Alleinstellungsmerkmal seines Angebots arbeiten: Was macht mich und mein Angebot einzigartig?

Vier Beispiele von Symbolaufstellungen (siehe Fotos):

In den folgenden vier Bildern sehen wir, wie ein Unternehmen U, Kunden K und Produkte P zueinander stehen können.

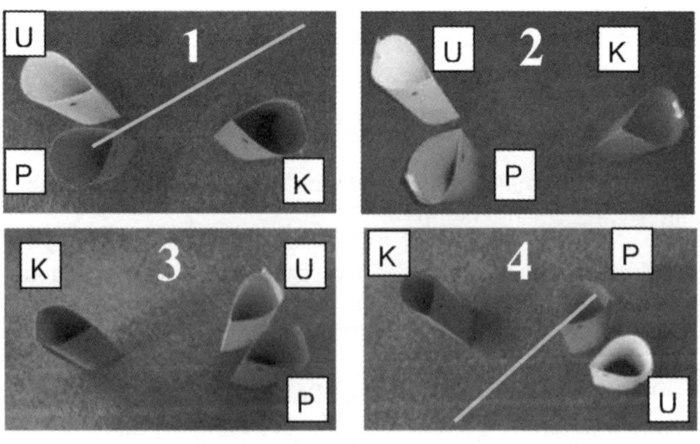

Alle Bilder sind „nicht ideal" im obigen Sinn. In Bild 1,2 und 4 dominiert das Produkt (Hypothese: das Unternehmen wird vom Produkt „bestimmt"). U sieht zu den Kunden in Bild 1 und 2 und ist sonst nicht richtig „kundenorientiert". Alle Produkte sind nicht auf die Kunden ausgerichtet. In Bild 3 gibt es anscheinend etwas Wichtigeres, als die Kunden.

Ein Beispiel mit Personen aus dem Workshop

Ein Teilnehmer meines Workshops auf dem Landsiedel-Kongress 2011 hatte Interesse, einen kurzen Blick auf sein Unternehmen zu werfen. Er wählte eine Person U für sein Unternehmen (die neben dem Unternehmer auch alle Mitarbeiter „repräsentiert"), dann eine für alle seine Kunden (K) und eine dritte Person für seine Produkte und Dienstleistungen (P). Er stellt die Personen in einem Dreieck zueinander auf.

Das Startbild zeigt, dass die Kunden fast etwas zu nah stehen (nach meinen Erfahrungen aus vielen Aufstellungen) und zum Unternehmen hinschauen. P steht im mittleren Abstand zum Unternehmen und schaut es an (und sieht dabei die Kunden kaum, was eher nicht so gut ist). Das Unternehmen schaut zwischen K und P durch ins Leere. Bei der Abfrage der RepräsentantInnen („was hat sich geändert?") sagt U, dass es einen Rückwärtsdrang spürt, seitdem K und P dazukamen. K nimmt „Wärme" in Richtung U wahr und möchte sich gerne Richtung P drehen (hat Interesse an den Produkten). P hat eine gute Verbindung zu U, „vermisst" aber die Kunden.

Eine erste Umstellung von U gegenüber von K und etwas näher zu P führt zur Verbesserung bei U und K, aber P geht es schlechter. In einer zweiten Umstellung wird P ganz an die Seite von U mit Blick zu K gestellt. Den Kunden gefällt dieses „Hochzeitspaar" gut, das Unternehmen spürt aber wieder Druck und will einen Schritt nach hinten machen.

Ich stelle U mit Abstand gegenüber von P auf, damit sich U einmal seine Produkte und Dienstleistungen genau anschauen kann. Das ist für beide Seiten gut. P sagt, dass sie „zielorientierter" (Richtung K) eingesetzt werden wollen. Diese Aussage macht U wieder Druck. Der aufstellende Klient hat eine Ahnung, was ihm „das System" da gerade zeigt.

Zum Schluss stelle ich wieder U und P nebeneinander mit Blick zu den Kunden und lasse den Klienten an die Stelle von U treten, damit er das neue Bild, mit dem es insgesamt allen Dreien besser geht, einmal „erlebt" und er sich damit noch zusätzliche Anregungen für sein Unternehmen holen kann.

Teil II: Die Spiral Dynamics-Aufstellung SDA

Kommen wir zu einer ganz anderen Art Aufstellung, die aus einem der integralen Modelle entwickelt worden ist, die Spiral Dynamics-Aufstellung. Spiral Dynamics ist ein Modell aus der Entwicklungspsychologie und geht auf Forschungen von Professor Graves in den 60er- und 70er-Jahren zurück (Graves Value System). Seine Schüler Don Beck und Christopher Cowan haben das Modell weiterentwickelt und in Spiral Dynamics umgetauft. Es beschreibt acht Level von Wertebewusstsein (mit unterschiedlichen „Weltsichten"), die mit Farben bezeichnet werden. Jeder Mensch befindet sich in seiner persönlichen Entwicklung auf einer dieser acht Stufen und hat ein entsprechendes Verständnis der „Welt".

Der integrale Ansatz von Ken Wilber

Der amerikanische Philosoph Ken Wilber hat sich jahrzehntelang mit der Frage beschäftigt, wie alle Theorien dieser Welt - egal ob östliche oder westliche - in „ein Bild" passen. D.h. welchen Teil der bis heute erkannten „Wahrheit" wird von einer Theorie beschrieben und was wird übersehen. Das Ergebnis ist der integrale Ansatz, in dem eine Art Meta-Landkarte aller Theorien (Landkarten) beschrieben wird.

Integral im Sinne von Ken Wilber bedeutet die gleichberechtigte Nutzung der wichtigsten AQAL-Perspektiven (AQAL steht für Alle Quadranten, alle Level, alle Linien, alle Typen, alle Zustände): Jede dieser Perspektiven zeigt eine andere Welt:

Die vier Quadranten-Perspektiven entstehen aus der Unterscheidung zwischen innen (subjektiv, erlebbar) und außen (objektiv, messbar) sowie zwischen individuell und systemisch.

Level- und Linien-Perspektiven berücksichtigen die unterschiedlichen Entwicklungsstufen wichtiger Bereiche (Mentalität, Skill, Organisation, Bewusstsein, Kultur, ...). Je „höher" etwas entwickelt ist, desto differenzierter ist die Wahrnehmung. Die Entwicklung des Wertebewusstseins wird z.B. durch das Modell Spiral Dynamics beschrieben.

Typen-Perspektiven sind z. B. die männliche und weibliche Sicht, oder all die anderen Typmodelle (MBTI, DISG, Enneagramm, uvm.).

Zustandsperspektiven entstehen z.B. aus verschiedenen Bewusstseinszuständen (Kreativität, Entspannung, Trance, kausaler Zustand, uvm.).

Hier ein kurzer Überblick (mehr siehe Literaturhinweise):

Level 1 („beige") ist ein archaisches Bewusstsein. Das ist ein noch sehr tiernahes, instinkthaftes Denken. Wichtig ist hier das „nackte" Überleben. Jeder Mensch hat als Säugling hier einmal begonnen. Hier waren auch unsere Vorfahren vor 100.000 Jahren.

Level 2 („purpur"), das magische Bewusstsein gibt es seit ca. 50.000 Jahren. Ausprägungen sind Stammesdenken, magischer Glaube an Wunder und Geister. Ein animistisches Weltbild.

Level 3 („rot"), das mythische Bewusstsein ist vor ca. 20.000 Jahren entstanden; Egozentrik, Power und Macht stehen im Vordergrund. Hier erfolgt die Entwicklung der eigenen Stärke, Ich- (Selbst-) Bewusstsein. Das Handeln ist impulsgesteuert, der Fokus liegt auf dem eigenen, persönlichen Vorteil.

Level 4 („blau"), das mythisch-rationale, traditionelle Bewusstsein. Eine „gute", hierarchische Ordnung entsteht, eine Welt von Regeln, Rollen, Gesetzen und auch Tugenden. Alles hat nun einen „von oben" festgelegten Sinn. Die Hierarchien sorgen für Ordnung, soziale Strukturen und Sicherheit. Treue und Loyalität werden belohnt. Das Interesse richtet sich auf Kontrolle, Titel

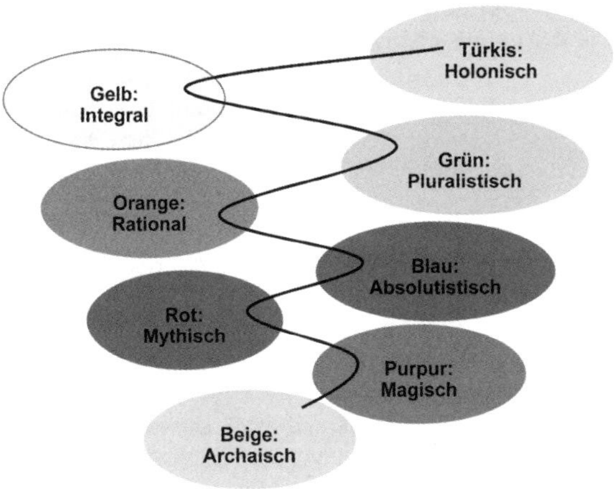

und gesellschaftliche Positionen in patriarchalisch geprägten Organisationen. Diese konservative, konformistische Sicht umfasst ca. 30% der westlichen Welt und ist häufig stark in Bürokratien und Großunternehmen vertreten.

Level 5 („orange“), das rationale, moderne Bewusstsein. Die Denk- und Wertewelt der Wissenschaft, Vernunft und des Materialismus. Hier finden wir Streben nach persönlichem, maximalem Erfolg, Wissen und individueller Freiheit. Hier gilt: „Leistung muss belohnt werden“ und „Jeder kann gewinnen“. Unternehmen stehen im Wettkampf miteinander, ständig auf der Suche nach immer besseren, effizienteren Geschäftsprozessen (best practice). In der westlichen Welt beträgt der Anteil an Orange über 40%.

Level 6 („grün“), das sensible, postmoderne Bewusstsein, eine humanistische Welt. Diese Sicht steht für multikulturelles Bewusstsein, Pluralismus, Ökologie und Gleichberechtigung. Das „Wir“ rückt in den Vordergrund. Gemeinsames Handeln im Team schafft neue Synergien. Es entstehen soziale Institutionen und Netzwerke, eine soziale Marktwirtschaft und Hilfsorganisationen. Anteil ca. 20-25%.

Level 7 („gelb“), das integrale Bewusstsein. Meta-systemisches Denken und flexibles Handeln sind die Antwort auf komplexe Probleme, wie etwa globale Ökologie und sich zusehends rascher entwickelnde Technologien. Alles befindet sich in Systemen in Systemen in Systemen. Die Welt entwickelt sich tetraevolutionär (in vier Quadranten gleichzeitig). Erst aus dieser Sicht wird es möglich, alle vorangegangenen Ebenen wertzuschätzen und zu integrieren. Anteil 1-2%.

Level 8 („türkis“), das holonische Bewusstsein. Dieses Bewusstsein entsteht gerade erst und scheint sich sehr auf Themen wie „Welt-Spiritualität“ zu konzentrieren. (<0,1%).

Eine kurze Einführung in Spiral-Dynamics-Aufstellungen (SDA)

Die Elemente einer Spiral Dynamics-Aufstellung sind der Fokus (Repräsentant für den Klienten) und die acht Entwicklungsebenen Beige (archaisches Bewusstsein, Instinkte), Purpur (Ahnengeister, magisches Bewusstsein), Rot (Impulse, Egozentrik, Power, mythisches Bewusstsein), Blau (Regeln, Rollen, Ordnung, mythisch-rationales Bewusstsein), Orange (Vernunft, Leistung, rationales Bewusstsein), Grün (pluralistisches, multikulturelles Bewusstsein), Gelb (integrales Bewusstsein) und – wenn für den Klienten sinnvoll – Türkis (holonisch-spirituelles Bewusstsein). Will ich den Einfluss auf ein Thema beleuchten, kommen noch ein oder mehrere Elemente hinzu, die das Thema abbilden.

Beispiel: Ein Startbild einer Spiral Dynamics-Analyseaufstellung (ohne Türkis) könnte z.B. wie in der untenstehenden Grafik aussehen.

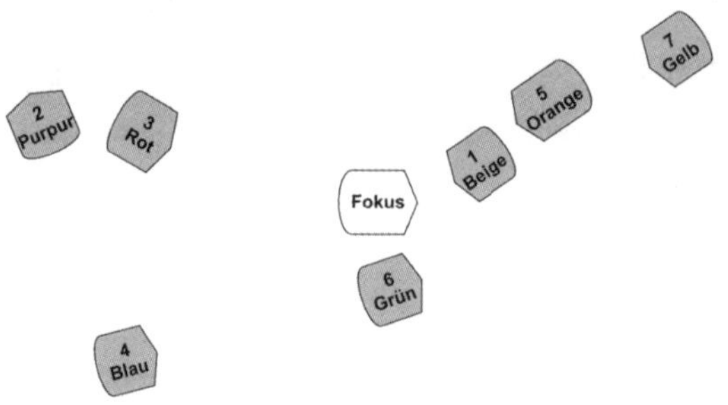

In diesem Bild erscheint aus Sicht eines Struktur-Aufstellungsleiters einiges nicht ganz „in Ordnung". Hier würde ich dem Klienten – wenn ich keine Personen als Repräsentanten habe – folgende Hypothesen anbieten:

- Der Fokus sieht hauptsächlich Beige, d.h. die „älteste" Bewusstseinsstufe hat die höchste Aufmerksamkeit! Vermutlich hat der Klient gerade im Leben in irgendeiner Form mit dem Thema „Überleben" zu tun. Da Orange dahinter verborgen ist und der Fokus keinen direkten Zugang zu Orange hat, könnte es hier z.B. um Geldprobleme gehen.
- Grün steht dominant an der rechten Seite vom Fokus, d.h. die „grüne Welt" hat vermutlich einen starken Einfluss auf sein Verhalten. Oder anders gesagt: der Klient könnte aufgrund des Bilds schwerpunktmäßig bei Grün sein. Da Grün häufig Orange ablehnt, würde das zu den obigen Hypothesen passen (materielle Probleme).
- Purpur (die Ahnengeister, der Stamm, die Vorfahren) ist zwar im Rücken (wo Vorfahren meist einen guten Platz finden), steht aber vom Fokus abgewandt und ist etwas durch Rot verdeckt. Hier ist eventuell etwas zu klären und anzuschauen. Vermutlich wäre eine Familienstrukturaufstellung förderlich. Vielleicht wird in Loyalität zur Herkunftsfamilie ein „Geldproblem" wiederholt?
- Rot und Blau könnten evtl. etwas näher im Rücken als Stärkung (Ressourcen) nützlich sein, sofern der Klient zu den beiden ein „gutes Gefühl" hat (sonst ist auch hier Schatten-/Integrationsarbeit nötig).

Dies sind natürlich alles nur Vermutungen. Der Klient gibt seinem Bild die Bedeutung (aus seiner Weltsicht!) und entscheidet, welche Hypothese für ihn Sinn macht und welche (noch) nicht. Weitere, tiefergehendere und relevantere Informationen sind über die Wahrnehmung des Klienten, der sich in das Bild einfühlt, bzw. durch die repräsentierende Wahrnehmung von Repräsentanten möglich.

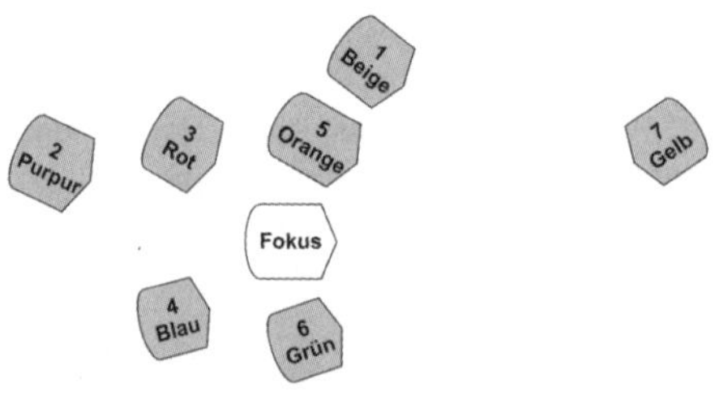

Durch Bewusstmachung und Klärung der noch nicht so guten Systemdynamiken (z.B. Prozess mit den Vorfahren, Stärkung durch mehr Nutzung von Rot und Blau) würde sich im Laufe der Aufstellung das Bild ändern. In diesem Beispiel könnte etwa Beige und Orange an die linke Seite des Fokus rücken. Dadurch wird Gelb als nächste (attraktive?) Stufe sichtbar und rückt etwas näher, etc.. Ein mögliches „Lösungsbild" könnte schließlich wie in der Grafik abgebildet aussehen.

Spiral Dynamics-Aufstellung – zwei konkrete Beispiele

Die **erste Aufstellung** war eine Spiral Dynamics-Aufstellung mit meinen 40 cm hohen, bunten Papp-Symbolen (meine sogenannten „Pappnasen“ ☺, eine Knickfalte deutet die Blickrichtung an), die von der Klientin im Raum aufgestellt wurden. Ein weißes Symbol repräsentierte den Klienten selbst (der sog. „Fokus“).

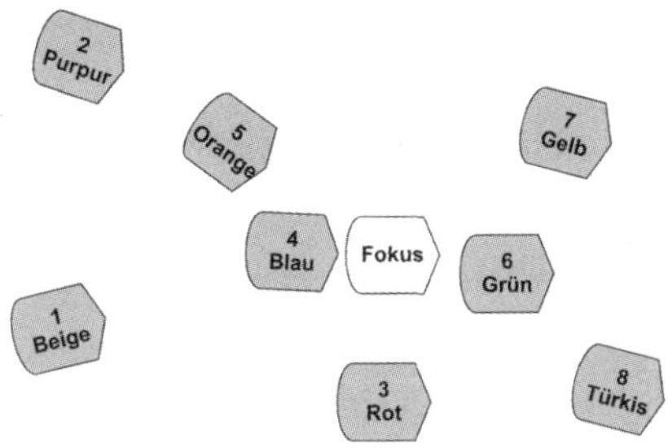

Die folgenden Ausführungen sind meine Erinnerungen und Informationen aus der Workshop-Aufzeichnung und sind daher nicht hundertprozentig genau. Das Startbild zeigt im Wesentlichen Rot („Macht“) an der dominanten Seite des Fokus, während das Blau („Ordnung“) im Rücken des Fokus steht. Für meine Erfahrungen etwas ungewöhnlich zurück befindet sich Orange („Vernunft, Ratio“), d.h. sie ist nicht „nahe dabei“ Die Stufen 6 bis 8 stehen alle vor dem Fokus, das Grün („Gefühle, Miteinander“) steht dabei direkt mit dem Rücken vor dem Fokus und nimmt diesem die Sicht (Schutz oder Blockade?). Ich lasse den Klienten hinter sein Fokussymbol ins Bild treten und deute ihm mit der Hand die Ebenen an. Rot ist eine gute Kraft an der Seite und das Blau fühlt sich stärkend im Rücken an. Das Grün ist zu nah und sollte besser etwas weiter nach links vorne und fühlt sich auch gut an, wenn es sich umdreht (was ich alles mit der Hand andeute – die Handinnenfläche ist quasi das „Gesicht“). Gelb und Türkis finden auch gedreht einen besseren Platz hinter Grün, während das Orange auf die rechte Seite mehr zum Rot rückt. Das Bild, das dem Klienten gut gefällt ist in der zweiten Grafik skizziert.

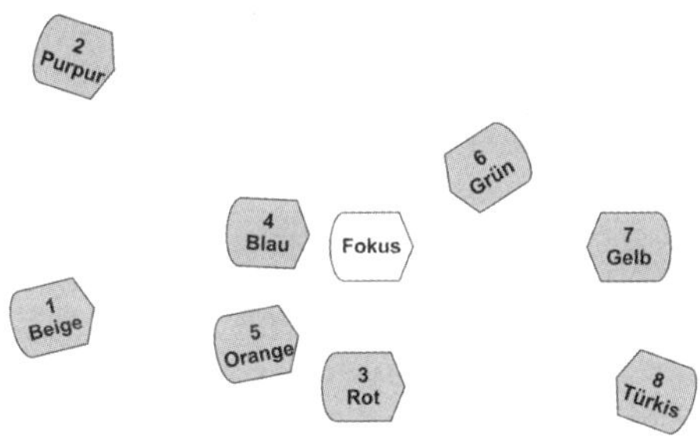

Für eine **zweite Aufstellung** – diesmal mit Personen – stellte sich eine Teilnehmerin zur Verfügung. Aus Zeitgründen wurden die Ebenen 1 und 2 und auch 7 und 8 jeweils durch eine Person repräsentiert. Beige/Purpur wurde weit hinter den Fokus gestellt, wo die Repräsentantin sich nicht gesehen fühlte (und später sich weiter nach vorne bewegte).

Rot fühlt sich gut geerdet und steht rechts hinter dem Fokus, der sich dadurch auch geerdet fühlt. Rechts hinter Rot steht Blau als „kontrollierende Polizei“. Blau würde gerne mehr den Fokus sehen, „muss sich aber um Rot kümmern“. Orange steht links hinter dem Fokus unbalanciert und spürt Zug Richtung Macht (Rot) und Ordnung (Blau). Grün fühlt sich links neben dem Fokus nicht wohl und geht nach vorne und dreht sich, sodass es alles sehen kann. Gelb/Türkis steht schräg rechts vor dem Fokus und will genau vor ihm stehen und kann dadurch auch besser die orange Vernunft sehen.

Die wichtigsten „Ergebnisse“ dieser sehr kurzen Aufstellung, deren genaue Be-Deutung der Klientin überlassen bleibt, waren:

- Beige/Purpur braucht mehr Aufmerksamkeit und mehr Nähe (wollen mehr dazugehören)
- Das Blau ist mit Rot beschäftigt (ob das gut oder schlecht ist, muss die Klientin entscheiden).
- Das „Grün“ will mehr Überblick.
- Gelb/Türkis wollen mehr im Fokus stehen (als Ausrichtung für die Klientin).

Abschluss

Keine andere mir bekannte Methode kann so viel integrale Perspektiven berücksichtigen, wie die integrale Strukturaufstellungsarbeit. Daher macht diese Arbeit auch ein Großteil meiner Arbeit aus, zumal ich aufgrund meiner „orangen“ Informatikerprägung schon immer an effektiven und effizienten Vorgehensweisen interessiert war und bin. Auch Spiral Dynamics-Aufstellungen sind in der Kürze der Zeit meist aufschlussreicher als alle mir bekannten Spiral Dynamics-Fragebögen, zumal die Aufstellungen – oft auch die symbolischen – mir gleichzeitig Infomationen über die „wichtigsten Schatten“ liefern.

SD-Aufstellungen lassen sich mit anderen Aufstellungsmodellen kombinieren. In Kombination mit Organisationsstrukturaufstellungen erhält man z.B. spannende Informationen über eine für die Organisation passende Kultur.

Literaturhinweise:

Den Workshop können Sie als DVD bei Landsiedel erwerben.

Kurze Beschreibungen (PDFs) zu Aufstellungen und zu Spiral Dynamics finden Sie auf meiner Homepage www.RolfL.de/.

In YouTube finden Sie einen Online-Vortrag über Aufstellungen im Business (Kanal Rolf377).

Einführungsbücher in die Strukturaufstellungsarbeit sind „Ganz im Gegenteil“ (Matthias Varga von Kibéd) und „Von Bild zu Bild“ von H. Wresnik

Eine Einführung in Spiral Dynamics gibt es in verschiedenen Büchern Ken Wilbers (z.B. „Ganzheitlich handeln“) und in „Spiral Dynamics“ von D. Beck und C. Cowan (in deutscher Übersetzung im Kamphausen Verlag)

Dipl.-Inform.
Rolf Lutterbeck
Integraler Managementberater, Coach und Strukturaufsteller

Rolf Lutterbeck studierte Anfang der 70er-Jahre Informatik an der Universität Dortmund. Als Projektleiter in vielen Entwicklungsprojekten und später als Leiter der Software-Entwicklung (in einem internationalen TK-Unternehmen) sammelte er Führungserfahrung. 1990 wechselte er in die Unternehmensberatung (zunächst IT und Organisation).
Seit Anfang 1996 ist er selbständiger Berater, Coach und Trainer für Unternehmer, Geschäftsführer, Führungskräfte, selbständige Dienstleister und Privatpersonen. Seine ganzheitliche Vorgehensweise orientiert sich insbesondere an dem Integralen Ansatz von Ken Wilber und den Systemischen Prinzipien nach Prof. Varga von Kibéd.
Er ist Gründer, Vorstandsmitglied und Dozent der DIA (Die Integrale Akademie) und zertifizierter DVNLP-Lehrtrainer und -Coach.

Themenschwerpunkte
Coaching:

- von Geschäftsführern, Führungskräften und Privatpersonen
- Privates Kurzzeit-Coaching: Allparteiliche Lösungsfindung durch Integrale Organisations- und Strukturaufstellungen (für Business- und Privat-Themen)

Ausbildungen/Retreats:

- zum Integralen Organisations- und Strukturaufsteller (IOSA),
- zum Integralen Anwender, Integralen Business-Practitioner und zum Integralen Coach (auch im Rahmen der DVNLP-Coach Ausbildung von NLP-Landsiedel)
- Integrale Retreats (1 Woche)
- Visionssuche mit Aufstellungen

Beratung:

- Integrales Change Management - Unternehmensentwicklung im „Innen" (Vision, Wertekultur, Wir-Gefühl, Mentalität, Commitment,...) und „Außen" (Strukturen/Prozesse, Führung, Verhalten, Fähigkeiten,...)
- Zum Einstieg oder Review: Integrale, systemdynamische Businessanalyse (ca. halber Tag)
- Strategie-Workshops: Ausrichtung von Unternehmen und Teams (Vision, Leitbild, -werte, Wir-Gefühl, Servicementalität,...)

Rolf Lutterbeck
Managementberater
Business Coach
Syst. Aufsteller
www.RolfL.de

Kontakt
Tempelhofer Weg 11, 61348 Bad Homburg,
Fon: 06172 303 782, Fax: 0941 5992 61348,
E-Mail: info@RolfL.de, www.RolfL.de

Spirit of Energy®: Neuro-energetisches Coaching mit Mehrwert

Kornelia Becker-Oberender & Erwin Oberender

24

Spirit of Energy® ist ein Konzept, das sich die Natur und Ihre Gesetzmäßigkeiten zum Vorbild nimmt und sie als Lehrmeisterin für ganzheitlich wirkende Lösungsansätze nutzt. Coaching lebt von der Wirksamkeit. Unser Ziel ist nachhaltige Veränderung, die in das gesamte System, die gesamte Persönlichkeit integriert werden kann sowie die Ökologie des Systems positiv beeinflusst. Der Biochemiker Frederik Vester schätzte die Natur als ein Erfolgsunternehmen, das „in Millionen von Jahren noch nicht pleite gemacht hat".

Der 24 Stunden Coach

Die Gesetze der Natur beruhen auf dem Gedanken: Alles ist Energie. Diese Energie ist der Bauplan, die Infrastruktur, die unsichtbare Landkarte für die „gesunde" Organisation aller organischen Systeme. Erfahren Sie, wie Sie dieses außergewöhnliche Konzept für Ihren Erfolg in Projekten, in Teams, in der Führung, als Trainer, Therapeut, Coach – kurz beruflich wie privat nutzen können.

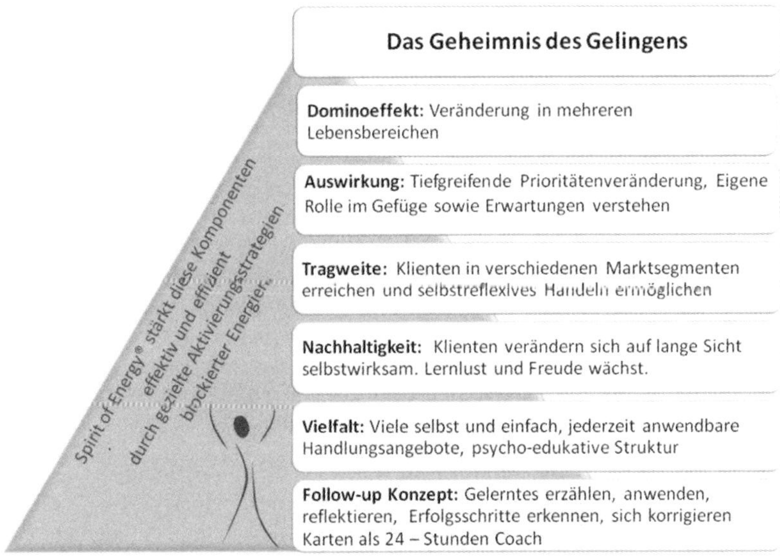

> „Ich kann nicht verstehen, warum sich die Menschen vor neuen Ideen fürchten. Mir machen die alten Angst."
>
> John Cage

http://www.landsiedel-seminare.de/kongress2011/becker-oberender

Ein ganzheitlich ausgerichtetes Methodenkonzept

Symbiose alter und neuer Weisheit zum Erzielen von unmittelbaren Wirkergebnissen und nachhaltiger Selbstwirksamkeit.

Spirit of Energy® ist ein potenzialorientiertes, energetisches Coaching- und Beratungskonzept, welches u. a. die Lehren aus der Energetischen Psychologie – AEP / EDxTM™ nach Dr. Fred Gallo, die jahrtausendealte Chinesische Energielehre und das NLP (Neurolinguistisches Programmieren) auf einer neuen Ebene zusammenführt. Die unmittelbaren Wirkergebnisse der Methode basieren auf gezielten Aktivierungsstrategien aller fünf Intelligenzebenen des Menschen, der physischen, mentalen, emotionalen, intuitiven und energetischen, unter anderem mit Klopfpunkten, mittels derer blockierte Energien wieder in Fluss kommen. Die Einwirkung auf die energetische Konstitution eines Menschen ist mitentscheidend für die Aufrechterhaltung oder Zurückgewinnung körperlich-geistiger Gesundheit und daraus resultierendem Wohlbefindens. Das Ziel des Spirit of Energy®-Coaching ist es, dem Coachee die selbstbestimmte Nutzung von Intuition und Emotionen in allen Lebensbereichen zu ermöglichen.

Zwei, auf Naturprinzipien beruhende Grundannahmen:

Alles ist Energie und jeder Mensch hat die Fähigkeit, seine Energien vollständig zu entfalten – seinen Spirit of Energy®.

1. Jeder Mensch hat grundsätzlich die innere Fähigkeit, seine gesamten mitunter durch negative Lebenserfahrungen überlagerten Potenziale zu aktivieren, um sie in einzelnen Prozessschritten für ein erfülltes Leben einzusetzen – seinen Spirit of Energy®. Das Ausschöpfen dieses in allem innewohnenden Kraftreservoirs, dieser oft brachliegenden Energie, bestimmt letztendlich die langfristige Entwicklung eines Menschen oder eines Unternehmens und die erfolgreiche Umsetzung von Change-Management-Projekten. Optimale Energienutzung führt zu erfolgreichen Ergebnissen und Lebensfreude.

2. Das führt zu der zweiten Grundannahme, dass alles Energie ist, basierend auf den Gedanken der seit 5000 Jahren erfolgreich angewandten Chinesischen Energielehre, deren Essenz den natürlichen Kreislauf des Lebens darstellt, der immer wiederkehrt, ohne sich zu wiederholen. Jeden Menschen durchströmen Energien, die permanent vorhanden sind und sich aus stetig sprudelnden Quellen nähren. Energie wird somit als Grundlage allen menschlichen Handelns betrachtet. So gesehen entstehen Probleme mentaler, psychischer wie physischer Art auf der Energieebene und lassen sich dort auch beeinflussen und korrigieren (vertiefende Literatur unter Energy Psychology®).

Daraus resultierend kann Veränderung durch ein für den einzelnen Menschen angepasstes Programm, zur Neustrukturierung des Lebensstils und seiner Alltagssituation, erwirkt werden. Wenn der Mensch dieses energetische Kraftfeld nutzt, ist er fähig, tiefe emotionale Bereiche des Unbewussten dem Bewusstsein wieder zugänglich zu machen und die Integration der Kräfte des tiefen Inneren mit den unterschiedlichen Aspekten des Seins zu ermöglichen.

Wie kamen wir zu Spirit of Energy®?

Die Ära der analysierenden Ratio und verstandsorientierter, kognitiver Strategien und Methoden, aller nur denkbaren technischen Hilfsmittel zur Entscheidungserleichterung, hat offenbar auf einen fatalen Irrweg geführt, denn die Prognosen der WHO-Experten besagen, dass es in den nächsten Jahren eine dramatische Zunahme stressbedingter Erkrankungen in den hochentwickelten Industriestaaten geben wird. Zu rechnen sei mit langfristigen Schäden des Halte- und Bewegungsapparates auf Grund langanhaltender muskulärer Verspannungen, kardiovaskulärer Störungen durch permanent erhöhten Sympatikotonus und eines dramatischen Anstiegs angstbedingter psychischer Erkrankungen (Angststörungen, Depressionen, Suchterkrankungen, Zwangsstörungen, Burnout-Syndrome u.a.). Ursächlich sei nicht die berufliche Belastung der arbeitenden Bevölkerung oder gar das fehlende Wissen von Änderungsmöglichkeiten, sondern die ständig abnehmende Fähigkeit der Menschen in diesen Ländern, mit psychischen Belastungen umzugehen trotz Intelligenz und Verstand, unzureichend ausgebildete Kompetenzen zur Stressbewältigung, zur Selbstregulation und -reflexion, schlecht ausgebildete Kontrollüberzeugungen bedingt durch fehlende Selbstwirksamkeitskonzepte und Begeisterungsfähigkeit sowie geringe Frustrationstoleranz und Flexibilität.

Grundbedürfnis nach Verbundenheit und Wachstum.

Wann ist der Mensch zufrieden und glücklich? Wenn er die Gelegenheit bekommt, seine beiden Grundbedürfnisse nach Verbundenheit und Nähe sowie nach Wachstum, Freiheit und Autonomie zu leben (näheres dazu in unserem Begleitbuch des Kartensets Spirit of Energy®). Ihre Resilienz – Widerstandsfähigkeit trotz widriger Umstände – bedarf der Erfahrung von Selbstwirksamkeit, Gestaltungskraft und Entdeckerfreude auf allen Ebenen des menschlichen Seins. Dies beinhaltet die Aktvierung des Körpers, der emotionalen und mentalen Zentren und intuitiver Kreativitätskraft, um auch nachhaltig in Form von neuronalen Verschaltungsmustern im Gehirn verankert zu werden – ein erkenntnisgewinnender Prozess, den der Mensch selbst gestaltet unter bestimmten Bedingungen. Laut Hirnforschung bedarf es dazu der Schaffung eines Raumes, einer Metaebene, um auf dieser Ebene neue Entdeckungen und Verbindungen zu gestalten. *„Hirntechnisch können kreative Lösungen also nur dann gefunden werden, wenn es einem Menschen gelingt, sehr viele, sehr verschiedene und bisher voneinander getrennt abgelegte Wissens- und Gedächtnisinhalte gleichzeitig wachzurufen und die für die Aktivierung dieser Inhalte erforderlichen regionalen Netzwerke auf eine neue Weise miteinander zu verknüpfen. (...) Man kann aber keinen Menschen motivieren, sein kreatives Potential zu entfalten, man kann ihn dazu nur einladen, ermutigen, vielleicht auch inspirieren.“* (Hüther 2011, S.179 - 181). Jenen Menschen gehört die Zukunft.

Diesem Gedanken trägt unser Konzept Rechnung und geht neue, so noch nicht gedachte Wege, um Menschen wieder mit ihren ureigenen, natürlichen Kräften in Verbindung zu bringen, Kreativität zu aktivieren und Potenziale zu entfalten mittels allem zugrundeliegender Energie. Im Unternehmen bietet dieser kreative Ansatz über das übliche Führungs-Know-how hinaus, die zukunftswirksame Führungsintuition aufzubauen und zu wissen, wie ihr zu folgen ist. Den Spirit in jeder Lebenslage zu entwickeln und im Gehirn wahre Rennpisten zu den Zielen und Visionen des Coachee mit Gefühlen wie Freude, Glück, Engagement, Erregung, Dankbarkeit, Kraft und Liebe

Lebensqualität durch Selbstwirksamkeit und Lernlust.

aufzubauen. Das Werkzeug von Spirit of Energy® bietet nicht nur im Coaching sondern auch täglich dem Coachee diese Gelegenheit. Er kann sich selbst als Entdecker seiner eigenen Möglichkeiten und als Gestalter seiner jeweiligen Lebenswelt erfahren oder poetisch ausgedrückt: sich selbst immer wieder neu erfinden.

Spirit of Energy® folgt der zentralen Aufgabe, die Selbstwirksamkeit und Lernlust des Coachee zu wecken und ihm ein „Lebenswerkzeug" mitzugeben, das die Nachhaltigkeit des Erfolgsergebnisses sichert. Das Wort „Lebenswerkzeug" klingt vielleicht sehr poetisch und unrealistisch. Daher laden wir Sie nach einem kurzen Überblick über die einzelnen Prozessschritte ein, im Rahmen eines Coachingprozesses zu erleben, wie Spirit of Energy® Coaching und sein „Werkzeug" funktioniert und auch Ihre Praxis bereichern kann.

„Wenn du ein Schiff bauen willst, so trommle nicht Männer zusammen, um Holz zu beschaffen, Werkzeuge vorzubereiten, Aufgaben zu vergeben und die Arbeit zu erleichtern, sondern lehre die Männer die Sehnsucht nach dem endlos weiten Meer." Antoine de Saint-Exupéry

Spirit of Energy® Coaching im Überblick

Jedes Coaching ist ein individueller Prozess – und damit einzigartig. Trotzdem liegen jeder Sitzung ein energetisches Konzept und ein bewährter Rahmen zugrunde. Die einzelnen Schritte bauen aufeinander auf und dabei sind rekursive, erneut zu durchlaufende Phasen eher erwünscht als unvermeidlich. Die Besonderheit des Spirit of Energy® Coachings besteht darin, wie oben erwähnt, jenen Raum zu gestalten, die Metaebene für den Coachee. Dazu entwickelten wir 62 Karten, die jeweils Informationen zu Qualitäten von auf ihnen abgebildeten Klopfpunkten beschreiben und verschiedene metaphorische Zugänge zu den Energien dieser Klopfpunkte beinhalten, wie u. a. Zitate, Leitsätze (Energieformeln) und Farben.

Welche Ebene wird womit aktiviert?

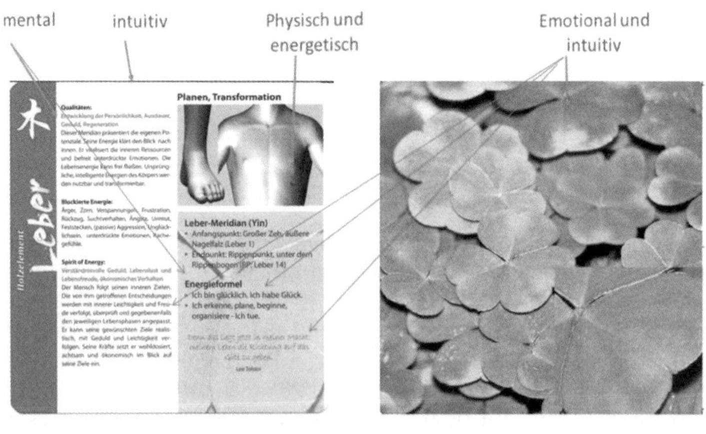

Zwischen Reiz und Reaktion liegt ein kleiner Zwischenraum: Bewusstsein. In diesem Zwischenraum liegt unsere Macht zur Wahl unserer Reaktion. Das ist unsere Entscheidungsfreiheit.

Während der Coachee sein Gedankenfeld aufbaut, verstört er durch Halten oder Klopfen der oder des abgebildeten Klopfpunktes das physische, emotionale und mentale Energiemuster dieses Feldes. Unter Verstörung ist systemisch eine von außen kommende Störung eines bestehenden Systems zu verstehen, die dann eine von innen initiierte Veränderung dieses Systems in Gang setzt.

Neue Erfahrungsräume durch energetische Musterunterbrechung.

Diese energetischen Musterunterbrecher (näheres zur Wirkungsweise der Klopfakupressur finden Sie unter Energie Psychologie) eröffnen neue Erfahrungsräume und führen zur Herausbildung anderer Haltungen, gemeinsam mit der Intelligenz, der Kraft der Gefühle, der Intuition und dem Verstand. Diese Bühne für innere tiefe Suchprozesse, für Perspektivenwechsel und damit einhergehender neuer Sichtweisen zum Thema entwickelt der Coachee selbst, aus „eigener Kraft“. Jeder Coachee kreiert sein maßgeschneidertes Veränderungsprofil und findet mittels anschließender Reflexion mit dem Coach, seine **eigenen** Lösungen. Das Coaching gestaltet sich umso effektiver, je weiter sich der Coach als Person zurückziehen kann und den Klienten in der Rolle eines „Kompasses“ auf dem Weg zum Ziel durch dessen „Gesprächstrance“ mit dem „Kartenexperten“ begleitet.

Die folgende Abbildung illustriert den prozessartigen Ablauf:

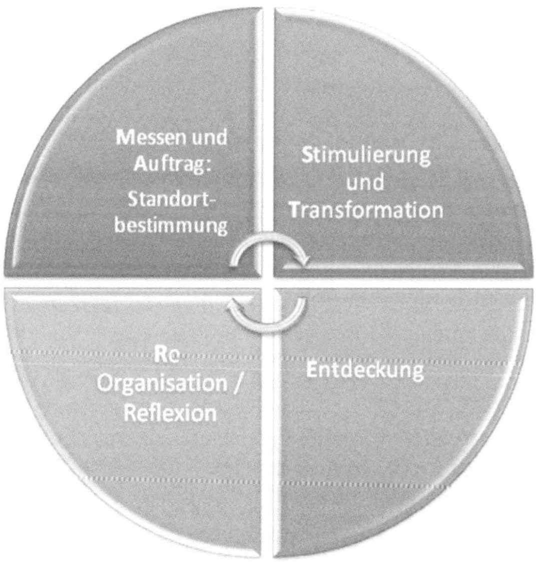

Handlungspfad Spirit of Energy®-Coaching

Das Coaching ist in vier Phasen unterteilt, die sukzessiv dazu dienen, den „Autopilot“ im Gehirn auszuschalten und konstruktiv die alten eingrenzenden Denk-, Gefühls- und Verhaltensmuster zu entdecken, energetisch zu verstören und neu zu überarbeiten, da mit deren unreflektiertem Einsatz keine Veränderung oder gar Verbesserung erreicht werden kann. Dabei nutzen wir die modernen Erkenntnisse der Energie Psychologie, um im Prozess sich zeigende Sabotageprogramme gezielt aufzulösen.

Messen
Auftrag
Stimulierung
Transformation
Entdeckung
Re-Organisation

1. Phase: Messen und Auftrag/Standortbestimmung

- Lern- und Veränderungsbereitschaft klären.
- Rapport gestalten und kreative Herangehensweise erläutern.
- Zukunftsblick initiieren: einen Wunschrahmen aufbauen.
- Auftrag generieren und Sabotagefallen lösen.

2. Phase: Stimulierung und Transformation

- Gedankenfeld mit VAKOG Methoden aufbauen.
- Karte auswählen lassen und intuitiven „Verstörungs"-Prozess des aktuellen Energie-Feldes beginnen, durch Klopfen des jeweiligen Klopfpunktes.
- Die Karte fungiert als Lernbühne. Mit Hilfe der Informationen zu den Qualitäten, Blockaden und den Visionen (Spirit of Energy) gestaltet der Coach eine „hygienische" Gesprächstrance, die absolut frei von seinen Interpretationen bleibt, da der Coachee auf Suchprozesse mit Hilfe der Karteninformationen geht.
- Das „In-sich-Versunkensein" des Coachee aktiviert innere Suchprozesse, die neue Lösungswege eröffnen und im gesamten System neue Energiemuster erzeugen. Er kommt mit dem „Kartenexperten" ins Gespräch.

3. Phase: Entdeckung

- Aufgabe des Coachee ist es nun, seinen zunächst intuitiv selbstinitiierten Veränderungsprozess, die nonverbal wahrgenommenen Ebenen (körperliche, emotionale und mentale Ebene), in tatsächliches Handeln zu übersetzen und emotional „auszuprobieren".
- Der Coach kreiert einen „Als-ob-Rahmen" und lädt den Coachee ein, während dieser weiter seine Klopfpunkte aktiviert, seine gefundenen Lösungsansätze nun Schritt für Schritt zu erzählen. „Probieren Sie die neugefundenen Verhaltens- und Handlungsmuster gedanklich aus."

Diese Phase ermöglicht das Wahrnehmen intensiver Selbstwirksamkeit und führt nicht selten zu einem Flow-Gefühl hin zum Ziel.

4. Phase: Re-Organisation

- Ankern der erarbeiteten „neuen Gewohnheiten" im „Er-Lebensfeld" des Coachee mit der Farbe, dem Zitat, dem Klopfpunkt, dem Leitsatz oder des Bildes der ausgewählten Karte.
- Follow-up-Konzept einführen: Karten als Werkzeug nutzen, mit deren Hilfe der Coachee eigenständig und jederzeit, im gelebten Alltag auftauchende Trigger der „alten Gewohnheit" verstört und abendliches Fageritual als Resümee: Was habe ich heute für mein Ziel getan? Was habe ich gelernt? Was habe ich an Lebensqualität gewonnen?

Diese Phase führt zu einer tiefen Festigung des Selbstwirksamkeitserlebens des Coachee.

„Unsere größte Angst ist nicht, unzulänglich zu sein. Unsere größte Angst ist, grenzenlos mächtig zu sein. Unser Licht, nicht unsere Dunkelheit ängstigt uns am meisten.".

Nelson Mandela

Praxisbeispiel

Ausgangslage: Herr T. arbeitet als Führungskraft im Bankwesen und möchte an seinem hohen Stressgefühl, welches er im Zusammenhang mit seinem unausgereiften Zeitmanagement verspürt, arbeiten.

1. **Phase: Messen und Auftrag/Standortbestimmung**
   Nach der Begrüßung und einer kurzen Erläuterung des Spirit of Energy® Coachings durch den Coach, schildert Herr T. sein Anliegen. Ihn belasten seine für ihn unplanbaren Zusatzanforderungen während seiner ohnehin verplanten Arbeitszeit. Dadurch müssen seine eigentlichen Aufgaben immer wieder hinausgeschoben werden. Oftmals schaffe er seine Tätigkeiten erst nach offiziellem Arbeitsende. Seine dadurch anfallenden Überstunden würden dann auch noch angemahnt. Er habe das Gefühl, dass sein Vorgesetzter glaube, er arbeite zu langsam oder könne seine Zeit nicht gut einteilen. Im Gespräch sei auch schon gefallen, dass er als Führungskraft nicht ausreichend delegiere.
   Auf die Frage des Coachs, was er sich denn genau wünsche, antwortet er: *„Ja ich wünsche mir, ja was? Da sind einige Baustellen, wenn Sie mich so fragen. Also ich müsste delegieren, was andere in der Abteilung tun könnten. Ich sollte meinen Zeitplan nochmals durchgehen, vielleicht gibt es da Möglichkeiten mehr zu straffen oder anders zu organisieren."*

Veränderungsprozesse auf niedrigem Energielevel bleiben moderat.
Die energetische (Lern-)Voraussetzung entscheidet über Klarheit und Qualität des weiteren (Lern-)Prozesses.

Energielevel entscheidet über Erfolg.

Coach: *„Wie viel Energie sind Sie im Moment bereit und in der Lage, für diese Veränderungen einzusetzen? Stellen Sie sich vor, Sie könnten Ihre Energie messen auf einer Skala von 0 bis 10. Wobei 0 keine Energie mehr bedeutet und 10 volle Power zur Veränderung."*

Herr T. schätzt sich bei 5 ein. Da mit einem solchen Energiepotenzial wenig an Veränderung zu erwirken ist, bittet der Coach Herrn T. eine Karte zur Energiesteigerung auszuwählen. Herr T. wählt die Karte des Klopfpunktes „Blase 2". Ihn habe die Farbe Blau angesprochen, obwohl er diese sonst nicht mag. Während er den Punkt an der Augenbraue klopft liest der Coach ihm die Informationen auf der Karte vor. Besonders sprechen Herrn T. die Qualitäten an. *„Der Punkt wirkt als Stimmungsaufheller und stärkt einen bereits begonnenen Reinigungsprozess. Stagnationen oder Isolationen werden aufgebrochen, innere Sicherheit gestärkt und der Prozess kann entspannt fortschreiten."* Danach schätzt Herr T. seine Energie bei 10 ein und ändert seinen Wunsch.

Eigentlich ärgere es ihn, dass er etwas an seiner Arbeitsplanung verändern solle. Er sei gut strukturiert aber er übernehme ständig von unstrukturierten Kollegen Aufgaben, die diese nicht zufriedenstellend lösen. So schlage er sich letztendlich mit Kunden herum, müsse den Unmut des Vorgesetzten ertragen und ziehe sich immer mehr zurück. Sein Wunsch sei eine klarere Abgrenzung und ein härteres Durchsetzungsvermögen gegenüber seinen Kollegen und seinem Vorgesetzten. Obwohl, wie er hinzufügt, dies nicht seinem Wesen entspreche.

Seinen Stress bezüglich der von ihm angestrebten Veränderung messend (0 keinen Stress bis 10 kaum auszuhalten) beziffert er mit 8. Auf die Frage, ob er glaube, dass er diese Veränderung jetzt einleiten könne, gerät er ins Wanken. „*Vielleicht nicht direkt ab jetzt, aber sicher schon bald*". Der Coach spricht die Sabotagekarte an und lässt Herrn T. die Sabotagepunkte klopfen sowie den zugehörigen Satz sprechen: „*Ich liebe und akzeptiere mich von ganzem Herzen, auch wenn ich glaube, dass ich diese Veränderung jetzt noch nicht einleiten kann.*" Nach vier Wiederholungen des Prozesses widerspricht Herr T. vehement. Er sei ja schließlich gekommen, um die Veränderung zu erwirken. Natürlich werde er es jetzt angehen und natürlich gelinge ihm dies.

Sabotagen verhindern Erfolg.

Das Verharren im Problem kann auch durch negative Kernüberzeugungen bedingt sein, die jede Veränderung sabotieren. Beispielhafte Sabotagen sind: *„Ich bin nicht gut genug, das kann ich sowieso nicht oder so schnell geht es niemals."* Um Ziele anzugehen und Veränderungen sowie Entwicklungen zu bewirken, müssen solche „Sabotagefallen" aufgelöst werden.

2. **Phase: Stimulierung und Transformation**

Der Coach bittet Herrn T. sich an eine Situation zu erinnern, in welcher er sich nicht deutlich abgegrenzt habe und aktiviert im Gespräch mit Herrn T. alle VAKOG Ebenen.

Aufbau und Verstörung des blockierenden Gedankenfeldes.

Während Herr T. in Gedanken bei seinem Thema bleibt (Gedankenfeld), wählt er intuitiv eine Karte als „beratenden Mentor" aus. Herr T. wählt die Klopfpunktkarte des „Lebermeridians". Begründung: Die Kleeblätter hätten ihn dieses Mal sehr angesprochen. Der Coach bittet ihn die beiden Punkte auf der Karte zu stimulieren und fragt, ob er die Fotografie, die Informationen zu den Klopfpunkten, die Zitate oder Formeln als neue „Gedankensamen" nutzen möchte, um sein Thema zu bearbeiten.

Dieses Mal entscheidet sich Herr T. dafür, zunächst die blockierten Energien zu hören. Total erstaunt darüber, hier seine aktuellen Empfindungen gespiegelt zu bekommen, beschreibt er nun, dass ihm fast alle diese Blockaden sehr vertraut seien. So empfinde er großen Ärger, Zorn und Frustration, habe Verspannungen, die er derzeit sogar behandeln lasse und ziehe sich, wie er schon erzählt habe, immer mehr zurück. Nachdem der Coach auf Nachfrage (passive) Aggression näher beschreibt, findet Herr T. auch dazu vielfältige Entsprechungen bei sich.

Neugierig geworden ob der Treffgenauigkeit, entschließt er sich nun, die Qualitäten zu hören. Als Qualitäten werden zusammenfassend aufgeführt: das Präsentieren der eigenen Potenziale, Ausdauer, Geduld und das Befreien unterdrückter Emotionen. Der Coach unterstützt diesen Lösungsfindungsprozess durch Spiegeln der Ideen und konstruktives Nachfragen. Herr T. kann seinen Stress dabei im laufenden Prozess auf drei senken.

Der Coach öffnet ohne eigene Vorannahmen, Interpretation oder Zuschreibung von Eigenschaften und Merkmalen des Coachee einen assoziativen Denkraum. Die Informationen auf der ausgewählten Karte werden vom Coachee interpretiert und ausgewertet. Er findet neue Ansätze und entwickelt daraus Lösungsideen. Exkurs: Deutungen beinhalten a priori keine „Richtigkeit", so bereits Freud. Die Richtigkeit einer Deutung erweise sich vor allem dadurch, dass sie den Menschen nicht „unberührt" lasse, sondern dass er sich auf neue Weise

**in ihr wiedererkenne. Typisch dafür sind, wie Freud erkannte, spontane Äußerungen wie: „Das (daran) habe ich (oder: hätte ich) nie gedacht."
Oder ein weiteres Zeichen sei darin zu sehen, „wenn der Coachee in unmittelbarem Anschluss an sein ‚Ja' [zur Deutung] neue Erinnerungen produziert", oder mit einer Assoziation antwortet, die etwas dem Gehalt der Konstruktion [Deutung] Ähnliches oder Analoges enthält" (vgl. Freud 1975, 401 – „Konstruktionen in der Analyse" [1937]). Auch Empörung und andere Reaktionen des „Berührt seins" können einen mit der Deutung erzielte Resonanz auf Seiten des Coachee sein, die uns die „Richtigkeit" einer Deutung anzeigen kann.**

3. **Phase: Entdeckung**

Auf die Frage des Coachs *„Wie passen die Informationen zu ihrem Thema?"* antwortet Herr T., dass er mit diesen Qualitäten sein Thema sicher leichter lösen könne. Er beschreibt nun, wo er welche Fähigkeit bereits besitze und wie er fehlende Fertigkeiten wie beispielsweise das Präsentieren der eigenen Potenziale erreichen möchte.

Der Coach bittet nun Herrn T. sich konkret vorzustellen, dass er ab jetzt diese Qualitäten habe und anwende. *„Wie darf ich mir Ihr Verhalten gegenüber den Kollegen und Ihrem Vorgesetzten vorstellen? Beschreiben Sie doch einfach, wie Sie sich nun in Ihrem Arbeitsfeld bewegen."*

Die daraufhin folgenden Beschreibungen lassen seinen Stress vollständig verschwinden. Sein Glaube an die aktive Umsetzung, ab jetzt, wird sofort auf zehn verortet. Er könne es nun nicht mehr abwarten konkret „Nein" zu sagen. Besonders das ökonomische, achtsame und wohldosierte Einsetzen seiner Kräfte werde er üben. Das bedeute auch, bei Anfragen geduldig und immer freundlich seine Grenzen zu wahren und für sich zu sorgen. Wenn dann noch Zeit bleibe, ja dann könne er immer noch andere Tätigkeiten übernehmen. Das werde sicher seine Überstunden reduzieren und die Kollegen müssten dann selbst ihre Zeitkontingente strukturieren. Er stehe jetzt nicht mehr bereitwillig zur Verfügung, darauf werde er konsequent achten. Damit sei auch der Stress mit seinem Vorgesetzten erledigt.

**Die Tatsache, dass sich die Informationen, Bilder und Zitate „neutral" auf der Karte befinden und nicht vom Coach interpretiert werden, weckt eine (oft unbewusste) Selbstwirksamkeitsempfindung beim Klienten. Hinzu kommt, dass der Klient die Karte selbst auswählt und sich selbst entscheidet, welches Angebot auf der Karte er nutzen möchte. Es eröffnet sich ihm ein gänzlich neues Blickfeld und die Chance der Empfindung „ich habe es geschafft".
Exkurs: Im menschlichen Gehirn sind mehrere Areale am eigentlichen Lernprozess beteiligt. Die Faktenaufnahme und Verarbeitung spielen sich in Cortex, Neocortex und Hippocampus ab. Der Hauptteil des Lernprozesses erfolgt in tieferen Strukturen. Im Mandelkern (Amygdala), dem emotionalen Gedächtnis wird die gefühlsmäßige Bedeutung einer Situation verarbeitet und neue biochemische Verbindungen im Gehirn erzeugt. Eine Lernsituation, die derart gestaltet ist, dass der Lernende selbst seinen Erfolg gestaltet, ein „Ich kann es" Gefühl hat, führt automatisch zu einer sorgfältigen Archivierung dieses Erlebnisses im Gehirn.**

Selbstwirksame Lösungsfindung.

4. **Phase: Re-Organisation**

Das Follow-up Konzept besteht darin, dass Herr T. die Klopfpunkte täglich aktiviert und dabei das Zitat von der Karte spricht. Dazu erhält er vom Coach seine Karte im Miniformat für zu Hause. Als abendliches Ritual beantwortet er die Fragen: *„Was habe ich heute für mein Ziel getan? Was habe ich gelernt? Was habe ich an Lebensqualität gewonnen?"*

Nachhaltige Integration in den Alltag mit Hilfe des 24 Stunden Coach.

Die Arbeit mit Spirit of Energy® kann vom Coachee jederzeit und individuell im Sinne eines Selbst-Coachings fortgesetzt werden. Die Nutzung der Karten gewährleistet ihm eine immer zur Verfügung stehende Begleitung, den 24-Stunden-Coach. Wieder auftauchender Stress kann sofort bearbeitet werden. Eine täglich „Reise" zu den eigenen Visionen und die Anhebung des Energielevels lassen ihn selbstbewusster und pro-aktiv werden.

Literatur

Becker-Oberender K, Oberender E (2009) Spirit of Energy – Schatzsuche statt Fehlerfahndung. 62 Karten mit Begleitbuch. Edition Empirica Köln

Becker-Oberender K, Oberender E (2011) Spirit of Energy – Blockaden lösen – Potenziale entfalten in Hrsg. Giesen Ralf. Coachingperspektiven – Impulse für die Praxis . DVNLP e.V. Berlin

Beinfield H, Korngol E (2009) Traditionelle Chinesische Medizin. Grundlagen – Typenlehre – Therapie. 4. Auflage. DTV Verlag München

Böckmann W (2008) Sinn-orientierte Führung als Kunst der Motivation. Andreas Mascha Littera Publikationen München

Callahan R (1991) Der unwiderstehliche Drang. Süchte und was Sie dagegen tun können. VAK Kirchzarten

Covey S (2005) Die 7 Wege zur Effektivität. Prinzipien für persönlichen und beruflichen Erfolg. Gabal Offenbach

Dilts R (2005) Professionelles Coaching mit NLP. Mit dem NLP-Werkzeugkasten geniale Lösungen ansteuern. Junfermann Paderborn

Dörr S (2008) Motive, Einflussstrategien und transformationale Führung als Faktoren effektiver Führung. Hampp Verlag Mering

Felfe J (2005) Charisma, transformationale Führung und Commitment. KSV Kölner Studien Verlag Köln

Gallo F (2000) Energetische Psychologie. VAK Kirchzarten

Goleman D (2000) Emotionale Intelligenz. 13. Aufl. dtv München

Hossiep R, Paschen M, Mühlhaus O (2000) Persönlichkeitstests im Personalmanagement. Grundlagen, Instrumente und Anwendungen. Verlag für Angewandte Psychologie Göttingen

Hüther Gerald (2011) Was wir sind und was wir sein könnten, Ein biologischer Mutmacher. Verlag S. Fischer GmbH. Frankfurt am Main

Satir V (2004) Kommunikation – Selbstwert – Kongruenz. Konzepte und Perspektiven familientherapeutischer Praxis. 7. Aufl.. Junfermann Paderborn

Schmidtbauer W (2004) Persönlichkeit und Menschenführung. Vom Umgang mit sich selbst und anderen. dtv München

Schreyjögg G (2001) Emotionen und Management. Managementforschung 11. Gabler Wiesbaden

Traufetter G (2007) Intuition. Die Weisheit der Gefühle. Rowohlt Reinbek

„Mach das Beste aus dir, etwas Besseres kannst du nicht tun."
Ralph Waldo Emerson

Kornelia Becker-Oberender arbeitet als Therapeutin und Coach in eigener Praxis. Die Dipl. Pädagogin, Dipl. Sozialpädagogin, Heilpraktikerin für Psychotherapie, Systemische Beraterin, NLP Master DVNLP, Yogalehrerin (BDY/EYU/KHYF) und Autorin mehrerer Bücher, ist eine der wenigen zertifizierungsberechtigten Lehrtherapeutinnen der Energy Psychology® (EDxTM™) und Gründerin und Lehrtrainerin von Spirit of Energy®.

Erwin Oberender arbeitet als Berater und Coach in eigener Praxis. Er ist Kinesiologe, NLP Master DVNLP, Yogalehrer (KHYF), PSU-Assistent und Autor. Darüber hinaus ist er zertifizierter Lehrtrainer der Energy Psychology® (EDxTM™), Gründer und Lehrtrainer von Spirit of Energy®.

Gemeinsam leiten sie das Institut für Bildung und Entwicklung - IBE-Gieleroth

UNENDLICHE GESUNDHEIT 25

VERSTÄNDNIS DER SPIRITUELL-PSYCHOLOGISCHEN KÖRPERINTELLIGENZ

STEFAN STRECKER

Gesund zu sein und die Gesundheit zu erhalten – das ist das natürliche Bestreben Deines Körpers, ihm folgt er mit jedem Atemzug, den Du nimmst.

Während Du diese Worte liest, unternimmt Dein Körper ganz ohne Dein Zutun und vollkommen automatisch Millionen chemischer Reaktionen, um Dein Leben zu erhalten und Disbalancen zu harmonisieren. Hast Du Dir beispielsweise ein Bein gebrochen, dann ist es nicht Dein Arzt, der das Bein wieder gesunden lässt. Der Arzt ist lediglich dafür zuständig, dem Körper das ideale Umfeld zu geben, damit er die zerstörten Zellen und Gewebeverbindungen wieder selbst herzustellen vermag. Kein Arzt kann Zellen zusammenschweißen oder teilen – das ist allein Hoheitsgebiet des Körpers, vorausgesetzt, Du lässt ihn diese seine großartige Arbeit auch tun.

Doch in der Regel glauben die meisten Menschen, es besser als ihr Körper, besser als die Natur zu wissen, was gut für sie ist. So sagt uns unsere Nase als Kind, dass uns der Rauch der Zigarette anekelt. Der Anblick des verblutenden Tieres, dem die einzelnen Körperteile abgetrennt werden, war uns nichts, das wir verdauen wollten. Sieht ein Kind einen Hasen auf dem Feld hoppeln, ist sein erster Gedanke nicht der, seine Zähne in sein Fleisch zu schlagen, sondern es zu streicheln und Freundschaft zu schließen mit diesem kuscheligen Mitbürger unseres Planeten!

Mit diesem Instinkt wird jedes Kind, geboren, aber Psychologen und NLPlern ist bewusst, wie rasch dies vermittels sozialer Konditionierung durch eine Mentalität ersetzt werden kann, die der Natur konträr gegenüber steht und die nur allzu schnell normal wirkt und doch Meilen davon entfernt ist, was als natürlich bezeichnet werden sollte.

All unsere Sinne sind konditioniert und weiter konditionierbar und liefern uns so im Laufe unserer Erziehung nicht mehr die natürlichen und an der Gesundheit orientierten Signale, sondern künstliche, wie sie von der Gesellschaft verlangt werden. Ein jedes Problem ist so ein chronisch und pathologisch gewordener Reiz-Reaktionsmechanismus, der auch in Dir nicht angeboren, sondern trainiert wurde!

Selbst die Botschaften, die uns eine so genannte Krankheit vermittelt, sind nachgerade mathematisch konkret, und unser verkomplizierter und verkonditionierter Geist ist kaum noch dazu in der Lage, ihre Einfachheit zu erfassen, geschweige denn sie zu verstehen. Und wie einfach dies oft sein kann, werde ich Dir anhand eines Fallbeispiels demonstrieren, welches Du leicht an Dir selbst und anhand Deines Bekanntenkreises wirst nachvollziehen können.

Die Natur ist klar. Sie kommuniziert eindeutig, spontan und einfach wie ein Kind. Wir jedoch haben einen freien Willen, der sich auch von ihr trennen kann, und wir sind dazu in der Lage, Entscheidungen zu fällen, deren Konsequenzen nicht mehr mit den Anforderungen der Natur übereinstimmen, sondern die sich gegen sie richten. Und da unser Körper ein reines Naturprodukt ist, wird sich alles, was sich gegen die Natur richtet, auch gegen unsere eigene Natur richten. Ohne dass wir uns des Ablaufs oder der Konsequenzen bewusst sind, geben wir nur allzu oft unserem Körper einen Befehl, der ihn dazu zwingt, eine so genannte „Krankheit“

http://www.landsiedel-seminare.de/kongress2011/stefan-strecker

zu erschaffen. Man muss das verstehen: Unser Körper besitzt eine eigene zur Gesundheit strebende Intelligenz. Diese Intelligenz erwartet von der psychischen Intelligenz dasselbe Ziel. Jeder Gedanke ist für den Körper dann, wenn er auf den Körper gerichtet ist, eine Handlungsanweisung, und im Vertrauen auf die Richtigkeit derselben, reagiert der Körper. Für ihn ist jeder Gedanke ein Befehl, er unterstellt sich vollkommen unserem freien Willen.

Doch wie geschieht dies, wie sieht ein solcher Befehl aus?
Nehmen wir ein einfaches Beispiel. Ich werde Dir einige Fragen stellen – versuch, diese spontan und intuitiv zu beantworten, bevor Du weiter liest. Auf diese Weise wirst Du feststellen, dass das Wissen um diese Zusammenhänge bereits in Dir angelegt ist, dem konditionierten Schulgeist ihre Einfachheit und Klarheit aber unglaubwürdig vorkommen, was dazu geführt hat, dass sie nicht mehr wahrgenommen werden.

Die Wahrheiten schlummern unter unserem interpretierenden und konditionierten Denken mit seiner rationalen und naturfremden Logik, und genau deshalb rate ich Dir dazu: Antworte simpel, antworte mit der klaren und natürlichen Logik, wie sie Kinder haben und wie sie auch in Dir immer noch vorhanden ist.

Wozu ist unsere Haut da?
Beginnen wir auf einfacher körperlicher Ebene.

Dein konditionierter Geist erinnert sich vermutlich daran, dass sie dem Sauerstoffaustausch dient. Doch ist dies Fernseh-Wissen, es entspricht nicht der endgültig wichtigsten Funktion, denn der Sauerstoffaustausch ist so gering, dass wir nicht ersticken würden, wäre unsere Haut zum Atmen nicht mehr in der Lage. Tatsächlich ist die Haut hauptsächlich für die Wärmeregulierung des Körpers zuständig.

Schaut man sich an, welche Funktionen die Haut nicht nur dem Körper gegenüber, sondern auch in Bezug auf das den Körper umgebende Umfeld hat, dann wird außerdem klar, dass sie für die Informationsaufnahme zuständig ist. Sie ist rezeptiv empfindsam, um Wärme und Kälte wahrzunehmen, Druck und andere kinästhetische Sinnesreize, was sowohl den Tieren wie auch uns dabei behilflich ist, uns in unserer Umwelt zu orientieren. Nehmen wir zum Beispiel über die Haut die Wärmestrahlung der Sonne wahr oder aber die Kälte der Nacht, dann wird diese Wahrnehmung in uns eine Reaktion auslösen, die im Regelfall zu einem Mehr Desselben oder Weniger Desselben führt: Wir suchen eher die Sonne, meiden aber die Kälte der Nacht.

Doch denken wir noch weiter: Nicht nur die Wahrnehmung physikalischer Phänomene wie Wärmestrahlung bestimmen unsere Entscheidungen – für das sozial-emotionale Umfeld gilt dasselbe!

Beobachte nun sehr aufmerksam, welche Antwort von selbst in Deiner angeborenen Geistesklarheit auftaucht, ohne dass Du nach ihr suchen musst und ohne diese aus Schul- oder anderem konditionierten Wissen heraus zu rekapitulieren:

Wir sprechen von Wärme und Kälte auch im Zusammenhang des uns umgebenden sozialen Umfelds. Was korrespondiert zu dem physikalischen Phänomen von Warm und Kalt, wenn Du an Deine Verwandten, Freunde und Bekannten denkst? Übertrage das Prinzip der Wärme und Kälte der Natur (Strahlung) auf das sozial-emotionale Umfeld (Emotion). Du wirst von selbst erkennen, dass Wärme den angenehmen Empfindungen entspricht, wie der liebevollen Annäherung von Menschen aneinander, wie auch Geborgenheit eine angenehm warme Empfindung ist und gern in den Farben Braun oder Orange gesehen wird. Auch die Liebe wird kinästhetisch als warm empfunden und rot wahrgenommen, Erotik sogar als heiß, und durch die Beimengung von Blau wird das Rot der Liebe zum Lila der Erotik, da das Blau Befriedigung verspricht.

Wenn wir sagen „es knistert zwischen uns", dann entspricht das dem Knistern von Feuer. So sagen wir auch, dass der Funke überspringt oder dass es einen wie ein Blitz getroffen hat. Fühlen wir uns dagegen einsam, wird das als emotionale Kälte empfunden, eine Art seelisches Frösteln, und wir sehnen uns danach, uns am Herzfeuer des anderen zu wärmen. Genauso wie das Tier, das körperliche Wärme sucht und sich am Tag der Sonne zuwendet, während es sich bei Nacht in einer Höhle verkriecht, wie es die Gesellschaft von Artgenossen sucht, um seelische Wärme zu empfinden, und sich von einem Artgenossen ab- und anderen zuwendet, wenn sich dieser kühl und ablehnend verhält, so ist es auch mit dem Menschen – … wäre da nicht unser naturfremder gesellschaftlicher Geist.

Wie oft fühlen sich Menschen einsam und fürchten sich doch vor dem einfachen „Hallo!". Wir glauben, eine Ablehnung könnte die ohnehin schon unerträgliche Kälte noch vergrößern. Wie oft spüren wir die Kälte, die uns ein Arbeitskollege oder ein Vorgesetzter entgegenbringt, sehen uns aber trotzdem gezwungen, schweigend an Ort und Stelle zu verharren, da wir uns vor der Arbeitslosigkeit noch mehr ängstigen?

Hier prallt die starke Energie eines vollkommen natürlichen Bedürfnisses auf den exakt entgegen steuernden konditionierten Glauben an seine Unerfüllbarkeit. Diese zwei einander entgegen gesetzten Energien erzeugen in uns einen Kurzschluss – und Du darfst raten, wo dieser auftritt: Genau dort, genau in dem Teil unseres Körpers, der für die Empfindung von Warm und Kalt in der Natur und im übertragenen Sinne der zwischenmenschlichen Beziehungen zuständig ist: in unserer Haut.

In der Psychologie nennt man solch einen Kurzschluss „Konflikt", und das bedeutet in diesem Zusammenhang ganz einfach gesagt folgendes: „Ich spüre etwas, will/soll/darf es aber nicht" (wie beispielsweise die emotionale Wärme eines anderen Menschen) oder „Ich muss etwas spüren, will es aber nicht" (die emotionale Kälte eines anderen). Diese Unausgeglichenheit führt in zwei einander entgegen gesetzte Emotionen, da durch den Konflikt das Atom der neutral warmen Empfindung der Geborgenheit gespalten wurde. Du ahnst vermutlich bereits instinktiv, in welche Emotionen: Traurigkeit (eiskalt) als Folge der Enttäuschung, welche zu Wut (heiß) führt, der Wille zur Veränderung des Zustands. Ist die stimulierende und gleichzeitig befriedigende Harmonie der Mitte (wärmend und kühlend (+ und -), zufriedenstellende und anregende Stimulation der Gemeinschaft, Geborgenheit, weder Frustration noch Kompensation sind vorhanden) unserer Meinung nach nicht mehr gegeben, spalten wir diese Harmonie auf in ihre Gegenpole (heiß und kalt (+ oder -) Frustration Traurigkeit und ihre Kompensation Wut).

Um diese Spaltung chronisch aufrecht zu erhalten, weisen wir die Verantwortung für unsere Emotionen gern allem außer uns selbst zu: die Situation, die Kindheit, der Partner, das Bankkonto, die Gesellschaft, der Chef, und so weiter haben ‚Schuld' an dem eigenen Zustand. Diese Haltung ist die geläufigste und sie spiegelt die unbewusste Inkompetenz der Masse wider, wenn es um das Erkennen und Behandeln der tatsächlichen Zusammenhänge beim Entstehen von Emotionen geht. Solange Dich niemand fesselt und Dir Hormone spritzt, liegt die Verantwortung für die emotionale Reaktion auf die Schallwellen, die ein anderer Mensch produziert, allein bei Dir. Wäre das anders, würde ein bestimmtes Wort bei jedem Menschen dieselbe Emotion hervorrufen, egal welchen Alters, welchen Geschlechts der Empfänger ist, in welcher Glaubenszugehörigkeit, Kultur, Sprache er wurzelt und was für eine persönliche Geschichte er hat. Doch so ist es nicht. Während der eine über eine Aussage weint, kann der andere darüber lachen, ein Dritter reagiert vielleicht neutral, da er der Sprache nicht mächtig ist oder sich mittels Bewusstseinsregulationstechniken gleichmütig halten kann.

Es ist der Empfänger der Botschaft, der maßgeblich darüber bestimmt, wie sich diese auf seinen Geist, seine Emotionen und in Folge auch auf seinen Körper auswirkt. Dies führt jeden in die Verantwortung für seine Reaktionen, was eine Wahrheit ist, die den meisten nicht wirklich schmeckt, die aber – durchdenkt man sie gründlich – einem gleichzeitig die uneingeschränkte Freiheit der Selbstbestimmung schenkt.

Und nun zurück zu den körperlichen Reaktionen:

Die Aufspaltung der Harmonie in Polaritäten wie Traurigkeit und Wut, sie geschieht auf seelisch-emotionaler Ebene. Wie wird dies vom Körper umgesetzt?

Für Deinen Körper sind all Deine Gedanken und Emotionen Befehle, und er verfügt über kein Vetorecht. Der vereinzelte Gedanke allein genügt in der Regel nicht, um eine Reaktion hervorzurufen, doch wird er mit einer Emotion verbunden, dann hat er Auswirkungen auf den Körper. Es sind die Intensität und Dauer der Emotion, die die Tiefe und die Nachhaltigkeit der Körperreaktion bestimmen. Sie, ihre Frequenz und ihre Wiederholung.

Sehen wir uns das genauer an.

Parallel zum seelischen Empfinden tritt eine körperliche Umsetzung des Konfliktes auf. Empfindest Du zum Beispiel einen Trennungsschmerz, da ein geliebter Mensch verreist oder gestorben ist, dann entspricht dies dem Glauben, dass Du unbedingt emotionale Wärme und Berührungen spüren willst, dies aber nicht kannst, was nun wiederum gleichbedeutend ist mit: „Ich spüre Kälte und kann keine Wärme empfinden!“. Für den Körper ist dies ein Befehl, und er wird nun alles unternehmen, um diesem zu entsprechen, damit Du genau das bekommst, was Du seelisch empfindest, damit sein Systemzustand dem Deiner Psyche entspricht. Um Dir Deinen seelisch empfundenen Willen zu erfüllen, baut er nun die Körperzellen um. Kälte ist nur die Abwesenheit von Wärme, also reduziert er die Wärmezufuhr, was er nur so tun kann, dass er die Blutzufuhr reduziert – in diesem Fall die der Haut. Kapillare werden verengt oder sogar abgebaut. Um Deinem Wunsch nachzukommen, dass Du weniger empfindest, reduziert er nun die Rezeptoren für Druck und Wärme in ihrer Funktion: Er versorgt sie mit weniger Nährstoffen, was automatisch auch durch die geringere Blutzirkulation geschieht. In Folge wird sich die Haut taub und kühl anfühlen und blasser aussehen.

Dies wird aber nicht irgendwo wahllos auf der Haut geschehen. Was werden vermutlich die betroffenen Hautpartien sein? Welche entsprechen am ehesten dem „ich will spüren“ und dem „ich will nicht spüren“? Mit einfacher Folgerichtigkeit wirst Du feststellen, dass alle Hautpartien, die „innen“ liegen, beispielsweise also die Achseln, Innenhandflächen, Innenseiten der Schenkel, jene sind, mit denen Du alles, was Du als schön und angenehm bewertetest, mehr spüren willst. Deswegen ist die Haut dort auch dünner, sie hat dort weniger Haare und verfügt über weitaus mehr Rezeptoren als woanders, während alle Außenflächen, wie die Außenseite des Unterarms, eine dickere Haut haben, mit weniger Rezeptoren ausgestattet und auch behaarter sind, um nicht verletzt zu werden – dort findet die Abwehr statt, das „Nicht fühlen Wollen".

Willst Du also etwas spüren, glaubst aber, es nicht zu können, zu dürfen oder zu sollen, dann werden die Innenflächen der Haut betroffen sein (unvermögendes Festhalten). Glaubst Du hingegen, etwas spüren zu müssen, das Du nicht spüren willst, reagieren die Außenflächen der Haut (unvermögende Abwehr).

Wir können das sogar noch genauer auseinander nehmen, denn wenn etwas spüren zu wollen, dies aber nicht mehr zu können, etwas damit zu tun hat, dass Du meinst, Du hättest „Hand anlegen" sollen oder anders aktiv werden können, dann sind die Innenflächen einer oder beider Hände betroffen. Hatte dies etwas mit Bewegung zu tun, reagieren die Innenseiten der Beine, und bei Revierkonflikten reagieren die geschützten und empfindsameren Hautstellen des Unterleibs u. s. w. Kannst Du die der Natur innewohnende Logik hierin erkennen?

Die Intensität der körperlichen Umsetzung hängt auf Zellebene Deines per Emotionen in die Seele geprägten Eindrucks von der Intensität, der Dauer und der Wiederholung des Konfliktes ab. Je dramatischer der Konflikt zum Ausdruck kommt, desto dramatischer ist auch die Körperreaktion. „Dramatisch" meint die Intensität des Gefühls zu einem bestimmten Zeitpunkt. Ein Beispiel für ein besonders dramatisches Erlebnis ist der Schock. Dieser kann so weit führen, dass der Körper die Funktion der Zellen und deren Blutzufuhr nicht nur drosselt, sondern sogar Zellen abbaut und die Blutzufuhr komplett einstellt. Man nennt das in der Medizin „Nekrotisieren". Ist der seelisch-emotionale Konflikt so stark, dass keinerlei emotionale Regung, kein emotionaler Energiefluss in diesem Lebensbereich mehr stattfindet (psychisch wird das als Ohnmacht empfunden), wird auch der Körper der äquivalenten Körperzone jede Energie entziehen.

Dem seelischen Tod in einem Teil des Lebens folgt unweigerlich der partielle Tod auf Zellebene!

Was den normalen Konflikt aber anbetrifft, so ist der emotionale Energiefluss und die damit verbundene körperliche Funktion lediglich reduziert. Da diese Funktionseinschränkung der Haut (geringere Empfindung bis Taubheit) aus ihrer Natur heraus oft nicht wahrgenommen wird, findet dieser konfliktaktive Teil häufig unbemerkt statt.

Wird der Konflikt dann gelöst, da beispielsweise die vermisste Person wieder zurückkehrte oder Trauerarbeit dabei half, die Abwesenheit des geliebten Menschen zu verwinden, dann stellt der Körper automatisch vom Konfliktprogramm „Krankheit" wieder in das Normalprogramm „Pro-Gesundheit" um, was bedeutet: Zellen werden wieder aufgebaut, frische Zellen entstehen, die Blutzufuhr wird intensiviert (die Haut wird wieder röter), die Nerven werden wieder „unter Strom genommen" (es juckt) und abgestorbene Zellen werden abgebaut und abgestoßen (Hautschuppen). Die medizinische Bezeichnung ist dann Schuppenflechte, Neurodermitis o. a., wobei diese sich noch im Detail unterscheiden – das Entstehungsprinzip ist identisch.

Hieran kannst Du deutlich erkennen, dass das, was im Allgemeinen oft als Krankheit bezeichnet wird, nichts weiter ist als die konstruktive körperliche Aufbauphase eines destruktiven seelisch-emotionalen Konfliktprogramms. Juckt Dir also die rote Haut, dann hast Du einen Konflikt frisch gelöst. Es gilt nun nur noch, keinen neuen gleichartigen Konflikt zu erzeugen, um das Ganze nicht wieder von vorne beginnen zu lassen. Bei diesen Hautkrankheiten sind rezidive, also wiederkehrende, Auslöser allerdings der Regelfall.

Siehst Du, warum es heißt, der Körper ist das Spiegelbild der Seele? Wir verstehen ihn nur oft nicht, da wir mit unserem Schulwissen zu künstlich interpretativ verkomplizieren – wir nehmen die Einfachheit der Natur nicht mehr intuitiv wahr.

Beachte, dass Dir Dein Körper immer Deinen Wunsch erfüllt, Deinen tiefsten Glauben, dass er Deine stärkste Empfindung realisiert – seine Reaktion ist nichts anderes als die für ihn eindeutigste Bewertung der Geschehnisse! Jeder Gedanke, jede Emotion ist für ihn wie eine Bitte an ihn, und er erfüllt diese akkurat und mit äußerstem Fleiß. Willst Du Dir die Farbe Blau vorstellen, dann zeigt Dir der Körper über Dein inneres Auge diese Farbe. Und willst Du etwas nicht spüren, dann werden Zellen unterversorgt oder abgebaut. Der Körper kann nicht anders. Kannst Du Dir jetzt ausmalen, wie unsinnig es ist, dem Körper Vorwürfe über eine Krankheit zu machen? Und wie kurzsichtig es ist, auf Hautstellen Salben zu schmieren, nichts aber am seelisch-emotionalen Konflikt zu ändern?

Sehen wir uns unsere Gedankenabläufe genauer an: Wir werden in der Regel feststellen, dass wir uns bei chronisch wiederkehrenden Problemen exakt dieselbe problematische Situation im Geist vorgestellt haben, die wir eigentlich loswerden wollten. Es ist ein sehr verbreitetes Phänomen, dass die meisten genau das Bild in ihrem Geist erschaffen, das sie nicht mehr erleben wollen: „Ich will nicht an blau denken" führt genau dazu, dass Du die Farbe Blau vor Deinem inneren Auge siehst. „Ich will nicht mehr rauchen" ist der denkbar schlechteste Ansatz, um mit dem Rauchen aufzuhören, denn automatisch denkt man ans Rauchen. „Ich will nicht mehr so enttäuscht werden" bedeutet, dass Du Deine Aufmerksamkeit auf das Gefühl und alle damit verbundenen Eindrücke von Enttäuschung richtest. Dein innerer Bildschirm wird mit Imaginationen und Informationen gefüttert, und Du überlädst diese mit Emotionen, bis alles auf Deinem äußeren Bildschirm, Deiner persönlichen Erfahrungswirklichkeit, widergespiegelt, wiedergegeben wird. Die Erläuterung dieser Mechanismen würde jedoch den Rahmen dieses Artikels sprengen.

Siehst Du Dir genau an, wie die funktionierenden Heiltechniken aus der Psychologie und dem NLP arbeiten, wirst Du bemerken, dass alle eines gemeinsam haben: Sie sind zwar nicht dazu in der Lage, die ursprüngliche Wahrnehmung zu verändern (das tatsächliche Ereignis), aber sie können Deine Bewertung, Deine Reaktion hierauf verändern, und dabei ist irrelevant, ob das Ereignis frisch ist oder Jahrzehnte alt.

So führt ein Re-Imprint und eine Core-Transformation beispielsweise dazu, dass man die vergangene Situation anders interpretiert. Man sieht sie nun nicht mehr als ausweglos und negativ an, sondern man fügt sie seinen positiven Lösungsressourcen hinzu, die nun wiederum zu einer innerlich als konfliktfrei empfundenen Lösung führen. Dies funktioniert wirklich, allerdings habe ich mich selbst damit nie ganz zufrieden geben können – der Gedanke, dass Konflikte nun einmal zum Leben dazu gehören, kam mir immer etwas seltsam vor. Idealistisch gedacht, wäre doch die allem übergeordnete Lösung die, dass man erst alle aktual ablaufenden Konflikte beseitigt und anschließend dafür sorgt, dass überhaupt keine Konflikte mehr auftreten. Die Frage, die sich dann stellt ist: Ist dies möglich? Und wenn ja, wie ist das zu bewerkstelligen? Natürlich wird man hierauf keine Antwort erhalten, wenn man diese gleich von Anfang an für unmöglich hält. Verweilt man aber in unschuldiger Neugier im Wissen um Newton's Gesetz, dass jede Aktion eine äquivalente Reaktion hervorruft und somit jeder gestellten Frage ihre passende Antwort bereits inhärent ist, dann darf man gespannt bleiben.

Eine mögliche Antwort auf die Frage, wie sich alle Konflikte lösen und vermeiden lassen, wurde bereits von 2.500 Jahren von Gautama Buddha geliefert, und ich versuche hier nur noch, ihren eindeutig erklärbaren Zusammenhang zu körperlichen Leiden verständlich darzustellen.

Wie, das ist die erste Frage, entsteht ein Konflikt?

Betrachtest Du alle Dir bekannten Konflikte, wirst Du einen ihnen gemeinsamen Nenner erkennen können: Man wollte es anders haben als es ist. Entweder ich wollte mehr als tatsächlich vorhanden war oder nichts davon oder weniger.

Die nächste Frage ist die nach dem Warum: Warum wollte man es anders haben?

Weil man bewertet hat, dass das, was im Augenblick in das Leben tritt, zu wenig des Erwarteten hat, überhaupt nichts des Erwarteten oder dass es gar zu viel des Erwarteten war, was dann wiederum den Wunsch nach etwas anderem oder nach einem Mehr oder Weniger des Erwarteten auslöste. Wer „Anleitung zum Unglücklichsein" gelesen hat, wird sich vermutlich automatisch an das „Mehr Desselben" erinnern und von Paul Watzlawick herzlich gegrüßt fühlen... Für den Körper ist dies eine recht unkomplexe Situation. Er kann nur einen Energie- und Emotionsstau verursachen, so dass es dann nach mehr oder weniger aussieht.

Willst Du von einer Emotion mehr spüren (und entsprechend einen Energiefluss an einem bestimmten Punkt), wird der Körper einen entsprechenden Staudamm aufbauen. So wird an dem gewünschten Ort zwar mehr Energie angestaut, an den nachfolgenden aber zu wenig. Entsprechendes gilt für den umgekehrten Fall, dass Du von einer Emotion weniger spüren möchtest. Dann wird der Staudamm vor diesem Punkt aufgebaut, Du spürst in Folge dort weniger, aber vor diesem Punkt sammelt sich die Energie dann an. Eine durch konditionierte Erwartung und Bewertung fortwährende Wiederholung derselben Reaktion auf einen Energiefluss lässt einen Staudamm besonders stabil und extrem im Fassungsvermögen werden, und das führt dann zu Schmerzen.

Nehmen wir an, Du trinkst einen Liter Leidenschaft und willst diese nun festhalten, um ihre Wärme länger genießen zu können. Dieses Festhalten geht nur durch Muskelanspannung, und so spannst Du jetzt diejenigen Körperstellen an, in denen Du augenblicklich die Wärme der Leidenschaft empfindest. Auch umgekehrt arbeiten wir so! Wenn wir etwas nicht mehr spüren wollen, was wir gerade empfinden, spannen wir bestimmte Muskelgruppen an, um es zu unterdrücken, um es zurückzudrängen. Hat man aber einmal eine Emotion wie Wein heruntergeschluckt, wird es schnell unmöglich, sie über denselben Weg wieder auszuscheiden. Man muss sie verdauen, um sie wieder loszuwerden. Doch kann die Verdauung nur dann richtig arbeiten, wenn wir weder körperlich noch seelisch versuchen, etwas festzuhalten oder zu verdrängen. Tun wir das doch, wird die Emotion an Ort und Stelle konserviert und wartet auf weitere Verarbeitung. Und hier haben wir den Hauptgrund für chronische Emotionen und Leiden! Das so Konservierte tritt in den natürlich vorkommenden Heilungsphasen von selbst zutage (wenn wir innerlich still werden, wie beispielweise abends allein zu Hause oder im Schlaf), doch anstatt es jetzt gesund zu verarbeiten, reagieren wir in der Regel mit derselben Reaktion, wie zum Beispiel Ablehnung oder Vermeidung, was das Konservieren erneut erforderlich macht, was nun wiederum zur Vermehrung und Verhärtung führt. Tatsächlich ist es also unser Wunsch nach Veränderung des aktual Empfundenen, der uns in einen Teufelskreis führt, der das tatsächliche Geschehen augenblicklich weder beseitigt, noch es in etwas Positives verwandelt. Dies ergibt keine wirkliche, sondern nur eine scheinbare Lösung.

Doch was ist die wirkliche Lösung? Was haben wir übersehen?
Wir müssen etwas präziser werden. Nehmen wir an, wir wünschen uns mehr Geld. Wir tun dies nicht, weil mehr Metall und farbiges Papier unsere Glückshormone vermehren, sondern weil wir dahinter die Möglichkeiten sehen, die wir dem Mehr an Geld zuschreiben: Sicherheit, Freiheit, Abenteuer. Entsprechendes gilt, wenn wir uns wünschen, von einem Menschen mehr zu spüren. Wir meinen damit nicht seine Haare oder seine Kleidung, sondern die Sehnsucht nach dem in uns ausgelösten speziellen Körpergefühl, was auf körperlicher Ebene die Hormone meint, von denen wir glauben, dass diese nur dann produziert werden, wenn wir mit dieser Person zusammen sind.

Es liegt auf der Hand: auf diese Weise erzeugt jeder Wunsch einen Konflikt. Wünschen ist eine Gabe, die uns für das Erschaffen der Zukunft gegeben wurde, um noch unbekannte Erfahrungen zu machen oder solche auf ähnliche Weise neu zu erschaffen, die wir liebten. Würden wir sie dafür verwenden, wäre dies vollkommen in Übereinstimmung mit den Gesetzen des Universums - allerdings wünscht kaum jemand so. Gewöhnlich wünscht man sich nicht etwas für die Zukunft, wünscht sich nicht etwas als das nächste passende Ereignis, sondern man wünscht es sich für die Gegenwart, für das Jetzt. Man will das, was man augenblicklich erlebt, geändert haben, so dass es mehr oder anders wird oder dass es ganz verschwindet.

Und genau hier erzeugen wir das Problem, da wir der Einbildung unterliegen, einen bereits manifestierten Augenblick verändern zu können. Einem Istzustand, dem Hier-und-Jetzt kann man sich nur hingeben.

Ein Mehr im Istzustand, in der Gegenwart, ist physikalisch und emotional nicht möglich, denn wenn Du einen Liter Wasser bekommen und getrunken hast, kannst Du nicht aus dem selben Liter plötzlich zwei machen oder ihn sich in Luft auflösen lassen. Das Jetzt ist immer nur, was es ist, es kann nicht anders sein. Hast Du entsprechend eine bestimmte Menge Mikrogramm eines Hormons in Deine Blutbahn freigesetzt und fühlst im Inneren bereits diese Emotion, kannst Du nicht aus eben diesem Mikrogramm nun mehr oder weniger oder gar kein Mikrogramm machen.

Selbstredend bedeutet das nicht, dass wir nicht künftig in einer vergleichbaren Situation zwei Liter Wasser bekommen und trinken können, es geht nur einfach jetzt nicht.

Doch so folgerichtig denken wir gewöhnlich nicht. Wir empfinden in einer bestimmten Situation ein unangenehmes Gefühl (setzen parallel dazu vielleicht 5 Mikrogramm Stresshormone frei) und wollen das jetzt aber dann doch nicht empfinden, wünschen uns also die symbolischen 0 Mikrogramm Stresshormone in unseren Augenblick hinein. Oder umgekehrt, wir sind glücklich und setzen 5 Mikrogramm an Glückshormonen frei, wollen das aber konservieren, länger und intensiver erleben, wollen jetzt nicht 5, sondern 20 Mikrogramm, wo die 5 doch all den Raum bereits ausgefüllt haben, den uns die Gegenwart, der aktuale Moment, vor uns entfaltete. Schon einfaches Rechnen sagt uns, das geht nicht. Was ist, das ist, und 5 ist weder 20, noch ist 5 0! Eine Tanne ist eine Tanne, und jemand wird so lange leiden, wie er aus ihr eine Palme machen möchte.

Wir versuchen also etwas zu verändern und tun dies am falschen Ort. Doch versuchen wir es mit einem einfachen Gedanken: Wenn unser aktuelles Verhalten keine Lösung ist, sondern sogar eine Vermehrung des Problems, was wäre, wenn wir genau das Gegenteil davon tun – wäre das nicht nach natürlicher irrationaler Folgerichtigkeit die Lösung? Wenn wir die Wirklichkeit, die wir bislang ablehnten, einfach annehmen, sich ihr hingeben, die 5 als 5 akzeptieren, sie stehen lassen und nicht aus ihr eine andere Zahl zu zaubern versuchen? Ginge das? Wäre das die Lösung und wenn ja, warum?

Nehmen wir ein Beispiel, das jeder kennt. Du bist todtraurig, aber Du musst bei der Arbeit funktionieren. Du wirst irgendwie versuchen, das Gefühl zu verdrängen, indem Du Dich mit möglichst vielen anderen Gedanken und Handlungen davon ablenkst – so mancher greift sogar zu Drogen, um das Gefühl zu betäuben. Wie fühlt man sich dabei? Tatsächlich dauerhaft besser?

Supermärkte, Bars und Apotheken stehen Dir da zwar hilfreich und mit weit geöffneter Kasse zur Seite, doch langfristig ist dieser Weg ein vergeblicher, ja man bezahlt sogar noch dafür, denn das Problem, das löst man damit nicht, man konserviert es einfach nur!

Doch nehmen wir an, Du hast die Möglichkeit, die nötige Menge emotionalen Schmerzes wirklich zum Ausdruck zu bringen, in den eigenen vier Wänden sprichwörtlich Rotz und Wasser zu heulen – wie ginge es Dir dann?

Es wird danach ein Gefühl von Reinigung, von Befreiung, Frieden und Leichtigkeit sein, das Du empfindest! Und das wird dauerhaft so sein!

Jede geweinte Träne ist ein Schatten weniger von jener dunkelgrauen Traurigkeit auf Deiner Seelensonne. Die vollständige Annahme des Gefühls, hier der Trauer, führt zu ihrer Auflösung. Oder, noch besser ausgedrückt: Sie führt zur Integration der Trauer, zur Integration des Gefühls und zur Auflösung des Energiestaudamms. Dieses Prinzip ist die einzig sinnvolle und dauerhafte Lösung, es ist die Generallösung, nach der wir gesucht haben. Hast Du 5 Mikrogramm Trauerhormone im Körper, spüre sie, bis sie aufgebraucht sind. Dies ist der Weg der Veränderung des Istzustands, der die Trauer nicht unterdrückt und auch nicht auf einen späteren Zeitpunkt vertagt wird! Zelebriere das, was jetzt ist!

Gehen wir einen Schritt weiter und stellen uns die Frage, warum denn eigentlich Massagen bei Verspannungen und Schmerzen funktionieren?

Du weißt, Verspannungen und die aus ihnen resultierenden Schmerzen sind Energiestaudämme. Was geschieht nun genau während einer Massage, dass diese sic auflöst? Wie veränderst Du Deine innere Reaktion auf den Schmerz während der Massage im Vergleich zur alltäglichen Reaktion? Wenn Du beispielsweise spazieren gehst und Knieschmerzen hast, wie behandelst Du die Knieschmerzen? Da Menschen Schmerzen gewöhnlich negativ bewerten, sie nicht spüren wollen, führt diese innere Haltung zur Ablehnung des körperlich Empfundenen, was sich auch äußerlich sichtbar zeigt – man humpelt. Und es gibt natürlich noch diese schön bunten Pillen, die von wie Engeln anmutenden Menschen in Weiß gegen Geld eingetauscht werden, die Dir dabei behilflich sind, den Energiestaudamm noch weniger oder – wenn möglich – sogar überhaupt nicht mehr spüren zu müssen…

Schmerzmittel sind wie Klebeband auf dem Mund eines weinenden Kindes. Die wiederholte Ablehnung des Schmerzgefühls führt zum Autopiloten – einer Konditionierung mit der Aufgabe zur Generalbetäubung jeglichen Schmerzempfindens.

Doch wenn wir zum Masseur gehen, setzen wir das Programm der negativen Bewertung von Schmerz und Verspannung, die Ablehnung des Gefühls, für eine Weile aus. Was machen wir dort von unserer inneren Haltung her dem Schmerz gegenüber anders?

Da wir willentlich zu dieser Behandlung gehen und glauben, dass sie uns hilft – da uns bewusst ist, dass die schmerzende Stelle gezielt in den Fokus unserer Aufmerksamkeit kommt, sie berührt und mit den Händen bearbeitet wird – stellen wir uns geistig darauf ein, mehr vom Schmerz zu spüren, was wir in diesem Fall aber im Gegensatz zu alltäglichen Schmerzen als heilsam, als positiv bewerten.

Beim Masseur lassen wir den Schmerz zu!

Wir spüren ihn mehr, da wir ihn als notwendig annehmen, und wir weisen den Händen des Masseurs die Kompetenz zu, uns helfen zu können.

Und tatsächlich sind es nur zwei Dinge, die den Schmerz abbauen: Wir lassen erstens gezielt mehr Schmerzen während der Massage zu, ohne diesen wie sonst auszuweichen oder sie zu betäuben, und zweitens – vorausgesetzt, der Masseur ist gut und liebt seine Arbeit – werden wir das Gefühl der Liebe, das er in seine Tätigkeit einfließen lässt, in seinen Berührungen spüren, und diese Liebe hilft uns dabei, uns noch mehr zu entspannen, den Staudamm zu lösen, noch mehr zuzulassen.

Es ist wichtig, dass wir Generallösungen finden – Lösungen, die die Konflikte abbauen und die dann außerdem noch dafür sorgen, dass keine mehr auftreten. Und weil das so bedeutend ist, stelle ich die Frage nach der Generallösung noch einmal neu:

Ein Kuss ist ein Kuss – ein Liter ist ein Liter – und ein Tag ist ein Tag.

Alles ist einzigartig, nichts ist wiederholbar.

Um konfliktfrei zu leben, ist es nötig, nach diesem Naturgesetz zu leben. Und das bedeutet, dass man die augenblickliche, die tatsächliche Wirklichkeit so nimmt, wie sie ist und man sich dem aktuellen Geschehen hingibt. Man sieht und fühlt die Dinge, wie sie wirklich sind. Lebst Du Deine aktuelle Empfindung aus, wird sie aufgelöst und integriert. Willst Du sie verdrängen, wird sie für einen späteren Zeitpunkt konserviert – dieser wird auf jeden Fall kommen, denn unterdrückte Emotionen ziehen magnetisch immer wieder dieselben Ereignisse an.

Etwas zuzulassen, ist wichtig. Hinzu kommt, dass man anfangen muss zu begreifen, dass das, was gerade geschieht, genau das ist, was man im Augenblick braucht. Für unseren linear erzogenen Verstand klingt das wahnwitzig, das Finalkausale entzieht sich noch immer unserer Vorstellungskraft, und es entspricht auch nicht gerade unserem aktuellen Weltbild: Wie sollte ein Schmerz beispielsweise gerade das sein, was ich jetzt brauche?

Doch beantworten wir diese Frage: Ein Schmerz sagt Dir, dass Du einem Bereich Deines Lebens und Deines Körpers keine liebevolle Aufmerksamkeit hast zukommen lassen. Du hast bewertet, dass das, was Ist, falsch ist. Da dies meist unbewusst geschieht, gibt Dir der Schmerz die Gelegenheit, dies zum Positiven hin zu verändern und entsprechend sinn- und heilvoller neu zu entscheiden. Der Schmerz zeigt Dir, dass es höchste Zeit ist, mittels lebensspendender Liebe und Aufmerksamkeit Leben und nicht Tod in einen Lebens- und Körperbereich einfließen zu lassen.

Wenn Du einem Knieschmerz nicht zuhörst, wenn Du ihn betäubst, dann wird sich der bereits entstandene Schaden vergrößern und das Knie kann sogar ganz funktionsunfähig werden. Schmerz, das ist der Ruf nach Leben! Nur Du kannst ihm folgen. Siehst Du, wie viel sinnvoller es ist, einem Schmerz nicht mit Ablehnung, sondern mit Liebe zu begegnen? So, wie Du ein weinendes Kind nicht durch noch mehr Vernachlässigung zum Lachen bringen kannst, sondern nur durch die Macht hingebungsvoller aufmerksamer Liebe, so muss auch der schmerzende Körperteil in die Arme geschlossen werden, denn er gehört ebenso zu Dir, wie ein Kind zu Dir gehört.

Schmerz ist das Weinen des Körpers. Und solange der Körper noch weinen kann, kann er auch geheilt werden!

Während wir es beim Masseur angenehm finden, hat das Wort „Zulassen" jedoch sonst einen Geschmack des ungewollten Ausgeliefertseins. Das kommt daher, da den meisten von uns leider eine vieles bestimmende Illusion eingetrichtert wurde: Das Leben sei ein Kampf, es sei immer zu wenig da, die Natur stehe Dir feindlich gesonnen gegenüber und der Tod lauere überall. Leben bedeutet für uns Tod, woraus all unsere Ängste entspringen, die zu all unseren Leiden führen. Die Menschen haben oft den Eindruck, dass von Natur aus alles gegen ihren Willen nach Leben läuft. Doch nichts ist weiter von der Wahrheit entfernt. Durch Nachdenken kommen wir vielleicht auf die Erkenntnis, dass das Zulassen wichtig ist, doch nur durch eine weit größere Macht schaffen wir es, dass das Zulassen nicht zur Ohn-Macht, sondern zur Harmonisierung aller Konflikte unseres Lebens führt. Diese Macht trägt den schönen Namen: Hingabe! Hingabe ist die Liebe zum Jetzt.

Wie stark und umfassend Dich das Leben in jedem Augenblick Deines Lebens mit bedingungsloser Liebe umfasst, können Dir folgende Gedankengänge näher bringen. Lässt Du Dich auf sie ein, erzeugen sie ein bestimmtes Gefühl im Herzen. In mir ist dieses entstanden, als ich beim Sungazing in der Natur stand und zuvor über einige Worte von Thich Nhat Hanh, Khalil Gibran, Jesus, Buddha und besonders des Sunyogi Umasankar nachsann. Ich empfehle Dir, sie mit Blick in Richtung Abendsonne in der freien Natur zu genießen, während Deine nackten Füße das Gras einer Wiese spüren oder sich Deine Zehen in den warmen Sand eines Strandes bohren.

Lebensliebe Meditation

Werde Dir allem bewusst, was von Natur aus Dein Leben stützt und nährt. All das, was frei gibt und nichts für sich zurück haben will. All das, was keine Anforderungen stellt, bevor es Dir etwas gibt. So wie der Apfel am Baum sich jedem Hungrigen hingibt, ohne zwischen gut und böse zu unterscheiden. So gibt Dir auch die Sonne jeden Tag ihr Licht und ihre Wärme gratis, sie sendet Dir ihre Strahlen bedingungslos und hält aus freien Stücken die Erde auf lebensspendender Bahn. Der Boden unter Deinen Füßen trägt Dich an jedem Ort auf dieser Welt, ohne dass Du ihn dafür bezahlen musst. Seine Schwester Schwerkraft arbeitet verlässlich für Dich auch während Du schläfst. Du musst nicht darum kämpfen, dass Du atmen kannst, denn das Luftelement steht Dir zu allen Zeiten zur Verfügung. Es gibt Dir bereitwillig mehr, wenn Du es eilig hast und nimmt sich zurück, wenn Du in die Stille gehst.

Du musst Deinen Körper nicht überreden, verletzte Stellen zu heilen, das ist seine liebste Beschäftigung, um Dir alle Möglichkeiten des körperlichen Genusses zu bieten. Dein Herz schlägt, auch wenn Du es nicht bemerkst, so wie eine Mutter ihr Kind liebt, selbst wenn es nicht hinschaut. Der Regen, die Bäche und Flüsse versorgen Dich frei von Kosten und Anstrengungen mit Wasser, um Deinen Durst zu stillen und die Wälder und Wiesen bieten Dir alles, um Deinen Hunger auf gesündere Weise zu besänftigen als jede Kulturkost überhaupt fähig ist. So wie die Vögel auf dem Feld finden, was sie brauchen, ohne Ackerbau betreiben zu müssen, so ist für uns auch alles vorhanden, wir haben nur die natürliche Ernährung verlernt und glauben nur, wenn Aldi schließt, verhungern wir. Dein Geist folgt jedem Befehl und zeigt

Dir im Inneren alle Bilder, die Du Dir wünschst. Die Höheres Selbst erfüllt Dir jeden Wunsch auf ekstatischere Weise, als Du es Dir vorstellen kannst oder Dir bewusst bist, um Dir zu zeigen, dass immer mehr möglich ist. Dein Bewusstsein und Deine Wahrnehmung funktionieren in zurückhaltender Bescheidenheit, dass es wie selbstverständlich scheint und wir ihre Magie nicht mehr bemerken.

Während Du den Boden unter den Füßen spürst, werde Dir des riesigen lebensspendenden Planeten bewusst, mit dem Du immer allerorts direkten Kontakt hast... Deine Füße streicheln die Mutter Erde. Im selben Augenblick scheint Dir die Sonne auf den Körper und ins Gesicht, um Dich mit ihren warmen Strahlen zu umarmen, die Luft umhüllt nährend und alle Freiheit belassend Deinen Körper, Wasser und Erde stehen bereit, und Dein Bewusstsein liefert Dir mit allen Sinnen diesen Genuss des Dich umfangenden Lebens, das Dir all dies gratis gibt in reinster bedingungsloser Liebe zu Dir. Sei Dir deutlich bewusst:

Wenn auch nur ein Einziges davon aufhört zu sein, einer dieser Dich so unscheinbar und bedingungslos Liebenden fehlte, würde das Ganze nicht mehr sein. So erkennst Du Wirkliches! Denn wenn ein negativer Gedanke in Deinem Kopf fehlen würde, wären doch das wirkliche Leben mit ihren unendlich Liebenden unberührt. Sende allen Dich liebenden Elementen Deine Liebe in Gedanken und mit dem Herzen, sende Ihnen deine tiefe Dankbarkeit für ihren großartigen Job, den sie zu allen Zeiten allen Wesen dienend ausführen, auch wenn sie es nicht bemerken und sie sie sogar missbrauchen sollten... und beobachte, welcher Strom bedingungsloser Liebe zu Dir zurück fließt und dein Herz zum Schwingen bringt. Genieße diese Vibration liebevoller Ekstase in Deiner Brust und lasse sie über Deinen Körper ausstrahlen. Beobachte, was geschieht, wenn die Herzvibration sich in und vielleicht sogar über Deinen physischen Körper ausdehnt...

„Wenn Du erkennst, dass es Dir an nichts fehlt, gehört Dir die ganze Welt."
Laotse

Literatur:

William Hart: *„Die Kunst des Lebens: Vipassana-Meditation nach S.N. Goenka"*

Thich Nhat Hanh: *„Mit dem Herzen verstehen. Kommentare zu dem Prajnaparamita Herz Sutra"*

Hira Ratan Manek: *„Sungazing: Von Sonnenlicht leben"*

David Münnich: *„Das System der 5 Biologischen Naturgesetze"*

Prof. Max Lüscher: *„Der 4-Farben-Mensch: Wege zum inneren Gleichgewicht"*
„Das Harmoniegesetz in uns: Der Klassiker der neuen Richtungen"
„Die Farben der Liebe: Mit dem Lüscher-Test den Lebenspartner finden und verstehen"

E Bordeaux Székely: *„Das Friedensevangelium der Essener"*

Sunyogi Umasankar: *persönliche Seminaraufzeichnungen*

Khalil Gibran: *„Der Prophet"*

Stefan Strecker

Die Kunst des Lebens hat weniger mit Chaos, als mit Prinzipienerkennung zu tun. Dieselben Prinzipien erlauben es, in scheinbar unwillkürlichen Prozessen wie Erfolg, Emotionen und Leiden -um nur einige zu nennen- Mechaniken zu erkennen, die eine fundamentale Veränderung derjenigen erst ermöglichen.

Seit dreizehn Jahren beschäftige ich mich hauptberuflich mit dem, was schon mein ganzes Leben lang meine Neugier und Begeisterung fesselte. Mein Ziel war und ist es, Problemprozessen schnell und präzise auf den Grund zu gehen und erst an der Wurzel praktikable, (psycho-/bio-/sozio-) logische und lösungsorientierte Werkzeuge der Veränderung anzuwenden, die nach Möglichkeit auch den Klienten in Eigenverantwortung zur Selbstregulation vermittelt werden. Dabei bediene ich mich jeder Methode, die sich als effektiv herausgestellt hat, auch wenn sie ungewöhnlich erscheinen mag.

Meine Absicht ist, Intuition mit Verstand zu verbinden, eine Brücke zu schlagen zwischen der westlichen empirischen Wissenschaft und der östlichen introspektiven Wissenschaft, um die Antwort bis zum letzten Urgrund zu entdecken und den Weg dorthin zu vermitteln.

Warum?

Für ein mental, emotional und körperlich harmonisches Leben und eine harmonisch funktionierende Gemeinschaft wird es notwendig sein, selbstbestimmt zu leben und nicht dem Staat und anonymen Firmen die Verantwortung für das eigene Leben zu übertragen. Diese Selbstverantwortung ist die einzige Möglichkeit Freiheit, Friede und Lebensfreude zu verwirklichen - das Gefühl im eigenen Leben zu Hause zu sein. Dafür müssen Sie zuerst die wichtigste, und meiner Erfahrung nach auch einzig bedeutende Frage beantworten: “Wer bin ich?”.

Entdecken Sie sich selbst!
Besuchen Sie mich unter www.stefanstrecker.de.

DIE EVOLUTION DER KRÄFTE 26

JÜRGEN WOLDT

Die Verschränktheit von Lebensglück und Lebenskraft quantenphysikalisch betrachtet

Die meisten unter Euch denken bei dem Wort „Kraft“ vielleicht an physische Kräfte, assoziieren eher Muskelkraft, Durchsetzungsfähigkeit oder einen aufgebauten Körper, der in der Lage ist, den Anforderungen des Alltags standzuhalten.

In meinem Beitrag „Die Evolution der Kräfte“ geht es aber weniger um physische Kraftpotentiale, die uns helfen unseren Alltag tragen zu können oder manchmal auch zu ertragen. Vielmehr geht es heute um die Lebenskraft an sich, die sich ausdrückt über Lebensglück, Lebensfreude, Lebenszufriedenheit, Lebendigkeit und Lebenssinn.

Noch genauer gesagt, geht es heute um Emotionalität. Es geht über jenes individuelle Gefühl, was für jeden einzelnen ganz individuell Lebensglück, Lebenskunst und Lebensfluss bedeutet. Es handelt sich also um das Gefühl, das Du für Dich und Dein soziales Feld hast, in dem Du lebst. Wenn es da ist, ist es unscheinbar, weil alles in Ordnung ist, obgleich es der Nährboden für Handlungsfähigkeit ist. Wenn der Zugriff darauf abhanden gekommen ist, dann merken wir es in unserem Verhalten. Wenn das Gefühl für uns selbst verloren gegangen ist, dann fangen wir an zu zaudern, wir fühlen uns unsicher, frustriert, gestresst, werden depressiv oder erleben einen Burnout, usw. Die Fachwelt hat bereits schon vor 70 Jahren für diesen Zustand des verloren gegangenen Gefühls für sich selbst einen Fachterminus geprägt: die sog. Alexithymie.

Und dennoch – gerade wenn es um unsere Gefühle geht – sollten wir doch einmal den Blick hinwenden zu unserem Körper. Die meisten Menschen glauben, dass unsere Gefühle in unserem Gehirn erzeugt werden. Folglich glauben sie, dass die Veränderung von neuronalen Strukturen auch eine Veränderung in unserem Verhalten möglich macht. Dem ist nicht so. Bevor das komplexe Netz der neuronalen Strukturen innerhalb des Körpers geboren wird, geschieht etwas anderes, außerhalb unseres materiell festen fühlbaren Körpers in den Körperfeldern, dort wo Gefühle entstehen. Von dort aus findet ein Informationsfluss und Informationstransfer statt hin zu unserem festen Körper, konkret über das Bindegewebe im Körper. Dieses dient als Halbleiter und transportiert Informationen ohne Zeitverzögerung. Das ist ein quantenphysikalisches Phänomen, das uns erlaubt, Lebendigkeit und Lebensglück zu leben, noch bevor unser neuronales Netz überhaupt schon so weit in Funktion gegangen ist. Es ist also so, dass die neuronalen Strukturen den Informationsfeldern folgen. Letztere waren zuerst da.

Bewegte Informations- oder Körperfelder als Quelle der Kraft

Bei den Informations- oder Körperfeldern handelt es sich um die verschieden verdichteten Felder um uns herum, bekannt z.B. als emotionales oder mentales Feld. Sie fungieren als Sender und Empfänger für jegliche Informationen.

http://www.landsiedel-seminare.de/kongress2011/juergen-woldt

Dabei kommt es während der Informationsübertragung von Körperfeld zu Körperfeld zu interaktiven dynamischen Oszillationsprozessen. Dies betrifft natürlich auch den Körper selbst, vor allem die Strukturen der Muskulatur. Je flexibler, kommunikationsfreudiger und durchlässiger die Informationswege sind, desto vielfältiger ist die Informationsübertragung jeglicher Kommunikation mit unserer Umwelt, was wiederum Auswirkungen auf unsere Befindlichkeit hat. Entscheidend ist also wie wir unsere Körperfelder in Bewegung halten können. Denn bewegte Körperfelder sind die entscheidende Quelle der Kraft für unseren Körper, unseren Stoffwechsel, unsere geistige Kraft und unsere Lebenskraft.

Exkurs in die physikalische Welt von Quanten, Schwingung, Masse und Vakuum

Lasst uns einen kleinen Exkurs machen in die Welt der Physik, damit wir leichter verstehen können, wie wir Menschen über unsere Körperfelder mit unseren Gefühlen und unserer Lebenskraft, mit unserer Existenz, unserer Seele verbunden sind.

Wenden wir uns also den Sichtweisen der physikalischen Welt zu – und zwar nicht der von Newton vorgestellten und sicher wertvollen Welt des Umgangs mit den fühlbaren Kräften auf unserer Erde – sondern denjenigen physikalischen Kräften, wo die Newton'schen Mechanikgesetze keine Gültigkeit mehr haben.

Konkret: Wenden wir uns dem subatomaren Bereich zu, der auch der Physik zugeordnet wird und zwar der Quantenphysik, dessen Urheber Max Planck ist. Max Planck hatte 1898 im Zuge eines Auftrags für die Stahlindustrie (Verhalten der Hitzeabstrahlung von heißem Eisen) Energiehäppchen von 10 hoch -35 Joule pro Sekunde entdeckt, die er „Quantum" nannte. Die Bezeichnung „Quantum" war zunächst ein Arbeitsbegriff, der die anfängliche Verlegenheit der Unbestimmbarkeit der exakten Abstrahlungsgröße (wie viel, wie groß) zum Ausdruck bringen sollte.

Weitere Physiker wie Werner Heisenberg, Niels Bohr und Erwin Schroedinger forschten auch auf dem Gebiet des subatomaren Bereichs. Je feiner die Materie der Natur beschritten wurde, umso weniger Gültigkeit bewiesen die Newton´schen Mechanikgesetzte. Der Glaube an Materie löste sich schließlich mehr und mehr auf. Es wurden neue physikalische Gesetzmäßigkeiten formuliert. Es war der Physiker Max Planck selbst, der einstige Pionier auf dem Gebiet der Quantenphysik, der in einem legendären Vortrag im Jahre 1940 über „Das Wesen der Materie" klar zum Ausdruck brachte, dass die Materie einen geistigen Ursprung hat. Das war damals revolutionär.

Materie ist Schwingung, die in Beziehungen zueinander steht und Informationen austauscht. Die Quantenphysik wird daher auch Informationsphysik genannt oder Bewusstseinsphysik. Ein Beispiel: Wenn wir einen Baum anschauen, so wissen wir heute, dass der Baum im subatomaren Bereich reagiert und das Verhalten der kleinsten subatomaren Teilchen verändert. Nach unserer Betrachtung ist der Baum ein anderer als vorher, das muss man sich mal klar machen – und natürlich haben auch wir uns verändert. Damit ist die alte Vorstellung von einer Welt der Getrenntheit aufgehoben. Alles im Kosmos ist verbunden, oder wie es in der Sprache der Quantenphysiker heißt „quantenverschränkt".

Und es wird noch spannender: Materie besteht laut Nobelpreisträger Carlo Rubbia (1984) nur zu einem Milliardstel aus Masse, der Rest ist Vakuum. Wollen wir uns das jetzt mal etwas plastischer vorstellen: Der Eifelturm mit seinen 300 Metern Höhe ist ohne Vakuum nur noch schlichte 0,0003 Millimeter groß, also nur noch mit dem Mikroskop sichtbar. Noch verheerender wäre es bei meiner Wenigkeit: Würden wir mein Vakuum von meiner Masse abziehen, wäre ich für Euch und meine Familie nicht mehr auffindbar. Also alles doch nur Schall und Rauch? Spaß beiseite.

Was will ich damit sagen? Der Mensch lässt sich nicht reduzieren auf Materie, die sich selbst organisiert. Der Mensch ist auch ein Empfänger und Sender von Schwingungen, er steht in permanenter Interaktion zu seiner Umwelt und dem Kosmos, tauscht Informationen aus und reguliert auf diesem Wege ständig seine Befindlichkeit.

Wie jedoch gelangt die Information um uns in unseren Körper und wie drückt sich ein Informationstransfer aus? Und wie kommen Menschen mit Informationen zurecht, die außergewöhnliche Inhalte oder Erlebnisse beinhalten?

Meine ganz persönliche Lebensfrage wird zur Lebensaufgabe

Letzte Frage stellte ich mir erstmalig mit 17 Jahren als mein Vater mit 49 Jahren tödlich verunglückte und wir plötzlich „allein" mit Mutter und Geschwistern waren. Diese Frage sollte – wie ich heute weiß – eine lebensbegleitende, biographisch bedeutsame, inspirierende Frage werden, die mein Leben und Wirken bis heute bestimmt.

Eine erste zaghafte Antwort auf diese Frage eröffnete sich mir erst 20 Jahre später durch Beobachtungen von Menschen, die mich zu einer Entdeckung eines Naturphänomens im Jahre 1986 führte. Die Körperfelder eines jeden Menschen sind in Abhängigkeit seiner emotionalen und mentalen Aufmerksamkeit in Bewegung. Bestätigt wurde dies durch meine aurasichtige Tochter Sophie. Schnell wurde mir klar, dass unser motorisches System einen direkten Zusammenhang hat mit dem Energiekörper. In vielen Jahren der Beobachtung habe ich außergewöhnliche Methoden entwickeln können, die die Körperfelder in Bewegung halten und so den Informationsaustausch mit unserer Existenz. Die Betrachtung meines Körpers, vor allem der Muskulatur, die ich vorher nur als Antriebstrang gesehen hatte, bekam plötzlich bezüglich der Erfüllung unseres Lebens, des Lebensglücks und der Sinnfindung eine ganz andere, vielschichtigere Bedeutung. Der Muskel ist nicht nur integraler Bestandteil des Körpers, sondern auch des umliegenden Feldes, in dem er als Halbleiter fungiert.

Weitere 5 Jahre benötigte ich für ein Verstehen dieser Phänomene mit all seinen Zusammenhängen. Ich fing an, meine Erkenntnisse aufzuzeichnen und zu systematisieren. Nach weiteren 7 Jahren des Experimentierens und des Austausches mit anderen Naturmedizinern und Energetikern war ich so weit, allgemein gültige Aussagen treffen zu können, die wiederholbar und objektiv nachvollziehbar waren. So begannen wir, meine Frau Renate und ich, unsere Forschungsergebnisse über die Emotionsregulationsfähigkeit des Menschen zu lehren. Wir gründeten 1998 offiziell ein Ausbildungs- und Forschungsinstitut und nannten es unserer Firmentradition zufolge und dem Zeitgeist entsprechend „do it Wellnessakademie".

Forschungen zu Gesundheit und Glück

In unserem Forschungsinstitut beschäftigen wir uns seither mit Fragen und Antworten der Lebenskunst und der Gesundheit und den Ursachen von Lebensglück. Für unsere do it Wellnessakademie war das Wort „Wellness" in den 90er Jahren geprägt von Handlung – nicht wie bei den meisten anderen Anbietern von Wellness von Behandlung. Es ging also um eine Handlungsfähigkeit in einer Welt von Herausforderungen. Entsprechend war unsere Firmenphilosophie: „Wellness ist nicht, was dir gut tut, sondern das, was du gut tust". Dies war nicht pädagogisch oder sozialorientiert gemeint, sondern auf Dein Selbst, Deine Seele und Deine Seinsform bezogen.

Viele Wissenschaftler weltweit beschäftigen sich mit den Themen Gesundheit und Glück. Immer wieder stellte sich mir die Frage, inwieweit sich Gesundheit überhaupt auf Funktionen reduzieren lässt. Mittlerweile teile ich die Meinung des Philosophen Gadamer, der Gesundheit als einen Seinszustand beschreibt, jenseits von Krankenorganisationssystemen und medizinischem Denken. Auch teile ich die Ansicht des israelisch-amerikanischen Medizinsoziologen Aaron Antonowski, der das salutogenetische Modell erfand. Er vertritt aufgrund seiner Forschungsergebnisse die Ansicht, dass Gesundheit von Menschen dann kreiert wird, wenn sie die Welt, die sie wahrnehmen, handhaben und in ihren Handlungen auch einen Sinn erkennen können. Dies wird bezeichnet als Kohärenz.

Nach über 20 Jahren Forschungstätigkeit glaube ich eine Antwort auf die sich anschließende Forschungsfrage Aaron Antonowskis gefunden zu haben, nämlich wie die Parameter, die Gesundheit ermöglichen, vom Menschen selbst hergestellt werden können.

Ausgangspunkt unserer Überzeugung ist, dass es unser Körper ist, der unsere Welt um uns herum wahrnimmt. Es sind nicht die Sinne. Unsere Sinne sind nur Botschafter und Vermittler. Unser Körper kommuniziert mit der Außenwelt über Schwingungen. Diese werden absorbiert von unserem festen Körper, vornehmlich der Muskulatur und dem Bindegewebe mit ihren hervorragenden Oszillationseigenschaften. Die Muskulatur gibt dann die notwendigen Informationen an unser Gehirn als Schaltzentrale und Steuereinheit weiter. Wir haben also ein körperliches Korrelat gefunden, das uns die Möglichkeit gibt Lebenshandhabung zu kreieren und Sinn darin zu finden. Um es noch einmal deutlich zu machen, unsere Muskulatur ist ein bedeutender Faktor in unserem Leben. Und dies ist unabhängig davon, ob diese nun trainiert oder untrainiert ist, ob diese dem neuronalen Netz in der neuronalen Ansteuerung gehorcht oder nicht. Die Fähigkeit mit dem Leben zurecht zu kommen liegt jenseits der Funktionsfähigkeit der Muskulatur. Wir haben in jahrelangen Forschungen nachgewiesen, dass Bewegung allein nicht ausreicht, um unsere Energiefelder in Bewegung zu bringen und so neue Bewusstseinsprozesse und regulative Körperprozesse entstehen zu lassen.

Das habe ich vor vielen Jahren als sehr gut Trainierter am eigenen Körper erfahren in verschiedensten extremen Situationen meines Lebens. Ich war fit wie ein Turnschuh als mich und meine Familie eine millionenschwere Fehlinvestition traf, die uns keine Möglichkeit mehr gab Essen zu kaufen, als meine Tochter mit nur wenigen Monaten starb und als mir mein Freund und Arzt die Diagnose mitteilte, dass mein Leben in nur wenigen Monaten zu Ende sei.

Meine Fitness half mir damals nicht viel weiter, weil ich mein Gefühl zu mir selbst verloren hatte.

Wenn sich nichts mehr bewegt in Dir, nichts verändert, nichts wandelt, dann hängst Du wie Dein Computer hängt, der keine Information mehr transportieren kann. Du kannst aber sicher sein, dass jede Begegnung mit der Natur immer ein Potential der Veränderung für Dich in sich trägt.

Wie man sich selbst zum Glücklichsein hin bewegt

Die Frage ist also: Wie kann ich wieder in Kontakt kommen zu mir selbst, wie kann ich mich wieder fühlen und meine Bedürfnisse wahrnehmen? Die Lösung liegt in der Bewegung mit der Betrachtung der Natur. Platon sagte schon: „Die Natur ist ein Brief Gottes an die Menschen.“ Damit sprach er die heilsame, selbstregulierende Kraft an, die von der Natur ausgeht und die man, wenn man es zulassen möchte, empfangen kann. Es geht um die Bereitschaft wieder zu kommunizieren. Etwas nüchterner quantenphysikalisch ausgedrückt geht es um die Wiederaktivierung einer dynamisch oszillierenden interaktiven Transformation, die Selbstregulationsprozesse auslöst und dadurch automatisch Glücks- und Lebenskunstentwicklungen für ein gelungenes Leben ermöglicht.

Bewegung als spiritueller Akt?

Bewegung ist das Elementarste in unserem Leben. Dabei geht es nicht nur um Fortbewegung und Fortpflanzung, sondern auch darum, was Menschen emotional bewegt. Weniger geht es darum, wie wir meinen, wie sich Menschen aus sportwissenschaftlicher Sicht bewegen müssten. Bewegung kann in vielerlei Hinsicht Sinn machen. Ein Sinn liegt sicherlich darin, sich selbst zu spüren, sich wahrzunehmen in körperlicher und seelischer Hinsicht. Der Bezugspunkt zu sich selbst spielt dabei eine große Rolle.

Bewegung ist nicht nur für die Muskulatur wichtig. Ebenso löst Bewegung in dem unsere Muskeln umgebenden Energiefeld, in unserem Körperfeld und darüber hinaus bestimmte Bewegungsimpulse aus. Wir wissen heute aus wissenschaftlichen Quellen, dass Bewegung das Bewusstsein von Menschen verändert und Erkenntnisprozesse ermöglichen kann. Bewegung so gesehen ist ein spiritueller Akt. Über Bewegung wird unser Körper energetisch genährt und steht in Verbindung mit unseren emotionalen, mentalen und spirituellen Feldern. Über unsere bewegten Energiefelder fließen zu uns Eindrücke zurück, die uns Impulse geben können für ein Leben in Freude, Zufriedenheit und Glück.

Globaler Bewusstseinswandel

Schauen wir uns doch mal um: Alles ist im Wandel. Das elektromagnetische Feld der Erde. Das Klima und die Wetterverhältnisse. Die Finanzwelt. Der Gesundheitssektor. Die Beschäftigungsverhältnisse. Unsere Beziehungen. Die neuen Kinder. Usw. Es gibt kaum noch längere Phasen einer lang anhaltenden Kontinuität. Dies bedeutet erhöhte Anforderung für alle Menschen an ihre eigene Lebensgestaltung, aber auch für alle anderen mitzudenken und verantwortlich Neues zu gestalten. Flexibilität, Kreativität und Mut sind gefragt.

Evolution bedeutet immer, dass Neues entstehen darf. Manchmal sehnt man es sich herbei und manchmal wird man damit konfrontiert. Beide Male wird man emotional herausgefordert. Dies ist die Möglichkeit, Quellen der Kraft und Inspiration anzuzapfen über das eigene Körperfeld. Wir müssen uns dessen nur bewusst werden. Jetzt ist die Zeit des Quantenbewusstseins, auch Informationsbewusstsein genannt.

Wachstums- und Veränderungsprozesse resultieren immer aus einer Bewegung heraus. Dass diese Bewegung einen ganz bestimmten Kontext der Natur haben muss, dass Menschen unterstützt werden in den elementarsten Lebensgrundlagen wie Gesundheit, Lebensfreude, Zufriedenheit und subjektives Glücksempfinden, habe ich bereits erwähnt. Noch eines kann ich Euch verraten: Mittlerweile ist es noch nicht einmal nötig, dass man sich selbst bewegt – dank der sich weiter entwickelten Technik und Forschungen. Also könnt Ihr euch ganz bequem zurücklegen und genießen.

Autoren- und Dozentenbeschreibung: Jürgen Woldt

Jürgen Woldt ist Gesundheitsforscher, spiritueller Lehrer und Coach. Er ist Pionier in der praktischen Bewegungsforschung und Begründer der Quantenmotorik, die den Einfluss von Feldenergien in Zusammenhang mit Bewegung betrachtet. Sein neuer Denkansatz in der Bewegungslehre mit Auswirkung auf die spirituelle Gesundheit ist weltweit einmalig. Als Inhaber der do it bewegungsstudios GmbH und der Forschungsinstitute do it Wellnessakademie und do it Colleg entwickelte er das patentierte Bewegungs- , Raum- und Gerätekonzept, BodySense®, ein Erlebnis für jedermann, das ein ideales Umfeld bietet, um neues Bewusstsein für Leben, Gesundheit und Lebensglück zu entwickeln.

Weiterbildungsangebote:

Die ganz genauen Zusammenhänge – also das Warum und Wieso – erfährt man in den Fortbildungskursen unserer Forschungs- und Bildungsinstitute, der do it Wellnessakademie und dem do it Colleg. Gerne laden wir euch dazu ein, mit dabei zu sein, wenn wir die Erfahrung machen Beobachter von Bewegungen zu sein in einer spirituellen Lounge. Bucht bitte online unter dem Kurstitel: BodySense® – Anleitung zum Glücklichsein. Denn physiologisch gesehen ist Glücklichsein eine körperliche Regulationsfähigkeit, die selbst ausgelöst werden kann.

Stufenweise aufbauend:

BodySense® – Anleitung zum Glücklichsein	2 Tage
Aufbaulehrgang Trainer für emotionale Fitness	7 Tage
Aufbaulehrgang Coach für spirituelle Gesundheit	3 Tage

Mitglied werden bei der do it Wellnessakademie über eine Online Mitgliedschaft:

Über eine Onlineplattform ist es möglich, Natur und Bewegung zu betrachten, die den Informationsfluss innerhalb der Körperfelder erhöht und individuelle selbstregulatorische Prozesse auslöst. Klicke auf die Onlineplattform unter **www.wellnessakademie.de**. Du füllst dann ein Formularantrag zur Mitgliedschaft aus, den du absendest. Nach Eingang dieses Antrages erhältst du unmittelbar den Zugang zu unserem geschlossenen Bereich. Unsere Kurzfilme dienen der Aktivierung einer erhöhten Selbstregulation und dem Wiederentdecken unseres Gefühls für uns und für unser soziales Feld, in dem wir leben. Was stattfindet ist ein individueller Informationstransfer zwischen unseren komplexen Denk,- Gefühls- und Körperstrukturen.

Aus unserer einstigen Pionierarbeit haben sich weitere Produkte und Patente entwickelt:

- **Patentierter multisensorischer Raum**

In diesem einzigartigen Raum der Naturelemente erreichen sie durch die Aktivierung ihrer Sinne in Verbindung mit Bewegung eine ideale Muskelregulation.

- **Patentierter Multisensorischer Stuhl bzw. Liege**

Der multisensorische Stuhl bzw. Liege ist in seiner Funktion ausgestattet mit sensorischem Ausstattungszubehör wie Farb-, Bild-, Wortbild-, Duft-, und Frequenzimpulsen.

- **CD: Frequenzreise im Quantenfeld**

Obwohl es sich bei dieser CD um einen Audiotonträger handelt, ist diese CD primär nicht zum Hören gedacht, sondern zum Fühlen.

Landsiedel NLP Training
Neustadtstraße 10
97353 Wiesentheid
Deutschland
www.landsiedel-seminare.de

Verlag und Herausgeber: Stephan Landsiedel, Wiesentheid
Druck und Bindung: Strauss GmbH, Mörlenbach

Printed in Germany
ISBN: 978-3-940692-42-9